宗教 禪思

禪史與禪思

楊惠南　著

東大圖書公司

國家圖書館出版品預行編目資料

禪史與禪思 / 楊惠南著. — 二版二刷. — 臺北市：
　東大，2016
　　面；　公分

　　ISBN 978–957–19–2913–2　（平裝）

　　1.禪宗 2.文集

226.6　　　　　　　　　　　　　　97002360

© 　禪史與禪思

著 作 人	楊惠南
發 行 人	劉仲文
著作財產權人	東大圖書股份有限公司
發 行 所	東大圖書股份有限公司
	地址　臺北市復興北路386號
	電話　(02)25006600
	郵撥帳號　0107175–0
門 市 部	（復北店）臺北市復興北路386號
	（重南店）臺北市重慶南路一段61號
出版日期	初版一刷　1995年4月
	二版一刷　2008年4月
	二版二刷　2016年6月
編　　號	E 220330

行政院新聞局登記證局版臺業字第〇一九七號

有著作權·不准侵害

ISBN　978–957–19–2913–2　（平裝）

再版說明

　　「中國禪」開創自菩提達摩，至六祖惠能後，進入了一個全盛的局面，成為完全中國化的佛教宗派。在一千多年的發展歷程中，其「直指人心，見性成佛」的思想內涵及叢林制度，深刻的影響著儒、道文化的發展，並豐富了中國文學藝術的創作意涵，對中國文化產生了深遠的影響。

　　本書博引經典，詳實介紹中國禪的起源與各階段的宗派發展，深入探討禪宗的思想精要。由於內容嚴謹精詳，本書在學術界迭有好評，歷久而不衰。惟在歲月巨輪的刻蝕下，既有之銅版鉛字已略顯漫漶。此次再版，除重新設計版式、更正舊版訛誤疏漏之處外，並以本局自行撰寫的字體加以編排，不惟美觀，而且大方，相信於讀者在閱讀的便利性與舒適度上，能有大幅的提升。

東大圖書公司編輯部　謹識

自 序

　　早在二、三十年前，當我還是一個大學生時，我就迷上了禪宗。透過日本當代禪學大師——鈴木大拙 (D. T. Suzuki) 的漢譯作品，我由衷地嚮往禪師們不畏懼權威、不死守禮法、自由自在、放浪灑脫的山林生活。當時，禪宗祖師們的一言一行，乃至雖然謎語一般困難，卻讓我瘋狂愛上的「公案」，是我大學生活中不可或缺的心靈慰藉。

　　離開大學生活，成為哲學系一名平凡的教員之後，由於教學上的需要，也為了學術上的需求，不得不把原本「屬靈」的活潑禪學，當作一門刻板而又嚴肅的學問來看待。禪，這一在我生命當中曾經放過異采的精靈，雖然如鐵丸般炙熱如故，卻只能把它埋在深深深深的心底。

　　於是，我開始撰寫一些所謂「禪」的學術論文；本書中，呈現在讀者眼前的這幾篇文章，即是這種情形下的成品。它們有的口頭發表在國內外的學術會議之上，有的則刊登於學術刊物之中。這些論文，就是收錄在本書當中的第三至第十三篇。

　　多年前，曾在我所任教的臺灣大學，為非哲學系的同學，開講一門名為「禪史與禪思」的「通識教育」課程。不久，又在《國文天地》雜誌社，為一些有心的社會人士，開講相同的課程。為了開講這門課程，我曾編寫了數十頁的講義；並在次年，開始把講義逐章逐節地寫成文章，發表在《鵝湖》月刊之上。原本有意把講義寫成一本書；然而，由於總總原因，至今始終沒有完成。刊登在《鵝湖》月刊上的這幾篇文章，構成了本書的第一、二篇。本書名為《禪史與禪思》，也是沿用這兩篇舊作的名字。事實上，本書所收錄的十三篇文章，含括了整個中國禪宗史的每一個斷代：第一篇——〈禪宗的兩大思想傳承〉，

討論了中國禪源自印度的兩大思想活泉；第二篇——〈中國禪的成立〉，敘述了中國禪前六代祖師的禪法；第三篇——〈道信與神秀之禪法的比較〉，說明了神秀禪法才是道信禪法的繼承；第四篇——〈五家七宗之禪法初探〉，分析了中國禪第六代祖師惠能之後至北宋年間各家禪法的特色；第五篇——〈看話禪和南宋主戰派之間的交涉〉，以及第六篇——〈看話禪和默照禪的融合之道〉，則是綜合評論南宋初葉所開展出來的兩個禪宗新教派——「看話禪」和「默照禪」。這六篇文章，涵蓋了中國禪宗史上各時期所開展出來的宗派，並且構成本書有關「禪史」的部分。

而第七篇至第十三篇，則是「禪思」的部分：它包含了南禪（惠能後之禪法）幾個主要概念的解析：般若、佛性、自性、眾生本來是佛、公案的矛盾與不可說、平常心是道等等。其中，第十二篇——〈從般若到分別智——鈴木大拙之禪學與心理分析之比較與反省〉，比較了鈴木大拙的禪學和弗洛姆 (E. Fromm) 等心理學家所開創出來的新心理分析學 (Neo-psychoanalysis) 之間的異同，也比較了鈴木和當代中國禪學研究的開創者——胡適，對於禪學研究的不同看法。而第十三篇——〈《楞嚴經》「反聞聞自性」與虛雲法師之禪法的比較〉，是對當代中國禪師——虛雲和尚之禪法的介紹和分析。南宋以後的禪法，傾向「禪淨雙修」（禪法和淨土法門雙重修習）；特別是在清雍正年間，由於雍正皇帝個人的喜好，刻意壓抑純正禪法，而提倡「禪淨雙修」的禪法，因此，清初以來，這一禪法獨盛一時。虛雲和尚的禪法可以作為這一時期禪法的代表。

附錄中的兩篇文章，是透過禪宗的詩歌，來了解禪宗的幾個主要思想；例如般若、佛性、平常心是道等等。第一篇——〈禪宗的思想與詩歌〉，還提到了禪宗的兩大思想傳統——般若與佛性。在這兩篇文章當中，所討論的主題固然不出「禪史與禪思」的範圍，但是，不管

是在行文的嚴謹、引據的周詳，或是在舉證的偏好（多舉禪詩）之上，都大異於前面各篇，因此把它們收進「附錄」之中。

禪，應該是實踐的，而不是研究的。鈴木在批駁胡適的一篇論文——〈禪：答胡適博士〉當中，曾說：

> 不論我們把禪放入何種歷史背景，也不論歷史學家如何處理它——說它是革命性的，或破壞偶像的或反傳統的——我們都必須記得，這一種討論禪的方式，永遠不能說明禪的自性或自相。

禪，按照後代禪師的說法，應該是「不立文字，教外別傳」的；因此，應該「作」的必須比「說」的還要來得多。釋尊拈華、迦葉微笑，卻已把禪法默然傳播下去的「拈華微笑」公案，梁楷的惠能「(撕)破(佛)經(之)圖」的流行，都說明後代的禪宗重「行」而不重「說」。然而，「說」的或寫的，也有它們應有的功效。有名的禪宗典籍——《指月錄》，一開頭即記錄了釋迦佛的臨終遺言：「吾四十九年住世，未曾說一字！」釋迦既然「未曾說一字」，為什麼卻留下成千上萬的經卷？也許，這正是「說」或寫，並不妨礙「作」的明證吧！這也是我之所以把多年來撰寫的這些文章，收集出版的原因。

楊惠南

1994 年 12 月 12 日

禪史與禪思

目 次

一　禪宗的兩大思想傳承
——般若與佛性

㈠般若的中心思想

影響中國禪，特別是「南禪」❶的第一個佛教思想，是《般若經》裡的「般若」思想。另外一個影響中國禪的佛教思想，是《楞伽經》裡的「佛性」思想。為了澈底了解中國禪的歷史與思想，我們將在本章常中略述這兩個佛教的重要思想。本節是第一個思想——「般若」的簡介。

「般若」，是《般若經》裡的中心思想。被稱為「般若經」的佛教經典，有許多❷；但是影響中國禪的《般若經》，主要的是《文殊說般若經》和《金剛般若波羅蜜經》。後者，甚至被視為「南禪」的最重要典籍，——亦即所謂的「心印」❸。本節中，筆者不想對這兩部重要

---

❶ 南禪，是指唐朝以後，盛行在江南地區的中國禪。和它相對的是江北的「北禪」。南、北禪在思想上有許多本質上的差異。唐以後，北禪衰微而南禪獨盛。一般歷史上所說的「禪宗」，即指南禪。

❷ 被稱為「般若經」的經典，例如：《小品般若經》、《大品般若經》、《大般若經》、《道行般若經》、《放光般若經》等。這些《般若經》，在古代中國都是流傳甚廣、影響極遠的佛經。

❸ 心印，即心心相印。禪宗上代祖師與下代祖師之間，對於道理的傳授，常強調「不立文字」（不建立在語言文字的基礎上），而是「以心傳心」（上一代祖師以內心所體悟的道理，傳授給下一代祖師的內心體悟）。像這種心心相印的傳授道理，就是「心印」。另外，「印」可以是指「印信」，亦即一種憑據或證明，如世間所用的印章。禪宗注重內心的真實體悟，而不

的《般若經》，做太多的介紹。（我們將在底下適當的地方中，詳細討論這兩部佛經的思想。）筆者只想對《般若經》中的「般若」思想，做一通盤的考察；相信，這是有助於我們了解中國禪的。

「般若」一詞，是印度梵文 prajñā 的音譯。義譯為「智」或「智慧」，其實是一種讓我們超越世俗、解脫成佛的智慧❹。由於它這種可以讓人們超越世俗、解脫成佛的意思，因此，「般若」一詞，常常加一尾語而成「般若波羅蜜」或「般若波羅蜜多」；它們都是梵文 prajñāpāramitā 的音譯。「波羅蜜（多）」(pāramitā)，有「到彼岸」（到對岸去，gone to the opposite shore）、「越過」(crossed)、「超越的」(transcendent)、「完全達成」(complete attainment)、「圓滿」(perfection in) 等等意思❺。因此，在中國，「般若波羅蜜（多）」被義譯為「智度」

注重外在言語的宣說；亦即注重內心體悟真理的印信（證明），所以稱為「心印」。但是，不管是內心體悟真理的印信，或是祖師與祖師之間的心心相印，都必須要有客觀的標準。這種客觀的標準，當然就是佛經。因此，佛經成了判斷一個禪師是否已與師父心心相印、或是否已經體悟真理的標準，也就是「心印」。唐以後，禪門盛傳中國禪宗第一代祖師菩提達摩，以四卷本的《楞伽經》作為「心印」，到了第五代祖師弘忍，卻改用《金剛般若波羅蜜經》作為「心印」。例如，宋・蔣之奇的《楞伽阿跋多羅寶經序》，即說：「昔達磨西來，既已傳心印於二祖，且云：『吾有《楞伽經》四卷，亦用付汝。即是如來心地要門，令諸眾生開、示、悟、入。』……至五祖，始易以《金剛經》傳授。」（引見《大正藏》卷一六，頁四七九，中。）

❹ 梵文 prajñā，是由 pra 與 jñā 二詞所組合成的。pra，有「在前的」(before)、「前面的」(forward)，甚至「偉大的」(great) 等等意思。（參見 Sir Monier Monier-Williams, *A Sanskrit-English Dictionary*, Delhi: Motilal Banarsidass, 1970, p. 652b.）而 jñā 即智慧的意思。因此，prajñā 是指一種超越的智慧，不只是一般世俗的聰明才智。這也是古代中國譯經者把它音譯而不義譯的原因。

（度，即渡）、「智慧到彼岸」。其實，它的原義應該是「圓滿無缺的超越智慧」。

在各種《般若經》中，所謂「圓滿無缺的超越智慧」——「般若波羅蜜（多）」，是指體悟一切事物都是「無所有、不可得」，亦即都是「空」的智慧。例如，《大品般若經》即說：

> 菩薩摩訶薩欲行般若波羅蜜，應如是思惟：「何者是般若波羅蜜？何以故名般若波羅蜜？是誰般若波羅蜜？」若菩薩摩訶薩行般若波羅蜜，如是念：「若法無所有、不可得，是般若波羅蜜。……內空故；外空、內外空、空空、大空、第一義空、有為空、無為空、畢竟空、無始空、散空、性空、自相空、諸法空、不可得空、無法空、有法空、無法有法空故……。」❻

在這段經文中，明白地說到事物的「無所有、不可得」，亦即（種種的）「空」，是「般若波羅蜜（多）」這一名詞的意義❼。因此，為了

---

❺　參見 Sir Monier Monier-Williams, *A Sanskrit-English Dictionary*, p. 619c.

❻　《摩訶般若波羅蜜經》卷三，〈集散品〉第九；引見《大正藏》卷八，頁二三六，中。經文最後提到的，即有名的「十八空」。十八空的意義並不在它們的數目多少，而在它們的「空」掉了（否定掉了）一切事物，包括「空」本身，即「空空」。另外，有關十八空的說明，請見《大智度論》卷三一；《大正藏》卷二五，頁二八五，中—二九六，中。

❼　把「般若（波羅蜜多）」等同於「空」，並不是西元前 50 年之原始《般若經》的特色。例如《道行般若經》之〈道行品〉、《小品般若經》（鳩摩羅什譯本）之〈初品〉，都不曾提到「空」這一用詞。把「空」等同於「般若」，是從第二階段（50 年左右）的《般若經》開始。第二階段的《般若經》，漢譯的有《道行般若經》（全經）、《放光般若經》（也稱「舊譯《小品般若經》」）、《小品般若經》（新譯本）、《大般若經》卷五三八—五六五（即第四、五分）等。在這些第二階段的《般若經》中，我們開始看到了

澈底了解《般若經》中的「般若」思想，下文將著力在「空」這一概念的說明。

空，是梵文 śūnya 或 śūnyatā 的義釋❽。śūnya 一詞，有「空虛」(empty)、「無」(void)、「不在」(absent)、「虛無」(vain)、「不存在」(non-existent)、「不真實」(unreal)、「無分別」(indifferent)、「非實體」(nonentity) 等意思，有時也有「空間」(space)、「天空」(heaven)、「大氣」(atmosphere)、「天空中的特殊現象」(a particular phenomenon in the sky) 等意思❾。在《般若經》中，「空」這一詞，是用來形容一切事物的不真實或不存在。所謂「一切事物」，包括世間的一切實體與現象，例如外在的山、河、大地等事物，內在的感受、思想、意志等心理活動；另外，還包括超越世間（「出世間」）之解脫後的事物，例如涅槃❿等。這些，都可以在前引《大品般若經》中之十八種「空」中看出來。

_____

「空」這一用詞。其後，第三、四階段的《般若經》（150–200 年），例如《大品般若經》（即二十七卷本的《摩訶般若波羅蜜經》）、六百卷本的《大般若經》卷四〇一～五三七（即第二、三分）、《金剛般若波羅蜜經》、《般若波羅蜜多心經》等，則大談「空」理；有些經中，甚至把第二階段中單純的「空」，開展成七空、十四空、十六空、十八空、乃至二十空。到了這階段（150–200 年），「空」的道理終於在《般若經》中發展完全。這些，讀者們可以參見印順，《初期大乘佛教之起源與開展》（臺北：正聞出版社，1981 年），第十章。

❽ śūnya 一詞，通常當做形容詞用。śūnyatā 一詞，則當做名詞用；它是 śūnya 一詞的抽象名詞化。通常，後者都譯成「空性」。

❾ 參見 Sir Monier Monier-Williams, *A Sanskrit-English Dictionary*, pp. 1085a–b.

❿ 涅槃 (nirvāṇa) 一詞，有「吹熄（燈火）」、「撲滅（燈火）」、「（太陽）落下」、「平靜」、「寧靜」、「壓制」、「死亡」、「消逝」等意思。（參見 Sir Monier Monier-Williams, *A Sanskrit-English Dictionary*, p. 557b–c.）在佛經中，通常是指解脫者對於煩惱的消滅、止息。

例如，「內空」是指我人內在認識器官或認識活動——眼、耳、鼻、舌、身、意的不存在、不真實；「外空」是指認識對象——色、聲、香、味、觸、法的不存在、不真實；「第一義空」是指涅槃的不存在、不真實。因此，「空」不但否定了「世間」一切事物的存在性、真實性，也否定了像「涅槃」這類「出世間」事物的存在性、真實性。這是《般若經》最大的特色。有關這點，《大品般若經》說得非常堅定：

> 須菩提語諸天子：「我說佛道如幻、如夢，我說涅槃亦如幻、如夢。若當有法勝於涅槃者，我說亦復如幻、如夢。何以故？諸天子！是幻夢、涅槃不二不別。」❶

《般若經》中強調「世間」事物（「世間法」）與「出世間」事物（「出世間法」）都是「空」的道理，往往被誤解成是消極、悲觀的道理。事實上，依據《般若經》的內容看來，正好相反；也就是說，一切事物皆「空」的道理，是要闡揚大乘佛教積極度人的精神。「世間法」，充滿了生死輪迴的過失；超越世間的「出世間法」，則蘊涵著解脫涅槃的快樂。這一切，依《般若經》來說，都是「空」的、「無所有」的。這彷彿是一個否定一切的虛無主義 (nihilism)，彷彿是一個消極、悲觀的主張。當一個人，第一次看到《金剛經》的詩頌——「一切有為法，

---

❶ 《摩訶般若波羅蜜經》卷八，〈幻聽品〉第二八；引見《大正藏》卷八，頁二七六，中。經文中的「幻」(māyā) 與「夢」，是「空」的異名。特別是「幻」字，是在第一階段（前 50 年）的《般若經》中，就已經出現的用語。例如，《道行般若經》卷一，〈摩訶般若波羅蜜道行品〉第一，即說：「佛言：『……幻與色有異無？幻與痛癢思想生死識有異無？』須菩提報佛言：『爾天中天！幻與色無異也，色是幻，幻是色；幻與痛癢思想生死識等無異。』」（引見《大正藏》卷八，頁四二七，上）經文中的色痛癢思想生死識，是所謂色、受、想、行、識等「五蘊」的古譯。它們含括了身心一切物質的與精神的要素。

如夢、幻、泡、影，如露亦如電，應作如是觀」❷時，一定會發出《般若經》是悲觀、消極的浩嘆。但是，事實上，《般若經》的否定一切，是要闡揚「不厭生死苦、不欣涅槃樂」的菩薩情操。因為，就《般若經》看來，自私自利的「小乘」佛教徒，之所以不能放棄私心，廣度眾生，原因乃在他們害怕世間的痛苦，進而欣求解脫的快樂；也就是說，「小乘」佛教徒的特色，是他們一心一意地企圖「厭離生死過失、欣樂涅槃功德」。而其背後的原因，正是他們不能體悟一切皆「空」的道理。相反地，大乘的佛教徒——菩薩，由於澈底體悟了「空」的道理，因此，不害怕世間的痛苦，不欣求解脫的快樂，亦即，「不厭離生死過失、不欣樂涅槃功德」。有關這點，《大般若經》說得非常清楚：

> 修學甚深般若波羅蜜多，不為厭離生死過失，不為欣樂涅槃功德。所以者何？修此法者，不見生死，況有厭離；不見涅槃，況有欣樂！❸

經文中明白說到，修學「般若」的大乘菩薩們，之所以能夠不厭棄生死世間、不欣求涅槃解脫，是由於他們體悟了「空」理，以致「不見生死」、「不見涅槃」。這種不見生死、涅槃的「空」，不是消極、悲觀的「空」，而是最為積極、進取的「空」。而體悟這種「空」的大乘菩薩，自然也應該是積極、進取的。這也是龍樹（Nāgārjuna; 150–250年）在他的《大智度論》中，之所以把「菩薩」一詞解釋成「大心」的原因❹。事實上，菩薩因體悟「空」而顯發的「大心」，在《般若經》

---

❷　《金剛般若波羅蜜經》；引見《大正藏》卷八，頁七五二，中。其中，「有為法」，粗略地說，是指一切世間的事物。

❸　《大般若波羅蜜多經》卷五七四，〈第七曼殊室利分〉之一；引見《大正藏》卷七，頁九六五，上。

❹　《大智度論》卷四，在解釋「菩提薩埵」（簡稱「菩薩」）一詞時，曾說：

中處處可見。例如，《心經》即說：「菩提薩埵（即「菩薩」），依般若
波羅蜜多故，心無罣礙；無罣礙故，無有恐怖……。」❶而《大般若經》
中，說得更為清楚：

> 如是，菩薩摩訶薩修行般若波羅蜜多時，於一切法都無所見。
> 於一切法無所見時，其心不驚、不恐、不怖，於一切法心不沉
> 沒，亦不憂悔。❶

因此，我們可以把《般若經》中所說到的「空」，繪製成底下的簡
表，來說明體悟「空」的人乘菩薩，為什麼會顯發出大無畏的救度精
神來：

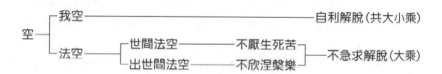

在這個簡表中，「我空」是指「自我」(ātman)，亦即個己靈魂的
「空」❶。體悟「我空」的人，依佛教的教理，是可以解脫煩惱的人。

「菩提，名諸佛道；薩埵，名或眾生，或大心。是人諸佛道功德盡欲得，
其心不可斷、不可破，如金剛山，是名大心。」（引見《大正藏》卷二五，
頁八六，上）

❶ 《般若波羅蜜多心經》；引見《大正藏》卷八，頁八四八，下。

❶ 《大般若波羅蜜多經》卷三六，〈初分教誡教授品〉第七之二十六；引見
《大正藏》卷五，頁一九九，中～下。

❶ 自我 (ātmañ) 一詞，原本是印度婆羅門教 (Brāhmanism) 的典籍，例如梵書
(Brāhmaṇas)、奧義書 (Upaniṣhad) 當中的用語。依據這些典籍的說法，每
一個生命體的內部，都藏有一「自我」(ātman)，此一「自我」與宇宙的創
造神或原理——「梵」(Brahma)，在本質上並沒有差別。這即所謂的「梵

這是大、小兩乘共同修行的「空」。另外,「法空」是指「自我」之外
的其他所有事物──「法」的空幻不實;這包括世間事物(世間法)
以及超越世間之事物(出世間法)的否定。體悟「世間法空」的菩薩,
即會「不厭生死苦」;而體悟「出世間法空」的菩薩,則會「不欣涅槃
樂」。這二者,即是大乘菩薩「不急求解脫」的精神顯發。所以,《大

我合一論」。例如, *Bṛhad-Āraṇyaka Upaniṣad*, 1.4.10,即說:「確實,在
剛剛開始,宇宙就是梵 (Brahma)。它只有自己 (ātmānam) 知道:「我就是
梵!」 (ahaṃ brahmāsi) 因此,它變成了一切。」(譯自 R. E. Hume, *The
Thirteen Principal Upanishads*, p. 83.) 引文中的「我就是梵」,被當做是「梵
我合一論」的名句。與「梵」合一的「自我」,當然具有與「梵」相同的
性質。那麼,什麼是「梵」的性質呢? *Bṛhad-Āraṇyaka Upaniṣad*, 4.1.,
曾說到它有六種「值得讚嘆」的特性;它們是:般若(智慧, prajñā)、親
愛 (priya)、真實 (satya)、無終 (ananta)、妙樂 (ānanda)、安固 (sthiti)。(參
見: R. E. Hume, *The Thirteen Principal Upanishads*, pp. 127–131.) 依照「梵
我合一」──「我就是梵」(ahaṃ brahmāsi) 的理論,這六種特性,當然也
是「自我」的性質。因此,所謂「自我」,實際上是指我人內在不朽的、
智慧的、妙樂的精神實體;亦即俗稱的「靈魂」。批判婆羅門教的釋迦以
為,我人之所以有各種煩惱,乃至流轉生死輪迴,而不得超脫,原因就在
我人像婆羅門教一樣,誤以為有個「自我」。因此,解脫的首要條件,是
體悟「我空」。例如,《雜阿含經》卷二,第四五經,即說:「愚癡無聞凡
夫,以無明故,見色是我、異我、相在,言我真實,不捨。以不捨故,諸
根增長。諸根增長已,增諸觸。六觸入處所觸故,愚癡無聞凡夫起苦、樂
覺。」(引見《大正藏》卷二,頁十一,中。)在這段經文中說到,由於「無
明」而引生「自我」的執著;由於「自我」的執著,又引生了眼、耳、鼻、
舌、身、意等六根(六種認識器官)的增長(繼續活動);由於六根的增
長,則產生了眼觸,乃至意觸等六觸(六種認識活動);最後,由於六觸,
而產生了苦、樂等感覺。因此,人生苦樂的根源,是在「自我」的執著,
亦即不能體悟「自我」的空幻不實──無明。相反地,自利解脫的方法,
則在體悟「我空」。

般若經》說：

> 然諸菩薩行深般若波羅蜜多，伏斷煩惱，久住生死，終不自為
> 速證涅槃，但為利樂諸有情故。菩薩以處生死為樂，不以涅槃
> 而為樂也。何以故？諸菩薩摩訶薩，以化有情而為樂故。……
> 是故菩薩為如是事，不厭生死、不樂涅槃。世尊！諸菩薩摩訶
> 薩，若觀生死而厭怖，欣樂涅槃，則墮非道，不能利樂一切有
> 情，通達如來甚深境界。云何非道？謂樂聲聞及獨覺地，於有
> 情類無大悲心。所以者何？聲聞、獨覺厭怖生死、欣樂涅槃，
> 不能具足福德智慧；以是義故，非菩薩道。 **⑱**

　　經文中的聲聞、獨覺，即小乘人，也稱「二乘」人。由於他們的
「厭怖生死、欣樂涅槃」，亦即急求解脫，因此屬於菩薩所不應墮入的
「非道」。經文雖不曾明說，但顯然地，小乘人與大乘菩薩之所以有這
些不同，原因乃在小乘人只體悟「我空」；而大乘菩薩不但體悟「我空」，
更重要地，他們強調「法空」。所以，《大智度論》說：「聲聞乘多說眾
生空，佛乘（即菩薩乘）說眾生空、法空。」 **⑲**

　　受到《般若經》之深刻影響的中國禪，似乎並沒有顯發出經中這
種積極度眾的菩薩精神。禪師們遁入山林，把叢林建立在深山絕崖之
中，與世隔離。他們與其說是發廣大願，主動地去度化眾生，不如說
是隨緣接眾，被動地應機說法。例如，在《六祖壇經》——一部禪宗
最重要的典籍當中，對於佛門中常見的「四弘誓願」，即把它解釋成為
一己內心煩惱的自度，而非外在眾生的普度：

---

⑱　《大般若波羅蜜多經》卷五七二，〈第六分顯德品〉第十一；引見《大正
　　藏》卷七，頁九五三，中。

⑲　《大智度論》卷四；引見《大正藏》卷二五，頁八五，中。

> 既懺悔已，與善知識發四弘誓願，各須用心正聽，自心眾生無
> 邊誓願度，自心煩惱無邊誓願斷，自性法門無盡誓願學，自性
> 無上佛道誓願成……善知識！心中眾生，所謂邪迷心、誑妄心、
> 不善心、嫉妒心、惡毒心，如是等心，盡是眾生，各須自性自
> 度，是名真度。何名自性自度？即自心中邪見煩惱愚癡眾生，
> 將正見度。既有正見，使般若智打破愚癡迷妄眾生，各各自度。❷⓿

在這段經文中，四弘誓願中的第一願──「眾生無邊誓願度」，被
加上了「自心」兩字，而成「自心眾生無邊誓願度」。然後，在說明什
麼是「自心眾生」時，把它解釋成為一己內心的種種煩惱，例如「邪
迷心」乃至「惡毒心」等等。而所謂「度」，則是依「正見」或「般若
智」，來掃除內心的這些煩惱。按照這樣看來，大乘佛法中「普度眾生」
一詞，不再是救濟心外的苦難眾生，而是掃除一己內心的煩惱。這和
《般若經》，甚至其他大乘經論，都有本質上的差異。這也許是中國禪
的創見，卻多少偏離了大乘佛法積極度眾的精神。

中國禪的「般若」精神，也許不是表現在「救度眾生」之上，而
是表現在禪師們的善待世間事物之上。禪師們視世間事物皆為美善之
「道」（佛法），這無疑地，也是《般若經》的思想❷❶。《大般若經》曾
說：「菩薩具足方便善巧，觀一切法無非是道。」❷❷依此看來，世間並
不是可厭棄的，涅槃也並不是必須急著證入的，因為世間的每一事物
都是至善至美之「道」。所以，有個和尚問大梅法常禪師說：「如何是

─────────────

❷⓿　《六祖大師法寶壇經》，〈懺悔品〉第六；引見《大正藏》卷四八，頁三五
　　四，上。

❷❶　世間事物皆為美善之「道」的說法，多分是「如來藏」思想。但也是《般
　　若經》所本有的主張。

❷❷　《大般若波羅蜜多經》卷五七二，〈第六分顯德品〉第十一；引見《大正
　　藏》卷七，頁九五三，下。

佛法大意?」法常回答說:「蒲華、柳絮、竹鍼、麻線!」❷這無非是說,美善的佛法(道),就在日常的事物當中。又有一個名叫「雪堂行」的禪師,當他看到了《圓覺經》的一句經文——「一切障礙即究竟覺」時,他不禁讚嘆地詠出了底下的詩句:「枯樹雲充葉,凋梅雪作花,擊桐成木響,蘸雪喫冬瓜。長天秋水,孤鷲落霞。」❷《圓覺經》也是一部禪師們所宗重的經典。經文的意思是告訴我人,障礙我人修行的事物,例如世間的苦難,乃至內心的煩惱等等,其實都可以助成我人走上究竟覺悟之路。而雪堂行的詩頌,明顯地暗示我人,即使是在雪地絕境之中,只要我人的心念一轉,也能夠自得其樂,做個澈底解脫的覺者。這雖多分「如來藏」(佛性)的思想(《圓覺經》屬於如來藏系的經典),卻也有幾分「般若」的影子吧?

　　中國禪善待世間事物的「般若」精神,不但表現在「一切法無非是道」的體悟上,而且還表現在尊重世間美德上。例如,《壇經》即曾說:

> 心平何勞持戒,行直何用修禪。恩則孝養父母,義則上下相憐。
> 讓則尊卑和睦,忍則眾惡無諠。若能鑽木出火,淤泥定生紅蓮。
> 苦口的是良藥,逆耳必是忠言。改過必生智慧,護短心內非賢。
> 日用常行饒益,成道非由施錢。菩提只向心覓,何勞向外求玄。
> 聽說依此修行,西方只在目前。❷

　　文中最後說到的「西方」,是指「西方極樂世界」,那是阿彌陀佛

---

❷　參見《景德傳燈錄》卷七,〈明州大梅山法常禪師〉;引見《大正藏》卷五一,頁二五四,下。

❷　參見《指月錄》卷一;《卍續藏經》卷一四三,頁○○三○,下。

❷　《六祖大師法寶壇經》,〈疑問品〉第三;引見《大正藏》卷四八,頁三五二,中~下。

說法度眾的地方。在中國，西方極樂世界或阿彌陀佛的信仰——「淨土宗」，被了解成為厭棄我人所居住的世間，所謂東方的「娑婆世界」，而祈求往生西方極樂世界，以便親近阿彌陀佛的信仰。這種信仰，多少是輕視世間的消極思想；龍樹的《十住毘婆沙論》即曾斥之為「儜弱怯劣，無有大心，非是丈夫志幹之言」的「易行道」❷❻。因此，《壇經》的作者——惠能，勸告這些厭棄世間的淨土行者，應當重視世間的固有美德，例如孝養父母、上下相憐、尊卑和睦等，而不要一味只求往生西方。

事實上，《壇經》的這段經文，是答覆韋璩刺史的疑問的。韋璩曾問惠能：「弟子常見僧俗念阿彌陀佛，願生西方。請和尚說，得生彼否？願為破疑。」❷❼上引之《壇經》中的詩頌，即是惠能對這問題的最後答覆。在這最後的答覆之前，惠能還說了許多話，這些話也都極富「般若」的意趣，因為它們都像《般若經》所說的一樣，強調尊重世間，不厭棄世間。惠能說：

---

❷❻　《十住毘婆沙論》卷五，〈易行品〉第九，曾把修行的方法分成「難行道」與「易行道」兩種。難行道是「不捨身命，晝夜精進，如救頭燃」地救度眾生；而易行道則是「念是十方諸佛，稱其名號」地安樂修行。《論》中還批評說：「若有易行道，疾得至阿惟越致地（即「不退轉地」）者，是乃怯弱下劣之言，非是大人志幹之說。」（以上皆見《大正藏》卷二六，頁四一，上～中）龍樹的易行道，原本具有貶抑、批判之意味，但是，中國淨土宗的祖師們，卻很奇怪地採用了他的這種說法，只因為他曾說過念佛法門如「水道乘船則樂」，是容易達到「阿惟越致地」（不退轉地）的「易行道」（同前書）。例如，唐・道綽的《安樂集》卷上，即說：「言易行道者，謂以信佛因緣，願生淨土……譬如水路，乘船則樂，故名易行道也。」（引見《大正藏》卷四七，頁一二，中）

❷❼　《六祖大師法寶壇經》，〈疑問品〉第三；引見《大正藏》卷四八，頁三五二，上。

迷人念佛往生於彼，悟人自淨其心。所以佛言：「隨其心淨，即佛土淨。」使君東方人，但心淨即無罪；雖西方人，心不淨亦有愆。東方人造罪，念佛求生西方；西方人造罪，念佛求生何國？凡愚不了自性，不識身中淨土，願東願西；悟人在處一般。……使君心地但無不善，西方去此不遠。若懷不善之心，念佛往生難到。❷⓼

在這段被解釋為批判淨土信仰的經文中，說到了「佛言：『隨其心淨，即佛土淨。』」一句，這是《維摩詰經》，〈佛國品〉第一當中的經文❷⓽。這部經是屬於「文殊法門」當中的典籍，與《般若經》同一思想來源❸⓪。而《壇經》不只一次地引用到它❸①，這可見它與《維摩詰經》的關係，也可見它與《般若經》的淵源。《維摩詰經》的「般若」

---

❷⓼　同上。

❷⓽　原經全句是：「若菩薩欲得淨土，當淨其心。隨其心淨，則佛土淨。」（引見《大正藏》卷一四，頁五三八，下）

❸⓪　《維摩詰經》以維摩詰居士為主角，但文殊師利菩薩卻佔有極其重要之地位，經中更有〈文殊師利問疾品〉（第五品），專章描述文殊與維摩詰之間的論辯。因此，印順的《初期大乘佛教之起源與開展》，第十二章〈文殊師利法門〉中，將本經列在其中。依印順，文殊法門與般若法門是同一思想來源；他說：「在初期大乘經中，『文殊法門』與『般若法門』同源（於『原始般若』），而有了獨到的發展。以語句來說，『皆依勝義』，『但說法界』（近於禪者的專提向上）。」（引見《初期大乘佛教之起源與開展》，臺北：正聞出版社，1981年，頁九三七）又說：「文殊師利菩薩的法門，一向都是以為說『空』的；如古代三論宗的傳承，就是仰推文殊為遠祖的。」（同前書，頁九四〇）這可見《維摩詰經》與「般若法門」的密切關係。

❸①　例如〈般若品〉第二即說：「《淨名經》云：『即時豁然，還得本心。』」（引見《大正藏》卷四八，頁三五一，上）其中，《淨名經》即《維摩詰經》的別稱。

思想，特別表現在其「不厭世間苦，不欣涅槃樂」的救度精神。經中的主角是一位不拘小節的在家菩薩——維摩詰（淨名）。傳說他早已成佛，名叫「金粟如來」，但是為了度化眾生，而示現為臥病居士；例如，隋·吉藏的《淨名玄論》即說：「淨名、文殊皆往古如來，現為菩薩。如《首楞嚴》云：『文殊為龍種尊佛。』《發迹經》云：『淨名即金粟如來。』」❸❷而依照經文看來，維摩詰也確實是一位熱愛世間、關懷眾生的菩薩。例如，經文說他：「入治政法，救護一切」，乃至「入諸婬舍，示欲之過；入諸酒肆，能立其志」❸❸。為了眾生，這豈止是「不厭世間」，簡直是「不畏惡名」！經文又說：「其以方便，現身有疾。以其疾故，國王、大臣、長者、居士、婆羅門等，及諸王子，并餘官屬，無數千人，皆往問疾。其往者，維摩詰因以身疾，廣為說法。」❸❹這是說明他示現疾病的目的。而他自己解釋他之所以生病的原因：「從癡有愛，則我病生。以一切眾生病，是故我病。若一切眾生病滅，則我病滅。所以者何？菩薩為眾生故入生死，有生死則有病。若眾生得離病者，則菩薩無復病。」❸❺讀了這幾段經文，我人不得不承認維摩詰深深染有「不厭世間苦、不欣涅槃樂」的「般若」思想。而一再引用《維摩詰經》的《壇經》，能夠不受這種「般若」思想的感召嗎？

熱愛世間、善待世間的另一特色，是不談怪力亂神；這在《壇經》當中，也充分表現出來。《壇經》中幾乎沒有神話，這特別是從比較古老的敦煌本《壇經》❸❻，更可以看出這一特色。這種「人文主義」

---

❸❷　《淨名玄論》卷二；引見《大正藏》卷三八，頁八六六，中。

❸❸　《維摩詰所說經》卷上，〈方便品〉第二；引見《大正藏》卷一四，頁五三九，上。

❸❹　同上，中。

❸❺　同上，卷中，〈文殊師利問疾品〉第五；引見《大正藏》卷一四，頁五四四，中。

(humanism) 的特色，也多分是《般若經》的特色；比起其他的大乘經
典來說，《般若經》的怪力亂神，已降到了最低水平。《壇經》的這一
「人文主義」精神，還可以從底下這段經文看出來；在這段經文中，
已經在其他大乘經典中神格化了的佛菩薩們，卻在《壇經》中恢復了
祂們的人文本色：

> 慈悲即是觀音，喜捨名為勢至，能淨即釋迦，平直即彌陀。人
> 我是須彌，貪欲是海水，煩惱是波浪，毒害是惡龍，虛妄是鬼
> 神，塵勞是魚鱉，貪瞋是地獄，愚癡是畜生。善知識！常行十
> 善，天堂便至。除人我，須彌倒。去貪欲，海水竭。煩惱無，
> 波浪滅。毒害除，魚龍絕。㊲

中國禪的「般若」精神，不僅表現在它的視世間事物為美善之「道」
乃至尊重世間美德的人文主義之上，而且，更重要地，還表現在遣蕩
任何對立概念，而達到不落入世間任何固定形式、固有價值的灑脫、
自在的境界。底下的一則「公案」㊳，正可說明這點：

㊱ 所謂「敦煌本《壇經》」，是指 1907 年英國斯坦因爵士 (Sir Aurel Stein)，
在敦煌洞窟中所發現的《壇經》，全名是《南宗頓教最上大乘摩訶般若波
羅蜜經六祖惠能大師於韶州大梵寺施法壇經》。一般相信，這是現存最古
老的《壇經》版本。參見印順，《中國禪宗史》，臺北：正聞出版社，1978
年，第六章。

㊲ 《六祖大師法寶壇經》，〈疑問品〉第三；引見《大正藏》卷四八，頁三五
二，中。

㊳ 公案，原是官府之案牘，亦即律令。禪師們用以比喻歷代祖師對弟子之教
化、垂示。這些教化、垂示，就如官府之律令，可以斷是非、判迷悟，因
此禪師們繼續沿用它們，作為教導弟子之指南，所以稱為「公案」。三教
老人的〈碧巖錄序〉即曾說：「嘗謂祖教之書，謂之公案者，倡於唐而盛
於宋，其來尚矣。二字乃世間法中吏牘語。」（引見《大正藏》卷四八，頁

> （疎山匡仁禪）師聞福州大潙安和尚示眾曰：「有句、無句，如
> 藤倚樹。」師特入嶺到彼，值潙泥壁，便問：「承聞和尚道：有
> 句、無句，如藤倚樹。是否?」潙曰：「是。」師曰：「忽遇樹倒
> 藤枯，句歸何處?」潙放下泥盤，呵呵大笑，歸方丈。❸

　　在這則「公案」中，大潙安（福州長慶大安禪師）的話——「有
句、無句，如藤倚樹」，象徵著存有矛盾、對立的世間。在這種矛盾、
對立的世間中，有是與非、善與惡、美與醜、長與短，乃至「有」與
「無」的衝突。而這些矛盾、對立的事物，就像青藤倚靠著綠樹生長
一般，彼此是互相資助、增上的；也就是說，「是」因「非」而顯其為
「是」，「非」也因「是」而增其為「非」，乃至「有」與「無」亦如此。
因此，就《般若經》一切皆「空」的道理，世間的真象，沒有真正的
是非對立，乃至沒有真正的有無矛盾。一個人，如果體悟了這種矛盾、
對立的不真實性——「空」或「般若」，即是體悟事物之真象（所謂「諸
法實相」）的人，也是達到「樹倒藤枯」、一切煩惱永斷的解脫者。這
種解脫者的心思與行為，既然不落入世間一切固定的形式或價值判斷
當中，自然是「空」的、無法用語言文字描述的，亦即《般若經》中
所謂「不可說、不可說」的。潙山的呵呵大笑，卻不言不語，不正表
現這種文句無所「歸」的境界嗎？

　　潙山的遣蕩有無，即達到句無所歸的解脫境界，是有所本的；因
為，《壇經》曾經這麼說：

> 摩訶般若波羅蜜是梵語，此言大智慧到彼岸。……何名摩訶？
> 摩訶是大。心量廣大，猶如虛空，無有邊畔。亦無方、圓、大、
> 小，亦非青、黃、赤、白，亦無上、下、長、短，亦無瞋、無

　　一三九，中～下）

❸　《指月錄》卷一八；引見《卍續藏經》卷一四三，頁〇四〇四，下。

喜，無是、無非、無善、無惡，無有頭、尾。……善知識！莫聞吾說空，便即著空。第一莫著空，若空心靜坐，即著無記空。善知識！世界虛空能含萬物色像，日、月、星宿、山、河、大地、泉源、谿澗、草木、叢林、惡人、善人、惡法、善法、天堂、地獄、一切大海、須彌諸山，總在其中。世人性空，亦復如是。善知識！自性能含萬法，是大。萬法在諸人性中。若見一切人，惡之與善，盡皆不取、不捨，亦不染著，心如虛空，名之為大。故曰摩訶。……善知識！凡夫即佛，煩惱即菩提。前念迷即凡夫，後念悟即佛。前念著境即煩惱，後念離境即菩提。善知識！摩訶般若波羅蜜最尊、最上、最第一！ **❹**

在這段經文中，雖然含有《般若經》之外的思想要素**❹**，但是，主要的還是《般若經》中「空」的思想。就《般若經》中的「空」義來說，如幻的事物，都無法給以任何正面的描述；因為，對於一個不存在或不真實的事物，說它是方、是圓、是大、是小，乃至有頭、無頭，都是沒有意義的**❹**。這段經文也許並不蘊涵這樣精深的「空」義，

---

❹ 《六祖大師法寶壇經》，〈般若品〉第二；引見《大正藏》卷四八，頁三五〇，上～下。

❹ 例如經文「自性能含萬法，是大。萬法在諸人性中」乙句，應屬《楞伽經》系統之「如來藏」（佛性）思想。如來藏思想的特色之一是，以為宇宙中的萬事萬物，都是我人之心性（亦即《壇經》中所說之「自性」、「人性」）所生。這是某一種意義的「唯心論」（idealism）。

❹ 《大品般若經》（即《摩訶般若波羅蜜經》）卷四，〈幻學品〉第十一，曾有一段問答：「佛告須菩提：『於汝意云何？幻，有垢、有淨不？』（須菩提言：）『不也，世尊！』（佛言：）『須菩提！於汝意云何？幻，有生、有滅不？』（須菩提言：）『不也，世尊！』」（引見《大正藏》卷八，頁二三九，下）從這段經文可以知道，一個如「幻」（魔術；māyā）的東西，亦即不真實的東西，我們是不能說它「垢」或「淨」，乃至「生」或「滅」的。就這

它真正要告訴我人的是，透過任何對立、矛盾概念的遣除，我人可以達到不拘於固定之教條，不落入僵硬之價值判斷的解脫境界，這就是「摩訶般若波羅蜜」。顯然，這種意義的「般若」，不是《般若經》中一再強調的「不厭生死苦、不欣涅槃樂」的積極精神，而是追求一己心量之廣大、自在，不為是非、善惡等世間俗務束縛、侵擾的解脫境界。然而，無疑地，這雖然不是《般若經》的全部思想，卻不能不說是《般若經》另一思想的闡發。

以上是著重在「般若」或「空」的功能介紹，並且，主要是透過《壇經》這部禪宗最重要的典籍，來說明《般若經》與中國禪的思想淵源。本節剩下的篇幅，將用來進一步解釋有關「般若」的另一問題，那就是：「空」的定義是什麼？這一問題的回答，也許並不是了解中國禪所直接需要的，但是，由於它和前文「空」的功能，構成了「空」的完整了解，因此，相信也能間接幫助我們了解中國禪的本質。

前文說過，「空」這一詞的字面意義是「無」、「不存在」、「不真實」。現在的第一個問題是：為什麼世間的一切事物都是「空」的，亦即「不存在」、「不真實」的？對於這個問題，《大品般若經》曾回答說：「一切諸法中，定性不可得，但從和合因緣起法，故有名字諸法。」❸經文

個意義而言，《般若經》中才會常常出現類似「不垢、不淨」、「不生、不滅」之類的文句。有關這點，穆諦 (T. R. Murti) 曾舉了一例來說明，他說：「3 與 4 之間的整數」是不存在的，亦即如「幻」的，「空」的，因此，不管我們肯定地說「3 與 4 之間的整數是質數」，或否定地說「3 與 4 之間的整數不是質數」，都是錯誤的。（參見 T. R. Murti, *The Central Philosophy of Buddhism*, p. 147.）就這一意義來看，西洋邏輯中的「排中律」(The Law of Excluded-middle)，——亦即，任何一個語句，要嘛是肯定的成立，要嘛是否定的成立，在《般若經》中是不成立的。（參見楊惠南，〈龍樹的《中論》用了辯證法嗎?〉；《臺大哲學論評》第五期，臺北：國立臺灣大學哲學系，民國七十一年，頁二五三～二八〇。）

的意思是：一切事物，由於都是由各種條件（所謂「因緣」）所組合而成的，其中沒有不變的真實性質（所謂「定性」），因此，這些事物的存在，都僅僅是名字的存在，而不是真實的存在。顯然，經文指出事物之所以「空」或「不存在」、「不真實」的原因，是在它們都沒有不變的真實性質——「定性」；而且，它們之所以沒有「定性」，是由於它們都是由各種「因緣」（條件）所組合而成。有關這點，同經卷二二，有更詳細的說明，在這段經文中，「定性」被改成了「自性」：（注意：此處的「自性」，和前引《壇經》文中的「自性」、「人性」不同。）

佛言：「……若法自性無，是名無法。……」（須菩提言：）「世尊！何因緣故，諸法自性無？」佛言：「諸法和合因緣生，法中無自性。若無自性，是名無法。以是故，須菩提！菩薩摩訶薩當知一切法無性。何以故？一切法性空故。以是故，當知一切法無性。」**㊹**

這段經文的論證是：因為事物都是「因緣生」的，亦即由各種條件所組合而成的，所以事物都是「無自性」（自性無、性空、無性）的，亦即沒有自己不變之性質的；而且，因為事物都是「無自性」的，所以事物都是「無（法）」、「空」。明顯地，一般所謂「一切事物都是空的」這一句話，是指事物之「自性」的不存在或不真實，而其原因則是「因緣生」。換句話說，《般若經》的「空」，所要否定的是事物的「自性」。有關這點，可以從龍樹的《中論》，得到旁證；《中論》說：「眾因緣生法，我說即是無，亦為是假名，亦是中道義。未曾有一法，不從因緣生，是故一切法，無不是空者。」**㊺**在這兩首（四句一首）有名

<hr>

㊸　《摩訶般若波羅蜜經》卷二六，〈淨土品〉第八二；引見《大正藏》卷八，頁四〇七，下。

㊹　同上，卷二二，〈道樹品〉第七一；引見《大正藏》卷八，頁三七八，上。

的詩頌當中，龍樹把「（眾）因緣生」(pratītya-samutpanna)、「無」（又譯為「空」；śūnyatā)、「假名」(prajñāp-ti)、以及「中道」(madhyamāpratipad) 等四詞，看作是同義語。其中，「假名」又譯為「施設」，原文有「教導」(teaching)、「報告」(information)、「指示」(instruction)、「約定」(agreement) 等幾個意思 ㊻。指的是人與人間，透過共同的默契或「約定」，而利用語言文字（所謂「假名」，假借名字），來傳達某一事物或思想的意思。依《般若經》或《中論》，在這種傳達過程當中，被傳達的思想或事物，並不預設它的存在，相反地，是完全不存在的、「空」的。例如，當我人說：「孫悟空是一隻會說話的猴子」時，我們並沒有預設「孫悟空」一詞的背後，確實有一真實的猴子與之對應。也就是說，「孫悟空」一詞，只是《西遊記》的作者，與《西遊記》的讀者之間的一個默契或「約定」（假名），透過這一默契或約定，作者與讀者之間，或讀者與讀者之間，可以傳達某些內心的思想或意見，例如說牠是一隻猴子等等。《般若經》或《中論》，不但認為像「孫悟空」這樣一個通俗小說的名字，是「假名」（約定），而沒有真實性，而且，其他一切的名詞，也都僅僅是「假名」（約定），而沒有真實性。而其原因則是：一切事物都是由各種條件所組成的——「因緣生」。

事物都是「因緣生」的，所以，事物都僅僅是「假名」（僅僅是名字上約定為「有」），亦即都是「空」（無）的；《中論》又把這個道理，稱之為「中道」。中道，是不偏不倚的中庸之道。所謂不偏不倚，是指不偏於「（實）有」，也不偏於「（實）空」。說它不偏於「有」，因為它的「有」只是像「孫悟空」一詞一樣「約定」（假名）為有，而不是真有。反之，說它不偏於「空」，因為我們又可以「約定」（假名）它為

㊺　《中論》卷四，〈觀四諦品〉第十八、十九頌；引見《大正藏》卷三〇，頁三三，中。

㊻　參見 Sir Monier Monier-Williams, *A Sanskrit-English Dictionary*, p. 659a.

有，來傳達我人內心對它的意見或思想。因此，「空」（無）、「假名」、和「中道」這三詞，不過是事物一體的三面，實際是三個同義語。有關這點，青目 (Piṅgala) 在注釋《中論》時，有很詳細的說明：

> 「眾因緣生法，我說即是空。」何以故？眾緣具足，和合而物生。是物屬眾因緣，故無自性；無自性，故空。空亦復空，但為引導眾生故，以假名說。離有、無二邊故，名為中道。是法無性，故不得言有；亦無空，故不得言無。若法有性相，則不待眾緣而有；若不待眾緣，則無法。是故無有不空法。❹

在這段注釋當中，最值得注意的是「空亦復空」乙句。原句是作為「假名」一詞的說明。亦即，由於「空」也是不真實存在的，因此佛、菩薩可以在一種默契或約定（假名）之下，用語言文字來引導眾生走向解脫之道。「空」也是「空」（不真實存在），即是前引《大品般若經》中所說的「空空」（十八空之一），也是前引《壇經》中之「莫著空」，或著「無記空」。龍樹曾經注釋「空空」說：

> 問曰：「空與空空有何等異？」……答曰：「空破一切法，唯有空在。空破一切法已，空亦應捨。以是故，須是空空。復次，空緣一切法，空空但緣空。如一健兒破一切賊，復更有人，能破此健人；空空亦如是。又如服藥，藥能破病；病已得破，藥亦應出。若藥不出，則復是病。以是，空滅諸煩惱病，恐空復為患，是故以空捨空，是名空空。……」❹

文中，「空緣一切法，空空但緣空」乙句，是說：「空」以一切事

---

❹　同注❹。

❹　《大智度論》卷三一，〈釋初品中十八空義〉第四八；引見《大正藏》卷二五，頁二八八，上。

物為否定的對象，而「空空」則以「空」為否定的對象。總之，《般若經》及《中論》裡的「空」，是否定一切的「空」——包括世間法、出世間法，乃至「空」本身的否定。那是無所不空的「空」。

從以上的說明，我人知道，「空」的字面意義是「無」、「不存在」、「不真實」，而其所要否定的是一切事物的「自性」。因此，「空」又被了解成為「無自性」。問題是：什麼是「自性」？前文曾經簡略地解釋說，「自性」是指事物內在之真實性質。現在，我們再從它的字義，加以分析，相信這是有助於了解「空」的。梵文的「自性」——svabhāva，是由 sva 與 bhāva 兩字組成的。sva，有「自己」(one's own, one's self)、「我」(ego)、「靈魂」(soul)，甚至「自我」(ātman) 等意思❹。而 bhāva，則有「存在」(existing)、「實存」(being)、「真實性」(reality)、「性質」(nature) 等意思❺。因此，所謂「自性」，是指事物自己內在之真實性質，相似於西方哲學所說的「實體」(substance) 或「物自體」(thing-in-itself)。而所謂的「無自性」(niḥsvabhāva 或 asvabhāva)，是事物自己內在真實性質的否定——「實體」或「物自體」的否定。

「空」就是「自性」的否定——「無自性」，這是上文所說的。問題是，事物為什麼是「無自性」的？答案當然是「因緣生」。依照《般若經》或龍樹的想法，事物內在之真實性質——「自性」的存在，必須預設事物的絕對獨立，而不依靠其他條件（因緣）的助成。也就是說，如果事物的存在，是有條件（因緣生）的，那麼它就不是絕對的存在，因而也就沒有真實存在的內在性質。有關這點，前引《中論》的兩首詩頌，以及青目的注釋，都說得非常清楚；而龍樹在他的另一作品——《迴諍論》中，也這樣說：

---

❹　參見 Sir Monier Monier-Williams, *A Sanskrit-English Dictionary*, p. 1275a.

❺　*Ibid.*, p. 754a–b.

以何義故，知因緣生法無自體？若法一切皆因緣生，則一切法
皆無自體。法無自體，則須因緣；若有自體，何用因緣？若離
因緣，則無諸法。若因緣生，則無自體。以無自體，故得言空。**❺¹**

　　文中的「自體」，是「自性」的異譯**❺²**。在這段引文中，再一次地
告訴我人，因緣生的事物，不是絕對存在的事物，因此也就沒有「自
性」；就這個意義來說，一切事物都是「空」的。因此，「空」並不是
「虛無主義」(nihilism)，因為它並沒有否定「自性」之外的其他東西。
事實上，龍樹在他的《迴諍論》中，明白地說到事物雖然是「空」的，
但卻仍然有它們的功用；甚至連「空」這一詞——它本身是「空」的
（「空空」），也有它的功用**❺³**。

---

❺¹　《迴諍論》，〈釋上分〉第四；引見《大正藏》卷三二，頁一八，上。

❺²　參見 Kamaleswar Bhattacharya, *The Dialectical Method of Nāgārjuna*
(*Vigrahavyāvartanī*), Delhi: Motilal Banarsidass, 1978, p. 17.

❺³　《迴諍論》，〈釋上分〉第四說，當我人說出「空」這一詞時，由於用到了
「咽喉脣舌齒根斷鼻頂等諸處」，因此，「空」這一詞也是「因緣和合法」，
亦即，「空」這一詞也是「無自體」、「空」的。（參見《大正藏》卷二二，
頁一七，下。）「空」這一詞雖然也是「無自體」、「空」的，但是，它卻有
它的「受用」，亦即功能作用。這就像世間的「輿（車子）、瓶、衣蕃（衣
服）等諸物」，雖然都是「空」的（「因緣生」的關係），但卻有運載「薪
草」（輿）、盛裝「水蜜乳」（瓶），乃至防禦「寒熱風」（衣蕃）等功能作
用一樣（參見《大正藏》卷三二，頁一八，上）。那麼，「空」這一詞的功
能作用（受用）是什麼呢？龍樹說：是「告訴我人」(jñāpayati) 一切事物
都是沒有「自體」（自性）的。（參見 K. Bhattacharya, *The Dialectical Method
of Nāgārjuna* (*Vigrahavyāvartanī*), p. 42.) 從《迴諍論》的這些觀點，我人
可以肯定地說，《般若經》或龍樹所說的「空」，雖然否定了一切事物的「自
性」（自體），但卻不否定事物的功能作用（受用）。因此，「空」並不一定
是「虛無主義」。

　　也許，我們可以簡單地歸納前文所說的內容，來作為本節的結束了：中國禪，特別是唐以後的中國禪——所謂「南禪」，受到《般若經》的深刻影響。《般若經》的中心主題是「一切事物都是空」（諸法皆空）；而一切事物，包括世間的生死輪迴之苦，出世間的解脫涅槃之樂，甚至還包括「空」自己——所謂「空空」。這樣的「空」，是要闡揚「不厭世間苦、不欣涅槃樂」的積極精神。但是，中國禪，並沒有吸收《般若經》中這一方面的思想要素，仍然走入山林生活的自度之路。中國禪吸收了《般若經》另一方面的精神，那就是：善待世間事物、尊重世間德性，乃至遣蕩一切矛盾、對立，而表現出視世間一切皆為美善，乃至不落入固定形式、固定價值判斷的自在精神❺。

　　禪師們有些是沒有受過高深教育的（如第六代祖師惠能），有些是潛心修行的，以致思辨性的佛教哲學涉入甚少，後代更有排斥經論、輕視哲理的趨勢❺，因此，什麼是「空」？乃至「空」與「無自性」、

---

❺　有關這點，前文說得很多，目前則可以歸結到《六祖大師法寶壇經》〈般若品〉第二當中的一首詩頌：「佛法在世間，不離世間覺，離世覓菩提，恰如求兔角」（引見《大正藏》卷四八，頁三五一，下。）這首詩頌很像龍樹《中論》卷四，〈觀四諦品〉第二十四當中的第十頌：「若不依俗諦，不得第一義；不得第一義，則不得涅槃。」（引見《大正藏》卷三〇，頁三三，上）它們的本意，都在勸告我人不要忽視世俗的事務；因為事俗的道理，是獲得究竟道理的基礎。像這種尊重世間道理、事物的精神，在《般若經》中也是隨處可以找到的。例如，《大品般若經》（《摩訶般若波羅蜜經》）卷二六，〈淨土品〉第八十二，即有底下的一段經文：「一切法亦是菩薩摩訶薩道。須菩提！於汝意云何？頗有法菩薩所不學，能得阿耨多羅三藐三菩提不？須菩提！無有法菩薩所不應學者。何以故？若菩薩不學一切法，不能得一切種智。」（引見《大正藏》卷八，頁四〇七，中）

❺　後期禪宗的排斥經論、輕視哲理——所謂「慢經、慢教」，請參見印順，《中國禪宗史》，臺北：正聞出版社，1978 年，頁三三一～三四五。

「因緣生」等概念之間的關係，甚少受到禪師們的深思、反省。這些雖是《般若經》乃至像龍樹這樣的佛教學者所重視的，但是，卻沒能在禪宗的文獻中佔有一席地位。

㈡佛性的中心思想

影響中國禪的第二個佛教思想，是「佛性」的思想；這不管是「南禪」或「北禪」，都是這樣。在印度，闡揚「佛性」的經論，和《般若經》一樣的多❺❺。但是真正影響到中國禪的，在早期，是四卷本的《楞伽經》❺❼及《大般涅槃經》。在唐以後，又增加了《楞嚴經》、《圓覺經》、乃至《大乘起信論》之類的經論；它們都被認為是成立於中國的佛教文獻❺❽。其中，四卷本的《楞伽經》，被看做是梁·初祖菩提達摩一直到唐·五祖弘忍之間的「心印」❺❾。本節不打算對這些經論做詳細的

---

❺❺ 例如，在經典方面有《勝鬘夫人所說經》、《大方等如來藏經》、《不增不減經》、《大般涅槃經》、《如來興顯經》、《央掘魔經》、《大法鼓經》、《央掘魔羅經》、《大乘密嚴經》等等。而在論典方面，則有《究竟一乘寶性論》（堅慧造）、《佛性論》（世親造）、《大乘法界無差別論》（堅意造）等等。

❺❼ 四卷本的《楞伽經》，是指劉宋·求那跋陀羅所譯的《楞伽阿跋多羅寶經》。另外，元魏·菩提流支也譯有《入楞伽經》，十卷；唐·實叉難陀又譯有《大乘入楞伽經》，七卷。後二本，也通稱《楞伽經》。下文若無註明，「四卷本《楞伽經》」一律省語為「《楞伽經》」。

❺❽ 《楞嚴經》，全名是《大佛頂如來密因修證了義諸菩薩萬行首楞嚴經》，十卷，傳說是唐·般刺密帝所譯。《圓覺經》，全名是《大方廣圓覺修多羅了義經》，一卷，傳說是唐·佛陀多羅譯。《大乘起信論》，一卷，傳說是印度·馬鳴菩薩所造，梁·真諦所譯。這些經論，古來即有人懷疑其真偽；今日學界也一致認為是中國人所偽造。參見：張心澂，《偽書通考》，香港：友聯出版社，頁一二七五～一二八四，頁一三〇五～一三〇八。又見：望月信亨，《佛教經典成立史論》，京都：法藏館，昭和五三年，後編，第十章〈如來藏並密教關係疑偽經〉第二、三節（頁四九三～五一九）。

介紹（我們將在底下適當的地方，比較詳細地討論它們），只想對「佛性」的思想，做一通盤的考察；這必定有助於我人了解中國禪的特質。

「佛性」，是印度梵文 buddhatā 或 buddhatva 的義譯。前者，是「佛」(buddha) 一詞的抽象名詞化；而「佛」，是覺悟者的意思。後者，有「佛」之「條件」(condition) 或「階級」(rank) 的意思 ❻。北本《大般涅槃經》❻卷二七說：「佛性者，即是一切諸佛阿耨多羅三藐三菩提中道種子。」❻又說：「一切眾生定得阿耨多羅三藐三菩提故，是故我說一切眾生悉有佛性。」❻這都說明了「佛性」一詞，是成佛之動力或因素；而這種成佛之動力或因素，是每一個眾生都具備的 ❻。

---

❺ 例如，《景德傳燈錄》卷六，〈江西道一禪師〉，即說：「達磨大師從南天竺國來，躬至中華，傳上乘一心之法，令汝等開悟。又引《楞伽經》文，以印眾生心地。」（引見《大正藏》卷五一，頁二四六，上）。

❻ 參見 Sir Monier Monier-Williams, *A Sanskrit-English Dictionary*, Delhi: Motilal Banarsidass, 1970, p. 733b.

❻ 所謂「北本《大般涅槃經》」，是指北涼・曇無讖所譯之四十卷本。其後，劉宋・慧嚴、慧觀、謝靈運等，又加以修改，而成三十六卷本，也稱為「南本《大般涅槃經》」（因為慧嚴等皆南朝人氏的緣故）。下文若無註明，「《涅槃經》」一詞將指「北本《涅槃經》」。

❻ 《大般涅槃經》卷二七，〈師子吼菩薩品〉第十一之一；引見《大正藏》卷一二，頁五二三，下。

❻ 同上，頁五二四，中。

❻ 在這兩段引文中，都出現了「阿耨多羅三藐三菩提」(anuttarasamyak-sambodhi) 一詞；而第一段引文，還出現了「中道」一詞。前者，一般義譯為「無上正等正覺」或「無上正遍知」。它是指成佛以後所顯發出來之至高無上的智慧。而「中道」，原經解釋說：「道有三種，謂下、上、中。下者，梵天無常，謬見是常。上者，生死無常，謬見是常；三寶是常，橫計無常。……諸佛菩薩所修之道不上不下，以是義故，名為中道。」（引見《大正藏》卷一二，頁五二三，下）因此，「中道」是指遠離「常」（永恆）

　　所謂「佛性」是「每一個眾生都具備」，意味著連那些罪大惡極的「一闡提」也具備，因此也可以成佛。例如，《涅槃經》說：

> 我常宣說一切眾生悉有佛性，乃至一闡提等亦有佛性。一闡提等無有善法；佛性亦善，以未來有故，一闡提等悉有佛性。何以故？一闡提等定當得成阿耨多羅三藐三菩提故。❻❺

　　經文中提到的「一闡提」，乃梵文 icchantik 或 ecchantika 的音譯。依《涅槃經》，它有「不具信」（信不具）、「修善方便不具」、「進不具」、「念不具」、「定不具」、「慧不具」、「無常善不具」等等意思❻❻。總之，

與「無常」（不永恆）等等兩極端的錯誤見解，而走向澈底解脫的修行方法。而「佛性」，正是獲得「阿耨多羅三藐三菩提」（佛智）或走向澈底解脫之「中道」的「種子」（動力或因素）。

❻❺　《大般涅槃經》卷二七，〈師子吼菩薩品〉第十一之一；引見《大正藏》卷一二，頁五二四，下。

❻❻　《大般涅槃經》卷二六，〈光明遍照高貴德王菩薩品〉第十之六，說：「一闡名信，提名不具；不具信故，名一闡提。……一闡名善方便，提名不具；修善方便不具足故，名一闡提。……一闡名進，提名不具；進不具故，名一闡提。……一闡名念，提名不具；念不具故，名一闡提。……一闡名定，提名不具；定不具故，名一闡提。……一闡名慧，提名不具；慧不具故，名一闡提。……一闡名無常善，提名不具；以無常善不具足故，名一闡提。」（引見《大正藏》卷一二，頁五一九，上。）其中，「不具信」是指信心（宗教的情操）不具備。「修善」，是指後天習得之善行、善心；因此，「修善方便不具足」，是指後天習得之善心、善行還不足夠。一般說，「修善」是對應於「性善」而言；「性善」是指眾生本性之善，亦即「佛性」。其次，「進不具」是指不夠「精進」（勤奮修習）。「念」即心念，特別指對善法，例如佛、法、僧等的念念不忘；因此，「念不具」是指善念不具備。「定」是禪定，集中心志於一處（以便思考真理）的意思；「定不具」是指這種集中精神的工夫還沒具備。「慧」是特指可以令我人解脫的智慧；這種智

是指那些「斷善根」的眾生 **⑰**。

　　受到「佛性」思想影響的中國禪，在這一方面，表現得相當清楚。例如，曾經與無盡藏比丘尼討論過《涅槃經》義的六祖惠能 **⑱**，在初次參見五祖弘忍時，就曾以「佛性」的思想，反駁弘忍罵他不堪作佛；惠能說：「人雖有南北，佛性本無南北。獦獠身與和尚不同，佛性有何差別？」 **⑲**

　　六祖惠能後，「眾生皆有佛性」的思想，更進一步被理解為「眾生本來是佛」。也就是說，「佛性」的思想，在印度的經論中，原本只說到眾生成佛的內在動力或因素，這是就「因」上說的，並沒有在「果」上強調眾生（不必修行就）已經是佛；但是，惠能後的禪師們，卻處

　　　慧不具備，即稱「慧不具」。「無常善」（不永恆之善）是相對於「常善」（永恆之善）來說的，其間的關係類似「修善」與「性善」之間的關係（參見下注）。因此，「無常善不具足」是指後天習得的那些有變化、不永恆的善心、善行還不完備的意思。

⑰　《大般涅槃經》卷二六，〈光明遍照高貴德王菩薩品〉第十之六，曾說：「何等名為一闡提耶？謂斷善根。」（引見《大正藏》卷一二，頁五一八，上。）在這裡，有一問題：一闡提既然是指「斷善根」的眾生，為什麼他們仍然有成佛的動力或因素——「佛性」？《涅槃經》為了回答這一問題，曾把「善」分成「常」與「無常」兩種，並說：「常者不斷，無常者斷。無常可斷，故（一闡提）墮地獄；常不可斷……。」（同前書，頁五一八，中。）因此，一闡提所斷之善根，是指「無常」之善根，而不是「常」之善根；後者指的是佛性。

⑱　參見《六祖大師法寶壇經》，〈機緣品〉第七；《大正藏》卷四八，頁三五五，上。

⑲　《六祖大師法寶壇經》，〈行由品〉第一；引見《大正藏》卷四八，頁三四八。經文中的「獦獠」，在許多不同的版本中，也作「獦獠」。（例如，臺北：慧炬出版社，1976 年再版之《六祖壇經流行本敦煌本合刊》，頁八，即做「獦獠」。）那是古代對邊地少數民族的侮辱性稱呼。

處強調眾生（不必修行就）已經是佛的思想。例如，有一首名叫「南宗讚」的「五更調」，相信是惠能的徒弟──神會所作❼，它的第一段即說：

> 一更長，如來智慧心中藏。不知自身本是佛，無明障蔽自荒忙。了五蘊，體皆亡。滅六識，不相當。行住坐臥常作意，則知四大是佛堂。❼

在這首「五更調」中，明白說到「自身本是佛」、乃至組成我人身心的元素，──地、水、火、風等「四大」，就是供奉著佛陀的「佛堂」。

又如，臨濟義玄禪師──他是惠能之後最重要的禪師之一，也曾經這樣說：

> 如今學者不得，病生甚處？病在不自信處。你若自信不及，即便忙忙地，徇一切境。被他萬境回換，不得自由。你若能歇得念念馳求心，便與祖佛不別。你欲識得祖佛麼？只你面前聽法底是！❼

我們特別注意後面兩句：臨濟告訴他的徒弟們，聽他說法的人──徒弟們，就是「祖佛」。臨濟的話，和另一禪師──大珠慧海的話，有

---

❼　有兩首〈五更調〉，已經確定是神會的作品，收錄在胡適校訂的《神會和尚遺集》，臺北：中央研究院胡適紀念館，1968 年，頁四六○，下。目前這首名叫〈南宗讚〉的〈五更調〉，胡適懷疑它是神會的作品（參見胡適校，《神會和尚遺集》，頁四七九），但是，不管它是不是神會的作品，從它的標題──〈南宗讚〉看來，它是南宗的作品絕無疑問。

❼　引見胡適校，《神會和尚遺集》，臺北：中央研究院胡適紀念館，1968 年，頁四七七。

❼　《指月錄》卷一四，〈鎮州臨濟義玄禪師〉；引見《卍續藏經》，臺北：新文豐出版公司，1977 年影印版，冊一四三，頁○三二八，下。

異曲同工之妙。有一次，有人請教大珠慧海「如何是佛」? 大珠回答說:
「清談對面，非佛而誰?」❼❸無疑地，大珠的意思和臨濟的意思一樣:
在我面前和我談話的人，就是佛。

另外，值得注意的是，有一些原本不是禪宗人物，但他們的作品
卻往往被收錄在禪宗的文獻當中。這顯示了什麼? 這顯示這些人的作
品，含有禪師們所認同的思想在內。因此，把這些作品看做是禪宗作
品，也沒有什麼不對。而我們發現，在這些作品當中，也往往說到「眾
生本來是佛」。例如，梁·善慧，有一首詩說:「夜夜抱佛眠，朝朝還
共起。起坐鎮相隨，語默同居止。纖毫不相離，如身影相似。欲識佛
去處，祇這語聲是。」❼❹這兩首詩頌當中，明白說到眾生自己原本就是
佛，以致有「夜夜抱佛(自己)眠」等句子。而最後又說，「佛」就是
會說話的人——「祇這語聲是」。因此，有個名叫「保寧」的禪師，看
了這兩首詩頌之後，也應和著說:「要眠時即眠，要起時即起。水洗面
皮光，啜茶濕卻嘴。大海紅塵飛，平地波濤起。呵呵呵呵呵，囉哩囉
囉哩!」❼❺保寧的意思無非是: 在睡眠、起床，乃至洗臉、啜茶等等平
凡的事務當中，就有「大海紅塵飛，平地波濤起」的偉大而可歌可頌
的不平凡事情產生。也就是說，平凡的身心，即是偉大的解脫之身——
佛。

總之，「眾生皆有佛性」是《涅槃經》等印度經論的主張。這些經
論傳入中國後，被禪宗，特別是六祖惠能之後的「南禪」，進一步理解
而成「眾生本來是佛」。在這種理解下，南禪的幾個主要論點，例如「頓
悟」說、「平常心是道」等，才能建立起來。我們將會在適當的地方，

---

❼❸ 參見前書，卷九，〈越州大珠慧海禪師〉;《卍續藏經》卷一四三，頁○一
九七，下。

❼❹ 同上，卷二，〈善慧大士〉; 引見《卍續藏經》卷一四三，頁○○四四，下。

❼❺ 同上。

詳細討論它們。目前，我們要追問的是：「眾生本來是佛」的說法，合乎印度經論嗎？乃至，是合理的主張嗎？就第一個問題來說，我們發現，答案是否定的。在印度的經論當中，也有少數主張眾生的身心當中，即具備如來的智慧、十力等功德，但都不曾說到「眾生本來是佛」。例如，《大方等如來藏經》曾說：

> 爾時世尊告金剛慧及諸菩薩言：「……我以佛眼觀一切眾生，貪欲、恚、癡諸煩惱中，有如來智、如來眼、如來身，結加趺坐，儼然不動。善男子！一切眾生雖在諸趣煩惱身中，有如來藏，常無染汙，德相備足，如我無異。……」❼⑥

在這裡，經文說到眾生具有煩惱的身心當中，即隱藏著如來的智慧等等德性。但是，經義也說到「如來藏」，那是「佛性」的異名；我人將在下文詳細討論它。因此，這段經文仍然可以解釋為「佛性」說的。也就是說，所謂的「如來智」等，無非是就成佛之動力或因素──「佛性」（如來藏）而言，而不是說眾生已經原本是佛。

類似地，《涅槃經》卷九也說到了相同旨意的話：「一切眾生悉有佛性。以佛性故，眾生身中即有十力、三十二相、八十種好。」❼⑦其中的「十力」、「三十二相」、「八十種好」，都是成佛之後所顯發出來的智慧或特徵。而經文說，它們已經存在於未成佛的眾生的身心當中。但是，經文說「以佛性故」，這仍然可以理解為成佛之動力或因素，而不一定要解釋成為「已經」具備。因此，我們可以肯定地說，「眾生已經是佛」或「眾生本來是佛」的說法，並不是印度經論所本有的。印度的經論，像《如來藏經》、《涅槃經》卷九，只說到眾生的身心當中，

---

❼⑥　引見《大正藏》卷一六，頁四五七，下。

❼⑦　《大般涅槃經》卷九，〈如來性品〉第四之六；引見《大正藏》卷一二，頁四一九，上。

具備了如來的各種德性，而它們也都可以理解成為成佛之動力或因素的。

即使是這樣，這些印度的經論都受到其他經論的嚴厲批判。例如，《涅槃經》卷二七，即批判這種見解說：

> 一切眾生定得阿耨多羅三藐三菩提故，是故我說一切眾生悉有佛性。一切眾生真實未有三十二相、八十種好。……善男子！有者凡有三種：一、未來有；二、現在有；三、過去有。一切眾生未來之世當有阿耨多羅三藐三菩提，是名佛性。一切眾生悉有煩惱諸結，是故現在無有三十二相、八十種好。❼❽

這明白地否定了前引《如來藏經》及《涅槃經》卷九的話❼❾。而《涅槃經》卷三六更說：「若有人言，一切眾生定有佛性，常樂我淨，不作不生，煩惱因緣故不可見；當知是人，謗佛、法、僧！」❽⓿這在在都證明，即使像《如來藏經》、《涅槃經》卷九那樣的話，在印度都被看做犯了嚴重的錯誤，更何況像南禪的主張──「眾生本來是佛」，必然是違背經典所說，而會受到批判的。

更值得深思的另一問題是：南禪的主張──「眾生本來是佛」，是

---

❼❽ 同前書，卷二七，〈師子吼菩薩品〉第十一之一；引見《大正藏》卷一二，頁五二四，中。

❼❾ 這裡有一問題：為什麼《涅槃經》卷二七否定了卷九的話？──為什麼一部經自相矛盾？原因是：《涅槃經》前十卷是該經原始的部分，代表早期的「佛性」說；十卷後則是晚出的部分，代表經過反省之後的成熟思想。因此，卷九與卷二七，在內容上有不相容的地方。編集《涅槃經》的人，沒有注意到這點，以致有這種自相矛盾的情形產生。有關這點，請參見印順，《如來藏之研究》，臺北：正聞出版社，1982 年，八章，二節。

❽⓿ 《大般涅槃經》卷三六，〈迦葉菩薩品〉第十二之四；引見《大正藏》卷一二，頁五八〇，下。

論理上成立的嗎？我人發現，那是困難重重的❽。這些困難，也可以從《圓覺經》之類的經典看出來。《圓覺經》咸認是在中國成立的佛教文獻，而且和禪宗有其密切的關係❽；因此，說它們是禪門經典，亦無不當之處。在這部主張「眾生本來是佛」的偽經中❽，透過一個名叫「金剛藏菩薩」的問話，說出了「眾生本來是佛」所可能遇到的困難：

> 世尊！若諸眾生本來成佛，何故復有一切無明？若諸無明眾生本有，何因緣故，如來復說本來成佛？十方異生本成佛道，後起無明，一切如來何時復生一切煩惱？❽

　　金剛藏菩薩的問題有三：㈠如果「眾生本來是佛」，為什麼他們仍然有「無明」，以致流轉在生死輪迴當中？㈡如果採取二元論的立場，以為一方面「眾生本來是佛」，具備與佛完全無異的心靈，二方面眾生又本有「無明」，以致流轉生死，那麼，在這種意義下，可以說「眾生本來是佛」嗎？有「無明」、有煩惱的眾生，怎麼可以說他們「本來是

---

❽　有關這點，筆者曾寫有〈南禪「頓悟」說的理論基礎——以「眾生本來是佛」為中心〉乙文（刊登在《臺大哲學論評》，臺北：國立臺灣大學哲學系，1983年，第六期，頁一〇三～一二三），詳細說明其困難之處。目前，筆者只將該文重要的結論，略述如文。

❽　《圓覺經》是唐‧圭峰宗密所最重視的經典。他曾為它作了《大疏》、《略疏》。而他乃是介於華嚴宗與禪宗的人物，自認是神會——惠能之徒弟的後代徒孫。其他禪師們也屢屢提到《圓覺經》，例如前文說到的雪堂行禪師，即是一例。

❽　《圓覺經》明顯地主張「眾生本來是佛」；例如，該經說：「善男子！此菩薩及末世眾生，修習此心得成就者……始知眾生本來成佛……。」（引見《大正藏》卷一七，頁九一五，上）

❽　《大方廣圓覺修多羅了義經》；引見《大正藏》卷一七，頁九一五，中。

佛」呢？㈢如果說，「眾生本來（原先）是佛」，後來受到「無明」的迷惑，以致流轉生死輪迴當中，那麼，現在諸佛已經成佛了，是不是也會有一天再次受到「無明」的迷惑，墮落成為凡夫呢？

對於金剛藏的三個問題，偽經中的釋迦佛並沒有一一回答。事實上，他只回答了第三個問題，其他都只在說明金剛藏的問題本身是錯誤的──「非為正問」。對於第三個問題，釋迦的回答是否定的；例如，他比喻說：「如銷金鑛，金非銷有，既已成金，不重為鑛。經無窮時，金性不壞。……如來圓覺，亦復如是。」❽釋迦的意思是，一旦去除無明而成佛以後，就不再墮落成為眾生。問題是：既然成佛就不會墮落，為什麼「眾生本來（原先）是佛」，結果還是墮落了呢？乃至，為什麼「眾生本來（從本已來）是佛」，而又有無明，這種情況下，怎麼可以說「本來是佛」呢？換句話說，對於金剛藏的第一、二個問題，偽經中的釋迦似乎無能為力，他只好回答說：

> 未出輪迴，而辨圓覺，彼圓覺性，即同流轉。若免輪迴，無有是處！譬如動目，能搖湛水；又如定眼，猶迴轉火。雲駛月運、舟行岸移，亦復如是。善男子！諸旋未息，彼物先往，尚不可得，何況輪轉生死垢心，未曾清淨，觀佛圓覺，而不旋復？是故汝等便生三惑。❽

釋迦的意思是：由於眾生在生死輪迴當中，因此，就像跳動的眼睛看不到不動的湖水、再好的眼力看不清迴轉中的火把，乃至有飛雲的夜空看不見靜止的明月、身在行駛中的船上看不到不動的河岸一樣，以生死輪迴之心，想要了解有關解脫的真理，是不可能的；因此，才會有以上的三個問題。偽經中的釋迦，顯然認為，金剛藏的三個問題

---

❽　同上，頁九一五，下。

❽　同上。

（至少是第一、二個問題），是不可能有答案的。有關這點，從底下的經文，就看得更清楚了：

> 善男子！但諸聲聞所圓境界，身心語言皆悉斷滅，終不能至彼之親證所現涅槃；何況能以有思惟心，測度如來圓覺境界？如取螢火，燒須彌山，終不能著；以輪迴心，生輪迴見，入於如來大寂滅海，終不能至。……善男子！……用此思惟，辨於佛境，猶如空花，復結空果，展轉妄想，無有是處。善男子！虛妄浮心，多諸巧見，不能成就圓覺方便。如是分別，非為正問！❽

釋迦說：連獲得部分解脫的聲聞人，都不能澈底了解這些問題了，何況是「以輪迴心，生輪迴見」的一般凡夫，更不可能了解這些問題了。所以那三個（兩個）問題，「非為正問」！

總之，在南禪，「眾生本來是佛」的內在論理性的困難，被意識到了，也（在《圓覺經》中）被提出來了，但卻仍然無法回答這些問題。事實上，一個堅決主張人性本善的一元論思想，很難解釋惡之來源；這就像一個堅決主張人性本惡的一元論思想，也很難說明善之起因一樣。

「眾生皆有佛性」這一思想的提出，主要是在保證「眾生都可成佛」。但是，「佛性」的說法，既然如前所述，只是在「動力」或「因素」這一意義上，點出眾生成佛的可能性，而不是在「事實」上主張眾生「已經」（本來）是佛，因此，從「佛性」這一動力或因素的開發，進而到達澈底成佛的整個過程，必然是曲折而複雜的。以《楞伽經》等為藍本，而撰述的《大乘起信論》❽，對這一過程，即曾概要性地

---

❽　同上，頁九一五，下～九一六，上。

❽　《大乘起信論》乃依《楞伽經》而撰述，是很明顯的。因為論中的許多用語，例如「現識」，是直接採用《楞伽經》的用語，而「業識」、「轉識」

說明如下：

> 心生滅者，依如來藏，故有生滅心；所謂不生不滅與生滅和合，
> 非一非異，名為阿梨耶識。此識有二種義，能攝一切法、生一
> 切法。云何為二？一者、覺義；二者、不覺義。❽❾

　　首先，論文說到，由於「如來藏」——「佛性」的異名，因此才
有眾生的「生滅心」。也就是說，眾生的心性原本是「不生不滅」，像
佛陀之心性一樣的；但是，不知什麼時候，也不知什麼原因，從本以
來，就與有生有滅的煩惱相結合，而成為「非一非異」，二者無法區別，
也無法分割的心體，稱為「阿梨耶識」❾⓪。這樣的心體——「阿梨耶
識」，由兩部分所組合而成：一是「覺」分，亦即「不生不滅」的本性，
具有令眾生走上覺悟之路的功能；另一是「不覺」分，亦即有「生滅」
的煩惱，具有令眾生流轉生死的作用。這兩部分，構成了眾生之心體
——「阿梨耶識」的全部。而且，這兩部分涵蓋了一切宇宙中的事物，
也生起了一切宇宙中的事物❾①。其中，「覺」分即是「佛性」，它是促

　　等等，也不過是依《楞伽經》而略加修改而已。有關這點，古來即有許多
　　學者論及。而今人印順，也說到了這點；參見印順，《大乘起信論講記》，
　　臺北：慧日講堂，1972 年，頁一七五～一八八。

❽❾　《大乘起信論》；引見《大正藏》卷三二，頁五七六，中。

❾⓪　有關不生不滅的清淨心，與有生有滅的煩惱相結合，而成「阿梨耶識」的
　　說法，是許多印度的經論所說到的。例如，《勝鬘師子吼一乘大方便方廣
　　經》即說：「然有煩惱，有煩惱染心，自性清淨心而有染者，難可了知。」
　　又說：「自性清淨心，而有染汙，難可了知。有二法難可了知。謂自性清
　　淨心，難可了知；彼心為煩惱所染，亦難可了知。」（引見《大正藏》卷一
　　二，頁二二二，中～下）

❾①　有關阿梨耶識生起萬物的說法，牽涉到整個「如來藏」的宇宙生起論——
　　所謂「如來藏緣起」，我人將在下文詳述。

使眾生走向覺悟、解脫的動力或因素。所以，《起信論》繼續說：

> 所言覺義者，謂心體離念。離念相者，等虛空界，無所不遍，
> 法界一相；即是如來平等法身。依此法身，說名本覺。何以故？
> 本覺義者，對始覺義說。以始覺者，即同本覺。始覺義者，依
> 本覺故，而有不覺；依不覺故，說有始覺。又以覺心源故，名
> 究竟覺；不覺心源故，非究竟覺。❷

論文的意思是：所謂「阿梨耶識」中的「覺」分，是指離開一切
煩惱雜念之心體。這樣的心體，充遍了整個宇宙（法界），也可以稱之
為如來的「平等法身」，或「本覺」。「本覺」，是本來覺悟的意思，是
相對於開始覺悟──「始覺」而說的。由於阿梨耶識之中的「覺」分
──「佛性」，是促使眾生開始覺悟（始覺）的原動力，這種原動力是
眾生本有的，所以稱為「本覺」。等到這種原動力發揮到了極致，眾生
即究竟解脫，此時則稱為「究竟覺」。而從「始覺」到「究竟覺」之間，
則有「相似覺」、「隨分覺」等幾個階段❸。

以上所說，可以用下頁圖示簡單地表示出來❹：

---

❷　《大乘起信論》；引見《大正藏》卷三二，頁五七六，中。

❸　「相似覺」是指覺悟得不真實的小乘人；「隨分覺」是指部分覺悟的大菩
　　薩（法身菩薩）們。詳見《大乘起信論》；《大正藏》卷三二，頁五七六，
　　中。

❹　此圖取材自唐・圭峰宗密的《禪源諸詮集都序》卷下之二的附圖。（參見
　　《大正藏》卷四八，頁四一一，上。）其中，象徵「阿梨耶識」的圖形，
　　顯然與宋・周敦頤的《太極圖說》有關。他們二人之間的思想關係，古來
　　即有人指出。例如，清・毛奇齡在其答馮山公書中即說：「昨見黃山中洲
　　和尚有太極本于禪宗說。其所為太極圖，即唐僧圭峰之十重圖也。」（引見
　　《西河文集》，書，卷五，〈復馮山公論太極圖說，古文尚書冤詞書〉。）有
　　關這一說法，筆者將另文討論。另外，勞思光的《新編中國哲學史》，臺

圖示中,「如來藏」是純白的一個大圓圈,象徵著眾生心性的「自性清淨」❾❺。而「阿梨耶識」則是黑白相雜,象徵「煩惱」的黑色與象徵「自性清淨」的白色,和合成一體,「非一非異」。值得注意的是,如來藏其實就是阿梨耶識❾❻;圖示中分別顯示,只是為了突出如來藏之「自性清淨」而已,決不可視為先有如來藏,後來才有阿梨耶識。阿梨耶識乃真、妄和合,內在解脫之因素,這是「如來藏」(佛性)系的印度經論,例如《楞伽經》、《勝鬘經》的特殊主張;它們共同指出了眾生成佛的原因或動力❾❼。從阿梨耶識當中的「覺」分,促使眾生得解脫;而其動力即是「自性清淨」的「覺」分──亦即「本覺」。反過來,由於阿梨耶識當中的「不覺」分,導致了造業受報的生死輪迴。圖示中,「覺」分以白圓圈中一黑點表示,象徵這種「覺」是在煩惱中的

北:三民書局,1981 年,三上,頁一三〇~一三六,極力證明二者之間沒有關係。勞氏的引證是值得商榷的;其結論因而也是可疑的。我人將另文一併討論。

❾❺ 「自性清淨」一詞,乃(四卷本)《楞伽經》卷七,〈佛性品〉第十一的用語:「阿梨耶識者,名如來藏……自性清淨。」(引見《大正藏》卷一六,頁五五六,中一下)《楞伽經》是依《勝鬘經》而說的,因為《楞伽經》曾說:「……以如來藏是清淨相,客塵煩惱垢染不淨。大慧!我依此義,依勝鬘夫人、依餘菩薩摩訶薩深智慧者,說如來藏阿梨耶識……。」(引見《大正藏》卷一六,頁五五七,上)。而《勝鬘師子吼一乘大方便方廣經》也確實說過:「如來藏者,是……自性清淨藏。此(自)性清淨如來藏,而客塵煩惱、上煩惱所染。」(引見《大正藏》卷一二,頁二二二,中)而所謂「自性清淨」,依《勝鬘經》看來,應有兩種意思:其一是「若離、若脫、若異一切煩惱藏」的「空如來藏」。亦即本性不為一切煩惱所染。

「覺」。同樣地，「不覺」分用黑圓圈中一白點表示，象徵煩惱中仍然藏有覺悟的成分。這就完成了「佛性」或「如來藏」乃成佛之動力、因素的全部說明。

「佛性」的第一個思想——「眾生皆可成佛」，已如前文所說。「佛性」的第二個思想——「佛性」即是「真我」，是緊接著我們所要討論的主題。

經文所謂「若離、若脫、若異」中的「若」字，是假設詞或不確定詞，表示如來藏雖有脫離煩惱的能力，但在眾生位中，卻仍然還未脫離。「自性清淨」的第二個意思是「過於恆沙，不離、不脫、不異不思議佛法」的「不空如來藏」。表示如來藏雖為煩惱所覆，卻本具無量功德（像印度恆河中的沙粒一樣多的功德），而不脫離不可思議的佛法（以上引文皆見《大正藏》卷一二，頁二二一，下）。《勝鬘經》中的「空如來藏」與「不空如來藏」，在《起信論》中，分別被改成了「如實空」與「如實不空」；這也是值得注意的（參見《大正藏》卷三二，頁五七六，上～中）。

❾❻ 有關這點，許多經論都說到了。例如，（四卷本）《楞伽經》卷七，〈佛性品〉第十一，說：「阿梨耶識者，名如來藏。」（引見《大正藏》卷一六，頁五五六，中～下）《勝鬘經》也說：「世尊！過於恆沙，不離、不脫、不異、不思議佛法成就，說如來法身。世尊！如是如來法身，不離煩惱，名如來藏。」（引見《大正藏》卷一二，頁二二一，下）這可見「如來藏」是就「不離煩惱」之眾生心而說的，亦即「阿梨耶識」。

❾❼ 阿梨耶識的這一特性，梁・真諦譯的《攝大乘論（世親）釋》卷一，在注釋《大乘阿毘達磨經》中的詩頌——「此界無始時，一切法依止……」時，曾將它解釋成「以解（脫）為（本）性」：「謂《大乘阿毘達磨（經）》，此中佛世尊說偈。此即此阿梨耶識界，以解為性。……一切聖人法四念處等，緣此界生故。……一切聖人所得法身，由信樂此界法門，故得成就。」（引見《大正藏》卷三一，頁一五六，下）這種說法，在唐・玄奘所成立的唯識法相宗，是不承認的。依照法相宗的說法，阿梨耶識，並非真、妄和合，而是只有虛妄的（所謂「無覆無記性」）；也就是說，阿梨耶識當中，並非「自性清淨」，以致不能作為眾生成佛的動力或因素。

　　「佛性」即是「真我」，是《涅槃經》所明確說到的。《涅槃經》卷七說：「我者，即是如來藏義。一切眾生悉有佛性，即是我義。如是我義，從本已來，常為無量煩惱所覆，是故眾生不能得見。」❾❽經文還說，如果堅決主張「無我」，那是「四倒」❾❾中的「第三顛倒」：

　　　　無我，我想；我，無我想；是名顛倒。世間之人，亦說有我；佛法之中，亦說有我。世間之人雖說有我，無有佛性；是則名為於無我中，而生我想。是名顛倒。佛法有我，即是佛性。世間之人說佛法無我，是名我中生無我想。若言佛法必定無我，是故如來勅諸弟子修習無我，名為顛倒。是名第三顛倒。❿⓿

　　「無我」，是原始佛教聖典——《阿含經》中的主要教理之一，但在《涅槃經》中卻被斥為「（第三）顛倒」。那麼，為什麼釋迦佛要在《阿含經》中，宣說「無我」的道理呢？《涅槃經》解釋說：「……眾生佛性亦復如是，常為一切煩惱所覆，不可得見。是故我（釋迦）說眾生無我。」⓵⓿⓵這是說，因為眾生的佛性被煩惱所覆蓋了，所以稱為「無我」。這種意義的「我」，還是「佛性」的意思。而「無我」，並不是沒有「佛性」，而是「佛性」暫時為煩惱覆蓋的意思。

---

❾❽　《大般涅槃經》卷七，〈如來性品〉第四之四；引見《大正藏》卷一二，頁四〇七，中。

❾❾　「四倒」，是指：㈠「非苦中生於苦想」、「樂生苦想」；㈡「無常常想，常無常想」；㈢「無我我想，我無我想」；㈣「淨不淨想，不淨淨想」。（參見《大般涅槃經》卷七，〈如來性品〉第四之四；《大正藏》卷一二，頁四〇七，上～中。）

❿⓿　《大般涅槃經》卷七，〈如來性品〉第四之四；引見《大正藏》卷一二，頁四〇七，上。

⓵⓿⓵　同上，卷八，〈如來性品〉第四之五；引見《大正藏》卷一二，頁四一一，下。

　　像《涅槃經》這樣的「我見」，是許多「如來藏系」的印度經典，所共同主張的。例如，《勝鬘經》說：「或有眾生信佛語故，起常想、樂想、我想、淨想，非顛倒見，是名正見。何以故？如來法身，是常波羅蜜、樂波羅蜜、我波羅蜜、淨波羅蜜。於佛法身作是見者，是名正見。」❿而唐譯七卷本的《楞伽經》也說：「寧起我見，如須彌山；不起空見，懷增上慢！」❿可見，「我見」是如來藏系經典的共同主張。

　　受到「如來藏」系經典之深遠影響的中國禪，也處處顯露出開發「佛性」、尋找「真我」的特色。就拿《壇經》來說，再三強調「見性」（見到「佛性」，亦即「真如本性」）：「用自真如性，以智慧觀照，於一切法不取不捨，即是見性成佛道。」❿又說：「不悟，即佛是眾生；一念悟時，眾生是佛。故知萬法盡在自心，何不從自心中，頓見真如本性？」❿這些經文都告訴我人，佛性或「真如本性」❿，是我人內心中的「真我」。見到（亦即澈底體悟、認識到）這一「真我」的人，即能成就佛道。唐以後，禪師們更以各種象徵或比喻，來表達這種開發

❿　《勝鬘師子吼一乘大方便方廣經》；引見《大正藏》卷一二，頁二二二，上。

❿　《大乘入楞伽經》卷四，〈無常品〉第三之一；引見《大正藏》卷一六，頁六〇八，下。此二句經文，在四卷本《楞伽阿跋多羅寶經》卷三，〈一切佛語心品〉之三中，作：「寧取人見，如須彌山；不起無所有增上慢空見。」（引見《大正藏》卷一六，頁四九九，中）。

❿　《六祖大師法寶壇經》，〈般若品〉第二；引見《大正藏》卷四八，頁三五〇，下。

❿　同上，頁三五一，上。

❿　真如 (tathāta)，是《般若經》等印度經論中常見的名詞，有時也譯為「如」或「如如」。原義有「事物的真實狀態」(true state of things)、「真實的性質」(true nature) 等。（參見 Sir Monier Monier-Williams, *A Sanskrit-English Dictionary*, p. 433c.）指的是事物的內在真實的本質。在《壇經》，「真如本性」是指眾生真實不變的「本性」——「佛性」。

「佛性」、尋找「真我」的思想。例如，《傳燈錄》就曾經記載洞山良
价禪師與一個小徒弟之間的一段對話：

> （洞山良价禪）師問僧：「名什麼?」僧曰：「某甲。」師曰：「阿
> 那箇是闍梨主人公?」僧曰：「見祇對次。」師曰：「苦哉! 苦哉!
> 今時人倒皆如此。只是認得驢前馬後，將為自己。佛法平沉之
> 是也! 客中辨主尚未分，如何辨得主中主?」❿

　　洞山問來訪的小和尚說：「什麼是你師父(闍梨)的真我(主人公)?」
小和尚回答說：「在我面前的就是。」小和尚顯然回答得不盡令人滿意，
以致洞山罵他「只認得驢前馬後，將為自己」(亦即，錯把別人當自
己) ❿。洞山所要問的，當然不是他自己——「闍梨」(老師、上師)
的「真我」，而是小和尚的「真我」；他試圖幫助小和尚開發「佛性」，
尋找「真我」。但是，小和尚不解其中禪機，以致把洞山的問題，當做
平常問題來回答。「客中辨主」是洞山的雙關語。一方面責備來訪參學
的小和尚，無法以客人的身分，體悟真正的自我——「主(人公)」；
二方面責備小和尚，連低層次的道理——「賓中主」都不懂，更何況
較高層次的道理——「主中主」，更是不懂了 ❿。

　　從以上的這些例子，我人應可肯定，受到如來藏 (佛性) 系統之
印度經論影響的中國禪，確實也和這些經論一樣，直把開發「佛性」、

---

❿　《景德傳燈錄》卷一五，〈筠州洞山良价禪師〉；引見《大正藏》卷五一，
　　頁三二三，上。

❿　「驢前馬後」即「驢前馬後人」之省語。指官員出巡時，在左右供差遣的
　　役卒。此處比喻地位下賤之人。

❿　洞山良价有所謂的「五位君臣」，用以說明師父與弟子之間的對待關係，
　　以及弟子體悟真理的深淺問題。本文中所說到的「賓中主」、「主中主」，
　　與這「五位君臣」有關。

尋求「真我」的工夫，當做修行的最高目的。他們一致認為，眾生本具的「佛性」，就是眾生的「真我」；因此，見到了「佛性」——「見性」，即是找到了「真我」。而找到「真我」的人，才是真正成就佛道的解脫者。

問題是，把開發「佛性」、尋找「真我」，當做學佛的最高目的，是合乎釋迦的本意嗎？這一問題的答案，恐怕是否定的。首先，被認為最接近釋迦本意的《阿含經》，是主張「無我」的，這是印度佛教史上的常談❿。而釋迦所批判的婆羅門教，則是主張有「我」的。例如，《布里哈德奧義書》——一部婆羅門教的重要聖典，即曾說：「……從這一自我，產生了生氣 (prāṇa)、世界、神祇、和事物。它的奧義 (upaniṣad)，就是『真實中的真實』(satyasya satya)。」⓫這意思是，在婆羅門教中，「自我」(ātman) 是最極真實的。釋迦主張「無我」，正是對婆羅門教這一「自我」的批判。

也許會有人說，婆羅門教所稱的「自我」，不是佛法中的「佛性」或「我」；因為前文引證過的《涅槃經》文曾說：「世間之人雖說有我，無有佛性……是名顛倒。」但是，事實上，就「佛性」之「我」，與婆羅門教之「我」，來做一對比，即可肯定，二者並無本質上的差別。例如，婆羅門教說，真正的「自我」是「無生的」(prapañcopaśama)、「寂靜的」(śānta)、「喜悅的」(śiva)、「不二的」(a-dvaita)⓬。而與「自我」

❿　例如，《增一阿含經》卷二八，第十經，即說：「色者，無常。此無常義，即是苦。苦者，即是無我。無我者，即是空也。此五盛陰是無常義，無常義即是苦義。我非彼有，彼非我有。」（引見《大正藏》卷二，頁七○二，中）這是分析我人身心之五種構成元素，——色、受、想、行、識等「五（盛）陰」，發現它們都是無常、苦、空、乃至無我。

⓫　*Bṛhad-Āraṇyaka Upanishad*, 2.1.20., in *The Thirteen Principal Upanishads*, tr. by R. E. Hume, London: Oxford Univ. Press, 1934, p. 95.

⓬　*Māṇḍūkya Upanishad*, 7., in *The Thirteen Principal Upanishads*, p. 392.

同一本質的「梵」(Brahman)，則具有六種特性：「智慧」(般若，prajñā)、
「親愛」(priya)、「真實」(satya)、「無終」(ananta)、「妙樂」(ānanda)、
「安固」(sthiti)⓫。另一方面，佛教則說，眾生的「真我」——「佛性」
（如來藏），是：「如來常及恆，第一不變易。清淨極寂靜，正覺妙法
身。甚深如來藏，畢竟無衰老。」⓬又說，開發「佛性」、求得「真我」
之後的「（大般）涅槃」⓭，具有「八味」：常、恆、安、清涼、不老、
不死、無垢、快樂⓮。這樣看來，佛法中的「佛性」或「真我」，不正
是婆羅門教的「梵」或「自我」嗎？也許是因為這二者的極盡相似吧？
以致唐譯《楞伽經》才會自覺地反省說：

> 佛言：「大慧！我說如來藏，不同外道所說之我。大慧！如來應
> 正等覺，以性空、實際、涅槃、不生、無相、無願等諸句義，
> 說如來藏。為令愚夫離無我怖，說無分別、無影像處如來藏門。
> 未來、現在諸菩薩摩訶薩，不應於此執著於我。大慧！譬如陶
> 師於泥聚中，以人功、水、杖、輪、繩，方便作種種器；如來
> 亦爾，於遠離一切分別相、無我法中，以種種智慧方便善巧，
> 或說如來藏，或說為無我，種種名字，各各差別。大慧！我說
> 如來藏，為攝著我諸外道眾，令離妄見，入三解脫，速得證於
> 阿耨多羅三藐三菩提。是故諸佛說如來藏，不同外道所說之我。
> 若欲離於外道見者，應知無我如來藏義。」⓯

⓫ *Bṛhad-Āraṇyaka Upanishad*, 4.1.2–7., in *The Thirteen Principal Upanishads*,
　　pp. 127–131.

⓬ 《央掘魔羅經》卷三；引見《大正藏》卷二，頁五三二，上。

⓭ 「大般涅槃」(mahā-parinirvāṇa)，簡稱為「般涅槃」(parinirvāṇa) 或「涅槃」
　　(nirvāṇa)，是指一切煩惱、過患永盡的境界。

⓮ 參見《大般涅槃經》卷三，〈名字功德品〉第三；《大正藏》卷一二，頁三
　　八五，上。

在這段經文當中，最值得注意的地方有二：首先，經文說，性空、實際、涅槃、不生、無相、無願、乃至無我，都是「如來藏」的同義語。其次，宣說「如來藏」的目的，是為了「令愚夫離無我怖」，是為了「攝著我諸外道眾」。這兩點，極其強烈地暗示：「如來藏」（佛性）的說法，是為了說服婆羅門等「外道」，而不得不假設的「方便」主張；其真正的本意，則在宣說《阿含經》、《般若經》等早期經典中的「無我」、「性空」等等教理。

從印度哲學史上，我人獲知「外道」的確有「無我怖」，他們強烈地批判佛教中的「無我論」。例如，數論 (Sāṃkhya)——屬於婆羅門教的主要派別之一，即說：「在佛陀的系統當中，由於永恆的自我並不存在，以及習氣或欲求的無法持續，以致誰會被束縛呢？」[118]數論學派的意思是，佛教既然主張「無我」，而且（依據佛法中的「無常論」）又認為我人對外物的「習氣」（嗜好）或「欲求」，都是短暫而不持續的，那麼，一個人怎麼可能被「束縛」，而在生死輪迴當中呢？也就是說，既然「無我」，誰是「造業」者？誰又是輪迴者呢？這一難題，是從原始佛教聖典——《阿含經》以來，即已存在的問題。到了「部派佛教」（西元前一、二世紀的印度佛教），甚至在佛教的內部，也有人意識到這一問題的嚴重性，以致大膽主張「有我」[119]。「佛性」或「如來藏」，

---

[117] 《大乘入楞伽經》卷二，〈集一切法品〉第二之二；引見《大正藏》卷一六，頁五九九，中。此段經文，在四卷本《楞伽經》卷二中，也出現過（參考《大正藏》卷一六，頁四八九，中）。

[118] *Sāṃkhya-pravacana Sūtra*, 1.27, *Vṛtti*, in *A Source Book in Indian Philosophy*, ed. by S. Radhakrishnan and C. A. Moore, Princeton: Princeton Univ. Press, 1957, p. 446.

[119] 例如，犢子部——部派佛教的重要學派之一，即主張有一種「（並）非即（是五）蘊、（也）非離（開五）蘊」的「不可說我」；它是生死輪迴的主體。參見：世友，《異部宗輪論》；《大正藏》卷四九，頁一六，下。

明顯地，是這一主張的延續。所以，《楞伽經》才會說：「為令愚夫離
無我怖，說無分別、無影像處如來藏門」，乃至「我說如來藏，為攝著
我諸外道眾」。像這樣的「佛性」說，這樣的「真我」說，是不是合乎
釋迦的本懷？答案很明顯，是否定的。而中國禪，作為這一思想的吸
收者、闡揚者，能說是合乎釋迦的本懷嗎？答案依然是否定的。也許，
他們都真的只是「為令愚夫離無我怖」，乃至「為攝著我諸外道眾」吧？

　　事實上，從印度的經論看來，「佛性」或「如來藏」說，的確是為
了回答婆羅門等「外道」的方便說法。我們的理由是：前文說過，數
論學派曾指責佛教的「無我論」，說它不能回答造業、輪迴的主體是誰
這一問題；而在許多佛經中，都曾指出，佛法中的「如來藏」，即是輪
迴、解脫的主體，「外道」誤以為它就是造業的「自我」。例如，《楞伽
經》說：「如來之藏，是善不善因，能遍興造一切趣生。譬如伎兒，變
現諸趣。……外道不覺？計著作者。」 ⑫ 《勝鬘經》也說：「生死者，
依如來藏。……有如來藏，故說生死，是名善說。」⑫ 這些經文都告訴
我人，「佛性」或「如來藏」是生死輪迴的主體。這樣看來，「佛性」
或「如來藏」，不但是眾生解脫、成佛之動力、因素，而且也是眾生造
業、輪迴的主體。

　　「佛性」或「如來藏」，不但是解脫、輪迴的動力或主體，而且也
是一切萬物的根源。這一思想，源自印度的經論，卻在中國禪當中，
有更進一步的開展。「佛性」或「如來藏」是一切萬物的根源，這是許
多印度經論所提到的；例如，唐譯七卷本《楞伽經》即說：「身及資生
器世間等，一切皆是藏識影像。所取、能取二種相現，彼諸愚夫，墮

---

⑫　《楞伽阿跋多羅寶經》卷四，〈一切佛語心品〉之四；引見《大正藏》卷
　　一六，頁五一〇，中。

⑫　《勝鬘師子吼一乘大方便方廣經》；引見《大正藏》卷一二，頁二二二，
　　中。

生、住、滅二見中故，於中妄起有、無分別。」⑫經文中的「藏識」，
即是「阿梨耶識」(阿賴耶識)的異譯。經文說得非常清楚，我人的身
心以及外在滋養我人身心的「器世間」(物質世界)，都是「藏識」當
中的「影像」。其中，沒有能認識的主體——「能取相」，也沒有被認
識的對象——「所取相」。也就是說，一切身心以及外在的事物，都由
「藏識」所幻生。而「藏識」是什麼呢? 經文說:「如來藏，名藏識。」⑬
可見，一切萬物都是「如來藏」所生。

　　有關這點，經文曾經更加詳細地說明。亦即，由「藏識」(如來藏)，
首先生起了七識: 意 (末那識)、意識、以及五識身(眼、耳、鼻、舌、
身等五識)。其次，這八識(特別是意識與五識身)又顯現出「善、不
善相」; 亦即幻生一切善與不善的萬物。而這些「善、不善相」，都是
「自心所現」，而沒有真實客觀性的。經文說:

　　　善、不善 (相) 者，所謂八識。何等為八? 謂如來藏，名藏識;
　　　意及意識，並五識身。大慧! 彼五識身與意識俱，善、不善相
　　　展轉差別相續不斷，無異體生，生已即滅，不了於境，自心所
　　　現。⑭

　　我們可以依據經義，把「佛性」或「如來藏」幻生萬物的過程，
用圖表說明如下; 這個圖表，是前文《起信論》圖示的修改:

---

⑫　《大乘入楞伽經》卷二，〈集一切法品〉第二之二; 引見《大正藏》卷一
　　六，頁五九七，上。

⑬　同上，卷五，〈剎那品〉第六; 引見《大正藏》卷一六，頁六二一，下。

⑭　同上。其中，「意」(末那識，manas)，是「思量」的意思。在許多經論當
　　中，都把它看成「我執」(自我意識) 的中心。因為它常常把第八識——
　　藏識，錯以為是「我」。其次，第六意識是指記憶、推理、判斷的中心。
　　而五識身——前五識，則是一般的感官知覺。

　　由於萬物都是「如來藏」所生，而「如來藏」又
是常、恆、安、清涼、乃至無垢、快樂（見前文）的，
亦即，是至善、至美的；因此，萬物的本質，也應該
是至善、至美的。這樣一來，「善相」的事物，固然
是至善、至美的，「不善相」的事物，照理也應該同
樣是至善、至美的。像這樣，一切萬物（包括惡法）
都美善的思想，也許在印度的經論當中不易找到，但
在中國禪的文獻當中，卻比比皆是。例如，《壇經》
說：「我此法門，從上以來，先立無念為宗……。」接
著又說：「無者，無二相、無諸塵勞之心。念者，念
真如本性。真如即是念之體，念即是真如之用。真如
自性起念。……真如有性，所以起念。」❿換句話說，
「念」頭──不管是惡的或善的，都是「真如」──
「佛性」（如來藏）之本質的顯露。既然是「真如」
的顯露，必然是本質的「善」；其「惡」，只是後天的、
暫時性的、或眾生錯誤之「分別心」的見解。因此，
所謂的「無念」，──這是《壇經》所特別注重的修
行方法，並不是把「念」頭斷除，不思不想，成了無
情的木石，而是讓「念」頭流暢，不停留或住著在某一特定的事物之
上。所以《壇經》又說：「於諸境上心不染，曰無念。……若只百物不
思，念盡除卻，一念絕即死，別處受生，是為大錯。」❿這些都在告訴
我人，能煩惱我人的「念」頭，其實，其本質就是「佛性」，就是能讓
我人覺悟（菩提）的至善、至美之心。所以《壇經》又說：「凡夫即佛，

如來藏
↓
（阿梨耶識）藏識
↓
七識
（末那識）第七意　　第六意識　　前五識
覺（善法）　　不覺（不善法）

---

❿　《六祖大師法寶壇經》，〈定慧品〉第四；引見《大正藏》卷四八，頁三五
　　三，上一中。

❿　同上，頁三五三，上。

煩惱即菩提。」❶

　　後代禪師，本著一切事物都美善——所謂「煩惱即菩提」的明訓。
更從內在的「念」頭，推廣到外在的事物，以為外在的一切事物，也
是本質的善。例如，《圓覺經》有句經文說：「一切障礙即究竟覺。」而
雪堂行禪師卻讚嘆說：「枯樹雲充葉，凋梅雪作花，擊桐成木響，蘸雪
喫冬瓜。長天秋水，孤鶩落霞。」❷又如，《指月錄》曾記載了這樣的
一段故事：

> 有道流，在佛殿前背坐。僧曰：「道士！莫背佛。」道流曰：「大
> 德！本教中道，佛身充滿於法界，向甚麼處坐得？」僧無對。……
> 又有一行者，隨法師入佛殿。行者向佛而唾。法師曰：「行者少
> 去就，何以唾佛？」行者曰：「將無佛處來，與某甲唾！」法師無
> 對。❸

　　這兩則故事，都告訴我人，由於萬物都是「佛性」所生，以致萬
物都是佛身（的一部分）。不過，這是就佛陀最極尊貴之真身——「法
身」，來說明「法身」的充遍宇宙。底下另一則禪門故事，則依一般眾
生之「佛性」無所不在、無所不生而說的：

> （石霜慶諸禪）師在方丈內，僧在窗外問：「咫尺之間，為什麼
> 不覩師顏？」師曰：「遍界不曾藏。」僧舉問雪峰：「遍界不曾藏，
> 意旨如何？」峰曰：「甚麼處不是石霜？」師聞曰：「這老漢著甚
> 死急！」峰聞曰：「老僧罪過！」❹

---

❶　同上，〈般若品〉第二；引見《大正藏》卷四八，頁三五〇，中。

❷　參見本書頁一一。在那裡，我們說過，這首詩除了「般若」的思想之外，
　　還有「佛性」的思想成分在內。

❸　《指月錄》卷七；引見《卍續藏經》冊一四三，頁〇一四九，上。

❹　同上，卷一五，〈潭州石霜山慶諸禪師〉；引見《卍續藏經》冊一四三，頁

　　未開悟的小和尚，之所以一窗之隔，即不見師顏，原因在他尚未
體悟「佛性」生起萬物，以致無所不遍的道理。而不管是石霜的「遍
界不曾藏」——亦即，世界的任一個地方，都不曾藏匿我（的佛性），
或雪峰的「甚麼處不是石霜」——亦即，處處都是石霜（的佛性），二
者都在闡述眾生「佛性」的無處不在。像這樣，物物都是「佛性」所
在、處處都是含藏著如來德性——「如來藏」❸，必然是：「祖師西來
意」就在「百草頭邊」，就在「庭前栢樹子」之上❸。所以，黃檗希運

〇三三五，上～下。

❸ 「如來藏」一詞的梵文是 tathāgata-garbha，其中，「藏」(garbha) 的意思有：
「子宮」（或「肚子」，the womb）、「任何事物之內部、中間、內心」(the
inside, middle, interior of anything)、「（蓮花的）花蕚」、「胎兒或胚胎」(foetus
or embryo)、「孩童」(child)、「女人的月經」(a woman's courses) 等等意思。
（參見 Sir Monier Monier-Williams, *A Sanskrit-English Dictionary*, p.
349b–c.）因此，「如來藏」是指一種孕育著成佛之因子的地方或能量，亦
即「佛性」。而中國禪，更從眾生身心之中的「如來藏」，推廣到身心之外
的萬物也有「如來藏」。他們以為，不但眾生「本來是佛」，而且一切事物
也是本來美善。

❸ 《指月錄》卷九，〈襄州居士龐蘊〉，曾記載說：「（龐蘊居）士一日庵中獨
坐，驀地云：『難！難！十石油麻樹上攤！』龐婆接云：『易！易！百草頭
上祖師意！』」（引見《卍續藏經》卷一四三，頁〇二一四，上）同書卷一
一，〈趙州觀音院真際從諗禪師〉，也記載了另一則同一意趣的故事：「時，
有僧問：『如何是祖師西來意？』（趙州從諗禪）師曰：『庭前栢樹子。』曰：
『和尚莫將境示人。』師曰：『我不將境示人。』曰：『如何是祖師西來意？』
師曰：『庭前栢樹子。』」（引見《卍續藏經》卷一四三，頁〇二五二，上）
這兩則故事，都告訴我人，「祖師西來意」就在「百草頭上」乃至「庭前
栢樹子」上，即可輕易的找到。而所謂的「祖師西來意」，是指「達摩祖
師從西域東來的目的或意旨」，象徵「佛法大意」或佛法的最高真理。就
禪宗來說，佛法的最高真理即是「佛性」或「如來藏」，而它則含藏在「百

禪師說：

> 語默動靜，一切聲色，盡是佛事，何處覓佛？不可頭上安頭，
> 嘴上加嘴。但莫生異見，山是山，水是水，僧是僧，俗是俗。
> 山河大地，日月星辰，總不出汝心。三千世界，都本是汝個自
> 己，何處有許多般？心外無法，滿目青山，虛空世界，皎皎地，
> 無絲髮許，與汝作見解。所以，聲色是佛之慧目。❸

　　文中明白地說到一切萬物「總不出汝心」，以致「一切聲色，盡是
佛事」乃至「聲色是佛之慧目」。在此，「（汝）心」即是「佛性」或「如
來藏」；所以黃檗又說：「此心是本源清淨佛，人皆有之……。」❹

　　總之，「佛性」或「如來藏」幻生一切萬物，這是印度經論所提到
的。而中國禪，在吸取了這一思想之後，更推廣到「一切聲色，盡是
佛事」，以為萬物都是美善的，而無本質之「惡」。到了後代更有「（草
木石頭等）無情說法」、「無情成佛」的主張❺；這更是向前邁了一大
步的思想。

　　然而，萬物都是「佛性」或「如來藏」所生的主張，仍然是多分
婆羅門教的思想。婆羅門教的聖典——《梨俱吠陀》(*Ṛig-veda*) 中，有
一首讚歌，曾說：「在起初，有一金胎 (Hiraṇya-garbha) 產生；當祂產
生時，即成為一切事物之主。祂建立了大地與天堂。——誰是我們應
當祭拜的神呢？」❻在這首讚歌當中，「金胎」(Hiraṇya-garbha) 被看做

　　草頭上」或「庭前栢樹子」等萬物之上；因為它們都是「佛性」或「如來
　　藏」所幻生。

❸　同上，卷一〇，〈洪州黃檗希運禪師〉；引見《卍續藏經》卷一四三，頁〇
　　二三三，下～〇二三四，上。

❹　同上，頁〇二三三，上。

❺　有關後代禪師們的「無情說法」、「無情成佛」的思想，我人將另文詳細討論。

是「一切事物之主」，衪「建立了大地與天堂」。也就是說，由於「金胎」，一切萬物才得以產生。值得注意的是，在梵文中，「金胎」中的「胎」(garbha) 字，正好和「如來藏」中的「藏」(garbha) 字相同。在一般的印度哲學史上，「金胎歌」的宇宙創生說，被解釋成為模仿男女生殖的一個理論。眾生的心中，孕育著如來的「胚胎」(garbha)；從這一「胚胎」，生起了一切的萬事萬物；就像母親十月懷胎，生出了成群的兒女一樣。——這確實是「金胎歌」之生殖創生說的翻版。

承受這一思想的《強都加奧義書》(Chāndogya Upanishad) 也說到，有一「實有」(sat) 而不是「非有」(a-sat) 之「梵」，由於希望由唯一變成雜多，以致從其自身，陸續放出了火、水，以及食物等三元素。然後，再從這三元素，創造出三種「原種」(bīja)，亦即卵生、胎生、與芽生。此時，「梵」自言自語說：「來吧！讓我和『自我』(ātman)，一起進入這三種含有神性的東西（即火、水、食物）裡面去吧！並分別出名與色吧！」❸從這段引文我人知道，一切萬物都由「梵」所生；而「梵」和「自我」，在創生的過程當中，進入了生命體——「名與色」的裡面。這種說法，不是和「佛性」或「如來藏」的說法完全一樣嗎？

---

❸ *Vedic Hymns*, in *The Sacred Books of the East*, tr. by F. Max Müller, London: Oxford Univ. Press Warahouse, 1891, part I, p. 1. 這一讚歌，一般被稱為「生主歌」(Prājāpatya-sūkta)，也可以稱為「金胎歌」(Hiraṇyagarbha-sūkta)，或「誰歌」(Kasūkta)。稱為「生主歌」，因為其第十首說：「生主（神名，prajāpati）！除了你之外，沒有東西能夠含容所有的事物。」(*Ibid.* p. 2) 稱它是「金胎歌」，因為歌中說到了「金胎」。而稱它是「誰歌」，因為它是讚美不知名之神祇，亦即，它的每一首讚歌後面，都有「誰是我們應當祭拜的神呢？」一句。

❸ *Chāndogya Upanishad*, 6.2–3, in *The Thirteen Principal Upanishads*, pp. 241～242. 其中，「名」(nāman) 與「色」(rūpa)，即是組成生命體之心靈與肉體，亦即眾生的身心。

《楞伽經》說：「如來藏自性清淨，轉三十二相，入於一切眾生身中。」❶
這和前述所謂「讓我和『自我』，一起進入這三種含有神性的東西裡面去
吧」，事實上並沒有什麼區別。這也是為什麼許多經典，一方面大談「佛
性」或「如來藏」，另一方面卻又再三強調要與「外道」劃清界線的原因❶。

　　然而，強調是強調了，卻真的劃清界線了嗎？答案是否定的；因
為二者實在有很多相同之處。而中國禪，受到了印度「佛性」思想的
洗禮，能逃過「外道」的嫌疑嗎？

　　也許，我們應該總結這一節所說了：「佛性」思想，是印度經論所
本有的，其本義乃在提出眾生（在未來）可以成佛的保證。中國禪接
受了這一思想，並在唐以後進而開展出「眾生本來是佛」的新說法，
以為一切的生命體「現在」就是佛陀。這種新說法，帶來了許多內在
論理上的困難，例如，眾生本來是佛，為什麼會墮落而流轉生死？乃

---

❶　《楞伽阿跋多羅寶經》卷二，〈一切佛語心品〉之二；引見《大正藏》卷
　　一六，頁四八九，上。

❶　例如，《楞伽阿跋多羅寶經》卷二，〈一切佛語心品〉之二，即說：「云何
　　世尊同外道說，我言有如來藏耶？世尊！外道亦說有常作者，離於求那，
　　周遍不滅。世尊！彼說有我。佛告大慧，我說如來藏，不同外道所說之我。」
　　（引見《大正藏》卷一六，頁四八九，中）其中，「離於求那」應是梵文
　　nirguṇa 的音譯，亦即「沒有任何性質」的意思。在婆羅門教當中，以為
　　宇宙的創生者——「梵」，具有正、反兩面。正面之梵，可以形容之為永
　　恆、安固、妙樂等等；反面之梵，則是「離於求那」，亦即沒有任何性質
　　（通常以否定的「非……」來描述它）。例如，《斯威大斯瓦塔拉奧義書》
　　(Śvetāśvatara Upanishad) 6.1，即說：「唯一之神，藏在一切事物的背後，
　　充遍一切，是一切事物的內在自我，是業力（行為力，karman）的監督者，
　　持久地內存於一切事物當中，是見證人，是唯一的思量者，但卻離於求那
　　（沒有任何性質，nirguṇa）……。」（引見 R. E. Hume, *The Thirteen Principal
　　Upanishads*, p. 409.）明顯地，《楞伽經》中所說「離於求那」的「外道」
　　之「我」，即是這種意義的「神我」。

至，如果本來是佛的眾生，會流轉生死，那麼，佛陀哪一天再度墮落，而流轉生死？這些問題被提出來了，卻不曾獲得合理的解決。

「佛性」的第二個理論以為，眾生的「真我」即是「佛性」，而學佛的目的是在開發「佛性」、尋求「真我」。這種思想，導引出修行應往人間、自心去尋求的「人文主義」宗教。但是，「真我」說卻是婆羅門等「外道」的主張；中國禪接受了這一思想，仍然能夠合於釋迦的本懷嗎？其答案自然是否定的。

「佛性」的另一思想是，一切萬物都是「佛性」所生的「唯心論」(idealism) 主張。這一思想自然也是「外道」所有。而中國禪，因為深受這一思想的洗禮，它的「外道」色彩就更加濃厚了。然而，它開展出一切事物皆美善的新思想，使我人能在憂患、苦難當中，仍然不致絕望、頹喪，這卻是中國禪功不可沒的地方。

中國禪，在諸多印度佛教的流派當中，選擇了「佛性」的說法，而加以吸收、闡揚，必然是經過慎重選擇的。中國本土的思想是儒、道兩家。儒家孟子一系的「人性本善」說，古來即已盛行；這自然是有益於「佛性」說的流傳。而道家的崇向自然，以為一切萬物都由至高之「道」所產生；這一思想立場，也與「如來藏」（佛性）幻生萬物的「如來藏緣起」相近。在這兩大本土文化的洗禮之下，「佛性」的說法，從南北朝時代就受到朝野的偏愛 ⑭。因此，中國禪的多分「佛性」、少分「般若」，從整個中國佛教史看來，一開始就已註定了它必然的形式。「佛性」說，或許染有「外道」色彩，但是，它卻是最適合中國文化的思想。中國禪，將它巧妙地介紹給中國人，這是它的成功之處。

（本文原刊於《鵝湖》119–122 期，臺北鵝湖月刊社，1985 年 5–8 月。）

---

⑭　均正，《大乘四論玄義》卷七，說到南北朝時代，有關「佛性」的研究，共有「本三家」、「末十家」之多。這可見當時「佛性」說的盛行（參見《卍續藏經》卷七四，頁〇〇九一，下～〇〇九三，上）。

二 中國禪的成立

(一)「西天二十八祖」的傳說

中國禪的開創者，一般相信是菩提達摩（Bodhi-dharma；約 530 年逝世）。但是，傳統的說法，卻把歷代的師承，延伸到印度的釋迦弟子——摩訶迦葉 (Mahākāśyapa)，因而有「西天二十八祖」的傳說。例如，《六祖壇經》即說：

> 問曰：「未知從上佛祖應現已來，傳授幾代？願垂開示！」（惠能大）師云：「古佛應世已無量數，不可計也。今以七佛為始：過去莊嚴劫毘婆尸佛、尸棄佛、毘舍浮佛；今賢劫，拘留孫佛、拘那含牟尼佛、迦葉佛、釋迦文佛。是為七佛。已上七佛。今以釋迦文佛首傳第一摩訶迦葉尊者，第二阿難尊者，第三商那和修尊者，第四優波毱多尊者，第五提多迦尊者，第六彌遮迦尊者，第七婆須蜜多尊者，第八佛馱難提尊者，第九伏馱蜜多尊者，第十脇尊者，十一富那夜奢尊者，十二馬鳴大士，十三迦毘摩羅尊者，十四龍樹大士，十五迦那提婆尊者，十六羅睺羅多尊者，十七僧迦難提尊者，十八伽耶舍多尊者，十九鳩摩羅多尊者，二十闍耶多尊者，二十一婆修盤頭尊者，二十二摩拏羅尊者，二十三鶴勒那尊者，二十四師子尊者，二十五婆舍斯多尊者，二十六不如蜜多尊者，二十七般若多羅尊者，二十八菩提達磨尊者……。」❶

---

❶ 《六祖大師法寶壇經》，〈付囑品〉第十；引見《大正藏》卷四八，頁三六

　　這「西天二十八祖」的師承傳說，是可疑的。原因是，在禪籍中，有各種出入甚大的不同說法。例如，同樣是《壇經》的敦煌古本❷，即有西天三十五祖說❸。而神會的《菩提達摩南宗定是非論》下卷，則僅有西天八代說❹。這可見「西天二十八祖」說，是後代禪師所製作出來的，與史實相去甚遠。所以，胡適曾說：

　　多數北宗和尚似固守六代說，不問達摩以上的世系，如杜朏之《傳法寶記》雖引《禪經序》，而仍以達摩為初祖。南宗則紛紛造達摩以上的世系，以為本宗光寵，大率多引據《付法藏傳》，有二十三世說，有二十四世說，有二十五世說，又有二十八九世說。唐人所作碑傳中，各說皆有，不可勝舉。又有依據僧祐

一，中一下。

❷　所謂「敦煌古本的《壇經》」，請參見頁一四，注釋㊱。

❸　三十五祖的名字是：一、毘婆尸佛；二、尸棄佛；三、毘舍浮佛；四、拘留孫佛；五、拘那含牟尼佛；六、迦葉佛；七、釋迦文佛；（以上「七佛」；）八、大迦葉；九、阿難；十、末田地；十一、商那和修；十二、優婆毱多；十三、提多迦；十四、佛陀難提；十五、佛陀密多；十六、脇比丘；十七、富那奢；十八、馬鳴；十九、毘羅長者；二十、龍樹；二十一、迦那提婆；二十二、羅睺羅；二十三、僧迦那提；二十四、僧迦那舍；二十五、鳩摩羅馱；二十六、闍耶那；二十七、婆修盤多；二十八、摩拏羅；二十九、鶴勒那；三十、師子比丘；三十一、舍那婆斯；三十二、優婆堀；三十三、僧迦羅；三十四、須婆蜜多；三十五、菩提達摩（參見《南宗頓教最上大乘摩訶般若波羅蜜經六祖惠能大師於韶州大梵寺施法壇經》；《大正藏》卷四八，頁三四四，中一下）。

❹　八代的名字是：一、迦葉；二、阿難；三、末田地；四、舍那婆斯；五、伏婆崛；六、須婆蜜；七、僧伽羅叉；八、菩提達摩。其中，第六須婆蜜，胡適以為應是「婆須蜜」(Vasumitra) 之誤。參見：胡適校，《神會和尚遺集》，臺北：中央研究院胡適紀念館，1968 年，頁二九四～二九五。

《出三藏記》中之薩婆多部世系而立五十一世說的，如馬祖門
下的惟寬即以達摩為五十一世，慧能為五十六世。（原注：見白
居易〈傳法堂碑〉）但八代太少，五十一世又太多，故後來漸漸
歸到二十八代說。❺

　　胡適說到南宗為了「光寵」本宗，因此大多引據《付法藏傳》，來
建立印度的師承說。我人所感到興趣的，並不是這些師承說的誰是誰
非，而是，禪師們為什麼依據《付法藏傳》，而製作出這些師承說？筆
者以為，這一方面是因為印度有這種重視師承的傳統，影響了禪師們；
另一方面則是來自中國的習尚，特別是來自中國禪本身發展的必要性。
現在逐項說明如下：

　　首先，是印度的傳統。印度佛教之所以像《付法藏傳》那樣，注
重師師相承，主要是為了「守護」佛法，「無令漏失」。例如，《付法藏
傳》的西天第一祖摩訶迦葉，當他把「最勝法」付囑第二祖阿難時說：
「世間勝眼，今欲相付，汝可精勤，守護斯法。」❻而第四祖優波毱多
付法給第五祖提多迦時也說：「以此寶法，持用付汝，汝可於後，受持

❺　胡適校，《神會和尚遺集》，頁二八～二九。引文中，胡適用了「達摩」二
　　字，而不是一般的「達磨」。有關這點，印順的《中國禪宗史》頁二一三
　　曾說：「菩提達摩……在後代禪者的傳說中，也有不同的名字。……神會
　　是以《禪經序》的達摩多羅為菩提達摩的。因為這樣，在傳說中，或稱為
　　菩提達摩，或稱為達摩多羅。七七四年頃作的《歷代法寶記》，就綜合而
　　稱為菩提達摩多羅。……達摩多羅或譯為達磨多羅，菩提達摩也就被寫為
　　菩提達磨了。」接著，印順又引了許多禪籍，證明「達磨」是南禪興盛後
　　的用詞。他下結論說：「達摩而改寫為達磨，可說是以新譯來改正舊譯。
　　然從傳寫的變化來看，表示南方禪的興盛，勝過了北方，南方傳說的成為
　　禪門定論。」從印順的這些話，也可以看出達摩確實是一個謎樣的人物——
　　在他的時代，中國禪還沒有成立。
❻　《付法藏因緣傳》卷二；引見《大正藏》卷五〇，頁三〇一，上。

頂戴，勤加守護，無令漏失。」❼ 這可見，印度師承說的建立，主要是
為了保護佛法的不致遭受破壞。

　　問題是，為什麼要保護佛法，不受破壞呢? 難道佛法遭到「漏失」
的危機了嗎? 答案是肯定的。《付法藏傳》的漢譯，是在元魏（386–534
年），相當於印度笈多 (Gupta) 王朝的前期。而這部書的梵本，相信也
在這一時期成立。因此，《付法藏傳》所描述的景況，正是當時印度佛
教的景況 ❽。這一時期，是正統婆羅門教開始復興的時期，因此，也
是佛教開始遭到攻擊的時期。稍早（250–350 年），正理學派 (Nyāya) 的
《正理經》(Nyāya-sūtra)，曾批評了中觀學派 (Mādhyamika)——印度
大乘佛教之「空宗」(śūnyavāda) 的龍樹 (Nāgārjuna; 150–250 年) ❾。
其後，數論學派 (Sāṃkhya) 的學者，曾和瑜伽行派 (Yogācāra)——印度
大乘佛教之「唯識宗」的世親 (Vasubandhu; 320–400 年)，有過激烈
的論辯 ❿。同屬瑜伽行派的陳那（Dignāga; 400–480 年），也和正理學
派之間有過交涉 ⓫。另外，彌曼差學派 (Mīmāṃsā) 的伯大亞那

---

❼　同上，頁三一三，下。

❽　小野玄妙的《佛教經典總論》，頁四四四說:「一般平常之事實，乃為歷代
　　輸入中國之佛教文化，與當時盛行於印度、西域或其他地方之佛教文化相
　　同，此兩者之間，有確然之連鎖性與共通性。……同時，以此為基準，可
　　以推察印度、西域等地各時代之文化狀態。」(楊白衣譯，臺北: 新文豐出
　　版公司，1983 年) 依此，依據元魏譯出之《付法藏傳》，正可推察同一時
　　期在印度的佛教概況。

❾　成立於 250～350 年間的《正理經》第二篇，曾多處批評了龍樹《迴諍論》
　　等著作當中的觀點。參見: Mahāmahopopādhyāya Satiśa Chandra
　　Vidyābhuṣana, *The Nyāya Sūtras of Gotama*, New Delhi: Oriental Books
　　Reprint Corporation, 1975, Book II.

❿　參見唐・窺基，《成唯識論述記》卷一末;《大正藏》卷四三，頁二五二，
　　上～中。

（Bodhāyaṇa; 500–550 年），曾站在一切皆實有的實在論 (realism) 的立場，來攻擊瑜伽行派的「唯識無境」（只有內心沒有外物）說⓬。而且。印度最有影響力的正統教派——吠檀多學派 (Vedānta)，也在這一時代（400–450 年），編集出《梵王經》(Brahma-sūtra)，響起了佛法中衰的先聲⓭。這些印度思想史上的事件，在在說明這一時期的印度佛教，受到了強而有力的批判。這一事實，我們從《付法藏傳》，也可以看出端倪：

> 曾於一時，彼摩奴羅至北天竺，尊者夜奢而語之言：「恆河以南二天竺國，人多邪見，聽辯利智。長老善解音聲之論，可於彼上遊行教化。……。」時，摩奴羅即如真語，至一天竺，廣宣毘羅無我之論，摧伏一切異道邪見。……復有比丘名曰師子，於罽賓國大作佛事。時，彼國王名彌羅掘，邪見熾盛，心無敬信，於罽賓國，毀壞塔寺，殺害眾僧，即以利劍用斬師子。頂中無血，唯乳流出。相付法人，於是便絕。⓮

文中提到的「摩奴羅」，是《付法藏傳》當中的第二十一代祖。（也是前引《壇經》二十八祖中的第二十二代祖。）他曾和恆河以南的兩個印度古國的「異道」，有所論辯。從他因為「善解音聲之論」，因而敢於前去論辯。從這一描述看來，這兩個印度古國大概盛行彌曼差學派（佛經中所說的「聲常論者」）或正理學派。因為，這兩個學派對於「音

⓫　參見 S. S. Barlingay, *A Modern Introduction to Indian Logic*, Delhi: National Pub. House, 1965, pp. 4–6.

⓬　參見中村元主編，《印度思想》（葉阿月譯，臺北：幼獅文化事業公司，1984 年），頁二三一。

⓭　同上，頁二四六。

⓮　《付法藏因緣傳》卷六；引見《大正藏》卷五〇，頁三二一，下。

聲之論」（聲明），研究最深。另外，文中提到的「師子比丘」，是《付法藏傳》當中最後的第二十四祖。（也是《壇經》二十八祖中的第二十四祖。）依引文看來，他是被一個信仰「異道」的國王所殺害的。我人相信，《付法藏傳》即是死於非命的師子比丘的後學，所編集而成的。而其編集的動機，自然是因應「異道」的批判和迫害，起而「守護」佛法，「無令漏失」。

中國的南方禪宗，有過類似「異道」之北方禪宗的對抗。其對抗之強烈，迫害之深重，亦可比擬於《付法藏傳》當中的師子比丘（詳下文）。因此，「守護」正法，「無令漏失」的呼聲，油然而生。在這樣的情況下，以《付法藏傳》為藍本，增增減減而成《壇經》的「西天二十八祖」的定說，也是極為自然的反應。

「西天二十八祖」說的成立，除了延續印度「守護」正法的傳統之外，還含有中國本土的思想要素在內。中國各家思想，特別是儒家，從東漢開始，就特重師承關係❶。佛教傳入後，由於互爭「正統」的關係，因此紛紛提出「道統」之說。道教立場的《老子化胡經》當中，老子傳法給釋迦和孔子的「道統」說，即是一例❶。這些因素，都是間接促使禪宗成立一脈相傳之「西天二十八祖」說的原因。

特別是南禪「教外別傳」的思想擡頭以後，這種一代傳一代的師承系譜，就更加不能不繪製出來了。所謂「教外別傳」，是指釋迦在一般「教」化之外的特「別」真傳。中國禪，在第六祖惠能之後，把一般的宗教，特別是那些注重教理研究的宗派，例如天台、華嚴等宗，列在一般教化之內的宗派。而把自己列在一般教化之外的真傳。之所

❶ 有關這點，余英時的《中國知識階層史論（古代篇）》，臺北：聯經出版公司，1980 年，頁二一八，特別舉出門生替老師「私諡」（私下給予稱號）一事，來說明東漢的注重師承關係。

❶ 參見《老子化胡經》；《大正藏》卷五四，頁一二六六～一二六七。

以強調「教外」，是因為禪法與注重語言文字的經典教化無關──所謂
的「不立文字」。之所以強調「別傳」，是因為禪法較一般宗派為殊勝。
禪宗既然自以為是「教外別傳」，必然有不同於其他各教派的師承。那
麼，不同的師承是什麼呢？於是「西天二十八祖」說產生了。有關「教
外別傳」的思想，是複雜而極富意趣的；我人將在適當的地方，討論
這一影響深遠的思想。目前，筆者只想指出：「教外別傳」的主張，助
長了印度「守護」正法之傳統的延續，也加強了中國東漢以來注重師
承的風尚，以致開展出《壇經》的「西天二十八祖」說。因此，「西天
二十八祖」說，與其說是史實，不如說是反映了禪師們「守護」正法、
增強自信心（強調「別傳」）的心理。

㈡從達摩到僧璨

《壇經》在列舉了「西天二十八祖」之後，緊接著又列舉了「中
土六祖」（包括西天第二十八祖的菩提達摩）：

> 二十八菩提達磨尊者（原注：此土是為初祖），二十九慧可大師，
> 三十僧璨大師，三十一道信大師，三十二弘忍大師，惠能是為
> 三十三祖。❼

從中土初祖菩提達摩，到三祖僧璨大師，也是很不清楚的一段歷
史。這可以從這三人的相關事跡一再地被修改一事看出來。首先，就
初祖達摩來說。成立於1000年左右的《傳燈錄》，曾記載了底下這段
故事：

> 帝問曰：「朕即位已來，造寺、寫經、度僧，不可勝紀，有何功

❼ 《六祖大師法寶壇經》，〈付囑品〉第十；引見《大正藏》卷四八，頁三六一，下。

德?」師曰:「此但人天小果,有漏之因,如影隨形,雖有非實。」
帝曰:「如何是真功德?」答曰:「淨智妙圓,體自空寂。如是功
德,不以世求。」帝又問:「如何是聖諦第一義?」師曰:「廓然
無聖!」帝曰:「對朕者誰?」師曰:「不識!」帝不領悟。師知機
不契,是月十九日潛迴江北。……寓止于嵩山少林寺,面壁而
坐,終日默然。人莫之測,謂之壁觀婆羅門。 ⓲

　　這是達摩初見梁武帝時的一段對話。早期的禪籍,例如魏・楊衒
之的《洛陽伽藍記》(547 年成立)、唐・道宣的《續高僧傳》(650 年
左右成立)、以及唐・淨覺的《楞伽師資記》(750 年左右成立),都不
曾記載。而成立於 780 年左右的《歷代法寶記》,也只說到「造寺、度
人、寫經、鑄像」乃「有為之善,非真功德」而已 ⓳。一直到第九世
紀之後,才有其後「廓然無聖」的記載。更值得注意的是,《傳燈錄》
中的「潛迴江北」,在日本的一些禪籍當中,更進一步傳出「一葦渡江」
(以一葉蘆葦草當船而渡過揚子江)的神話故事 ⓴。從這則有名「公
案」的從無到有、從有到繁,可以推斷初祖達摩是個謎樣的人物,也
可以說明這一時期之中國禪的不確定性。因為,只有在不確定的情形
下,才可能被任意地修改。

　　達摩的傳人是慧可(487–593 年)。有關慧可的傳記,也是出入很
大的。就以慧可「斷臂求法」的傳說為例,《續僧傳》和一百年後成立
的《楞伽師資記》,即有完全不同的說法。比較早,因此恐怕也比較接
近史實的《續僧傳》說:

⓲　《景德傳燈錄》卷三;引見《大正藏》卷五一,頁二一九,上~中。

⓳　參見《大正藏》卷五一,頁一八〇,下。

⓴　「一葦渡江」的神話,記載在日本曹洞宗(禪宗的一支)太祖——瑩山紹
　　瑾(1264–1325 年)所述說、弟子所記錄的《傳光錄》卷下(參見《大正
　　藏》卷八二,頁三七六,下)。

初，達摩禪師以四卷《楞伽》授可曰：「我觀漢地，惟有此經。
仁者依行，自得度世。」可專附玄理，如前所陳。遭賊斫臂，以
法御心，不覺痛苦。火燒斫處，血斷帛裹，乞食如故，曾不告
人。㉑

　　這段短短的記載當中，說到了三件重要的事情：㈠達摩以四卷本
《楞伽經》傳授給慧可；㈡慧可用「專附玄理」（專門發揮玄妙之道理）
的方式，來弘揚達摩禪；㈢慧可的斷臂，是遭賊人所砍。這三點，㈠
與㈡將在適當的地方討論。目前，讓我們集中注意力於第㈢點上。有
關第㈢點，在晚出的《楞伽師資記》中，改成了底下：「吾本發心時，
截一臂，從初夜雪中立，直至二更。不覺雪過於膝，以求無上道。」㉒
而十山紀末一十一山紀初撰成的《傳燈錄》，就有更加動人心弦的描述
了：

　　其年十二月九日夜，天大雨雪。光堅立不動。遲明，積雪過膝。
　　師憫而問曰：「汝久立雪中，當求何事？」光悲淚曰：「惟願和尚
　　慈悲，開甘露門，廣度群品。」師曰：「諸佛無上妙道，曠劫精
　　勤，難行能行，非忍而忍。豈以小德小智，輕心慢心，欲冀真
　　乘，徒勞勤苦！」光聞誨勵，潛取利刀，自斷左臂，置于師前。
　　師知是法器，乃曰：「諸佛最初求道，為法忘形。汝今斷臂吾前，
　　求亦可在。」師遂因與易名曰慧可。光曰：「諸佛法印，可得聞
　　乎？」師曰：「諸佛法印，匪從人得。」光曰：「我心未寧，乞師
　　與安。」師曰：「將心來，與汝安。」曰：「覓心了不可得。」師曰：
　　「我與汝安心竟！」㉓

㉑　《續高僧傳》卷一六，〈釋僧可傳〉；引見《大正藏》卷一六，頁五五一，
　　中。

㉒　引見《大正藏》卷八五，頁一二八六，上。

　　文中的「光」是「神光」，也是慧可皈依達摩之前的名字。「師」是「達摩禪師」。從這一則有名「公案」的原型——《續僧傳》的遭賊砍臂，一直到三、四百年後，《傳燈錄》的斷臂求法、乞師安心，可以看出有關慧可生平之傳說的未成定形。這和達摩時代一樣，意味著這一時期的禪宗，還沒有完全成立。

　　而第三祖僧璨（606 年去世）呢？《續僧傳》中的〈慧可傳〉，曾描寫慧可「末緒卒無榮嗣」❷，另外，在所提到的幾個弟子當中，也沒有僧璨的名字；只有在卷三五❷的〈釋法沖傳〉當中，慧可後才列舉了數人，其中也有「璨禪師」❷。其次，撰於 801 年的《寶林傳》，在慧可下列舉了七弟子，其中也沒有僧璨❷。另外，成立於 750 年左右的《楞伽師資記》，雖有「璨禪師」的記載，但卻說：「罔知姓位，不測所生。」又說：「隱思空山，蕭然淨坐，不出文記，祕不傳法。」❷從這些記載可知，僧璨若不是一位虛構的人物，必是一位沒有什麼活動，因此也沒有什麼影響力的禪師。

　　綜上所述，「中土六祖」當中的前三祖，由於傳說的莫衷一是，顯示這一時期的中國禪仍在成立當中，還未完全定形。當然，僅從有關這三祖之一二事跡的演變，並不能充分地證明這一事實。但是，如果我們能進一步證明這一時期的中國禪，並沒有受到中國佛教界的重視

❷　《景德傳燈錄》卷三；引見《大正藏》卷五一，頁二一九，中。

❷　《續高僧傳》卷一六，〈釋僧可傳〉；引見《大正藏》卷五〇，頁五五二，上。

❷　《續高僧傳》第三十五卷，在《大正藏》卷五〇，頁六五六的注❹中說：「此一卷麗本闕。」麗本，即高麗本《大藏經》。可見，第三十五卷恐怕是可疑的一卷。

❷　參見《大正藏》卷五〇，頁六六六，中。

❷　參見《寶林傳》卷八；《中華大藏經》一輯、卅八冊，頁三二八四四，下。

❷　引見《大正藏》卷八五，頁一二八六，中。

和支持，相反地受到了歧視和排斥，那麼，這一時期的中國禪還未成立，也沒有重大影響力之事實，就可以得到更加的肯定了。因此，下文就著重在說明它的受到排斥。

達摩的不受歡迎，可以從曇林（約 585 年卒）的《略辨大乘入道四行序》乙文看出來。相信，這是最早記載達摩事跡的文獻；而它是成立於 750 年左右的《楞伽師資記》所引述的。它說：

> 法師者……亡心寂默之士莫不歸信，取相存見之流，乃生譏謗。于時，唯有道育、惠可……法師感其精誠，誨心真道：「如是安心，如是發行，如是順物，如是方便。此是大乘安心之法，令無錯謬！」如是安心者，壁觀；如是發行者，四行；如是順物者，防護譏嫌；如是方便者，遣其不著。㊋

在這段記載中，說到了幾件重要的事情：㈠達摩（即文中的「法師」）受到「取相存見之流」的「譏謗」；㈡達摩的弟子當中只提到道育、惠可（慧可）二人；㈢達摩傳法的主要內容是「安心」（壁觀）、「發行」（四行）、「順物」（防護譏嫌）、和「方便」（遣其不著）。在這三點當中，第㈢我們將在適當的地方討論；第㈡，顯示達摩恐怕沒有多少傳人。而第㈠，《續僧傳》也有類似的說法：「（達摩）隨其所止，誨以禪教。于時，合國盛弘講授，乍聞定法，多生譏謗。」㉚意思是說，達摩來華的時代，中國佛教界流行「講授」（佛法的講解傳授），亦即流行教理的研究，因此，達摩所傳的「（禪）定（之）法」，受到了「譏謗」。從這一記載出發，後代更有達摩六度被毒害而死的神話傳說。例如，成立於 780 年左右的《歷代法寶記》即說：

㊋　引見《大正藏》卷八五，頁一二八四，下～一二八五，上。

㉚　《續高僧傳》卷一六，〈菩提達摩傳〉；引見《大正藏》卷五〇，頁五五一，下。

時，魏有菩提流支三藏、光統律師，於食中著毒餉大師。大師
食訖，索盤吐蛇一升。又食著毒再餉，大師取食訖，於大盤石
上坐，毒出石裂。前後六度。大師告諸弟子：「我來本為傳法，
今既得人厭，久住何益？」遂傳一領袈裟，以為法信，語惠可：
「我緣此毒，汝亦不免此難。至第六代傳法者，命如懸絲。」言
畢，因毒而終。**❸❶**

　　這一段傳說，透露了三件重要的事情：㈠達摩被菩提流支、光統
律師毒害六次而死；㈡達摩預言慧可將受到迫害；㈢達摩預言「第六
代傳法者」——惠能，「命如懸絲」。這則故事，在早期的佛教文獻，
諸如《洛陽伽藍記》、《續高僧傳》，乃至《楞伽師資記》等，都沒有記
載，顯現這是後代所傳出的故事。而且，由第㈢點看來，應是南禪遭
到北宗強烈對抗之後的產物。雖然這樣，卻可作為前引曇林序與《續
僧傳》的佐證，證明達摩的禪法並沒有受到當時中國佛教界的歡迎。
因此，這一時期的禪宗，必然尚未成為一個具有影響力的宗派。

　　其次，再看看慧可。我們發現，他也不是一個受人歡迎的禪師。
首先，當他歸依達摩時，《續僧傳》說：「一時令望咸共非之。」**❸❷** 這大
概因為他當時已經是一個小有名望的人士，而所歸依的達摩，卻是一
個受人「譏謗」的人物吧？其後，當他開始傳法時，更受到道恆等「滯
文之徒」的迫害。《續僧傳》說：

後以天平之初，北就新鄴，盛開祕苑，滯文之徒是非紛舉。時
有道恆禪師，先有定學，王（匡）宗鄴下，徒侶千計。承可說
法，情事無寄，謂是魔語。乃遣眾中通明者，來珍可門。既至，

────────────

❸❶　引見《大正藏》卷五一，頁一八〇，下～一八一，上。

❸❷　《續高僧傳》卷一六，〈釋僧可傳〉；引見《大正藏》卷五〇，頁五五二，
　　上。

聞法泰然心服，悲感盈懷，無心返告。恆又重喚，亦不聞命。
相從多使，皆無返者。……恆遂深恨，謗惱於可。貨賕俗府，
非理屠害。初無一恨，幾其至死。……可乃縱（從）容順俗。❸

　　引文一開頭的「天平」，是南北朝時代東魏的年號。天平元年（534
年）十一月，東魏遷都於鄴（今河北臨漳縣北）；慧可也跟著到新都傳
法。但卻有道恆禪師等「滯文之徒」的迫害。於是，慧可只好「縱（從）
容順俗」（不堅持己見而隨順世俗）。而較後的《歷代法寶記》，延續了
上述達摩的預言，更進一步說：

可太師得付囑以後，四十年隱皖山、咨相二州。……經二十年，
開化時，有難起。又被菩提流支、光統律師徒黨欲損可大師。
師付囑僧璨法已，入司空山隱。可大師佯狂，於四衢城市說法，
人眾甚多。菩提流支徒黨告可大師云妖異，奏勅，勅令所司推
問可大師。大師答承實妖。所司知眾疾，令可大師審。大師確
答，我實妖。勅令城安縣令翟沖侃依法處刑。可大師告眾人曰：
「我法至第四祖，化為名相。」語已悲涙。遂示形身流白乳，肉
色如常。所司奏帝，帝聞悔過，此真菩薩，舉朝發心，佛法再
興。大師時年一百七歲。❸

　　這雖然是一段值得懷疑的記載，但是，多少也反映了慧可不受歡
迎的事實。像這樣不受歡迎，相反地，受到排斥、迫害的禪法，怎麼
可能完全成立而具有影響力呢？
　　達摩和慧可的不受歡迎，必然與他們所傳的禪法有關。簡言之，
他們的禪法是艱深的，不講因果罪福的，不守戒律的，乃至自視甚高，

---

❸　同上。文中括弧內的字，都是《大正藏》的原注。

❸　引見《大正藏》卷五一，頁一八一，中。

以致有傲慢之嫌的。現說明如下。《續僧傳》曾簡略地批評達摩的禪法
說：

> 有菩提達摩者，神化居宗，闡導江洛。大乘壁觀，功業最高。
> ……然而誦語難窮，屬精蓋少。審其慕則，遣蕩之志存焉。觀
> 其立言，則罪福之宗兩捨。㉟

　　文中提到了達摩禪的兩個缺點：㈠「誦語難窮，屬精蓋少」；這是
說，達摩的話語艱深而難以窮達，以致徒弟們也少有精通的。㈡「罪
福之宗兩捨」：由於達摩禪法的「遣蕩」（否定）一切，以致捨棄了造
罪有罪報、造福有福報的佛法宗旨──亦即，達摩禪有捨棄因果報應
之說的毛病。對於第㈠點，《續僧傳》還說：「相命禪宗，未閑禪字。
如斯般輩，其量甚多。致使講徒例輕此類。」㊱這正好印證了前引《楞
伽師資記》所說「取相存見之流，乃生譏謗」的記載。而第㈡點，《續
僧傳》更大加撻伐地說：

> 復有相迷同好，聚結山門，持犯蒙然，動掛形（刑）網，運斤
> 運刃，無避種生。炊爨飲噉，寧慚宿觸。或有立性剛猛，志尚
> 下流，善友莫尋，正經罕讀。瞥聞一句，即謂司南。唱言五住
> 久傾，十地將滿，法性早見，佛智已明。㊲

　　文中前半段是說，禪徒們不守淨戒，亂用「刑網」、「斤」、「刃」
等殺害生靈。而後半段是指責那些高傲的禪客，說他們不求「善友」、
不讀「正經」，就自以為「五住久傾，十地將滿」乃至「法性早見，佛
智已明」。其中，「五住」是五種煩惱，「十地」是修行的階位。因此，

㉟　《續高僧傳》卷二○；引見《大正藏》卷五○，頁五九六，下。

㊱　同上，頁五九七，中。

㊲　同上。

所謂「五住久傾」乃至「佛智已明」，意思是自以為煩惱已斷，修行已至或已接近圓滿解脫的階段。

從《續僧傳》的這些描繪，我人知道，達摩禪是艱深難懂，不講罪福因果、不守清淨戒律、乃至自視甚高、不讀經論的禪法。這樣的禪法，在當時注重「講授」，以及嚴守戒律、倡言罪福的佛教大傳統下，自然是不受歡迎而遭受強烈排擠的。所以，我們可以肯定地說：「中土六祖」當中的前三祖，並沒有完全把中國禪建立起來，而其影響力必然也是極其有限的。

這一時期的達摩禪，雖然沒有完全建立起來，也沒有什麼影響力，但是，後代禪宗的雛形已經歷歷分明。佛教的初傳，曾受到中國知識階層及統治階層的批判和迫害；唐以後的禪宗，正是這些批判和迫害之下的產物。中國知識階層及統治階層之所以批判、迫害佛教，不出底下幾個原因：㈠以為出家人「委離所生」、「刓剃鬢髮」，是「背理傷情」❸的大不孝，而且也是傷風敗俗的行為；㈡以為佛教乃「夷狄之術」❸，不如中國本土文化；㈢以為出家人「苦尅百姓」，「不蠶而衣，不田而食」，以致「使國空民窮」❹。在這些項目當中，㈠是風俗習慣的問題，因此也是見仁見智的問題；而㈡是「我族中心主義」的偏見。但是，㈢卻是一個實質而且嚴重的批判。北齊‧文宣帝的〈議沙汰釋李詔〉曾說：「緇衣之眾，參半於平俗；黃服之徒，數過於正戶。所以國給為此不充，正用因茲取乏。」因此要「沙汰」佛教──「釋」，以

---

❸　孫綽，《喻道論》，收錄在梁‧僧祐，《弘明集》卷三；引見《大正藏》卷五二，頁一七，上。

❸　參見牟子，《理惑論》，收錄在《弘明集》卷一；《大正藏》卷五二，頁三，下。

❹　張融，《三破論》，收錄在《弘明集》卷八；引見《大正藏》卷五二，頁五〇，上。

及道教——「李」，而詔文中所說的卻盡是「釋」而不是「李」。這可見當時出家人太多，以致產生了國家賦稅的短缺，使得各種排佛的理論，都依附在這一主題之上，而變得振振有詞。中國佛教史上的教難——「三武一宗」，儘管有其表面的理由，但真正的原因，恐怕也是「教權」侵凌了「政權」吧？

而禪宗，正是這一片非難聲中的產物。禪師們遁入山林，不再像佛法初傳時那樣，干預政治、關心社會，這是統治階級以及「我族中心主義者」所最盼望的；此其一。其次，禪師們不守戒律，用「斤」、用「刃」而自力更生，不再依靠乞食而過日子，因此也就沒有「不蠶而衣，不田而食」之虞，這自然也是中國人所樂於見到的事情。禪宗，漸漸從一個奇裝異服的「夷狄之術」，改變而成長袍馬褂的中土新裝；這是為什麼它廣受後代中國人喜歡的原因之一。而菩提達摩乃至僧璨，正是塑造這一雛形的先導祖師；他們也許沒有完全把禪宗建立起來，卻給後代禪宗指出了一條可行的道路。

㈢從道信到惠能

中國禪的真正成立，以至成為一個影響深遠的佛教宗派，是在四祖道信（580–651 年）與五祖弘忍（602–675 年）的時代。特別是六祖惠能（638–713 年），使它成了完全中國化的宗派。這一事實，可以從唐・杜朏的《傳法寶記》（成立於 713 年左右），得到證明：

> 天竺達摩，褰裳導迷，息其言語，離其經論……惠可、僧璨，理得真，行無轍迹，動無影記。法匠潛運，學徒默修。至夫道信……擇地開居，營宇立象，存沒有迹，旌榜有聞……。及忍、如、大通之世，則法門大啟，根機不擇，齊速念佛名，令淨心，密來自呈……。❹

　　文中評論說，達摩到僧璨，由於「息其言語，離其經論」，乃至「行無轍迹，動無彰記」──亦即不傳教、隱居，以致「法匠潛運，學徒默修」──亦即沒有什麼好徒弟。但是，到了道信時代，卻「擇地開居，營宇立象」；而弘忍時代，更是「法門大啟，根機不擇」，以致杜朏在〈釋弘忍〉一節中曾記載說：「十餘年間，道俗受學者，天下十八九。自東夏禪匠傳化，乃莫之過！」❷

　　在這裡，杜朏的《傳法寶記》，說到了兩件重要的史實：㈠四祖道信「擇地開居，營宇立象」，亦即住在固定的地方，建造寺廟、塑立祖師像（也可能是佛像）；㈡五祖弘忍「法門大啟，根機不擇，齊速念佛名，令淨心」，亦即，利用念佛淨心的方便法門，廣招徒眾。這是中國禪宗史上兩件改變歷史的大事。道信的「擇地開居，營宇立象」，使得信徒們有一個習禪問道的固定地方，也有了崇拜、禮敬的明確對象；這點對於那些「亡心寂默之士」，也許並不重要，但是對於「取相存見之流」卻有極大的號召力。可以說，從道信開始，中國禪杜絕了達摩以來，「取相存見之流」的「譏謗」。其次，弘忍的「齊速念佛名，令淨心」，使得禪法通俗化，不再是達摩以來那種「誦語難窮，厲精蓋少」的艱深禪法；這是在他座下，之所以「道俗受學者，天下十八九」的真正原因。《續僧傳》卷二六，〈釋道信傳〉說，在山中跟隨道信習禪的「諸州道俗」，共有「五百餘人」❸；而敦煌本《壇經》則說弘忍的「門人」有「千餘眾」❹。這可見在道信、弘忍短短的兩代之間（約

　　❶　引見柳田聖山，《初期禪宗史書の研究》（日本・京都：法藏館，昭和四二年），頁五七〇。其中，「營宇立象」原作「營宇玄象」；今依據印順，《中國禪宗史》頁四四，改正如文。另外，文中提到的「如」是法如，「大通」是神秀，二人都是弘忍的弟子。

　　❷　同上，頁五六七。

　　❸　參見《大正藏》卷五〇，頁六〇六，中。

七十年），使得中國禪從達摩的「厲精蓋少」、慧可的「末緒卒無榮嗣」，乃至僧璨的「祕不傳法」，開展而成千餘信眾的龐大宗派；這不能不歸功於二人在通俗教化上面所下的功夫。

道信的「擇地開居，營宇立象」，從《續僧傳》卷二六，〈釋道信傳〉可以看出端倪：

> 蘄州道俗請度江北黃梅縣，眾造寺，依然山行。遂見雙峰有好泉石，即住終志。……自入山來三十餘載，諸州學道無遠不至，刺史崔義玄聞而就禮。臨終語弟子弘忍，可為吾造塔。命將不久，又催急成。❹

文中說到兩件事情：㈠道信接受蘄州（今湖北蘄春縣）信徒的禮請，到達江北黃梅縣（今湖北黃梅縣）的雙峰山上建立寺廟，終生定居；㈡臨終前要求弟子弘忍為其造塔。有關第一點，即是《傳法寶記》當中所說的「擇地開居」和「營宇」（營建廟宇）。而第二點，應該就是《傳法寶記》當中的「立象」；稍後成立的《歷代法寶記》曾有比較詳細的記載：

> 後時，信大師大作佛事，廣開法門，接引群品。四方龍象，盡受歸依。……命弟子元一師：「與吾山側，造龍龕一所，即須早成。」後問：「龍龕成否？」元一師答：「功畢。」……葬後周年，石戶無故自開，大師容貌端嚴，無改常日。弘忍等重奉神威儀，不勝感慕，乃就尊容加以漆布。自此已後，更不敢關。❹

---

❹ 參見前書，卷四八，頁三三七，上。但是，《景德傳燈錄》卷三，〈弘忍傳〉卻說弘忍的「會下」，只有「七百餘僧」（參見《大正藏》卷五一，頁二二二，下）。

❹ 引見《大正藏》卷五〇，頁六〇六，中。

❹ 引見前書，卷五一，頁一八一，下～一八二，上。

　　文中，囑咐造「龍龕」的對象，雖然從弘忍改成了「元一師」，但是仍然可以看出，道信是一個非常善於利用通俗信仰的祖師。他的付囑「立象」，提供了弟子們禮拜、崇敬的有形對象，卻無形中增強了弟子們對他個人，因此也是整個禪宗的信仰。

　　而弘忍的「齊速念佛名，令淨心」呢？「念佛名」與道信的另一思想──一行三昧有關，我們將另文細談；而「淨心」，則與神會的主要思想──「看心、看淨」相似，我人也將另文一併討論。目前，我人只想指出：弘忍的「齊速念佛名，令淨心」，特別是「齊速念佛名」，和唐初新興教派──淨土宗的「稱名念佛」，有很多相通之處。相信這也是弘忍一代之所以使得禪宗迅速發展起來的原因之一。淨土宗強調「稱名念佛」，亦即口唸「南無阿彌陀佛」。這一法門，始自魏朝的曇鸞，卻大成於唐初的道綽（562-645 年）和善導（613-682 年）；他們的活動年代，和弘忍的年代（602-675 年），正好相同（或稍早）。淨土宗，能從南北朝時代的小宗派，開展而成唐代的大宗派，原因固然很多，但是，提倡「稱名念佛」之「易行道」❹，是其最主要的因素。而弘忍看準了這點，也和淨土宗一樣，「法門大啟，根機不擇」，唸起佛號來了，於是，遂成了唐代的一大宗派。

　　而惠能呢？更把中國禪帶到一個全盛的局面。這主要是因為他建立了一個更接近中國人之思想的禪法。另外，還因為他的弟子們的奮鬥，以及整個唐朝政治、經濟、文化的大變局。這三個因素湊合起來，使得達摩以來的中國禪，在中唐以後，成為一支獨秀、凌駕在所有佛教的宗派上面。現在，我們先從惠能之禪法的特質說起。

　　惠能的完整禪法，我人將另闢專文，詳細介紹。目前筆者要特別指出的是，惠能禪法中的中國特質。惠能禪之中國特質，既是儒家式的，也是道家式的。他的儒家式的禪法，可以從底下敦煌本《壇經》

────────────

❹　詳見本書頁一二，注❷。

中的一段經文看出來：

> 大師言：「善知識！若欲修行，在家亦得，不由在寺。在寺不修，
> 如西方心惡之人；在家若修，如東方人修善。但願自家修清靜，
> 即是西方。」❹

　　文中的「東方」是指我人所居住的世界──「娑婆世界」，而「西
方」則是阿彌陀佛的化土──「西方極樂世界」。惠能強調修行不必一
定出家，也不必一定在西方極樂世界；相反地，在有苦難的娑婆世界
或有雜染的家庭當中，仍然可以修行。這一思想，不能不說是受到重
視人倫、親情之儒家的影響。就一個出家人來說，惠能的話是奇怪的，
但卻不得不說是更符合中國人的想法。另外，惠能所了解的佛法，常
常是強調德性的自我要求，這不也是儒家式的思想嗎？例如，在他回
答「在家如何修？」這一問題的時候，他曾說：「世間若修道，一切盡
不妨，常現在己過，與道即相當。」❹這是說，常常見到自己的過錯，
就是修道。又說：「若欲覓覓道，行正即是道，自若無正心，暗行不見
道。」❺這是說，正心、正行就是修道❺。而惠能與弟子神會初見面時
的一則「公案」，也可顯示他這種注重德性修養的儒家傾向：

───────────────

❹　《南宗頓教最上大乘摩訶般若波羅蜜經六祖惠能大師於韶州大梵寺施法壇
　　經》；引見《大正藏》卷四八，頁三四一，下。

❹　同上。

❺　同前書，頁三四二，上。

❺　另外，在通行本《壇經》──《六祖大師法寶壇經》，〈疑問品〉第三當中，
　　當惠能回答同一問題時，曾有「心平何勞持戒」乃至「西方只在目前」的
　　詩頌，其中說到修行的德目有「孝養父母」、守「義」、「尊卑和睦」（讓）、
　　「忍」等等。而這些德目，也都是儒家所強調的（參見《大正藏》卷四八，
　　頁三五二，中～下）。

又有一僧，名神會，南陽人也。至漕溪山禮拜，問言：「和尚座
（坐）禪，見亦不見?」大師起把打神會三下，卻問神會：「吾
打汝，痛不痛?」神會答言：「亦痛，亦不痛。」六祖言曰：「吾
亦見，亦不見。」神會又問：「大師何以亦見亦不見?」大師言：
「吾亦見，常見自過患。云亦見亦不見者，不見天、地、人過
罪，所以亦見亦不（見）也。汝亦痛亦不痛如何?」神會答：「若
不痛，即同無情草木；若痛，即同凡，即起於恨。」大師言：「神
會向前見、不見，是兩邊，痛是生滅。汝自性但不見，敢來弄
人! 禮拜!」（神會）禮拜，更不言。❷

　　文中　開頭，是神會請教惠能在坐禪時，見到了佛性或沒有見到
佛性? 惠能棒打神會三下，然後反問神會，痛或不痛? 神會用「兩邊」
（兩種絕對對立之極端想法）的方式，回答說：「亦痛，亦不痛。」這
種「兩邊」的想法，在一般的佛教理論當中，都被當做錯誤來看待。
例如，依照《般若經》的「空」理，當一個人受到身體的打擊時，雖
然感覺疼痛，卻必須體悟這種疼痛的「空」幻不實──「因緣生」的
緣故。因此，說它「痛」，決不是「起於恨」的痛；反之，說它「不痛」，
也決不是如同「無情草木」一般的無所知覺。真正的解脫，是在知覺
疼痛的當下，體悟疼痛的不真實性，進而不生起瞋恨之心。這些，都
是「自性但不見」（未見自性）的神會，所無法了解的。而且，也不是
目前我們所真正要說的。目前，我們真正要說的是惠能的回答──「亦
見，亦不見」等。惠能說「見」（見到自性、佛性），是「常見自過患」，
也就是依「自性」而見到了自己的過錯，以便改過向善；反之，惠能
說「不見」，是依「自性」而「不見天、地、人過罪」，亦即不去計較

---

❷　《南宗頓教最上大乘摩訶般若波羅蜜經六祖惠能大師於韶州大梵寺施法壇
　　經》；引見《大正藏》卷四八，頁三四三，上。

他人、他物的過錯。像這種但見己過、不見人過的「見性」說，充滿了恕道精神，其儒家式的特質，是顯而易見的。

惠能的道家化，恐怕就更明顯了。道家崇「無為」、尚「簡約」，這些都表現在惠能的「頓悟」說上。所謂「頓悟」，是迅速體悟自己本有佛性的意思；這通常是指那些「利根」（聰明）的修行人，在體悟真理時所採用的修行方式。例如，敦煌本《壇經》即說：「何以漸頓？法即一種，見有遲疾。見遲即漸，見疾即頓。法無漸頓，人有利鈍，故名漸頓。」❸頓悟說是惠能最主要的思想之一，也不是三言兩語可以說明的，我們會在下文詳細討論。目前，我們所要指出的是，頓悟說是印度所沒有的（詳下文），而其思想來源即是中國本土的道家。

總之，由於惠能弘傳了一種儒式、道式，亦即中國式的禪法，因此，使得惠能以後的中國禪，不但信眾更加龐大，而且信心也更加堅強。敦煌本《壇經》曾說，惠能的「座下」，「僧尼道俗一萬餘人」，其中「官寮」、「儒士」有三十餘人❹；這可見在這一儒式、道式禪法之薰陶下的盛況。

惠能禪之所以能夠完全成為禪宗「正統」，除了前述因素，還和他的弟子，特別是神會的努力奮鬥有關。原來，在惠能還沒有歸依五祖弘忍之前，弘忍特別器重神秀（706 年逝世）；這可以從唐・張說所寫的〈唐玉泉寺大通禪師碑銘并序〉乙文中的幾句話看出來：

> （神秀）企聞蘄州有忍禪師，禪門之法允也……乃不遠遐阻，翻飛謁詣……服勤六年，不捨晝夜。大師歎曰：「東山之法，盡在秀矣！」命之洗足，引之並坐。❺

---

❸　同上，頁三四二，中。

❹　同上，頁三三七，上。

❺　引見《欽定全唐文》，卷二三一，頁一～二。

　　文中，弘忍讚美神秀說：「東山之法，盡在秀矣！」而「東山之法」（又名「東山法門」），是指弘忍的禪法（或引申為達摩以來的禪法），因為弘忍被當時人尊稱為「東山法師」❺❻。在這種情勢下，神秀是最有可能成為弘忍之傳人的。事實上張說還說，神秀在歸依弘忍之前，對於「老莊元旨，書易大義，三乘經論，四分律儀，說通訓詁」等等內外之學，已經無不通達，是一個極有學問的在家居士❺❼。而敦煌本《壇經》也透露，神秀在弘忍座下是「上座」（首席弟子），是「教授師」（幫助弘忍講解的法師）；神秀的師兄弟們也都擁護他，以為只有他才有資格得到弘忍的付法❺❽。這些，在在證明神秀當時是最有可能成為弘忍之傳人的人選。

　　反過來，惠能呢？歸依弘忍前，是一個不識一字的賣柴郎；歸依後，也只是一個在廟裡「隨眾作務」的打雜工人❺❾。以這樣的學養和身分，為什麼一夕之間取代了神秀，變成了弘忍的傳人呢？依據敦煌本《壇經》惠能的自述看來，是因為他寫了兩首批判神秀的詩頌，因而博得了弘忍的認可。這兩首詩頌，依據敦煌本《壇經》，分別是這樣：

---

❺❻　東山，指的是憑茂山，乃相對於道信所居之雙峰山而說的。憑茂山是弘忍所居，在雙峰山的東邊，故名。《歷代法寶記》說：「(弘忍)得付法袈裟，居憑茂山，在雙峰山東西（面？），相去不遙。時人號為東山法師，即為憑茂山是也。」（引見《大正藏》卷五一，頁一八二，上）

❺❼　參見〈唐玉泉寺大通禪師碑銘并序〉；《全唐文》卷二三一，頁一。

❺❽　《南宗頓教最上大乘摩訶般若波羅蜜經六祖惠能大師於韶州大梵寺施法壇經》曾說：當弘忍宣佈即將付法，要求弟子們作偈呈心時，弟子們卻互相傳言說：「我等不須呈心，用意作偈，將呈和尚。神秀上座是教授師，秀上座得法後，自可於止，請不用作。」（引見《大正藏》卷四九，頁三三七，中）這可見神秀的師兄弟們都屬意於他。

❺❾　有關惠能的生平，請參見《南宗頓教最上大乘摩訶般若波羅蜜經六祖惠能大師於韶州大梵寺施法壇經》；《大正藏》卷四八，頁三三七，上～中。

菩提本無樹，明鏡亦無臺，佛姓常青淨，何處有塵埃？（其一）
心是菩提樹，身為明鏡臺，明鏡本清淨，何處染塵埃？（其二）**❻⓪**

另外，流行本《壇經》，則把上述兩首合成一首，而成底下的形式；我們暫時把它看成第三首：

菩提本無樹，明鏡亦非臺，本來無一物，何處惹塵埃？（其三）**❻①**

第一首中的「佛姓」，應是「佛性」的誤寫；「青淨」則為「清淨」的別寫。三首的意思大同小異：一、二首強調身心的「本清淨」或「常清淨」，而第三首則強調身心的「本來無一物」──「空」。「清淨」和「空」，分別是如來藏（佛性）與般若的兩種不同思想。因此，如果說前兩首與第三首之間有什麼不同點，那只是如來藏的「清淨」思想，被改成般若的「空」而已。總之，這兩首詩頌一致說明我人的身心本來就是清淨無穢或空幻不實的，不可能被煩惱──「塵埃」所汙染。既然身心不可能被煩惱所汙染，也就沒有必要刻意地去斷除煩惱，因為並沒有真實的煩惱存在。這一思想，完全是針對神秀而發的。神秀也曾經作了一首詩，惠能的這三首，就是批判它的。神秀的詩，依敦煌本《壇經》是這樣的：

身是菩提樹，心如明鏡臺，時時勤佛拭，莫使有塵埃。**❻②**

其中，「佛拭」是「拂拭」的誤寫。另外，流行本《壇經》中，最後一句「莫使有塵埃」，作為「勿使惹塵埃」**❻③**，意義則完全相同。神

---

❻⓪　同上，頁三三八，上。

❻①　《六祖大師法寶壇經》，〈行由品〉第一；引見《大正藏》卷四八，頁三四九，上。

❻②　《南宗頓教最上大乘摩訶般若波羅蜜經六祖惠能大師於韶州大梵寺施法壇經》；引見《大正藏》卷四八，頁三三七，下。

秀的意思是，我人的身心原本是覺悟（菩提）的、光明的，但是，卻
往往被煩惱——「塵埃」所汙染，因此應該「時時勤拂拭」，努力修行，
使本淨的身心顯發出其光明的原貌。這首詩的「禪境」，依敦煌本《壇
經》的記載，五祖弘忍認為，相對於真理之堂奧而言，「只到門前，尚
未得入」，又說：「凡夫於此偈修行，即不墮落；作此見解，若覓無上
菩提，即未可得。」❻反之，惠能的兩首詩頌，被弘忍賞識之後，弘忍
就為惠能漏夜講解《金剛經》，然後，「便傳頓法及衣」，並對惠能說：
「汝為六代祖。」❻這是南禪典籍——敦煌本《壇經》的記載，自然不
能當做唯一的文證。事實上，神秀所強調的，是一種「時時」修行的
禪法，前文敦煌本《壇經》稱之為「漸」禪。反之，惠能則提倡迅速
體悟身心本淨的禪法，前文惠能自稱為「頓」禪。宋・贊寧的《宋高
僧傳》，曾評論這二者說：

> 夫甘苦相傾，氣味殊致。甘不勝苦，則純苦乘時；苦不勝甘，
> 則純甘用事。如是則為藥治病，偏重必離也。昔者，達磨沒而
> 微言絕，五祖喪而大義乖。秀也，拂拭以明心；能也，俱非而
> 唱道。及乎流化北方，尚修練之勤。從是分岐，南服興頓門之
> 說。由茲，荷澤行於中土。以頓門隔修練之煩，未移磐石，將
> 絃促象。韋之者，空費躁心。致令各親其親，同黨其黨。故有
> 盧奕之彈奏，神會之徙遷。伊蓋施療專其一味之咎也。遂見甘、
> 苦相傾之驗矣！理病未劫，乖競先成。祇宜為法重人，何至因
> 人損法！❻

---

❻　參見《六祖大師法寶壇經》，〈行由品〉第一；《大正藏》卷四八，頁三四
　　八，中。

❻　同注❻。

❻　參見《大正藏》卷四八，頁三三八，上。

❻　《宋高僧傳》卷八，〈釋神秀傳〉；引見《大正藏》卷五〇，頁七五六，中。

這是贊寧對惠能與神秀之後代弟子的批評。從這段批評，我們可以看出二者在禪法上的根本差異。基本上，贊寧認為二者所倡之禪法，就像甘味藥（惠能）與苦味藥（神秀）一樣，都是對治眾生的煩惱病痛而方便施設的。因此，應該是相輔相成，各有用處的。苦味的「漸」禪，「尚修練之勤」；甘味之「頓」禪，則是「隔修練之煩」。二者各有各的長處。文中還提到了「荷澤（神會）行於中土」，以及「盧奕之彈奏，神會之徙遷」一事。這是神秀、惠能去世後，南、北二宗互相爭鬥的重要事件，它決定了南禪獨盛後世的局面。現在，略述如下：

神秀不但如前所述，受到弘忍的器重，事實上，晚年也受到了朝廷的禮敬。張說的〈大通禪師碑銘〉，說他被推崇為「兩京法主，三帝國師」 ❻❼。「兩京」，是唐朝的東、西二京——長安與洛陽。而「三帝國師」，從《楞伽師資記》可以看出來：「荊州玉泉寺大師，諱秀；安州壽山寺大師，諱頤；洛州嵩山會善寺大師，諱安：此三大師，是則天大聖皇后、應天神龍皇帝、太上皇，前後為三主國師也。」 ❻❽從這些，可以看出神秀受到朝廷的重視。而神秀的傳人——普寂，也同樣受到了朝野的欽重；例如，《宋僧傳》卷九，〈普寂傳〉即曾說：

> 及秀之卒，天下好釋氏者，咸師事之。中宗聞秀高年，特下制，令普寂代本師統其法眾。開元二十三年，敕普寂於都城居止。時王公大人，競來禮謁。 ❻❾

在這種情勢下，北禪的興盛、南禪的衰微，是可以想見的。因此，當時朝野都把神秀推為六祖，普寂則被尊為七祖。這些，都可以從唐·圭峰宗密的《圓覺經大疏鈔》卷三之下，看出來：

❻❼ 參見〈唐玉泉寺大通禪師碑銘并序〉；《欽定全唐文》卷二三一，頁一。

❻❽ 引見《大正藏》卷八五，頁一二九○，上。

❻❾ 引見《大正藏》卷五○，頁七六○，下。

然能大師滅後二十年中，曹溪頓旨沉廢於荊吳，嵩嶽漸門熾盛
於嵩嶽（原注：《略抄》作秦洛）。普寂禪師，秀弟子也，謬稱
七祖，二京法主，三帝門師，朝臣歸崇。❼⓿

　　於是，惠能的弟子——荷澤神會（684–760 年），忍耐不住，起來
對抗北宗的盛極一時了。開元二十年（732 年）正月十五日，神會在
洛陽附近的滑臺大雲寺，召開了一次「無遮大會」（一種十方僧俗都可
隨意參加的法會），嚴厲地批判當時北宗的代表人物——普寂。在這次
批判大會中，神會所提出的意見，主要的有底下數點：
　　㈠批判普寂，因此也批判神秀的漸禪；
　　㈡提出西國（印度）與唐國（中國）的十三代祖師說；
　　㈢批判普寂的自稱第七代祖；
　　㈣強調弘忍曾傳衣缽給惠能。
　　其中，第㈠點，牽涉到整個漸禪，甚至頓漸的思想，我人將另文
詳細剖論。第㈡點，從釋迦到惠能只有十三代，這自然是荒誕不經的
說法❼❶。至於第㈢、㈣點，從神會和崇遠法師（北宗弟子、無遮大會
的另一主角）之間的一段對答，即可看出當時爭論的焦點：

　　遠法師問，禪師既口稱達摩宗旨，未審此禪門者有相傳付囑，
　　為是得說只沒說？和上答，從上已來，具有相傳付囑。又問，

<hr>

❼⓿　引見《卍續藏經》冊一四，頁〇五五三，下。
❼❶　神會的「十三代」說，他自稱是依據〈禪經序〉乙文而建立的；他們是：
　　一、迦葉；二、阿難；三、末田地；四、舍那婆斯；五、伏婆崛；六、須
　　婆蜜（應是「婆須蜜」之誤）；七、僧伽羅叉；八、菩提達摩；九、慧可；
　　十、僧璨；十一、道信；十二、弘忍；十三、惠能（參見：胡適校，《神
　　會和尚遺集》，臺北：中央研究院胡適紀念館，1968 年，頁二九四～二九
　　五）。

相傳□□❼已來，經今幾代？和上答，經今六代。……唐朝忍
禪師在東山將袈裟付囑與能禪師。經今六代。內傳法契，以印
證心。外傳袈裟，以定宗旨。從上相傳，一一皆與達摩袈裟為
信。其袈裟今見在韶州，更不與人。餘物相傳者，即是謬言。
又從上已來六代，一代只許一人，終无有二。終有千萬學徒，
只許一人承後。……遠法師問，世人將秀禪師得道果不可思議
人，今何故不許秀禪師充為六代？和上答，為忍禪師無傳授付
囑在秀禪師處，縱使後得道果，亦不許充為第六代。何以故？
為忍禪師無遙授記處，所以不許。遠法師問，普寂禪師口稱第
七代，復如何？和上答，今秀禪師實非的的相傳，尚不許充為
第六代，何況普寂禪師是秀禪師門徒，承稟充為第七代？……
遠法師問，秀禪師為兩京法主，三帝門師，何故不許充為六代？
和上答，從達摩以下，至能和上，六代大師，無有一人為帝師
者。❽

　　文中，神會說到了底下五個重要的論點：(a)從達摩開始，中土共
有六代，其中第六代是惠能；(b)第五代之弘忍傳法給第六代之惠能，
是「內傳法契」、「外傳袈裟」；(c)所傳袈裟存於韶州，而且不再繼續傳
下去；(d)一代只能傳一人；(e)從達摩開始，從來就沒有一代是像神秀、
普寂一樣，去充當「帝師」的。在這五個論點當中，(a)我們已在前面
討論過；(e)多少得罪了朝廷，種下了神會後來被迫害的遠因。而從(b)
到(d)是整個南、北禪爭論的焦點。其中，(b)中的「內傳法契」是有關
思想的問題──頓、漸之爭，我人將另文詳細討論。另外，(b)中的「外

---

❼　本引文是敦煌出土之殘卷，常有脫落之字句；胡適校訂之版本都用方格代
　　表脫落之字數。今沿用之。

❽　引見胡適校，《神會和尚遺集》，頁二八一～二八四。

傳袈裟」，神會曾談到它的重要性：

> 遠法師問，未審法在衣上，將衣以為傳法？和上答，法雖不在
> 衣上，表代代相承，以傳衣為信，令弘法者得有稟承，學道者
> 得知宗旨不錯謬故。昔釋迦如來金蘭袈裟見在雞足山，迦葉今
> 見持此袈裟，待彌勒出世，分付此衣，表釋迦如來傳衣為信。
> 我六代祖師亦復如是。❼

　　神會的意思是，禪法（真理）雖然不在有形的衣缽之上，但卻代
表了禪法的純正性；這就像醫師必須要有開業執照，才能取得病人的
信賴一樣。文末，神會還舉了釋迦傳衣缽給迦葉的傳說為例，來說明
衣缽的重要性。但是，如果神秀晚年已像崇遠所說，得到了「道果」，
是否仍然「不許充為第六代」？這當然是值得推敲的。事實上，弘忍下
有所謂「十大弟子」，包括神秀與惠能，弘忍都讚美他們「堪為人師，
但一方人物」或「各一方師」或「佛日再暉，心燈重照」等等。例如，
《楞伽師資記》即說：

> 如吾一生，教人無數，好者並亡，後傳吾道，只可十耳。我與
> 神秀，論《楞伽經》，玄理通快，必多利益。資州智詵，白松山
> 劉主簿，兼有文性。莘州惠藏，隨州玄約，憶不見之。嵩山老
> 安，深有道行。潞州法如，韶州惠能，揚州高麗僧智德，此並
> 堪為人師，但一方人物。越州義方，仍便講說。又語玄頤曰，
> 汝之兼行，善自保愛。吾涅槃後，汝與神秀，當以佛日再暉，
> 心燈重照。其月十六日，問曰，汝今知我心不？玄頤奉答，不
> 知。大師乃將手捬十方，一一述所證心已，十六中，面南宴坐，
> 閉目便終。❼

---

❼　同上，頁二八四～二八五。

這段描述弘忍去世前之情形的記載，雖然讚美惠能「堪為人師，但一方人物」，卻也誇獎神秀「佛日重暉，心燈重照」；甚至其他各弟子，也一一稱述他們的優點。最後還「將手搦十方」。這似乎並沒有神會所說的「一代只許一人」的跡象。當然，也許讀者會反駁說，《楞伽師資記》是北宗作品，不能算數；但是，事實上，南禪的作品——《歷代法寶記》，雖然特別強調惠能，但也說到其他弟子是「各一方師」：

> 吾一生教人無數，除惠能，餘有十爾。神秀師、智詵師、智德師、玄蹟師、老安師、法如師、惠藏師、玄約師、劉王（主）簿，雖不離吾左右，汝各一方師也。 ❼❻

另外，值得注意的是，一部不是南禪也不是北禪的作品——《續高僧傳》，曾記載四祖道信去世前，當有人問他怎麼還不「付囑」時，道信卻回答說：「生來付囑不少。」然後「奄爾便絕」❼❼。這些，都說明道信、弘忍的平等看待弟子，並沒有神會所說的「一代只許一人」這個跡象。

神會所舉行的「無遮大會」，看來場面是非常火爆的。這從《神會語錄》當中的幾段描述，即可看出：

> 于時有當寺崇遠法師者……揚眉亢聲，一欲戰勝。即時（?）人侶□卷屏風，稱有官客擬將著侍。……和上言，此屏風非常住家者，何乃拆破場，將用祇承官客？于時崇遠法師提和上手而詞曰，禪師喚此以為莊嚴不？和上答言，是。遠法師言，如來說莊嚴即非莊嚴。 ❼❽

❼❺ 引見《大正藏》卷八五，頁一二八九，下。

❼❻ 同上，卷五一，頁一八二，上～中。

❼❼ 參見《續高僧傳》卷二六，〈釋道信傳〉；《大正藏》卷五〇，頁六〇六，中。

和上言，神會若學□□□□，即是法師。法師若學神會，經三
大阿僧祇劫，不能得成。……和上出語，左右慚惶，相顧無色。
然二大士雖（胡適原注：原作誰）相詰問，並皆立〔而〕未坐。❼❾
〔遠法師重問曰，禪師用心於三〕賢，十聖，四果人等，今在
何地位？和上言，在滿足十〔地位〕。〔遠法師言〕，……禪師既
言在滿足十地位，今日為現少許神變。崇遠望此意執見甚深，
特為見悟至玄，所以簡詮如響。❽⓿

　　第一段說到神會用來莊嚴無遮大會會場的「屏風」，被人「拆破場」。
第二段說到神會詈罵崇遠愚笨，而且雙方都站著說話。第三段說到神
會自以為「在滿足十地位」──即將成佛的大菩薩，因此被崇遠逼迫
他顯神通的情形。(按：十地菩薩神通廣大，可以分身無量無邊佛世界。)
像以上這些與無遮大會所討論的主題無關的爭執，卻在火爆的氣氛之
下進行著。這可見當時兩派鬥爭之激烈，也可見神會是如此一個自大
而又容易得罪他人的「增上慢人」。

　　從各種史料看來，南、北禪的鬥爭，似乎不是始自神會，而是從
惠能在世時即開始。首先，敦煌本《壇經》說到惠能得到五祖的衣缽
之後，受命南逃時，「兩月中間，至大庾嶺，不知向後，有數百人，來
欲擬頭。」❽❶其次，流行本《壇經》也曾記載說：

　　僧志徹，江西人，本姓張，名行昌，少任俠。自南北分化，二
　　宗主雖亡彼我，而徒侶競起愛憎。時北宗門人，自立秀師為第

---

❼❽　引見胡適校，《神會和尚遺集》，頁二六四～二六五。

❼❾　同上，頁二六七～二六八。

❽⓿　同上，頁二七五。

❽❶　《南宗頓教最上大乘摩訶般若波羅蜜經六祖惠能大師於韶州大梵寺施法壇
　　經》；引見《大正藏》卷四八，頁三三八，上。

六祖，而忌祖師傳衣為天下聞，乃囑行昌來刺師。師心通預知
其事⋯⋯。時夜暮，行昌入祖室將欲加害。師舒頸就之，行昌
揮刃者三，悉無所損。❽

這兩段文獻都告訴我人，惠能在南北二禪的對抗當中，曾經兩度
受到了死亡的威脅。傳說中，惠能逝世後，這種對抗仍在繼續著；北
宗以磨損、改造紀念惠能之碑銘的方式，來打擊南禪。例如，《神會語
錄》即曾記載說：

遠法師問，何故不許普寂禪師？和上答，為普寂禪師口雖稱南
宗，意擬滅南宗。遠法師問，何故知意擬滅南宗？和上欷言，
苦哉！痛哉！痛哉！不可耳聞，何期眼見！開〔元〕二年中三
月內，使荊州刺客張行昌詐作僧，取能和上頭。大師靈質被害
三刀。盛續碑銘經磨兩遍。（胡適原注：盛續似是撰碑文的人名？）
又使門徒武平一等磨卻韶州大德碑銘，別造文報，鐫向能禪師
碑，□立秀禪師為第六代，□□□□及傳袈裟所由。又今普寂
禪師在嵩山豎碑銘，立七祖堂，修法寶紀，排七代數，不見著
能禪師。❿

文中說到了幾件事情：㈠張行昌行刺惠能；㈡「盛續碑銘」兩次
被磨損、改造；㈢武平一等人磨去、改造「韶州大德碑銘」；㈣普寂在
嵩山建立「七祖堂」、撰修「法寶紀」（《歷代法寶記》）。這些記載，也
許是南北對抗當中所傳說出來的，並無史實根據，但是，從這些傳說
的盛行，也可以看出當時對抗之激烈。而且，也正因為對抗的激烈，

❽ 《六祖大師法寶壇經》，〈頓漸品〉第八；引見《大正藏》卷四八，頁三五
九，上。
❿ 胡適校，《神會和尚遺集》，頁二八八～二八九。

神會才在迫不得已之下，召開了「無遮大會」，公開批判北宗。

這一場「無遮大會」，也許神會在個人的氣勢上勝了，但卻輸掉了整個南禪。神會不久就涉及一樁武鬥事件，而被捕下獄；不久，又因文字官司（可能是政治問題）而「三度幾死」。這些，宗密曾簡略地記載如下：

> 荷澤親承付囑，詎敢因循？直入東都，面抗北祖，詰普寂也。龍麟虎尾，殉命忘軀。俠客沙灘五臺之事，縣（懸）官白馬。衛南盧、鄭二令文事，三度幾死。商旅縗服，曾易服執秤負歸。百種艱難，具如祖傳。❽

文中說到神會（荷澤）因為涉及「俠客沙灘五臺之事」，而被捕入獄（懸官），關在白馬縣衙。不久，又涉及「衛南盧、鄭二令文事」，以致「三度幾死」。其中，「衛南」應是衛河以南；「盧、鄭」是「衛南」的兩位縣令，不知何許人。而「商旅縗服，曾易服執秤」，大意是被強迫還俗而從事勞役。神會在這樣「三度幾死」的情況下，不久，又被彈奏「聚眾」，而被流放到弋陽郡（今江西弋陽縣）等地；宗密記載說：

> 然北宗門下勢力連天，天寶十二年，被譖聚眾，敕黜弋陽郡，又移武當郡。至十三載，恩命量移襄州。至七月，又敕移荊州開元寺。皆北宗門下之所毀也。❽

宗密把這一事件，責怪到北宗頭上，說是「北宗門下之所毀」。《宋僧傳》也說是「阿比於（普）寂」的御史盧弈所「誣奏」：

> 天寶中御史盧弈阿比於寂，誣奏會聚徒，疑萌不利。玄宗召赴

---

❽　《圓覺經大疏鈔》卷三之下；引見《卍續藏經》卷一四，頁〇五五三，下。
❽　同上。

> 京，時駕幸昭應，湯池得對，言理允愜。勅移往均部。二年，
> 勅徙荊州開元寺般若院住焉。**❽**

　　文中的「盧弈」，即盧奕。這是政治性的一次「誣告」，雖然唐玄
宗寬恕神會，神會卻不得不成了政治犯，在短短的一年多，被迫遷徙
了四次，其艱辛困苦，是可以想見的。而以神會的高傲自大、出口傷
人，還有在「無遮大會」上的批評神秀、普寂充當「帝師」（詳前文），
這都極有可能被有心人陷害、誣告的。相信，南禪也曾於一時，因為
他個人的受挫，而遭到壓抑吧？

　　然而，神會，以及整個南禪的運氣來了。天寶十四年（755 年）
冬，安祿山叛變了。連年的內戰，使得國庫空空。而神會，利用這個
大好機會，以其宗教的號召力，為朝廷募集了大量「香水錢」。這是他
個人的轉機，也是整個南禪的轉機。《宋僧傳》曾簡略地記載如下：

> 十四年，范陽安祿山舉兵內向，兩京版蕩，駕幸巴蜀，副元帥
> 郭子儀率兵平珍。然於飛輓索然，用右僕射裴冕權計，大府各
> 置戒壇度僧，僧稅緡謂之香水錢，聚是以助軍須。初洛陽先陷，
> 會越在草莽，時盧弈為賊所戮，群議乃請會主其壇度。……所
> 獲財帛頓支軍費。代宗郭子儀收復兩京，會之濟用頗有力焉。
> 肅宗皇帝詔入內供養，勅將作大匠，併功齊力，為造禪宇于荷
> 澤寺中是也。會之敷演，顯發能祖之宗風，使秀之門寂寞矣！**❽**

　　從這段記載看來，神會不但將功折罪，還被朝廷請入宮內供養，
南禪也因而興盛了起來。事實上還不止於此，貞元十二年（796 年），
離神會逝世雖然已經二十幾年，但朝廷仍然正式封他為「第七祖」。於

---

❽　《宋高僧傳》卷八，〈神會傳〉；引見《大正藏》卷五〇，頁七五六，下。
❽　同上，頁七五六，下～七五七，上。

是中國禪，特別是南禪，終於完全成立了。這些，宗密都曾記載如下：

> 貞元十二年，勅皇太子集諸禪師，楷定禪門宗旨。遂立神會禪師為第七祖，內神龍寺，勅置碑記見在。又御製七祖讚文，見行於世。 **❽❽**

本文到這裡應該結束了。我們可以歸納出底下幾個結論：

(1)在本文第㈠段中，我們說到「西天二十八祖」的傳說，完全是虛構的。這二十八祖的名字，大抵根據《付法藏因緣傳》而成立的。成立的原因應該是為了對抗北宗的強盛，因而提出這種「教外別傳」的師承說。

(2)在第㈡段中，我們也說到，「中土六祖」當中的前三代，也是傳說紛紛的，這特別是三祖僧璨的生平，最為模糊不清。這一事實，顯示這一時期的中國禪還未完全成立，因此也沒有什麼影響力。這主要是因為達摩禪的艱深難懂，不談罪福、不守戒律，以及弟子們的高傲自大所致。

(3)在第㈢段中，我們說到，道信與弘忍是中國禪的真正建立者。道信的「擇地開居，營宇立象」，弘忍的「齊速念佛名，令淨心」，使得禪門大開，信眾突增。到了惠能時代，更推廣一種儒化、道化，因此也是中國化的禪法，使得中國禪到達了黃金般的輝煌時代。當然，這些還和惠能的弟子，特別是神會的奮鬥有關；也和安祿山事件後整個唐朝的走向沒落有關。中唐後，由於連年內戰，貴族階級開始沒落、崩潰；依附在這一階級的佛教宗派，諸如天台、華嚴、唯識等宗，也都跟著走上衰微之路。再加上「會昌法難」（845 年），使得各宗，包括北禪，沒落到了極點。只有禪、淨二宗；前者注重山林生活，不必依靠貴族的

❽❽　《圓覺經大疏鈔》卷三之下；引見《卍續藏經》卷一四，頁〇五五四，上。

支持，受到政治迫害的機會也因而大幅降低；而後者乃一庶民
教派，原本就不是貴族階級的信仰，也不是一兩年的政治迫害
所能禁止得了的；因此，這兩個教派在中唐之後，迅速地開展
出來，成了宋、明、清三朝的佛教代表。這些，都是惠能禪之
所以獨盛後世的內外因素。

（本文原刊於《鵝湖》123–124 期，1985 年 9 月、10 月。）

三　道信與神秀之禪法的比較
——兼論惠能所批判之看心、看淨的禪法

(一)序　論

　　由於唐代以來，惠能（638-713 年）所開展出來的「南禪」獨盛一時，神秀（600?-706 年）一系的「北禪」❶文獻大都淹沒，因此，「南禪」乃禪學正宗的說法，幾乎成為定論。例如，《六祖大師法寶壇經》，〈付囑品〉即曾列舉了禪宗的三十三代祖師，其第三十三代祖師即是惠能：「惠能是為三十三祖。」❷並且還說：「從上諸祖各有稟受。」可見惠能成了禪宗的正統。其中，所謂「稟受」，是指傳說中中國禪宗第五代祖師弘忍（602-675 年）❸，曾經把衣缽傳授給惠能一事。這一「稟受」的事件，惠能的弟子——神會（684-760 年），說得很詳細：

> ……唐朝忍禪師在東山將袈裟付囑與能禪師，經今六代。內傳法契，以印證心；外傳袈裟，以定宗旨。從上相傳，一一皆與

---

❶　所謂「南禪」、「北禪」，乃依惠能與神秀所居住之地點而說。惠能在嶺南的曹溪（今廣東省曲江縣）寶林寺弘法，而神秀在荊南（今湖南省襄陽縣）的玉泉寺弘法，一南一北，所以稱為「南禪」、「北禪」。因此，《六祖大師法寶壇經》，〈頓漸品〉說：「時，（惠能）祖師居曹溪寶林，神秀大師在荊南玉泉寺。于時兩宗盛化，人皆稱南能、北秀。故有南、北二宗，頓、漸之分。」（引見《大正藏》卷四八，頁三五八，中。）

❷　引見《大正藏》卷四八，頁三六一，下。

❸　如果連印度的祖師也算進去，弘忍是第三十二代祖師。參見《六祖大師法寶壇經》，〈付囑品〉，《大正藏》卷四八，頁三六一，下。

達摩袈裟為信。其袈裟今見在韶州，更不與人。餘物相傳者，
即是謬言。又從上已來六代，一代只許一人，終无有二。終有
千萬學徒，只許一人承後。❹

然而，上引中印禪宗三十三代祖師的說法，是問題重重的。首先，
許多早期的禪宗文獻告訴我們，從印度初祖——摩訶迦葉，到二十八
代祖——菩提達摩，是最有爭議的。胡適曾把各種不同的異說，簡略
地介紹出來：

多數北宗和尚似固守六代說，不問達摩以上的世系，如杜朏之
《傳法寶記》雖引《禪經序》，而仍以達摩為初祖。南宗則紛紛
造達摩以上的世系，以為本宗光寵，大率多引據《付法藏傳》，
有二十三世說，有二十四世說，有二十五世說，又有二十八九
世說。唐人所作碑傳中，各說皆有，不可勝舉。又有依據僧祐
《出三藏記》中之薩婆多部世系而立五十一世說的，如馬祖門
下的惟寬即以達摩為五十一世，惠能為五十六世（原注：見白
居易〈傳法堂碑〉）。但八代太少，五十一世又太多，故後來漸
漸歸到二十八代說。❺

從西天諸祖的眾說紛紜，可以看出「二十八代說」的可疑之處。
而中國的「六代說」❻呢？疑偽的問題仍然存在。印順的《中國禪宗
史》，說到了初祖菩提達磨或菩提達摩可能是兩個人的合一❼。而三祖

---

❹　《菩提達摩南宗定是非論》卷下，引見胡適校，《神會和尚遺集》，臺北：
　　中央研究院胡適紀念館，1968 年，頁二八一～二八二。

❺　引見胡適校，《神會和尚遺集》，頁二八～二九。

❻　六代是指：初祖菩提達摩、二祖慧可、三祖僧璨、四祖道信、五祖弘忍、
　　六祖惠能。參見《六祖大師法寶壇經》，〈付囑品〉，《大正藏》卷四八，頁
　　三六一，下。

僧璨更是一個謎樣的人物。《續高僧傳・釋僧可傳》卷一六中，說到二
祖慧可（僧可）「末緒卒無榮嗣」❽；另外，《寶林傳》卷八，在慧可
下列舉了七個弟子，其中並沒有僧璨❾。這些在在顯示三祖僧璨的可
疑之處。

　　本文一開頭即數說中印禪宗三十三代祖之傳說的疑偽，目的乃在
指出惠能乃正統禪法這一說法的值得懷疑。下文，筆者將進一步指出，
繼承五祖弘忍乃至四祖道信之禪法的，應該是神秀而不是惠能。這一
論點，主要是透過比較道信與神秀之禪法之後，而下的斷言。因此，
惠能的「正統」化而榮膺第六代的祖位，並不是前文所說單純的「稟
受」，而是有其他複雜的原因存在的。

(二)惠能批判了什麼禪法？

　　在沒有比較道信和神秀的禪法之前，先來看看惠能批判了什麼樣
的禪法，是有意義的事情；因為它有助於我人了解道信和神秀之禪法
的異同。

　　惠能所批判的禪法，可以從敦煌本《壇經》❿的一段經文看出來：

　　　迷人著法相，執一行三昧，真心座不動，除妄不起心，即是一
　　　行三昧。若如是，此法同無情⓫，卻是障道因緣。道順通流，

---

❼ 詳見印順，《中國禪宗史》，臺北：慧日講堂，1978 年，三版，頁二～三。
❽ 引見《大正藏》卷五〇，頁五五二，上。
❾ 參見《中華大藏經》一輯，三八冊，頁三二八四四，下。
❿ 《六祖壇經》的版本很多，成立的年代各有不同。一般以為，敦煌出土的
　《六祖壇經》──《南宗頓教最上大乘摩訶般若波羅蜜經六祖惠能大師於
　韶州大梵寺施法壇經》，是其中最古老的版本。(參見印順，《中國禪宗史》，
　第六章。)該經原本現存於大英博物館。
⓫ 原本，「情」作「清」。(參見《大正藏》卷四八，頁三三八，中。)現依照

何以卻滯？心（不）⓬住在，即通流；住即彼縛⓭。若座不動，
是維摩詰不合呵舍利弗宴座林中。善知識！又見有人教人座，
看心、看淨，不動、不起。從此置功，迷人不悟，便執成顛。
即有數百盤，如此教道者，故之大錯⓮。

　　經文強烈地批判了當時盛行的「一行三昧」以及「看心、看淨」、
「不動、不起」的禪法。所謂一行三昧，乃《文殊說般若經》裡所提
倡的一種念佛法門，我人將在下文詳細討論。至於「看心、看淨」乃
至「不動、不起」，惠能還更進一步批判說：

此法門中，座禪元不著心，亦不著淨，亦不言動⓯。若言看心，
心元是妄。妄如幻故，無所看也。若言看淨，人性本淨，不見
自性本淨⓰，心起看淨，卻生淨妄。妄無處所，故知看者，看
卻是妄也。淨無形相，卻立淨相，言是功夫，作此見者，障自
本性⓱，卻被淨縛。若不動者，見一切人過患⓲，是性不動。

《六祖壇經流行本、敦煌本合刊》，臺北：慧炬出版社，1976 年，再版，
頁八一，改正如文。

⓬　括弧中的「不」字，乃原經附注所加，參見《大正藏》卷四八，頁三三八，
注❼。

⓭　「心不住在，即通流」一句，前注⓫所引《六祖壇經流行本、敦煌本合刊》
（頁八一），作：「心不住法，即流通」。而「住即彼縛」則作「住即被縛」。

⓮　引見《大正藏》卷四八，頁三三八，中。其中，最後一句——「即有數百
盤……故之大錯」，注⓫所引《六祖壇經流行本、敦煌本合刊》（頁八一），
作：「即有數百般，以如此教道者，故知大錯」。

⓯　「亦不言動」一句，在注⓫所引《六祖壇經流行本、敦煌本合刊》（頁八
三）中，作「亦不言不動」。

⓰　「人性本淨，不見自性本淨」一句中的兩個「性」字，原本作「姓」字。
現依照注⓫所引《六祖壇經流行本、敦煌本合刊》（頁八三），改正為「性」。

迷人自身不動，開口即說人是非，與道違背。看心、看淨，卻
是障道因緣❶。

　　在這段經文當中，惠能首先批判了「看心」這一禪法的錯誤。他
以為，凡夫的「心」是帶有煩惱的，因此是虛妄不實的。既然是虛妄
不實的，有什麼可「看」（觀察、探求）的？依照《楞伽經》等「如來
藏」系經論的說法，我人的心性原本與佛一樣的清淨無染，只因煩惱
的覆蓋，而無法顯現心的本性出來❷。只要我人透過禪定等工夫的修
行，即可去除煩惱，還其本性清淨的面目。而「看心」乃至「看淨」
的禪法，即是此一思想下所發展出來的禪法。這一禪法，試圖透過對
於心性的觀察、探求——「看」，而達到禪定的目的，然後在禪定當中，
掃除煩惱，恢復本淨的心性。然而，惠能卻反對這種禪法。依據前引
經文看來，他反對的理由似乎是：凡夫的心既然已經染有煩惱，是虛
妄的心，因此，再花多少工夫去觀察、探求——「看」，也是白費力氣
的。但是，惠能的反對「看心」還有更重要的理由：心性既然是清淨
無穢的，何必刻意地去觀察、探求（看）？那些附著在心上的煩惱原本

---

❶　「章自本性」　句中的「章」字，原本注釋說，可能是「鄣」字之誤。而
「性」字原作「姓」字。依據注❶所引《六祖壇經流行本、敦煌本合刊》
（頁八三），此句作「障自本性」。

❶　「見一切人過患」一詞，在注❶所引《六祖壇經流行本、敦煌本合刊》（頁
八三），作「不見一切人過患」。

❶　《南宗頓教最上大乘摩訶般若波羅蜜經六祖惠能大師於韶州大梵寺施法壇
經》，引見《大正藏》卷四八，頁三三八，下～三三九，上。

❷　例如，與《楞伽經》一樣，同屬「如來藏」系的《大方等如來藏經》即說：
「我以佛眼觀一切眾生，貪欲、恚、癡諸煩惱中，有如來智、如來眼、如
來身，結加趺坐，儼然不動。善男子！一切眾生雖在諸趣煩惱身中，有如
來藏，常無染汙，德相備足，如我無異。」（引見《大正藏》卷一六，頁四
五七，下。）

也是空幻不實的，又何必刻意地把它們去除呢？有關這點，除了從引文中的「人性本淨」、「妄無處所」等說法，可以得到證明之外，還可以從惠能批判神秀的兩首詩❷看出來：

> 菩提本無樹，明鏡亦無臺，
> 佛性常清淨，何處有塵埃？（其一）
> 心是菩提樹，身為明鏡臺，
> 明鏡本清淨，何處染塵埃？（其二）❷

這兩首批判神秀的詩，與流行本《壇經》所記錄的稍有不同❷，但其意旨卻是相同，以為心性本淨、煩惱本空。既然心性本淨、煩惱本空，又何必刻意地去除煩惱，或刻意地觀察、探求（看）心呢？

其次，惠能為什麼批判「不動、不起」的禪法呢？依照前引《壇經》的經文看來，是因為一般人——「迷人」錯把肉體的不動——「自身不動」，當做是真正的不動。事實上，真正的不動是指「性不動」；亦即清淨之本性的不動搖，才是真正的不動。所以，惠能在「真假動靜偈」❷裡說：

---

❷ 依據敦煌本《壇經》所說，神秀的詩是：「身是菩提樹，心如明鏡臺，時時勤拂拭，莫使有塵埃。」（引見《大正藏》卷四八，頁三三七，下。原本中，「拂拭」作「佛拭」，現依注❶所引《六祖壇經流行本、敦煌本合刊》頁七六，改正如文。）

❷ 敦煌本《壇經》，引見《大正藏》卷四八，頁三三八，上。其中，第一首詩的第三句原作「佛姓常青淨」，現依注❶所引《六祖壇經流行本、敦煌本合刊》（頁七八），改正如文。

❷ 例如，《六祖大師法寶壇經》，〈行由品〉，惠能只寫了下面的一首詩：「菩提本無樹，明鏡亦非臺，本來無一物，何處惹塵埃？」（引見《大正藏》卷四八，頁三四九，上。）

❷ 「真假動靜偈」一詞，原本作「真假動淨偈」。現依注❶所引《六祖壇經

有性即解動，無性即不動，

若修不動行，同無情不動。

若見真不動，動上有不動，

不動是不動，無情無佛眾。

能善分別相，第一義不動。❷⑤

　　偈文的意思是，有佛性的有情——「有性」，才能了解真正的「動」；那些無佛性的無情——「無性」，才會變成「不動」。而這種「不動」，只是身體的不動，並非真正的不動；真正的不動，應該是「動上有不動」的不動。所謂「動上」，即指「有性」，而「不動」則指有性的「佛性」。佛性是內存於活潑潑的「有性」之中，而本性清淨，以致不動不起的；這才是真正的不動。

　　在這種意義下的「不動」，惠能反對固定姿勢、固定方法的坐禪法門。這在流行本《壇經》當中，說得很清楚：

　　薛簡曰：「京城禪德皆云，欲得會道，必須坐禪習定。若不因禪定而得解脫者，未之有也。未審師所說法如何？」師曰：「道由心悟，豈在坐也？經云，若言如來若坐若臥，是行邪道。何以故？無所從來，亦無所去。無生無滅，是如來清淨禪。諸法空寂，是如來清淨坐。究竟無證，豈況坐耶？」❷⑥

　　文中，惠能明顯地反對「坐禪習定」的法門，而其理由則是：真正的坐禪——「如來清淨坐」、「如來清淨禪」，應該是「由心」體悟「無生無滅」、「諸法空寂」、乃至「究竟無證」的「道」。

───────────────

　　流行本、敦煌本合刊》（頁一〇八），改正如文。

❷⑤　敦煌本《壇經》，引見《大正藏》卷四八，頁三四四，上。

❷⑥　《六祖大師法寶壇經》，〈宣詔品〉，引見《大正藏》卷四八，頁三五九，下。

　　然而，惠能所批判的「看心、看淨」、「不動、不起」的禪法，究竟是誰的禪法呢？上引薛簡所說，提倡「坐禪習定」的「京城禪德」又是誰呢？下文將做詳細的分析。

㈢神秀之禪法的特色

　　「看心、看淨」、「不動、不起」的禪法，到底是哪些「京城禪德」所主張的呢？張說，〈唐玉泉寺大通禪師碑銘（并序）〉曾說：「久視年中，禪師春秋高矣，韶請而來，趺坐觀君……遂推而為兩京法主，三帝國師……每帝王分坐，后妃臨席。」❷❼文中，「久視」乃唐・武則天的年號（700 年），「禪師」即大通禪師——神秀死後的封號❷❽。「兩京」即長安與洛陽，「三帝」則是武則天、唐中宗、唐睿宗。可見，薛簡所謂的「京城禪德」乃指神秀。

　　另外，從惠能的弟子——神會（684–760 年）所說的一段話，也可以看出神秀確實是提倡「看心、看淨」乃至「不動、不起」的禪法：

> 遠法師問：「未審能禪師與秀禪師是同學不？」答：「是。」又問：「既是同學，教人同不同？」答言：「不同。」又問：「既是同學，何故不同？」答：「今言不同者，為秀禪師教人凝心入定，住心看淨，起心外照，攝心內證❷❾。緣此不同。……從上六代已來，皆無有一人凝心入定，住心看淨，起心外照，攝心內證。是以

---

❷❼　引見《欽定全唐文》卷二三一。

❷❽　贊寧，《宋高僧傳》，〈釋神秀〉卷八，說：「秀以神龍二年卒，士庶皆來送葬，韶賜謚曰大通禪師。」（引見《大正藏》卷五〇，頁七五六，上。）

❷❾　胡適原注：「此十六字，屢見本卷，末句『證』字皆作『澄』字。但巴黎 Pelliot 三四八八殘卷很清楚的作『證』字。又 Pelliot 三〇四七殘卷也作『證』字。這十六字四句，定，淨，證為韻，不應作『澄』，故我校改作『證』。下同。」（引見《神會和尚遺集》，頁二八五。）

不同。」⑳

　　引文中記載了崇遠法師與神會之間的一段問答。崇遠法師，依據
《菩提達摩南宗定是非論》（上卷）看來，應該是神秀或神秀弟子——
普寂（651–739 年）的徒弟（或支持者）㉛。問答中，神會指出神秀
的禪法特色是：「凝心入定，住心看淨，起心外照，攝心內證」。這和
上文惠能、薛簡所說，完全符合。可見惠能所批判的「看心、看淨」
乃至「不動、不起」的禪法，正是神秀（及其門人）所主張的。

　　神秀之「看心、看淨」乃至「不動、不起」的禪法，在圭峰宗密
的作品當中，曾有詳細的介紹；例如，《大方廣佛圓覺經大疏》卷上之
二，曾介紹了五祖弘忍（黃梅）門下的各種禪法，其中的「拂塵看淨，
方便通經」即是指神秀的禪法：

　　　黃梅門下，南北又分。雖繼之一人，而屬有傍出。致令一味隨
　　　計多宗，今略敘之（原注：但敘隨機可用者，不敘邪辟之流也），
　　　會通圓覺。（原注：由此經首末，偏明修證，故敘諸禪宗以會之。）
　　　有拂塵看淨，方便通經；有三句用心，謂戒、定、慧；有教行
　　　不拘，而滅識；有觸類是道，而任心；有本無事，而忘情；有
　　　藉傳香，而存佛；有寂知指體，無念為宗。㉜

　　從宗密的另一巨著——《大方廣佛圓覺經大疏鈔》卷三之下看來，
引文中所謂「拂塵看淨，方便通經」是指神秀的禪法㉝：

---

⑳　《菩提達摩南宗定是非論》（下卷），引見胡適校，《神會和尚遺集》，頁二
　　八五～二八六。

㉛　參見胡適校，《神會和尚遺集》，頁二六四～二六五。

㉜　引見《卍續藏經》卷一四，頁一一九 c。

㉝　其他，「三句用心，謂戒、定、慧」是指智詵的禪法；「教行不拘，而滅識」
　　是指老母安和上的禪法；「觸類是道，而任心」是指馬祖道一的禪法；「本

疏有拂塵看淨，方便通經下，二敘列也。略敘七家，今初第一
也，即五祖下，此宗秀大師為宗源，弟子普寂等大弘之。拂塵
者，即彼本偈云：「時時須拂拭，莫遣有塵埃」❸❹是也。意云，
眾生本有覺性，如鏡有明性；煩惱覆之，如鏡之塵。息滅妄念，
念盡即本性圓明；如磨拂，塵盡鏡明，即物無不極。此但是染
淨緣起之相，未見妄念本無，一性本淨。悟既未徹，修豈稱真？
修不稱真，多劫何證？疏方便通經者，方便，謂五方便也。第
一、總彰佛體，依《起信論》……第二、開智慧門，依《法華
經》……第三、顯不思議解脫，依《維摩經》……第四、明諸
法正性，依《思益經》……第五、了無異自然無礙解脫，依《華
嚴經》……。❸❺

　　引文中說到了神秀的「五方便」，其中，在介紹第一方便──「總
彰佛體」時，曾說：「沒身沒心，沒天沒地，湛然清淨，亦名圓滿法身。
瞥起心，即有心色，破壞法身。」在介紹「第二、開智慧門」時，曾說：
「身心不動，豁然無念，是定。見聞覺知，是慧。不動是開。此不動，
即能從定發慧。意根不動，智門開；五根不動，慧門開。」而在介紹「第
三、顯不思議解脫」時，則說：「瞥起心是縛，不起心是解。」❸❻這些
片段都是值得特別注意的，因為，《壇經》中處處都在批判這種禪法。
例如，對於「沒身沒心」乃至「不起心」的禪法，敦煌本《壇經》即

　　無事，而忘情」是指牛頭（原作「午頭」）慧融的禪法；「藉傳香，而存佛」
　　是指宣什的禪法；而「寂知指體，無念為宗」則是指荷澤神會的禪法。參
　　見《大方廣佛圓覺經大疏鈔》卷三之下，《卍續藏經》卷一四，頁二七七
　　c～二七九 d。

❸❹　依敦煌本《壇經》，神秀的偈如注❷❶所引。

❸❺　引見《卍續藏經》卷一四，頁二七七 c～二七八 b。

❸❻　以上皆見前書，頁二七七 d～二七八 a。

批判說:「若一念斷絕,法身即離色身。」又說:「莫百物不思,念盡除卻。一念斷即無,別處受生。」又說:「莫百物不思。當令念絕,即是法縛,即名邊見。」❸另外,流行本《六祖大師法寶壇經》,〈機緣品〉,惠能更用一首四句偈,來批判顯然是北宗門人——臥輪禪師❸的另一首詩:

> 有僧舉臥輪禪師偈曰:「臥輪有伎倆,能斷百思想,對境心不起,菩提日日長。」師聞之曰:「此偈未明心地,若依而行之,是加繫縛。」因示一偈曰:「惠能沒伎倆,不斷百思想,對境心數起,菩提作麼長?」❸

臥輪那種「能斷百思想」、「對境心不起」的禪法,無疑地,正是上引神秀「身心不動」、「不起心」的禪法。這種禪法卻受到了惠能的嚴厲批判。

從圭峰宗密的介紹和惠能的批判,我人仍然無法窺見神秀之禪法的全貌。因此,我人要從其他文獻,例如《大乘無生方便門》等,來進一步探究神秀的禪法。敦煌殘卷《大乘無生方便門》❹,一開頭即標示出「五方便」的名字❹,因此,無疑地是屬於北宗的作品❷。其

---

❸　以上三段經文,前兩段見《大正藏》卷四八,頁三三八,下;後一段見同書,頁三四〇,下。

❸　臥輪禪師的生平、師承無可考。《景德傳燈錄》卷五僅說:「臥輪者,非名即住處也。」(引見《大正藏》卷五一,頁二四五,中。)而《五燈會元》卷一也只說:「臥輪,非名即住處也。」(引見《卍續藏經》卷一三八,頁二〇 b。)

❸　引見《大正藏》卷四八,頁三五八,上~中。

❹　原本存在大英博物館,編號 S. 二五〇三。參見《大正藏》卷八五,頁一二七三,注❷。

❹　參見《大正藏》卷八五,頁一二七三,中。

中，「五方便」的第一方便──「總彰佛體」，曾經詳細地記錄了北禪傳法的實況，大大幫助我人了解「看心、看淨」乃至「不動、不起」的禪法。現在，筆者把這一實況記錄，分成七個段落，必要時則加以說明：

(1)「發四弘誓願」**❹**；

(2)「請十方諸佛為和尚等」；

(3)「請三世諸佛菩薩等」；

(4)「教受三歸」；

(5)「問五能」：問學禪之弟子們是否能夠做到五件事情？弟子們則回答說「能」。五件事情是：「捨一切惡知識」、「親近善知識」、「不犯戒」、「讀誦大乘經，問甚深義」、「見苦眾生，隨力能救護」。例如，問第一能時說：「汝從今日乃至菩薩，能捨一切惡知識否？（能！）」**❹**

(6)「各稱己名，懺悔罪」，然後「受淨戒、菩薩戒」：在「懺悔罪」時，心裡必須明白：「譬如明珠沒濁水中，以珠力故，水即澄清。佛性威德亦復如是，煩惱濁水皆得清淨。」而在「受淨戒、菩薩戒」時，口中也要說：「是持心戒，以佛性為戒。性心瞥起，即違佛性，是破菩薩戒。護持心不起，即順佛性，是持菩薩戒。（三說）」**❹**

(7)「各令結跏趺坐」：這是最重要的部分。從這一部分，可以看出惠能所批判的「看心、看淨」乃至「不動、不起」是什麼樣的禪法。

---

❹ 可以肯定的是，這不是神秀的作品，因為淨覺，《楞伽師資記》曾說：「其秀禪師……禪燈默照，言語道斷，心行處滅，不出文記。」（引見《大正藏》卷八五，頁一二九〇，上。）

❹ 本段及下面各段引號中的詞句，都是《大乘無生方便門》的原文，俱見《大正藏》卷八五，頁一二七三，中～下。

❹ 括弧內的「能」字，是原文中的注；應是記錄學禪之弟子們的回答。

❹ 括弧中的「三說」乃原注，明顯地是要把引文中的話重複說三次的意思。但不知是受戒的弟子說，或是傳戒的師父說？

其中，又分成兩部分。在第一部分中說❹：

> 問：「佛子！心湛然不動是沒?」言：「淨。」「佛子！諸佛如來有
> 入道大方便，一念淨心，頓超佛地。」和尚擊木，一時念佛。和
> 尚言：「一切相總不得取。所以《金剛經》云：凡所有相皆是虛
> 妄。看心若淨，名淨心地。莫卷縮身心。舒展身心，放曠遠看，
> 平等盡虛空看。」和尚問言：「見何物?」佛子云：「一物不見。」
> 和尚言：「看淨，細細看。即用淨心眼，無邊無涯際遠看，無障
> 礙看。」和尚問：「見何物?」答：「一物不見。」和尚言：「向前
> 遠看，向後遠看，四維上下一時平等看，盡虛空看，長用淨心
> 眼看。莫問斷，亦不限多少看。使得者，能身心調用無障礙。」

另外，《大乘無生方便門》，在「五方便」的第二方便——「開智
慧門」當中，也曾詳細記載「看心、看淨」乃至「不動、不起」的禪
法：

> 和尚打木，問言：「聞聲不?」答：「聞不動。」此不動，是從定
> 發慧方便，是開慧門。聞是慧。此方便，非但能發慧，亦能正
> 定，是開智門。即得智，是名開智慧門。……問：「是沒是不動?」
> 答：「心不動。」心不動，是定，是智，是理。耳根不動，是色，
> 是事，是慧。此不動，是從定發慧方便，開慧門。問：「是沒是
> 慧門?」答：「耳根是慧門。」問：「作麼生開慧門?」答：「聞聲
> 耳根不動，是開慧門。」問：「是沒是慧?」答：「聞是慧。」五根
> 總是慧門。非但能發慧，亦能正定，是開智門。問：「是沒是智
> 門?」答：「意根為智門。」問：「作麼生開智門?」答：「意根不

---

❹ 下面所引各段，原文中有許多錯別字和脫落字、衍字，現依印順，《中國
禪宗史》，頁一三九～一四五所引，改正如文。

動，是開智門。」 **④**

從上面所引「五方便」中的前兩方便，已經可以看出神秀之禪法的特色：⑴注重方法、次序：例如前文所引第一方便「總彰佛體」中的七個步驟。⑵注重靜坐：例如「總彰佛體」中的第七步驟──「各令結跏趺坐」。⑶注重身心的「不動」：例如第二方便──「開智慧門」中的「耳根不動」乃至「意根不動」。⑷注重內心的清淨、空寂而不「瞥起」（不起念頭）：如第一方便「總彰佛體」中的第六、七兩步驟。⑸注重念佛：如「總彰佛體」中的第七步驟。神秀禪法的這五個特色，前四個即是惠能所批判的「看心、看淨」乃至「不動、不起」；也是神會所批判的，落於「階漸」：「我六代大師一一皆言，單刀直入，直了見性，不言階漸。」 **④** 也許，這就是所謂的「漸禪」吧？而神秀禪法的第⑸個特色──注重念佛，我人也將在下文一併討論。

㈣神秀與道信之禪法的比較

神秀這種落於「階漸」、「看心、看淨」乃至「不動、不起」的禪法，以及注重念佛的特色，是有所稟承的嗎？神秀自己曾回答說：

> 則天大聖皇帝問神秀禪師曰：「所傳之法，誰家宗旨？」答曰：
> 「稟蘄州東山法門。」問：「依何典誥？」答曰：「依《文殊說般
> 若經》一行三昧。」則天曰：「若論修道，更不過東山法門。」以
> 秀是忍門人，便成口實也。 **④**

引文中，神秀自己說他的禪法稟承自「東山法門」，所依據的經典

---

④ 引見《大正藏》卷八五，頁一二七四，中一下。

④ 《菩提達摩南宗定是非論》（下卷），引見胡適校，《神會和尚遺集》，頁二八七。

④ 《楞伽師資記》，引見《大正藏》卷八五，頁一二九〇，上～中。

內容，則是《文殊說般若經》中的「一行三昧」。而所謂「東山法門」，依《楞伽師資記》看來，即是五祖弘忍的禪法❺；但若依淨覺，《注般若蜜多羅心經·李知非略序》所說：「蘄州東山道信禪師，遠近咸稱東山法門。」❺則「東山法門」又是指四祖道信的禪法了。

其次，引文中所說的《文殊說般若經》，乃梁·曼陀羅仙所譯之《文殊師利所說摩訶般若波羅密經》（上、下卷）。其中，卷下說到了「一行三昧」，正是四祖道信所提倡的禪法。淨覺，《楞伽師資記》曾介紹道信的禪法說：

> 其信禪師再敞禪門，宇內流布。有《菩薩戒法》一本，及制《入道安心要方便法門》，為有緣根熟者，說我此法要。依《楞伽經》諸佛心第一，又依《文殊說般若經》　行二昧。即念佛心是佛，妄念是凡夫。《文殊說般若經》云：「文殊師利言，世尊！云何名一行三昧？佛言，法界一相，繫緣法界，是名一行三昧❺。如法界緣，不退不壞，不思議，無礙無相。善男子、善女人！欲入一行三昧，應處空閑，捨諸亂意，不取相貌，繫心一佛，專稱名字。隨佛方便❺所，端身正向。能於一佛，念念相續，

---

❺　《楞伽師資記》說：「忍傳法，妙法人尊，時號為東山淨門。又緣京洛道俗稱歎，蘄州東山多有得果人，故□東山法門也。」（引見《大正藏》卷八五，頁一二八九，中。）引文中，□是脫落字，可能是「名」、「曰」、「稱」、或「號」字。

❺　引見印順，《中國禪宗史》，頁七二。

❺　原注：1931 年刊本（依大英博物館本及佛蘭西國民圖書館本校訂）說，此句下應有下面幾句：「若善男子、善女人，欲入一行三昧，當先聞般若波羅蜜，如說修學，然後能一行三昧。」（參見《大正藏》卷八五，頁一二八六，注❺。）按，《文殊說般若經》卷下，原文確有這幾句。（參見《大正藏》卷八，頁七三一，上。）

即是念中，能見過去、未來、現在諸佛……。」❺❹

　　從引文看來，所謂「一行三昧」乃是一種念佛法門，有下面幾個
特色：(1)必須在安靜的地方（「空閑」）修習；(2)必須「端身正向」；(3)
必須內心沒有雜念（「捨諸亂意」）；(4)稱名念佛（「專稱名字」），而不
觀想佛的相貌（「不取相貌」）；(5)必須要了解「法界一相」的道理，而
所謂「法界一相」即是「一切諸佛皆同一相」、「法界眾生無差別相」❺❺
等等一切法平等無差別的般若「空」理。這種「一行三昧」之念佛法
門的提倡，始自四祖道信，中經五祖弘忍的發揮，終至神秀的繼承。
所以，杜朏《傳法寶記》曾說：「及忍、如、大通之世，則法門大啟，
根機不擇，齊速念佛名，令淨心。」❺❻其中，忍是五祖弘忍；如是弘忍
的弟子法如；而大通則是唐中宗給神秀的封號。而前引，《大乘無生方
便門》中，「五方便」的第一「總彰佛體」（第七步驟），也說到神秀的
念佛法門：「和尚擊木，一時念佛。和尚言：『一切相總不得取。……』」
（詳前引）其中，「一切相總不得取」，不正是《文殊說般若經》中的
「不取相貌」嗎？可見神秀的禪法——「一時念佛」，確實稟承了道信
的「一行三昧」。

　　神秀的「看心、看淨」乃至「不動、不起」的禪法，也同樣的稟
承道信的禪法。這可以從《傳法寶記》和《楞伽師資記》的記載看出
來。《傳法寶記》描寫道信說：

---

❺❸　原注：1931 年刊本，缺「便」字。（參見《大正藏》卷八五，頁一二八六，
　　注❺❻。）按，《文殊說般若經》卷下，原文確無「便」字。（參見《大正藏》
　　卷八，頁七三一，中。）

❺❹　引見《大正藏》卷八五，頁一二八六，下～一二八七，上。

❺❺　《文殊說般若經》卷上，引見《大正藏》卷八，頁七二九，上。

❺❻　引見柳田聖山，《初期禪宗史書の研究》，京都：法藏館，昭和四二年，頁
　　五七○。

每勸門人曰：「努力勤坐，坐為根本。能坐三、五年，得一口食，
塞飢瘡，即閉門坐，莫讀經，莫共人語。能如此者，久久堪用，
如獼猴取栗中肉喫，坐研取，此人難有。」**❺❼**

　　像道信這種強調「坐」，強調「莫共人語」的禪法，正是惠能所批
判的「不動、不起」；但無疑地，卻是神秀禪法的所本。道信的禪法，
傳給了五祖弘忍；《傳法寶記》把弘忍描寫成：「晝則混迹馺給，夜便
坐攝至曉，未嘗懈倦，精至累年。」**❺❽**這和道信一樣，是位注重「坐」
的祖師。注重「坐」的弘忍，又把禪法傳給了神秀；而神秀的禪法，
依《楞伽師資記》的說法是：「禪燈默照，言語道斷，心行處滅。」**❺❾**
也是注重「坐」、注重「莫共人語」的禪法。

　　道信之禪法的特色，還可以從《楞伽師資記》看出來；其中，有
一段是描寫「坐」的：

初學坐禪看心，獨坐一處。先端身正坐，寬衣解帶，放身縱體。
自按摩七、八翻，令心腹中嗢氣出盡，即滔然得性清虛恬淨，
身心調適然。安心神則窈窈冥冥，氣息清冷。徐徐歛心，神道
清利，心地明淨。觀察不明**❻⓿**，內外空淨，即心性寂滅。如其
寂滅，則聖心顯矣。**❻❶**

　　我人特別注意到引文中的「坐禪看心」四字。「坐禪」二字及其後
所一連串描述的，都證明道信是一位強調「坐」的祖師；而「看心」

---

❺❼　同上，頁五六六。

❺❽　同上，頁五六七。

❺❾　引見《大正藏》卷八五，頁一二九〇，上。

❻⓿　原注：「不明」一詞中的「不」字，1931 年刊本（詳見注❺❷）中，作「分」。
　　參見《大正藏》卷八五，頁一二八九，注❽。

❻❶　引見《大正藏》卷八五，頁一二八九，上。

二字更值得注意，因為那也正是前引北宗之《大乘無生方便門》一書的用語——「看心若淨，名淨心地」、「即用淨心眼，無邊無涯際遠看」、乃至「長用淨心眼看」等等。同時，無可置疑地，「看心」也是惠能所致力批判的禪法（詳前文）。

　　有關道信的「看心」禪法，《楞伽師資記》還列舉了知心體、知心用、常覺不停、常觀身空寂、以及守一不移等五事❷；其中，對「守一不移」一事有較詳細的說明：

> 守一不移者，以此淨眼，眼住意看一物❸，無問晝夜時，專精常不動。其心欲馳散，急手還攝來，以繩繫鳥足，欲飛還掣取。終日看不已，泯然心自定。❹

　　從這段描寫看來，我人更可確定道信與神秀二人之禪法的相同之處；這些相同之處，則是惠能所批判的「看心、看淨」乃至「不動、不起」。事實上，不但神秀的禪法相同於道信，神秀的師父弘忍的禪法，也自然相同於道信。前引弘忍提倡念佛、坐禪是一明證，下文所引之「看一字」的禪法，更是另一明證：

> 爾坐時，平面端身正坐，寬放身心，盡空際遠看一字，自有次第。若初心人，攀緣多，且向心中看一字。證後坐時，狀若曠野澤中，迴處獨一高山，山上露地坐，四顧遠看，無有邊畔。坐時滿世界，寬放身心，住佛境界。清淨法身，無有邊畔，其狀亦如是。❺

---

❷　同上，頁一二八八，上。

❸　原注：此二句，在 1931 年刊本（詳注❷），作「以此空淨眼，注意看一物」。參見《大正藏》卷八五，頁一二八八，注㉙、㉚。

❹　引見《大正藏》卷八五，頁一二八八，中。

❺　《楞伽師資記》，引見《大正藏》卷八五，頁一二八九，下～一二九〇，

弘忍的這種禪法，不正是道信、神秀的禪法嗎？所以，筆者認為，惠能所批判的禪法，未曾指名道姓，而神會卻說那是神秀、普寂的禪法。但是，惠能所批判的禪法，與其說是神秀、普寂的禪法，不如說是弘忍、道信的禪法。——惠能不但批判了他的師兄神秀，而且也批判了他的師父弘忍和祖師道信。

(五)結　論

古來盛傳，禪宗中土初祖——菩提達摩，以四卷《楞伽經》 **❻❻** 作為「心印」 **❻❼**；到了五祖弘忍，則改用《金剛般若波羅蜜經》作為「心印」。例如，蔣之奇，〈楞伽阿跋多羅寶經序〉即說：

> 昔達摩西來，既已傳心印於二祖，且云：「吾有《楞伽經》四卷，亦用付汝，即是如來心地要門，令諸眾生開、示、悟、入。」……至五祖，始易以《金剛經》傳授。故六祖聞客讀《金剛經》，而問其所從來，客云：「我從蘄州黃梅縣東五祖山來。五祖大師常勸僧俗，但持《金剛經》，即自見性成佛矣。」則是持《金剛經》者，始於五祖。故《金剛》以是盛行於世，而《楞伽》遂無傳焉。 **❻❽**

蔣之奇的說法，有幾點是值得注意的：⑴因為五祖弘忍的提倡《金

上。
❻❻ 四卷《楞伽經》，即劉宋·求那跋陀羅所譯之《楞伽阿跋多羅寶經》(四卷)，收錄在《大正藏》卷一六，頁四八〇一五一四。
❻❼ 「心印」，即心心相印的意思，六祖惠能之後的南禪，注重內心的真實體悟，而不注重外在的語言文字，——所謂「直指人心」、「不立文字」。亦即注重內心體悟之證明——「心印」(印是印證、證明的意思)。
❻❽ 引見《大正藏》卷一六，頁四七九，中。

剛經》，六祖惠能才出家；⑵因為五祖弘忍的提倡《金剛經》，使得《楞伽經》相對地不再盛行。就第⑴點來說，蔣之奇的說法顯然是根據《六祖壇經》。不管是敦煌本或流行本《壇經》，都說到六祖惠能因為聽到有人唸誦《金剛經》而決心出家❻。甚至也都說到弘忍為惠能講解《金剛經》，而使惠能開悟❼。可見惠能與《金剛經》的密切關連。

但是，既然弘忍開始以《金剛經》作「心印」，一定不只惠能受到影響，弘忍的弟子輩，例如神秀也應該受到影響才對。事實也是這樣，例如，代表神秀的北宗作品──《大乘無生方便門》，也引用了《金剛經》裡的經句❼。

話雖如此，神秀所開展出來的北宗，確實是偏重《楞伽經》而忽視《金剛經》的，這在印順《中國禪宗史》已經說得很清楚❼。另外，從《壇經》中的神秀偈與惠能偈的比較看來（詳前文），神秀偈多分《楞伽經》的「佛性」思想，而惠能偈則多分《金剛經》的「般若」思想，也是可以肯定的。這也許就是神秀禪與惠能禪的區別所在，也正是神秀禪之思想來源──道信禪與惠能禪的相異之處吧？

既然神秀的禪法，比起惠能的禪法，更接近於弘忍和道信的禪法，因此，惠能的南禪之所以在唐末乃至宋代以後取得禪宗的正統地位，原因相當複雜，決不是單單由於傳說中獲得弘忍的「心印」而已。其中一個重要的因素是：惠能的弟子──神會的大力提倡。神會為了提倡惠能的禪法，不惜和平定安史之亂的大將──郭子儀相結交，並替垂垂危矣的唐朝政府籌募軍需，使得太平後的唐朝政府，偏袒惠能的

---

❻　參見《大正藏》卷四八，頁三三七，上；頁三四八，上。

❼　同上，頁三三八，上；頁三四九，上。

❼　《大乘無生方便門》說：「和尚言：『一切相總不得取。□以《金剛經》云，凡此有相皆是虛妄。……』」（引見《大正藏》卷八五，頁一二七三，下。）

❼　詳見《中國禪宗史》，頁一六二。

禪法而冷落神秀的北宗，這是南禪之所以獨獲正統地位的重要原因之
一。有關這點，可以從贊寧的《宋高僧傳》得到證明：

> 先是兩京之間皆宗神秀，若不浼之魚鮪附沼龍也。從見會明心
> 六祖之風，蕩其漸修之道矣，南北二宗時始判焉，致普寂之門
> 盈而後虛……（天寶）十四年，范陽安祿山舉兵內向，兩京版
> 蕩，駕幸巴蜀，副元帥郭子儀率兵平殄。然於飛輓索然，用右
> 僕射裴冕權計，大府各置戒壇度僧。僧稅緡謂之香水錢，聚是
> 以助軍須……群議乃請會主其壇度……所獲財帛頓支軍費。代
> 宗郭子儀收復兩京，會之濟用頗有力焉。肅宗皇帝詔入內供養，
> 敕將作大匠，併功齊力，為造禪宇于荷澤寺中是也。會之敷演，
> 顯發能祖之宗風，使秀之門寂寞矣。**㉗**

㉗　《宋高僧傳》，〈釋神會〉卷八，引見《大正藏》卷五〇，頁七五六，下～
　　　七五七，上。

四 五家七宗之禪法初探

　　（中國）禪宗的初分，應該追溯到五祖弘忍（602–675 年）的弟子——惠能（638–713 年）及其師兄神秀（606–706 年）之間的爭執❶。中唐到北宋之間，惠能一系的「南禪」❷，陸續又分裂為「五家七宗」；它們是：⑴由洞山良价（807–869 年）及其弟子曹山本寂（840–900 年）所開創出來的「曹洞宗」；⑵由雲門文偃（864–949 年）所開創出來的「雲門宗」；⑶由清涼文益（885–958 年）所開創出來的「法眼宗」；⑷由仰山慧寂（814–890 年）所開創出來的「溈仰宗」；⑸由臨濟義玄（?–867 年）所開創出來的「臨濟宗」；⑹由黃龍慧南（1002–1069 年）所開創出來的「（臨濟宗）黃龍派」；⑺由溈山靈祐（771–853 年）和楊岐方會（?–1049 年）所開創出來的「（臨濟宗）楊岐派」。其中，前五稱為「五家」；而後二則是北宋才由臨濟宗再度分裂出來的宗派，和前五合稱「七宗」。在這五家七宗當中，由於開創者個人的性情、教學方法等等差異，形成了各自不同的風尚，稱為「禪風」、「家風」、「宗風」或「門風」。因此，惠能後的「南禪」，雖然分裂為五家七宗，但是它們之間少有思想上的分歧，大半都只是教學「風尚」的不同而已❸。

---

❶　一般傳說，禪宗的初分，是由惠能和神秀開始。分裂後的禪宗，即是惠能的「南禪」（又名「南宗」、「頓禪」），以及神秀的「北禪」（又名「北宗」、「漸禪」）。參見印順，《中國禪宗史》，臺北：正聞出版社，1971，第五章。但是，胡適校，《神會和尚遺集》，〈荷澤大師神會傳〉，臺北：中央研究院胡適紀念館，1968 年，卻認為，南、北禪的初分，應該是從惠能的弟子——荷澤神會（684–760 年）大力攻擊神秀及其弟子普寂（651–739 年）的時候開始。

❷　有關「南禪」一詞，參見前注。

分裂為五家七宗之後的禪宗，一向被視為難以理解。本文試圖透過後代禪宗文獻對於五家七宗的評介，來探究它們的「宗風」及其差異所在。

㈠潙仰宗的溫文儒雅

潙仰宗的宗風是溫文儒雅。日本・東嶺圓慈，《五家參詳要路門》卷四，曾指出「潙仰宗風審細」，就像「老婆臭乳」一樣❹。而宋・智昭，《人天眼目》卷四，在介紹「潙仰門庭」時，則舉例評介說：

> 潙仰宗者，父慈、子孝，上令下從。爾欲捧飯，我便與羹；爾欲渡江，我便撐船。隔山見煙，便知是火；隔牆見角，便知是牛。潙山一日普請摘茶次，謂仰山曰：「終日只聞子聲，不見子形！」仰山撼茶樹。潙山云：「子只得其用，不得其體！」仰曰：「和尚如何？」師良久。仰曰：「和尚只得其體，不得其用！」潙山云：「放子三十棒！」……大約潙仰宗風，舉緣即用，忘機得

❸ 宋・契嵩，《傳法正宗記》卷七，即說：「正宗至大鑒（即惠能）傳既廣，而學者遂各務其師之說，天下於是異焉，競自為家。故有潙仰云者，有曹洞云者，有臨濟云者，有雲門云者，有法眼云者；若此不可悉數。而雲門、臨濟、法眼三家之徒，於今尤盛；潙仰已熄；而曹洞者僅存，綿綿然猶大旱之引孤泉。然其盛衰者，豈法有強弱也？蓋後世相承得人與不得人耳。」（引見《大正藏》卷五一，頁七六三，下）另外，日本・東嶺圓慈，《五家參詳要路門・序》，也曾這樣說：「夫五家之宗者，欲傳我宗乘向上大事而已。然只如解世間流布文字，妄解以為要故，宗祖各各教訓其宗要路，而分門戶，自為五家之一宗風。可知根本只向上大事也，五家即差別要門也。」（引見《大正藏》卷八一，頁六〇五，下）由此可見，五家（七宗）的分裂與盛衰，並不是思想上或哲理上的分歧與優劣，而是「宗風」和「得人與不得人」的差別。

❹ 詳見《大正藏》卷八一，頁六一三，中。

體，不過此也。要見溈仰麼？月落潭無影，雲生山有衣。❺

在這段冗長的引文當中，一開頭作者先是介紹了溈仰宗的「門庭」（宗風）；緊接著舉了一個實際的例子；最後再下結論。而在介紹溈仰宗的宗風時，作者說到溈仰宗是「父慈、子孝，上令下從」，其他「爾欲捧飯……便知是牛」等句，不過是對這一句的具體說明而已。而在最後的結論當中，說到了溈仰宗的宗風是：「舉緣即用，忘機得體」；亦即隨手舉出一個實例——「緣」，並透過這個「緣」（實例），來悟入它的本質——「體」。至於最後的兩句詩，第一句是把事物的本質——「體」，比喻為已經落入潭水中的月亮，乃是看不見、聽不到、嗅不著的事物。而第二句的「雲」，則象徵由「體」（以「山」為喻）而生起的「（作）用」。因此，這兩句詩告訴我們：儘管「體」是無形無相的，但這並不意味著它不存在；因為我們仍然可以透過它所生起的「用」，去探究它的真相於彷彿之中。

這樣看來，溈仰宗的宗風，其實是經由事物外在的功能作用，來探究它內在的本質。筆者以為，這是為什麼《五家參詳要路門》卷四，曾以「明作用論親疏」一詞，來概括溈仰宗之宗風的原因❻。而《要路門》卷四，一開頭便以溈仰宗的開創者——靈祐禪師開悟的經過，來說明「明作用論親疏」的宗風：

　　（靈祐）初參百丈，侍立次，夜深，丈曰：「看爐中有火否？」

---

❺　同上，卷四八，頁三二三，中一下。引文前半段所說的「普請摘茶次」，意思是寺僧一起工作採茶的時候（或地方）。其中，「普請」是寺僧一起工作的意思。《景德傳燈錄》卷六，〈禪門規式〉，曾解釋說：「行普請法，上、下均力也。」（引見《大正藏》卷五一，頁二五一，上）另外，「次」是地方或時候的意思。

❻　同上，卷八一，頁六一二，下。

　　（靈祐）師撥之，曰：「無。」丈起身，深撥，得少火，舉而示
　　之，曰：「汝道無，者箇聻!」師大悟。❼

　　火，是事物之本質──「體」的象徵。溈山靈祐原本只看到了爐
火的表相──「用」，沒能體悟到事物的內在本質──「體」，因此回
答說：爐中無火。後來，經過百丈禪師的指導，學習如何經由表相透
視本質（撥灰得火）的方法，因而真實地見到了「體」（火）。像這樣，
經由「明作用」而後知道何者是「親」（體）、何者是「疏」（用）的修
行法門，即是溈仰宗的宗風。

　　這一宗風，不但靈祐自己開悟時這樣地採用它，而且，他也用來
教導他的弟子們。前文所引《人天眼目》的例子，即是最好的證明。
在那個例子當中，溈山抱怨弟子仰山，終日只見「用」，而不見「體」
（原文是「只聞子聲，不見子形」）；仰山卻以「撼茶樹」作為反駁。
茶樹，無疑地，是「體」的象徵；而撼茶樹代表仰山自以為已經（透
過「用」而）把握了「體」。但是，撼茶樹的動作，固然可以理解為仰
山已經把握了事物的「體」，但也可以理解為仰山執著在茶樹的「搖動」
上面；如果這樣，那就分明是「用」而不是「體」了。因此，溈山批
評仰山說：你的這種動作，更加證明你只了解「用」，並沒有把握到「體」。
仰山不甘示弱地反問：那麼，師父您的了解又如何呢？溈山則以默然
不語作為回答。無疑地，這意味著「體」是無形無相，因此超越任何
語言文字所能描寫的範圍。然而，不可言說的「體」所顯現出來的「用」，
卻又那麼明白可見；只以默然無語來表示不離開「用」的「體」，顯然
不夠周全。因此，仰山指責說：師父您只得到了「體」，卻忽略了「用」。
溈山當然知道自己的這一弱點，因此假裝老羞成怒地要責打仰山三十
棒。無疑地，這個例子，更足以說明溈仰宗的宗風，之所以是「明作

❼　引見《大正藏》卷八一，頁六一二，下。

用論親疎」乃至「舉緣即用，忘機得體」的原因了。

　　值得一說的是，為仰宗的另一宗風是畫「圓相」；也就是以各式各樣的圓圈，來表達深奧的禪理。不過，圓相的第一次採用，並不是為山、仰山禪師，而是慧忠國師（683–769 年）❽。《人天眼目》卷四，曾詳細地記載圓相弘傳的經過：

　　圓相之作，始於南陽忠國師，以授侍者耽源。源承讖記，傳於仰山，遂目為為仰宗風。明州五峰良和尚，嘗製四十則，明教嵩禪師為之序，稱道其美。良曰：「總有六名，曰圓相，曰暗機，曰義海，曰字海，曰意語，曰默論。」耽源謂仰山曰：「國師傳六代祖師圓相九十七個，授與老僧。國師示寂時，復謂予曰：『吾滅後三十年，南方有一沙彌到來，大興此道。次第傳授，無令斷絕！』吾詳此讖，事在汝躬。我今付汝，汝當奉持！」仰山既得，遂焚之。源一日又謂仰山曰：「向所傳圓相，宜深祕之！」仰曰：「燒卻了也！」源云：「此諸祖相傳至此，何乃燒卻？」仰曰：「某一覽已知其意。能用始得，不可執本也。」源曰：「於子即得，來者如何？」仰曰：「和尚若要，重錄一本。」仰乃重錄呈似，一無差失。耽源一日上堂，仰山出眾，作〇相，以手托起，

────────

❽　圓相的第一次用來表達禪理，最早恐怕也不是慧忠國師，而是馬祖道一及其弟子輩。《景德傳燈錄》卷六，〈江西道一禪師傳〉，曾有這樣一則有關圓相的記載：「有一師行腳迴，於（道一禪）師前畫個圓相，就上禮拜了立。師云：『汝莫欲作佛否？』云：『某甲不解捏目。』師云：『吾不如汝。』小師不對。」（引見《大正藏》卷五一，頁二四六，中）另外，稍晚（清代）成立的《指月錄》卷五，〈江西道一禪師傳〉，也有另外一則有關圓相的記載：「僧參次，師乃畫一圓相，云：『入也打，不入也打！』僧纔入，師便打。僧云：『和尚打某甲不得！』師靠拄杖，休去。」（引見《卍續藏》卷一四三，頁五一七 a）

作呈勢，卻叉手立。源以兩手交拳示之，仰進三步，作女人拜。
源點頭，仰便禮拜。此乃圓相所自起也。 **⑨**

引文中說到了幾件事情：⑴第一個採用圓相來教導弟子禪法的，
是南陽慧忠國師；而慧忠國師所傳的圓相，則是「六代祖師」相傳下
來的 **⑩**。⑵明州五峰良和尚，認為圓相共有六種名稱；它們是：圓相、
暗機、義海、字海、意語和默論 **⑪**。⑶慧忠傳給仰山的圓相共有九十
七個。

在這九十七個圓相當中，引文中所提到的「〇」應該是最重要的；
這可以從下面另一段話看出來：

仰山親於耽源處，受九十七種圓相。後於溈山處，因此〇相頓

---

⑨ 引見《大正藏》卷四八，頁三二一，下～三二二，上。

⑩ 六代祖師，應該是菩提達摩、慧可、僧璨、道信、弘忍和惠能等中國禪的
六代祖師。

⑪ 圓相又稱為暗機，可能是因為仰山所說「諸佛密印，豈容言乎?」的關係
〔《人天眼目》卷四，〈暗機〉；引見《大正藏》卷四八，頁三二二，上〕。
也就是說，圓相代表「諸佛密印」，而諸佛密印卻是無法用語言文字來表
達的，因此把圓相稱為暗機。另外，圓相又名默論，應該也是因為這樣的
關係。其次，圓相為什麼又叫做義海呢？筆者以為，這個問題的答案，可
以從仰山對某一「道者」解釋圓相時，所說的幾句話看出來：「吾以義為
汝解釋……覺海變為義海，體同名異。……」(引見前書，頁三二二，中)
由此可見，圓相之所以又叫義海，乃是因為它們是一種符號，可以用來描
寫「覺（悟的智慧之）海」的種種情況。也就是說，圓相是由「覺海」所
流出的真理，因此，圓相又叫義海（真理之海）。另外，圓相又叫字海，
應該也是由於這樣的關係。圓相是一種詮釋真理的符號，而符號則是語言
文字的一種；因此，圓相是語言文字之海——字海。至於圓相為什麼又名
意語呢？大約是指，圓相乃由我人像大海一樣，充滿了智慧的心意，所流
變出來的符號（語言）。

悟。後有語云：「諸佛密印，豈容言乎？」又曰：「我於耽源處得
體，潙山處得用。謂之父子投機。」故有此圓相，勘辨端的。或
畫此牛相，乃縱意；或畫佛相，乃奪意；或畫人相，乃肯意；
或畫○相，乃許他人相見意；或畫三相；或點破，或畫破，或
擲卻，或托起。皆是時節因緣。才有圓相，便有賓主、生殺、
縱奪、機關、眼目、隱顯、權實，乃是入廓重手。❷

引文中說到兩件重要的事情：⑴仰山自稱「於耽源處得體，潙山
處得用」，由這點，更足以顯示圓相是絕對真理的象徵。另一方面，講
求「體」與「用」的互相契合，也合乎潙仰宗的宗風。這種契合，即
是引文中所謂的「父子投機」。⑵由○相，可以推衍出其他各種不同的
圓相。例如，牛相是「縱意」，佛相是「奪意」，人相是「肯意」等等❸。

總之，潙仰宗是一溫文儒雅的教派，師父常常觀察「因緣時節」，
把握最恰當的時機，利用圓相等方便的手段，來教導弟子們體悟深奧
的禪理。

㈡雲門宗的出奇言句

禪宗語錄中所記載的「公案」、「話頭」，往往深奧得讓人望而生畏。
其實，其中有一大部分都是來自雲門宗的「出奇言句」。所謂出奇言句，
意味著雲門宗的師徒之間，常以奇怪的問答，來談論禪理。因此，《五
家參詳要路門》曾以「擇言句論親疏」，來描寫雲門宗的宗風❹。而《人
天眼目》卷三，〈雲門門庭〉當中，則有這樣的評論：

❷ 《人天眼目》卷四；引見《大正藏》卷四八，頁三二二，上。
❸ 《人天眼目》卷四還說：○叫做舉函索蓋相或半月待圓相，◑叫做抱玉求
鑑相，人叫做鉤入索續相，佛叫做已成寶器相，牛叫做玄印玄旨相。（參
見《大正藏》卷四八，頁三二二，中。）
❹ 詳見《五家參詳要路門》卷二；《大正藏》卷八一，頁六○八，中。

> 雲門宗旨，絕斷眾流，不容擬議。凡聖無路，情解不通。大約
> 雲門宗風，孤危聳峻，人難湊泊。非上上根，熟能窺其彷彿哉！
> ……要見雲門麼？拄杖子踍跳上天，盞子裡諸佛說法。❶❺

引文中，除了最後兩句之外，其他各句是容易理解的。最後兩句
中的「拄杖子」，是雲門文偃所喜歡採用的教學工具❶❻。用拄杖跳到天
上，是不可能的；而諸佛在盞子裡說法，則是相當難得的。這兩句不
過是讚美雲門宗旨的艱深、美妙而已。事實上，雲門文偃也自知自己
的禪風艱難深奧。他曾以一首四句詩來表達這一事實：「雲門聳峻白雲
低，水急遊魚不敢棲；入戶已知來見解，何煩再舉轍中泥！」❶❼

《景德傳燈錄》卷一九，〈韶州雲門山文偃禪師傳〉，曾記載雲門
文偃對他弟子們的一段談話；從這段談話，可以清楚地看出他對語言
文字的看法：

> 我事不獲已，向爾諸人道，直下無事，早是相埋沒了也。爾諸
> 人更擬進步，向前尋言逐句，求覓解會。千差萬巧，廣設問難。
> 只是贏得一場口滑，去道轉遠，有什麼休歇時！此個事，若在
> 言語上，三乘十二分教豈是無言語？因什麼更道教外別傳？……

---

❶❺ 引見《大正藏》卷四八，頁三一三，上～中。

❶❻ 有關雲門文偃採用拄杖教學的例子，散見《景德傳燈錄》卷一九，〈韶州
雲門山文偃禪師傳〉；《大正藏》卷五一，頁三五六，中～三五九，上。其
中最典型的一個例子，恐怕是：「我（雲門文偃）尋常向汝道：『微塵剎土
三世諸佛、西天二十八祖、唐土六祖，盡在拄杖頭上說法。神通變現，聲
應十方，爾還會麼？若也不會，莫掠虛！……』……師驀起，以拄杖劃地
一下，云：『總在遮（這）裡！』又劃一下，云：『總從遮（這）裡出去也！
珍重！』」（引見《大正藏》卷五一，頁三五八，上～中）

❶❼ 《景德傳燈錄》卷一九，〈韶州雲門山文偃禪師傳〉；引見《大正藏》卷五
一，頁三五九，上。

> 若約衲僧門下，句裡呈機徒勞佇思，直饒一句下承當得，猶是
> 瞌睡漢。 ⑱

　　雲門文偃顯然把語言文字視為體悟禪理的障礙，他甚至認為，真
正的禪理並不存在於「三乘十二分教」（亦即一切經典）當中，否則禪
宗怎麼會自稱「教外別傳」呢？因此，在他的門下，即使做到了「直
饒一句下承當得」（亦即聽了一句即能體悟禪理），也只是個「瞌睡漢」
而已；更何況那些執著語言文字的人了！

　　相同的理由，雲門文偃也批評那些拿前人的公案──「見（現）
成公案」，來參究的教學方法。他認為那不過是「食人涎唾」，挑著「一
擔骨董，到處逞」，而且就像「驢唇馬嘴」一樣，自誇了解，而事實上
卻連夢都不曾夢見！他說：

> 或時云見成公案，自餘之輩，合作麼生？若是一般掠虛漢，食
> 人涎唾，記得一堆，一擔骨董，到處逞。驢唇馬嘴，誇我解問
> 十轉、五轉話。饒爾從朝問到夜論劫，怎麼還曾夢見也未？ ⑲

　　從以上的說明可以證明，雲門文偃確實是一個不喜歡用語言文字
來教導弟子的禪師。因此，《五家參詳要路門》所說的「擇言句」，表
示雲門宗的禪師們，一者、並不輕易利用語言來教導弟子；二者、即
使不得已利用語言教導弟子，也必須審慎選擇恰當的（往往是突發奇
想的）句子；三者、如果利用語言教導弟子，則必須力求簡短。這一
宗風，依《五家參詳要路門》卷二的說法，乃來自雲門文偃禪師的師
父──睦州龍興寺的陳尊宿：

---

⑱　引見《大正藏》卷五一，頁三五六，下。

⑲　《景德傳燈錄》卷一九，〈韶州雲門山文偃禪師傳〉；引見《大正藏》卷五
　　一，頁三五七，中。

（雲門文偃禪）師初參睦州，州旋機電轉，直是難湊泊。尋常接人，才跨門，便搊住云：「道！道！」擬議不來，便推出，云：「秦時轆轢鑽！」師凡去見至第三回，才敲門，州云：「誰？」師云：「文偃。」才開門，便跳入。州搊住，云：「道！道！」師擬議，便被推出。師一足在門閫內，被州急合門，搊折師腳。師忍痛作聲，忽大悟。後來語脈接人，一模脫出。❷⓿

引文中的「秦時轆轢鑽」，是睦州禪師呵斥弟子胡亂鑽研的意思❷①。雲門文偃禪師因為這句話，以及腳折而大悟。引文的最後兩句，則告訴我們：雲門宗的「出奇言句」或「擇言句」，其實是模仿睦州禪師的教學方法❷②。

然而，雲門文偃的出奇言句，顯然比睦州的兩句「道！道！」和「秦時轆轢鑽」，還要來得豐富得多。下面，讓我們從幾個比較容易理解的例子，來看看雲門宗的出奇言句❷③：

(1)（僧）問：「如何是佛法大意？」（雲門文偃禪）師曰：「春來草自青！」

(2)問：「如何是雲門一句？」師曰：「臘月二十五！」

❷⓿ 同上。值得注意的是，這則引文，在《景德傳燈錄》卷一二，〈陳尊宿傳〉當中，只簡單地作：「有僧扣門，師云：『阿誰？』僧云：『某甲。』師云：『秦時鐸落鑽！』」（引見《大正藏》卷五一，頁二九一，中）

❷① 轆轢，是一種鑽子。秦，是古朝代名；秦時轆轢，意味轆轢已經老舊得無法使用。

❷② 《景德傳燈錄》卷一二，〈陳尊宿傳〉，曾說睦州「詞語峻嶮，既非循轍」，以致「淺機之流往往嗤之，唯玄學性敏者欽伏」。（引見《大正藏》卷五一，頁二九一，上）

❷③ 下面十個例子，皆見《景德傳燈錄》卷一九，〈韶州雲門山文偃禪師傳〉；《大正藏》卷五一，頁三五八，中～下。

(3)問：「如何是雲門木馬嘶?」師曰：「山河走!」

(4)問：「如何是學人自己?」師曰：「遊山翫水!」

(5)問：「如何是道?」師曰：「去!」曰：「學人不會，請師道!」
　　師曰：「闍梨公憑分明，何得重判!」

(6)問：「生死到來，如何排遣?」師展手曰：「還我生死來!」

(7)問：「如何是和尚家風?」師曰：「門前有讀書人!」

(8)問：「如何是透法身句?」師曰：「北斗裡藏身!」

(9)問：「如何是西來意?」師曰：「久雨不晴!」又曰：「粥飯氣!」

(10)問：「古人橫說豎說，猶未知向上關棙子。如何是向上關棙子?」
　　師曰：「西山東嶺青!」

(三)法眼宗的因材施教

法眼宗的宗風是因材施教。智昭，《人天眼目》卷四，〈法眼門庭〉，曾這樣描寫法眼宗的這一宗風：

> 法眼宗旨，箭鋒相拄，句意合機。始則行行如也，終則激發，漸服人心。削除情解，調機順物，斥滯磨昏。種種機緣，不盡詳舉。觀其大概，法眼家風，對病施藥，相身裁縫。隨其器量，掃除情解。要見法眼麼?人情盡處難留跡，家破從教四壁空。❷❹

引文中一開頭的「箭鋒相拄，句意合機」，乃至中間的「對病施藥，相身裁縫」、「隨其器量，掃除情解」等，都是法眼宗因材施教之宗風的明證。而最後的兩句詩，不過是強調法眼宗的宗風是：盡一切努力（人情），來教導弟子罷了。而所謂盡一切努力（人情），自然包括觀察弟子的根器，以便因材施教。

---

❷❹　引見《大正藏》卷四八，頁三二五，上。

也許，法眼宗這種因材施教、注重利益弟子的宗風，正是《五家參詳要路門》為什麼以「先利濟，論親疏」，來作為法眼宗之宗旨的原因吧❷❺？

值得一提的是，《五家參詳要路門》卷五，曾經花了一長段，來說明法眼宗的「箭鋒相拄」：

> ……則監院在（清涼文益禪）師會中，也不曾參請入室。一日，師問云：「則監院！何不來入室？」則云：「和尚豈不知，某甲於青林處，有個入頭？」師云：「汝試為我舉看！」則云：「某甲問：『如何是佛？』林云：『丙丁童子來求火！』」師云：「好語恐儞錯會，可更說看！」則云：「丙丁屬火；以火求火，如某甲是佛，更去覓佛。」師云：「則監院果然錯會了！」則不憤，便起單，渡江去。師云：「此人若回，可救；若不回，救不得也！」則到中路，自忖云：「他是五百人善知識，豈可賺我耶？」遂回，再參。師云：「儞但問我，我為儞答。」則便問：「如何是佛？」師云：「丙丁童子來求火！」則於言下大悟。……這般公案，久參者一舉便知落處，法眼下謂之箭鋒相拄。……是他家風如此，一句下便見，當陽便透。若向句下尋思，卒摸索不著。❷❻

引文中說到的青林，是指曹洞宗的弟子——青林師虔禪師；《（萬松老人評唱天童覺和尚頌古）從容（庵）錄》卷四，曾有他的簡單傳記，以及一則名叫「青林死蛇」的公案❷❼。其次，丙丁，原指火日，後來引伸為火❷❽。因此，所謂「丙丁童子來求火」，乃是自己有火，卻

---

❷❺ 詳見《五家參詳要路門》卷五；《大正藏》卷八一，頁六一二，上。

❷❻ 引見《大正藏》卷八一，頁六一四，中。

❷❼ 同上，卷四八，頁二六四，上～下。

❷❽ 參見《呂氏春秋‧孟夏紀‧注》。又見宋‧李光，《莊簡集（一五）‧與胡

多此一舉地到處求火的意思；這就像一個本來是佛的人，卻到處尋找佛陀一樣的愚蠢！而青林師虔告訴則監院的，正是這個道理，要則監院體認自己本來是佛，不要向外盲目地追尋。

　　青林師虔告訴則監院的道理，並沒有錯。然而為什麼他並沒有因此而開悟呢？乃至為什麼清涼文益認為則監院「錯會了」呢？原因是：則監院的理解，只是限於概念上的、「知（識）」上的理解，而不是「知」與「（實）行」二者合一的理解。然而，由於則監院氣憤而離開清涼文益，卻又一路苦思反省，並重回清涼文益身邊請教的這一連串過程，再加上清涼文益把握了這些「時節」（時機），作為「因緣」（條件），則監院才有可能因而大徹大悟。清涼文益所把握的這些「因緣」（條件）、「時節」（時機），即是《五家參詳要路門》所說的「箭鋒相拄」；無疑地，那是指師父與弟子二者的箭鋒，恰到好處地互相抵拄在一起。這意味著師父能夠因材施教以利濟弟子。而在另一方面也正說明：清涼文益確實能夠恰到好處地把握「時節因緣」。

　　事實上，把握「時節因緣」確實是法眼宗的宗風。有一次，清涼文益曾對他的弟子們說：「出家人但隨時及節，便得寒即寒，熱即熱。欲知佛性義，當觀時節因緣，古今方便不少。」❷❾他的意思是：隨順時節、把握時節，即可「識佛性義」，乃至在寒寒熱熱的日子裡，自由自在地生活。

　　又有一次，他咐囑弟子們說：

　　　光陰莫虛度！適來向上座道：「但隨時及節，便得！」若也移時失候，即是虛度光陰，於非色中作色解。上座！於非色中作色

────────────────

邦衡（詮）書》。

❷❾　《景德傳燈錄》卷二四，〈昇州清涼院文益禪師傳〉；引見《大正藏》卷五一，頁三九九，中。

解，即是移時失候。且道色作非色解，還當不當？上座！若恁
麼會，便是沒交涉，正是癡狂兩頭走，有什麼用處！上座！但
守分隨時過好，珍重！」 ⓷

　　引文中，清涼文益又再次告訴弟子們：把握時節，即可「於色中
作色解」、「於非色中作非色解」；而不會顛倒地「於非色中作色解」、
「於色中作非色解」。這意味著一個能夠把握時節因緣的人，必定也能
依照世界的真實面目，來認識世界，而不致依照一己主觀的偏見，來
歪曲世界的真象。

　　值得注意的是，除了注重「時節因緣」之外，法眼宗和雲門宗一
樣，都是善於利用「出奇言句」的禪門宗派。有關這點，《五家參詳要
路門》卷五，曾有這樣的解說：

　　　夫雲門、法眼二宗，大概如詩之通韻、叶韻，本出自巖頭、雪
　　　峰下。……雪峰即出玄沙、雲門，玄沙一轉得地藏，又一轉得
　　　法眼宗。故雲門、法眼二宗，言句易迷。 ⓸

　　引文一開頭即說：雲門和法眼二宗，就像詩歌中的通韻與叶韻之
間的關係一樣⓹，有著極為相似的地方——「言句易迷」；這是因為它
們都由巖頭、雪峰這兩位禪師所分化出來的關係⓺。雲門宗的特色是

⓼　　同上。

⓽　　引見《大正藏》卷八一，頁六一四，下～六一五，上。

⓾　　「叶韻」一詞中的「叶」字，原與「協」字相通，是協和或和諧的意思。
　　古今音韻不同，因此此在詩歌中，為了押韻的關係，常有字同而音韻不同的
　　情形發生；這即是叶韻。而「通韻」，則是指音韻相通的字；例如，東、
　　冬、江都是通韻。因此，叶韻固然不是通韻，但和通韻之間只有極細微的
　　差別（感謝臺灣大學文學院黃啟方院長，提供以上說明）。

⓻　　巖頭，是指巖頭全豁禪師；而雪峰，則指雪峰義存禪師。二者皆是德山宣

出奇言句，這也同樣是法眼宗的宗風。下面就是幾個顯著的實例❸：

(1)(僧)問：「如何是古佛家風？」(清涼文益禪)師曰：「什麼
處看不足！」

(2)問：「十方賢聖皆入此宗，如何是此宗？」師曰：「十方賢聖皆
入！」

(3)問：「瑞草不凋時，如何？」師曰：「謾語！」

(4)問：「如何是沙門所重處？」曰：「若有纖毫所重，即不名沙門！」

(5)問：「千百億化身，於中如何是清淨法身？」師曰：「總是！」

(6)問：「如何是古佛心？」師曰：「流出慈、悲、喜、捨！」

(7)問：「如何是正真之道？」師曰：「一願也教汝行，二願也教汝
行！」

(8)問：「如何是一真之地？」師曰：「地則無一真！」

(9)問：「十二時中，如何行履？」師曰：「步步踏著！」

(10)問：「如何是諸佛玄旨？」師曰：「是汝也有！」

(四)臨濟宗的嚴峻激烈

臨濟宗的嚴峻激烈，這可以從下面這則有關它的開創者 ——臨濟
義玄禪師的故事看出來：

鑑禪師的弟子。原來，雲門文偃乃雪峰義存的弟子；而法眼宗的清涼文益
則是雪峰義存下面的第三世弟子〔雪峰義存傳羅漢桂琛禪師（即引文中的
「地藏」），桂琛傳清涼文益〕。因此，雲門宗和稍後開創出來的法眼宗，
乃是「伯仲」關係。這是為什麼引文說到，二者之間的關係，就像通韻與
叶韻的關係一樣。

❸ 《景德傳燈錄》卷二四，〈昇州清涼院文益禪師傳〉；引見《大正藏》卷五
一，頁三九九，上。

（臨濟義玄禪師）一日上（法）堂曰：「汝等諸人，赤肉團上有
一無位真人，常向諸人面門出入。汝若不識，但問老僧！」時，
有僧問：「如何是無位真人？」（臨濟義玄禪）師便打云：「無位
真人是什麼乾屎橛！」 ❸

引文中的「赤肉團」，指的是我人的身心。「無位真人」無疑地，
是指我人本有的「佛性」。而佛性無形無相，雖說「常向諸人面門（眼、
耳、鼻、舌、身等五根）出入」，但卻無法用語言文字加以描寫。因此，
當臨濟禪師的弟子問他什麼是「無位真人」（佛性）時，臨濟禪師即以
「乾屎橛」這種低賤的東西❸，來加以阻斷弟子的心思和問題。

筆者所關心的，並不是臨濟禪師把佛性說成低賤的乾屎橛；而是
他的一邊責打弟子，一邊把佛性貶為乾屎橛的粗暴宗風。這一宗風，
依照印順，《中國禪宗史》的說法，乃是來自於他的師祖——馬祖道一
禪師（？–788 年），而且和北方人（江北人）的地方性格有關 ❸。馬祖
道一禪師的粗暴，可以從下面這則以「蹋」（踏）來教導弟子的實例看
出來：

---

❸ 《景德傳燈錄》卷一二，〈鎮州臨濟義玄禪師傳〉；引見《大正藏》卷五一，
頁二九〇，下。

❸ 橛，是短木片。乾屎橛一詞的意思可能有二：(1)一小段乾屎；(2)古時農村
窮人上廁所時，用來擦大便的短木片（三、四十年前，臺灣鄉下仍然採用）。
不管它的意思是(1)或(2)，都表示「無位真人」（佛性）是一種低賤之物。

❸ 印順，《中國禪宗史》，頁四一〇–四一四，曾以具體的數據，比較了馬祖
道一禪師所開創出來的「洪州宗」，以及由石頭希遷禪師 (700–790 年)
所開創出來之「石頭宗」的不同。他的結論是：流行於北方的洪州宗是粗
暴嚴厲的，禪師們常以打、踏、喝等粗暴的方法，來教導弟子；相反的，
流行於南方的石頭宗，則具有親切綿密的宗風，「沒有大打大喝的作風」。
前者代表了「北方之強」，後者卻象徵南方的「平和」。

洪州水老和尚，初問馬祖：「如何是西來的意？」祖乃當胸蹋倒。
（水老禪）師大悟，起來撫掌，呵呵大笑云：「大奇！百千三昧、
無量妙義，只向一毛頭上，便識得根原去！」便禮拜而退。師住
後告眾云：「自從一喫馬師蹋，直至如今笑不休！」❸❽

　　由於臨濟宗有著嚴峻激烈的宗風，因此，《五家參詳要路門》卷一，
曾以「戰機鋒，論親疎」一詞，來描寫它的宗風❸❾。清‧祖源超溟，
《萬法歸心錄（卷下）‧禪分五宗‧臨濟》，也曾這樣地描寫臨濟宗風：
「臨濟家風，白拈手段，勢如山崩，機似電卷。赤手殺人，毒拳追命，
棒喝交馳。」❹❀而，《人天眼目（卷二）‧要訣》，則是這樣地描寫臨濟
宗風：「飛星爆竹，裂石崩崖；冰稜上行，劍刃上走；全機電卷，大用
天旋；赤手殺人，單刀直入……佛也殺，祖也殺。」❹❶另外，同書卷二，
〈臨濟門庭〉，則對於臨濟宗，有下面這種類似的描寫：

　　　　臨濟宗者，大機大用，脫羅籠，出窠臼。虎驟龍奔，星馳電激。
　　　　轉天關，斡地軸。負衝（沖）天意氣，用格外提持。卷舒、擒
　　　　縱、殺活自在。……要識臨濟麼？青天轟霹靂，陸地起波濤！❹❷

　　引文的最後兩句矛盾詩，不過是說明臨濟宗風的出人意表、不可
思議罷了。因此，「脫羅籠，出窠臼」，乃至「卷舒、擒縱、殺活自在」
等，才是臨濟宗的重要特色。

　　「脫羅籠，出窠臼」，意味著臨濟宗並不是一定採取嚴峻激烈的教

❸❽　《景德傳燈錄》卷八，〈洪州水老和尚傳〉；引見《大正藏》卷五一，頁二
　　　六二，下。

❸❾　詳見《大正藏》卷八一，頁六〇六，中。

❹❀　引見《卍續藏》卷一一四，頁四一四 c。

❹❶　引見《大正藏》卷四八，頁三一一，下。

❹❷　同上，頁三一一，中。

學方法；事實上，臨濟宗也有溫和的一面。下面即是一個例子：

> 大覺到參，（臨濟義玄禪）師舉拂子。大覺敷坐具，師擲下拂子。
> 大覺收坐具，入僧堂。眾僧曰：「遮僧莫是和尚親故？不禮拜，
> 又不喫棒！」師聞，令喚新到僧。大覺遂出。師曰：「大眾道，
> 汝未參長老。」大覺云：「不審！」便自歸眾。 ❸

引文中，描寫了大覺禪師參拜臨濟義玄而不「喫棒」的整個經過。
可見臨濟義玄雖然喜歡用棒打的方式來教導弟子，但也有「脫羅籠，
出窠臼」的例外。

以棒打的方式來教導弟子，這確實是臨濟宗的特有宗風。事實上，
從下面這段引文，即可知道這一宗風其實來自臨濟義玄的老師——黃
蘗希運禪師❹：

> （臨濟義玄禪）師上堂云：「大眾！夫為法者，不避喪身失命！
> 我於黃蘗和尚處，三度喫棒，如蒿枝拂相似。如今更思一頓喫，
> 誰為我下得手？」時有僧曰：「某甲下得手，和尚合喫多少？」師
> 與拄杖，其僧擬接，師便打。 ❺

事實上，臨濟義玄不但喜歡以棒打來教導弟子❻，而且也喜歡以

---

❸ 《景德傳燈錄》卷一二，〈鎮州臨濟義玄禪師傳〉；引見《大正藏》卷五一，
　　頁二九〇，下～二九一，上。

❹ 有關臨濟義玄禪師三度向黃蘗希運禪師請教問題，卻三度被打的經過，請
　　參見《景德傳燈錄》卷一二，〈鎮州臨濟義玄禪師傳〉；《大正藏》卷五一，
　　頁二九〇，上～中。

❺ 《景德傳燈錄》卷一二，〈鎮州臨濟義玄禪師傳〉；引見《大正藏》卷五一，
　　頁二九一，上。

❻ 由於臨濟義玄禪師喜歡以棒打來教導弟子，因此，臨濟宗後來有所謂的「八
　　棒」；它們是：賞棒、罰棒、縱棒、奪棒、愚癡棒、降魔棒、掃跡棒、無

大聲斥喝來教導弟子。有名的「臨濟四喝」，即是最好的實例：

> （臨濟義玄禪）師問僧：「有時一喝，如金剛王寶劍；有時一喝，
> 如踞地金毛師（獅）子；有時一喝，如探竿影草；有時一喝，
> 不作一喝用。汝作麼生會？」僧擬議，師便喝！ ❹

對於臨濟義玄的這四種喝，《人天眼目（卷二）・臨濟門庭》當中，
曾有這樣的解釋：

> 金剛王寶劍者，一刀揮盡一切情解。踞地師子者，發言吐氣，
> 威勢振立。百獸恐悚，眾魔腦裂。探竿者，探爾有師承、無師
> 承？有鼻孔，無鼻孔？影草者，欺瞞做賊，看爾見也不見？……
> 一喝不作一喝用者，一喝中，具如是三玄、三要、四賓主、四
> 料揀之顟（類）。 ❽

四喝中的第一喝——「金剛王寶劍」，是指「能斬意識，凡聖情亡，
真常獨耀」的意思❾。因此，那是指若有意識上的思慮，而不是智慧
的觀照時，即以金剛王寶劍這一喝，來打消弟子的心思。這是為什麼
引文中說：「一刀揮盡一切情解」的原因。其次，第二喝——「踞地師
（獅）子」，是指「斷、常二見，一切滲漏，踞地一吼，瓦解冰消」的
意思。那是避免落入任何見解上之既有窠臼（例如斷見或常見等）的
一喝。所以，引文說：「發言吐氣，威勢振立。百獸恐悚，眾魔腦裂。」

情棒（參見《萬法歸心錄》卷下；《卍續藏》，冊一一四，頁四一四 c）。

❹　《鎮州臨濟慧照禪師語錄》；引見《大正藏》卷四七，頁五〇四，上。

❽　引見《大正藏》卷四八，頁三一一，中。引文中最後一字「顟」，原注：
在其他版本中作「類」。

❾　以下有關四喝的解釋（引號中的句子），都出自《萬法歸心錄》卷下；《卍
續藏》卷一一四，頁四一四 d～四一五 a。

第三喝——「探竿影草」，是指「如鏡照像，妍醜真偽，自呈本面」的
意思。原來，探竿和影草都是捕魚時的工具❺⓪。禪師如漁翁，弟子如
游魚，而禪師所採用的這一「喝」，就像捕魚時的探竿或影草，用來誘
捕游魚。所以，引文說：「探爾有師承、無師承？有鼻孔、無鼻孔？」
乃至「欺瞞做賊，看爾見也不見？」而第四喝——「不作一喝用」，則
指「纔動意識，一喝冰消；轉尋一喝，喝也不用」的意思。那是指這
一喝千變萬化、包羅萬象，沒有固定的作用❺①。這是為什麼引文中描
寫這一喝，「具如是三玄、三要、四賓主、四料揀之顋（種類）」的原
因❺②。

___

❺⓪　《人天眼目注》，曾說：「探竿，漁者具也。束鶼羽，插竿頭，探水中，聚
　　　群魚於一處；然後以網漉之韻也。影草者，刈草浸水中，則群魚潛影；然
　　　後以網漉之。是皆漁者聚魚之方便也。善知識於學者亦復如是。」（引見丁
　　　福保，《佛學大辭典》，臺北：華藏佛教視聽圖書館，下冊，頁一九六二，
　　　中）

❺①　清・仁岯增集、林義正校補，《增集校補人天眼目》，臺北：明文書局，1982，
　　　卷上，頁六三，曾註釋「有時一喝，不作一喝用」一句：「言其千變萬化，
　　　無有端倪。喚作金剛寶劍亦得，喚作踞地師子亦得，喚作探竿影草亦得。
　　　如神龍出沒，舒卷異常。迎之不見其首，隨之不見其尾。佛祖難窺，鬼神
　　　莫覷。意雖在一喝之中，而實出一喝之外。」

❺②　所謂四賓主、四料揀，將在下文詳細說明。而三玄、三要呢？《人天眼目》
　　　卷一，〈三玄三要〉，曾有這樣的說明：「（臨濟義玄禪）師云：『大凡演唱
　　　宗乘，一語須具三玄門，一玄門須具三要。有權，有實；有照，有用。汝
　　　等諸人，作麼生會？』後來汾陽昭和尚因舉前話，乃云：『那個是三玄、三
　　　要底句？』……」（引見《大正藏》卷四八，頁三〇二，上）而汾陽善昭禪
　　　師對這三玄、三要的解釋則是：第一玄，「親囑飲光前」，亦即釋迦祕密傳
　　　給迦葉尊者（飲光）的絕對真理。第二玄，「絕相離言詮」，指絕對禪理無
　　　法用語言文字來加以描寫。第三玄，「明鏡照無偏」，指絕對真理的中正不
　　　阿。而三要中的第一要是，「言中無作造」，指絕對真理即使用語文表達出

　　從這四喝，不但可以看出臨濟宗風喜歡採取棒喝的打罵教育，而且也可以看出臨濟宗風的活用教學方法。活用教學方法，《人天眼目》稱為「脫羅籠，出窠臼」（詳前文）；事實上，臨濟宗的「脫羅籠，出窠臼」，還表現在剛剛提到的「四賓主」和「四料揀」當中。其中，「四賓主」還和「四喝」有關聯。

　　什麼是「四賓主」呢?《人天眼目》卷一，有這樣的介紹:

　　（臨濟義玄禪）師一日示眾云:「參學人大須仔細! 如賓、主相見，便有言說往來。或應物現形，或全體作用，或把機權❸喜怒，或現半身，或乘師子，或乘象王。如有真正學人，便喝; 先拈出一箇膠盆子。善知識不辨是境，便上他境上，做模做樣。學人又喝，前人不肯放。此是膏肓之病，不堪醫治，喚作賓看主。或是善知識，不拈出物，隨學人問處即奪。學人被奪，抵死不放。此是主看賓。或有學人，應一箇清淨境界，出善知識前; 善知識辨得是境，把得住，拋向坑裡。學人言:『大好!』善知識即云:『咄哉! 不識好惡!』學人便禮拜。此喚作主看主。或有學人，披枷帶鎖，出善知識前。善知識更與安一重枷鎖，學人歡喜，彼此不辨。此喚作賓看賓。大德! 山僧所舉，皆是辨魔揀異，知其邪正。」❹

　　從引文即可看出，所謂的「四賓主」，即是(1)賓看主; (2)主看賓;

　　來，仍然不離天真的本性。第二要，「千聖入玄奧」，指透過絕對真理而直入玄奧當中。第三要，「四句百非外」，四句和百非，指的是一切的語言文字。因此，第三要指的是，絕對真理在一切語言文字之外（參見前書）。

❸ 「權」字，《五燈會元》卷一一，〈鎮州臨濟義玄禪師傳〉，作「懂」（參見《卍續藏》卷一三八，頁一九五 b）。

❹ 引見《大正藏》卷四八，頁三〇三，上～中。

(3)主看主；(4)賓看賓。無疑地，這是禪師遇到各種參學的弟子（引文中所謂「學人」）時，所採取的教學方法。也是參學者分辨師父（引文中所謂的「善知識」）之真偽的方法。其中，第(1)之「賓看主」，顯然是指參學者（引文所謂「真正學人」）的道行，比師父的道行還要來得高超的情形。在這種情形下，師父並不是真正開悟的禪師。因此，當參學者一喝，「拈出一箇膠盆子」❺❺時，師父不了解那只是參學者拿來試探師父的「（外）境」，卻誤以為那是真實的「內理」❺❻。所以，當有人請問風穴延沼禪師（臨濟義玄的弟子），什麼是「賓中主」（即賓看主）時，風穴回答「入市雙瞳瞽」❺❼。而浮山洪璉禪師則更進一步地稱讚說：「賓中主，盡力追尋無處所；昔年猶自見些些，今日誰知目雙瞽！」❺❽無可置疑地，這是批評師父像瞎子一樣，並沒有真正體悟到真正的禪理，以致無法判斷來參學之弟子的程度，並給以適當的教導。像這種弟子比師父的道行還要來得高超的情形，就稱為「賓看主」。

其次，第(2)「主看賓」，是指參學的弟子無法理解師父所教導的禪理，以致對於自己所執著的錯誤見解「抵死不放」。第(3)「主看主」，從引文中師徒之間的對話，即可知道二者具有深深的默契；因此是指師、徒二人都是正確的情形。所以，涿州克符禪師解釋「主中主」（即主看主）時說：「橫按鎮鋣全正令，太平寰宇斬癡頑！」❺❾而華嚴普孜

---

❺❺ 「膠盆子」，盛膠的盆子；比喻那些像膠一樣粘著，能夠纏繞身心，使身心不得自在的東西（例如語言文字等）。

❺❻ 禪宗講求自證內在的佛性之理，這即是《六祖大師法寶壇經》中所謂的「見性成佛」或「從自心中，頓見真如本性」（參見《大正藏》卷四八，頁三五〇，下～三五一，上）。相反地，禪宗批評那些「迷心外見」的人（參見前書，頁三五五，下），強調「念念之中，不思前境」（參見前書，頁三五三，上）。因此，「境」代表錯誤的東西。

❺❼ 《人天眼目》卷一；引見《大正藏》卷四八，頁三〇三，中。

❺❽ 詳見《人天眼目》卷一；《大正藏》卷四八，頁三〇三，下。

禪師也說：「寰中天子勅！」❻⓪

　　最後，第⑷「賓看賓」，來參的學人已經「披枷帶鎖」了，師父卻「更與安一重枷鎖」。無疑地，這顯示師、徒二人都不正確。所以華嚴普孜說：「客路如天遠」❻①。而汾陽善昭禪師也對「賓中賓」，做這樣的評斷：「終日走紅塵，不識自家珍！」另外，雪竇重顯禪師也評論說：「滿目是埃塵！」並長嘆了一聲：「噫！」❻②

　　總之，臨濟宗的「喝」，有各種可能的用處，都是禪師們接引弟子的方便。有關這點，可以從以上所說的「四賓主」看出來。

　　臨濟宗另外一個令後人感到困擾的禪法，是「四料揀」。《人天眼目》卷一，曾對四料揀做了詳細的說明：

　　　至晚小參，（臨濟義玄禪師）云：「我有時奪人不奪境，有時奪境不奪人，有時人、境俱奪，有時人、境俱不奪。」僧問：「如何是奪人不奪境？」師云：「煦日發生鋪地錦，嬰兒垂髮白如絲。」（原注：大慧云：「此二句，一句存境，一句奪人。」）僧問：「如何是奪境不奪人？」師云：「王令已行天下徧，將軍塞外絕煙塵。」（原注：大慧云：「上句奪境，下句存人。」）僧問：「如何是人、境俱奪？」師云：「并汾絕信，獨處一方。」（原注：大慧云：「便有人、境俱奪面目。」又云：「吾初讀諸家禪錄，見『并汾絕信』之語，深以為疑。雖詰諸老，皆含糊不辨。既閱臨濟語，則知『絕信』二字，蓋并、汾二州名。僧問『人、境兩俱奪』，答云『獨處一方』，其旨曉然。方悟諸師之集，皆有烏焉之誤。」）僧問：「如何是人、境俱不奪？」師云：「王登寶殿，野老謳歌。」

---

❺⑨　同注❺⑧，頁三〇三，中。

❻⓪　同注❺⑧，頁三〇四，上。

❻①　同注❺⑧，頁三〇三，下。

❻②　同注❺⑧，頁三〇三，中。

（原注：「此是人、境俱不奪也。」）❻❸

　　具有主體性的「人」（我）與具有客體性的「境」，往往成為修行者所執著的對象。大體上說，下根器的修行者往往執著神通、見佛等有形的外在之「境」；相反的，中等根器者則執著一己主觀的見解，亦即執著主體性的「人」（我）。因此，前者可以「奪境不奪人」，後者卻必須「奪人不奪境」。另一方面，下根器者既執著主體性的「人」（我），也執著客體性的「境」，因此二者都必須「奪」（破斥）。而上等根器的人，既不執著「人」（我），也不執著「境」，因此可以「人、境俱不奪」。

　　引文中的「煦日發生鋪地錦，嬰兒垂髮白如絲」一句，大慧宗杲禪師的注解說是「一句存境，一句奪人」。顯然，所存之「境」即第一句；它以煦日地上耀眼燦爛的鋪地錦，作為不奪外「境」的描寫。而所奪之「人」則以第二句不可能存在的白髮嬰兒，作為象徵。其次，「奪境不奪人」的「王令已行天下徧，將軍塞外絕煙塵」，大慧宗杲的注解是：「上句奪境，下句存人。」無疑地，那是把王令行遍天下，而沒有例外，作為一切外「境」（天下百姓）都被（王令）破斥掉（管理妥當）的象徵。而第二句則以絕煙塵的塞外「將軍」，亦即主體性的人，作為「存人」的象徵。第三「人、境俱奪」的「并汾絕信，獨處一方」，從大慧宗杲的注解，也可以推知：那是指獨處遙遠的一方——并州或汾州，而斷絕一切音信之人、境皆空的狀態。而最後的「人、境俱不奪」，是對上等根器者的教學方法，那時天下太平，因此以「王登寶殿，野老謳歌」兩句作為象徵。

　　臨濟義玄有時把我人所執著的對象，分為人、境、法三種，然後再論奪與不奪等「四料揀」。《人天眼目》卷一，即曾這樣地介紹：

　　（臨濟義玄禪）師示眾云：「如諸方學人來，山僧此間，作三種

────────
❻❸　引見《大正藏》卷四八，頁三〇〇，中。

根器斷。如中下根器來，我便奪其境，而不除其法。或中上根器來，我便境、法俱奪。如上上根器來，我便境、法、人俱不奪。如有出格見解人來，山僧此間便全體作用，不歷根器。……」❻

引文中提到了人、境、法三者，其中，「法」的意義不甚清楚，大約是指佛法（真理）而言。因此，對於「法」的執著，乃是介於主體性的「人」（我）和客體性的「境」之間的一種執著。「法」（真理）是用來正確描述「人」與「境」的，但是，當它成為執著的對象時，也和對於「人」、「境」的執著一樣，變成了臨濟所要「奪」（破斥）的對象了。

這四料揀，看來晦澀難懂，其實只是臨濟宗「脫羅籠，出窠臼」之方便度眾的宗風罷了。所以，當風穴延沼禪師被問到四料揀到底「料揀何法」時，他回答說：「凡語不滯凡情，即墮聖解。學者大病，先聖哀之。為施方便，如楔出楔。」❻從最後的「如楔出楔」一句，可以肯定地說，不但四料揀所要破斥的「凡語」是錯誤的，而且，能破斥的四料揀本身也只不過是一種暫時性的方便手段罷了。

㈤曹洞宗的親切綿密

曹洞宗親切綿密的宗風，可以從下面這段引文看出來：

曹洞宗者，家風細密，言行相應，隨機利物，就語接人。看他來處，忽有偏中認正者，忽有正中認偏者，忽有兼帶。忽同忽異，示以偏正五位、四賓主……大約曹洞家風，不過體用、偏正、賓主，以明向上一路。要見曹洞麼？祖佛未生空劫外，正

---

❻ 同上，頁三〇〇，下。

❻ 《人天眼目》卷一；引見《大正藏》卷四八，頁三〇〇，下。

偏不落有無機。(66)

引文中說到曹洞宗「家風細密」，而且師徒之間的「言行相應」，師父能隨著弟子的根機而給予最有利的指導，也能隨著弟子所說而接引開示。而師父教給弟子的，不外「偏中認正」、「正中認偏」、「（偏與正）兼帶」等「偏正五位」或「四賓主」等隨機應變的內容。

然而，什麼是「偏正五位」和「四賓主」呢?《洞山語錄》對於「偏正五位」有這樣的說明：

（洞山良价禪）師作五位君臣頌云：「正中偏，三更初夜月明前，莫怪相逢不相識，隱隱猶懷舊日嫌。偏中正，失曉老婆逢古鏡，分明覿面別無真，休更迷頭猶認影。正中來，無中有路隔塵埃，但能不觸當今諱，也勝前朝斷舌才。兼中到，不落有無誰敢和，人人盡欲出常流，折合還歸炭裡坐。」(67)

對於洞山良价禪師這幾首謎語似的詩頌，他的弟子曹山本寂禪師，曾有這樣的解說：

（曹山本寂禪）師因僧問五位君臣旨訣，師曰：「正位即空界，本來無物。偏位即色界，有萬象形。正中偏者，背理就事。偏中正者，舍事入理。兼帶者，冥應眾緣，不墮諸有，非染非淨，非正非偏。故曰虛玄大道，無著真宗。從上先德，推此一位最妙最玄，當詳審辯明。君為正位，臣為偏位。臣向君是偏中正，君視臣是正中偏，君臣道合是兼帶語。」(68)

---

(66) 《人天眼目》卷三，〈曹洞門庭〉；引見《大正藏》卷四八，頁三二〇，下。

(67) 《瑞州洞山良价禪師語錄》；引見《大正藏》卷四七，頁五二五，下。

(68) 《撫州曹山本寂禪師語錄》卷上；引見《大正藏》卷四七，頁五三六，下～五三七，上。

　　從這段說明當中可以粗略的理解：「正位」即是佛教的最高真理
──第一義諦中的「空」，而「偏位」則是世間的常識──世俗諦中的
「色」或「有」。而且，從禪宗的觀點來說，「自性能生萬法」、「自性
能含萬法」、「萬法在諸人性中」、「萬法盡在自心」、「萬法從自性生」、
「諸法在自性中」❻，因此，「正位」不但代表第一義的「空」理，而
且還代表能生起外在之萬法的「自性」或「自心」。而「自性」或「自
心」是本性清淨的，亦即合於「空」理的。就這種意義來說，「空」理
和「自性」或「自心」，其實只是名詞上的差異而已，並無本質上的區
別❼。其次，依照禪宗的哲理來說，所謂的「偏位」不但是指相對於
「空」理的「色」或「有」，而且還指由「空」或「自性」、「自心」所
生起的一切現象界中的萬事萬物。在這種意義之下，「空」或「自性」、
「自心」是一種能生萬法的形上實體，不只是一種抽象的道理。

　　曹山本寂的解說當中還說：「正中偏」是「背理就事」。那是迷於
統一之正理，而偏執差別之事相的一種錯誤見解或行為。如果就修行
的過程來說，那是指初悟「正」理，而無法活用這一「正」理，以致
有所「偏」差的階位。但是，如果就「自性」生起萬法的過程來說，
則是本體界之「自性」受到外在之無明的汙染，並進而流轉為紛擾不
安之現象界的時刻。其次，「偏中正」則正好相反，乃「舍（捨）事入
理」，亦即去除無明，即將證入本性空寂之「自性」當中的階位。其實，
這也正是禪宗所謂「見性成佛道」、「頓見真如本性」❼的前行階位。

---

❻　皆見《六祖大師法寶壇經》；《大正藏》卷四八，頁三四九，上、三五〇、
　　中、三五一，上、三五四，中。

❼　在禪宗的哲理當中，特別是在《六祖壇經》的哲理當中，「自性」或「自
　　心」其實即是一般佛經（例如《楞伽經》）中所說的「佛性」或「如來藏」。
　　（參見楊惠南，〈「壇經」中之「自性」的意含〉，收錄於本書頁一九九～
　　二一七。）

另外，曹山本寂所謂的「兼帶」，即是洞山良价的「兼中至」和「兼中到」。那是指「舍事入理」、「見性成佛道」之後的解脫者，雖然在「諸有」（現象界）中「冥應眾緣」（普渡眾生），卻能夠「不墮諸有」，而達到「非染非淨，非正非偏」的「中道」境界。因此，這是五位當中「最妙最玄」的一位。

曹山本寂的解說當中還說到，「君」、「臣」二字只不過是「正」、「偏」二字的同義語罷了。因此，「臣向君」即是「偏中正」；「君視臣」即是「正中偏」；「君臣道合」，亦即作為本體的「正」和作為現象的「偏」這二者合而為一，即是「兼中至」和「兼中到」等「兼帶語」。

曹山本寂的解說當中，並沒有說到洞山良价所提到的「正中來」❷。也許，那是因為「正中來」明顯地是指由「正」而來的解脫者吧？

曹山本寂的解說，無疑地，是就修行者的階位來區分洞山五位。相信這是洞山正偏五位的原義❸。然而，難以理解的是洞山自己的解

---

❶　《六祖大師法寶壇經》；引見《大正藏》卷四八，頁三五〇，下～三五一，上。

❷　《人天眼目（卷三）‧五位君臣》，曾說：「僧問曹山五位君臣旨訣，山云：『……正中來者，背埋就事。』」（引見《大正藏》卷四八，頁三一三，下）其中「埋」字應是「理」字之誤。如此，正中來和正中偏都同樣是「背理就事」，其中應有矛盾。但是，原注❺卻說，「正中來」的「來」字，在原本中作「偏」。可見這裡的「正中來」乃「正中偏」之誤。

❸　曹山本寂禪師也曾作有五首詩歌，每一首詩歌都附有一個圓相，分別對應洞山的偏正五位。例如，◯對應正中偏；●對應偏中正；◉對應正中來；◯對應兼中至；而●對應兼中到。曹山的這五首詩歌，也和洞山的五首一樣地晦澀難懂。但是，《永覺元賢禪師廣錄》卷二七，曾有詳細的解說（參見《卍續藏》，卷一二五，頁三五七 d～三五八 a）。事實上，《永覺元賢禪師廣錄》卷二七，還曾把洞山的偏正五位，拿來和雲巖曇晟禪師（洞山良价師父）的〈寶鏡三昧〉中的「五位」，互相類比（參見前書，頁三五五 b～三五六 a）。另外，還值得一提的是，曹山本寂還曾經採用《易經》裡

釋。明・永覺元賢禪師，在其《洞山古轍》卷上，〈洞山五位頌注〉當中，有這樣的說明：

(1)「正中偏，就初悟此理時立。理是正，悟是偏。『三更初夜』，黑而不明，表理也。然以『月明前』，顯其黑。是黑顯時，中便有明。亦猶理必由悟而顯；理顯時，中便有悟也。有理可見，則悟迹不除。理尚非真，故雖相逢，而不相識，猶不免有舊日之嫌。」❼由此可見，所謂「正中偏」，是指剛剛悟入禪理時，由於所悟之禪理只是一部分，無法了了分明，也無法利用悟得的禪理，去救渡眾生。這就像「三更初夜月明前」，即使和熟人（比喻人人本有之佛性）見面，也看不清楚一樣，以致雖然「相逢」，卻「不相識」，而有「隱隱猶懷舊日嫌」的缺憾。

(2)「偏中正，就見道後，用功時立。功勳，偏也；所奉之理，正也。『失曉老婆』，表正中之偏。『古鏡』不明，表偏中之正。此位由奉重之力，所見更親於前。但未能親造此理，則所認亦只在影象之間。故曰『迷頭認影』。」引文一開頭的「見道」一詞，是指「見」到（體悟）了禪「道」而言❼。「見道」之後，須要繼續修行，以斷除其他更加微細的煩惱，這即是「修道」，也是引文中所說的「用功」❼。在修道的漫長過程當中，尚未完全

面的大過、中孚、巽、兌、重離等五卦，來說明洞山的偏正五位（參見《撫州曹山本寂禪師語錄》卷下；《大正藏》卷四七，頁五四四，中～下）。

❼ 本段及下面幾段引號中的句子，皆見明・道霈，《永覺元賢禪師廣錄》卷二七；《卍續藏》卷一二五，頁三五六 a～c。

❼ 見道，在小乘是指四果當中的初果——預流果（須陀洹果）；在大乘一般的經論當中，則指初地菩薩的初心；而在禪宗，應該是指所謂的「開悟」，亦即《六祖壇經》當中所說的「見性成佛道」。

❼ 在一般的經論當中，證入「見道」位之後，緊接著是漫長的「修道」位。小乘則有二果（一來果）、三果（不還果）和四果（阿羅漢）等三個階段。

體悟真理的修行者，必須努力設法完全地體悟真理。這就像站在「古鏡」（比喻人人本具的佛性真理）的「失曉老婆」，一定要設法了解古鏡中的影子就是自己，除此之外，「別無真」；千萬不要執迷不悟，以致「迷頭認影」❼。

(3)「正中來一位，即是得法身，亦是正位。前半分是轉功就位，後半分是轉位就功，中間即尊貴位也。『無中』，正位也。『有路』，來偏也。『隔塵埃』者，以其內方轉身，尚未入俗，與塵埃隔也。……此尊貴位不可犯，犯即屬染汙，須回互❼。能回互，則從

大乘也有初地中、後二心以及二地至十地菩薩，乃至成佛的漫長修行時日。另外，一般的經論都說：見道時所斷的煩惱都屬於理智、知識、見解方面的煩惱，亦即「見惑」（見，見解的意思）。修道時所斷的煩惱，則是情感、意志方面的煩惱，亦即「修惑」。知見上的煩惱可以迅速地斷除，所以是「頓斷」。但是，情意上的煩惱，卻必須一分一分地斷除，所以是「漸斷」。

❼ 引文中，「休更迷頭猶認影」一句，指的是：不要把古鏡中的影子誤以為是自己的頭。這似乎和第三句「分明覿面別無真」互相矛盾。其實，整首詩的意旨應該是：透過古鏡中自己的影像，來體悟真正的自己。亦即，透過尚未完全純化的智慧（般若），來體悟絕對的禪理。這是「見道」之後的「修道」者，所必須學習的修行法門。

❼ 「回互」，相互涉入不礙的意思。這裡指的應該是「有語中無語，無語中有語」，亦即善於利用語言文字，說「有」時知其非真「有」，說「無」時知其非真「無」，而使「有」、「無」互相涉入而不相礙的意思。永覺元賢禪師在註解石頭希遷禪師的〈參同契〉時，曾說：「言回互者，謂……互相涉入。」（引見《卍續藏》卷一二五，頁三一二 d）而在註解雲巖禪師的〈寶鏡三昧〉時，也說：「偏、正回互，謂陰陽變易也。」（引見前書，頁三五四 b）可見「回互」一詞是指相互涉入而變化無礙的意思。正中來既然是「得法身」、「正位」，因此無法用言語來描述它；這即是慈明禪師所謂「正位非言說」。（參見《人天眼目》卷三；《大正藏》卷四八，頁三一五，上。）但是，只要善用語言文字，卻也不妨言說。

旁敲顯，有語中無語，無語中有語，故勝斷舌才。據《曹洞宗旨》中載云，隋時有辨士，名李知章，每有辨論，眾皆結舌，故號之為斷舌才。」引文中的「前半分」，是指正中偏和偏中正兩位；而「後半分」則指正中來之後的兼中至和兼中到兩位。前半分是修行的階段，所以是「轉功就位」；後半分，是解脫後普渡眾生的階段，所以是「轉位就功」。而正中來則是解脫位，亦即是佛位；所以引文說是「得法身」、「正位」、「尊貴位」。在這個階位當中，由於剛剛解脫成佛，還沒有開始普渡眾生，因此是「隔塵埃」（塵埃，象徵世間）。雖然「隔塵埃」，彷彿走投無路，而不普渡眾生，實際上卻「無中有路」，有著一條通往「塵埃」的康莊大道。另外，解脫者的境界，原本不是世間的語言文字所能描寫的，也不是一般人的心思所能思慮的，但是，為了普渡眾生，卻也不妨利用語言文字來方便宣說，好讓眾生有所理解。這即是「但能不觸當今諱，也勝前朝斷舌才」兩句詩的意思。

(4)「兼中至，就功、位齊彰時立。正既來偏，偏必兼正。作家相見之際，明暗交參，縱奪互用。不涉一毫擬議，自然不至傷鋒犯手。如火裡蓮花，而卒無所損也。此乃他受用三昧，即是透法身，即是大機大用。」這是解脫後開始普渡眾生的階位，所以稱為「功、位齊彰」、「他受用三昧」、「透（出）法身」、「大機大用」。這一階位的解脫者，是個普渡眾生的行家，稱為「作家」❼⁹。因此，「兼」是指「功」（普渡眾生）與「位」（解脫之

---

❼⁹　作家，乃能手、行家、大機大用者。例如，《景德傳燈錄》卷九，〈天臺平田普岸禪師傳〉，曾說：「有僧到參，（普岸禪）師打一拄杖。其僧近前把住拄杖。師曰：『老僧適來造次！』僧卻打師一拄杖。師曰：『作家！作家！』……」（引見《大正藏》卷五一，頁二六七，上）另外，《佛果圜悟禪師碧

位階）的兼備、兼得而言。此時，所謂「正」，當然是指解脫之
正位，也可以說是解脫正位所體悟的正理。而所謂「偏」，則指
從解脫正位（偏離）出來，而從事普渡眾生之事功；亦即以方
便（偏）的手法，向眾生宣說正理。這時，解脫者雖然是以「偏」
的方法來宣說正理，但卻能夠「明暗交參、縱奪互用」、「不涉
一毫擬議」，乃至「不至傷鋒犯手」。

(5)「兼中到，就功位俱隱時立。前兼中至，雖偏、正交至，猶有
偏、正之迹。此則無跡可見，故曰『不落有、無』。蓋是造化之
極，及盡今時，還源合本，故曰『折合還歸炭裡坐』。如佛說究
竟涅槃義，乃自受用三昧也。」無疑地，這是解脫者離開世間，
證入無餘涅槃的階位。所以稱為「功位俱隱」、「還源合本」。那
是一種不落於「有」，也不落於「無」的絕對狀態；也是解脫者
自己享用的甚深禪定工夫，所以稱為「不落有、無」，乃至稱為
「自受用三昧」。

　　總之，曹洞宗習慣應用詩歌、圖案（圓相），甚至說理等親切綿密
的方法❽，來教導弟子們有關「偏正五位」等禪理。相對於和它同樣
盛行於宋、明兩朝的臨濟宗來說，這一「宗風」確實是少見的。

㈥臨濟宗下的黃龍派和楊岐派

　　以上所說是中國禪宗的「五家」。入宋以後，臨濟宗又分裂為黃龍
和楊岐兩派。因此，加上前面的「五家」，即成「七宗」。

___

　　　巖錄》卷一，也說：「趙州是作家……此是大手宗師……。」（引見《大正
　　　藏》卷四八，頁一四一，下）
❽　除了洞山良价的例子（詳本文）之外，另外一個明顯的例子是：曹山本寂
　　曾以五個圓相和五首詩歌，來說明洞山的偏正五位。並以《易經》的五個
　　卦，來輔助解。（參見注❼）

　　黃龍派的創始人是黃龍慧南禪師（1002–1069 年），他繼承了臨濟宗嚴厲、粗暴的宗風。《指月錄（卷二五）・隆興府黃龍慧南禪師傳》，即說：「（黃龍慧南禪）師風度凝遠，叢林中有終身未嘗見其破顏者。」❽ 而黃龍慧南的再傳弟子——清涼慧洪（洪覺範），也曾經這樣地描述黃龍慧南的宗風：「門風壁立，佛祖喪氣！」❽

　　有關黃龍慧南的記載當中，最令人難以理解的是「（黃龍）三關」。日本・東曉所編輯的《黃龍慧南禪師語錄續補》，曾這樣地記錄了「三關」：

　　　　（黃龍慧南禪）師室中常問僧：「出家所以？鄉關來歷？」復扣云：「人人盡有生緣處；那箇是上座生緣處？」又復當機問答，正馳鋒辯，卻復垂腳云：「我腳何似驢腳？」三十餘年示此三問，往往學者多不湊機；叢林目為三關。❽

　　引文中，「三關」的次序似乎是：⑴生緣何處？⑵我手何似佛手？⑶我腳何似驢腳？但是，從其他的文獻看來，「黃龍三關」的次序應該是：⑴我手何似佛手？⑵我腳何似驢腳？⑶生緣何處？例如，《人天眼目（卷二）・黃龍三關》，對於這三關，即有不太一樣的記載：

　　　　（慧）南禪師問隆慶閑禪師云：「人人有箇生緣；上座生緣在什麼處？」閑云：「早晨喫白粥，至晚又覺饑。」又問：「我手何似佛手？」閑云：「月下弄琵琶。」又問：「我腳何似驢腳？」閑云：「鷺鷥立雪非同色。」黃龍每以此三轉語垂問學者，多不契其旨。而南州居士潘興嗣延之，常問其故。龍云：「已過關者掉臂徑去，

❽　引見《卍續藏》卷一四三，頁二八二 d。

❽　引見前書，頁二八一 c。

❽　宋・惠泉集，《黃龍慧南禪師語錄・附：黃龍慧南禪師語錄續補》；引見《大正藏》卷四七，頁六三六，下。

安知有關吏？從關吏問可否，此未過關者。」復自頌云：「我手
何似佛手？禪人直下薦取，不動干戈道出，當處超佛越祖。我
腳驢腳並行，步步踏著無生，會得雲收月皎，方知此道縱橫。
生緣有路人皆委，水母何曾離得蝦？但得日頭東畔出，誰能更
喫趙州茶？」❽

　　引文中說到了幾件重要的事情：⑴黃龍三關是黃龍慧南向他的弟
子隆慶閑所說的；⑵在質問慶閑時，三關的次序和前文所說完全相同；
⑶在「自頌」中，三關的次序改成了：「我手何似佛手？」、「我腳何似
驢腳？」、「生緣何處？」。而最值得注意的是，後代對於黃龍三關的頌文
當中，也都是依照「自頌」中的次序❽。可見黃龍三關的次序，應該
是「自頌」中所顯示的。

　　三關，常常出現在禪宗的典籍當中；它們的名字是：初關、重關
和牢關❽。例如，清・雍正皇帝《御選語錄・序》，即說：

學人初登解脫之門，乍釋業繫之苦，覺山河大地十方虛空，並
皆消殞，不為從上古錐之所瞞，識得現在七尺之軀，不過地水
火風，自然徹底清淨，不挂一絲，是則為初步破參，前後際斷
者。(即初關)破本參後，乃知山者山，河者河，大地者大地，
十方虛空者十方虛空，地水火風者地水火風，乃至無明者無明，
煩惱者煩惱，色聲香味觸法者色聲香味觸法，盡是本分，皆是
菩提，無一物非我身，無一物非我自己，境智融通，色空無礙，

──────────────────
❽　引見《大正藏》卷四八，頁三一〇，中。

❽　參見《人天眼目》卷二；《大正藏》卷四八，頁三一〇，中一三一一，上。

❽　巴壺天，《藝海微瀾》，〈禪宗三關與莊子〉，臺北：廣文書局，1980 年，
　　頁四二～一〇三，即曾收錄並分析了禪籍中有關「三關」的各種說法；請
　　參閱。

獲大自在，常住不動，是則名為透重關，名為大死大活者。透
重關後，家舍即在途中，途中不離家舍，明頭也合，暗頭也合，
寂即是照，照即是寂，行斯住斯，體斯用斯，空斯有斯，古斯
今斯，無生故長生，無滅故長滅，如斯惺惺行履，無明執著，
自然消落，方能踏末後一一關。（即牢關）**❽**

依照巴壼天，〈禪宗三關與莊子〉一文中的說法**❽**，所謂「三關」，
其實即是佛經中所說的空、假、中等三種道理——「三諦」。一個澈底
體悟這三種道理（三諦）的人，即是通過三關考驗的解脫者。初關旨
在體悟「空」理，所以引文中說「山河大地十方虛空，並皆消殞」。重
關旨在詮述「假名」，亦即「（假）有」的道理；因此，引文說「乃知
山者山，河者河……」，又說「色空無礙」等等。而第三「牢關」，則
是體悟不偏於「空」，也不偏於「有」的「中（道）」理。所以引文說
「明頭也合，暗頭也合」、「寂即是照，照即是寂」。

巴壼天所分析的三關，並沒有包括黃龍三關在內。因此，雍正的
三關是否可以含括黃龍三關在內，不無疑問**❽**。事實上，黃龍三關可
能只是單純地向弟子們，問了三個問題，以考驗弟子的程度。這三個
問題是：

(1)佛經（《涅槃經》）說：「眾生皆有佛性」；因此，我們凡夫的手

---

❽　引見巴壼天，《藝海微瀾》，頁四七～四八。

❽　同前，頁四八。

❽　《人天眼目》卷二，曾收錄許多後代禪師對黃龍三關的討論（大都以詩歌
　　體出現）（參見《大正藏》卷四八，頁三一〇，中～三一一，上）。從這些
　　討論當中，並看不出黃龍三關分別對應於空、假、中三諦。另外，宋・無
　　門慧開，《無門關・黃龍三關條》，也以一首詩歌討論了黃龍三關，同樣也
　　看不出是三諦的意思（參見前書，頁二九九，中）。可見巴壼天所引雍正
　　對於三關的解釋，只是其中一個可能的解釋而已。

（包括身心）和佛的手（身心），並沒有兩樣；為什麼？

(2)既然佛經中說「眾生皆有佛性」、「人人本來是佛」，那麼，為什麼我們凡夫仍然處於痛苦的世間，而佛卻住在清淨的樂土，以致凡夫的腳和佛的腳有所不相同呢？

(3)佛經（《楞伽經》）說：萬法都由佛性（如來藏）所生起；因此，佛性是我們每個人的「生緣」（生起的條件）。既然這樣，你（弟子）的「生緣」（即佛性）在哪裡？

在這三關當中，第一關所要質問的是：既然佛經中說「眾生皆有佛性」，那麼，一個未解脫的我和一個已經解脫的佛，二者之間到底有什麼區別呢？而第二關所要質問的則是：既然未解脫的我和已解脫的佛之間沒有區別，那麼，為什麼我會淪落於苦難的世間呢？至於第三關所要質問的問題則是：「生」命的「緣」由到底是什麼？無疑地，這是三個問題當中最為根本，因此，也最為首要的問題。筆者以為，這是為什麼黃龍慧南，一見到來訪的弟子，開頭就提出來質問的原因。而在質問當中，舉凡「出家所以？」、「鄉關來歷？」等等看似屬於現實人間、但實際上卻顯然別有所指的問題，全部包括在質問的範圍之內。「生（命的）緣（由）」，固然可以看做是「為什麼出家？」、「俗家住在哪裡？」等等現實人間的問題，但也可以是指自己生命的活水源頭——「佛性」或「如來藏」 ❿。這樣看來，所謂「生緣何處？」這一問題，

---

❿ 事實上，禪師們常把解脫，或解脫時所證得的理體，比喻為「家」或「家鄉」。例如，有名的〈廓庵和尚十牛圖頌〉，即把修行的過程分成十個階段，每一階段都以牧童牧牛的某一動作，作為比喻。例如，第六階段名叫「騎牛歸家」。並且附有下面的這首詩頌：「騎牛迤邐欲還家，羌笛聲聲送晚霞；一拍一歌無限意，知音何必鼓唇牙！」（宋・慈遠，〈住鼎州梁山廓庵和尚十牛圖頌并序〉；引見《卍續藏》卷一一三，頁四六〇 a）另外，普明禪師也作有〈十牛圖頌〉，其中第五階段的「馴服」是這樣的：「綠楊陰下古溪邊，放去收來得自然；日暮碧雲芳草地，牧童歸去不須牽。」（明・胡文煥，

其實所要質問的是：「什麼是你自己本有的佛性?」

　　總之，臨濟宗下的黃龍派，以「門風壁立」、「風度凝遠」為其特色。(詳見前文) 無疑地，這是繼承了臨濟義玄禪師粗暴嚴厲之禪風的緣故。特別是「黃龍三關」，確實巔深難解。清涼慧洪 (洪覺範) 即曾以感嘆的口吻說：「而今人誣其 (黃龍慧南) 家風，但是平實商量，可笑也!」❶ 足見黃龍派的禪法，確實有其「不平實」、「不可商量」之處。

　　入宋以後的臨濟宗，除了分裂出黃龍派之外，還分裂出與之並存，但禪風略有不同的楊岐派。楊岐派的開創者是楊岐方會禪師 (992-1046 或 1049 年)，相對於黃龍派的粗暴嚴厲，楊岐方會的禪風，顯得溫和許多。有關這點，可以從下面的這段引文看出來：

> 問：「師 (指楊岐方會) 唱誰家曲? 宗風嗣阿誰?」師云：「有馬騎馬，無馬步行。」進云：「少年長老，足有機籌!」師云：「念爾年老，放爾三十棒!」❷

　　引文中，有人問到楊岐派的「家曲」、「宗風」到底是什麼? 楊岐

　　〈新刻禪宗十牛圖〉；引見《卍續藏》卷一一三，頁四六一 c) 可見普明禪師也是把開悟解脫，比喻為「牧童歸去」。另一個例子是，龍牙山居遁證空禪師的一首修道詩：「學道如鑽火，逢煙未可休，直待金星現，歸家始到頭!」(《指月錄》卷二八，〈潭州龍牙山居遁證空禪師傳〉；引見《卍續藏》卷一四三，頁二〇四 c) 其中，龍牙禪師也把開悟解脫，比喻為「歸家」。可見，在禪師們的用語裡，「家」或「家鄉」，常常用來象徵開悟解脫者的心境，或其所證入的理體。這一理體，在禪宗，無疑地，即是人人本有的「佛性」。正因為佛性是人人本有，禪師們才會把它比喻為「家」或「家鄉」。

❶ 《指月錄》卷二五，〈隆興府黃龍慧南禪師傳〉；引見《卍續藏》卷一四三，頁二八一 c。

❷ 《楊岐方會和尚語錄》；引見《大正藏》卷四七，頁六四〇，下。

方會的回答是：「有馬騎馬，無馬步行。」無疑地，這兩句話，乃是下面這一句話的「禪機化」而已：能以迅速悟入的真實語，度化來參的弟子，那麼，就以真實語度化；但是，如果無法採用真實語來度化，那就改採漸進的方便法門來度化吧！而問者是個年老的和尚，「少年長老，足有機籌」不過是他的一句讚美詞罷了。值得注意的是，楊岐方會在最後所說的話：「放爾三十棒！」他並沒有真的以棒子打人，只是口中說說而已。這是楊岐派溫文儒雅的一面，不同於黃龍派的粗暴嚴峻。

楊岐方會除了溫文儒雅之外，另一個特色是善用動作來表達禪境，特別是善用拄杖。下面就是一個例子：

> 上堂，拈拄杖，卓一卓，喝一喝，云：「爾還肯嗎？爾若肯，心肝五臟頭目髓腦，一時屬老僧。爾若不肯，心肝五臟頭目髓腦，一時分付！」擲下拄杖，便下座。❾❸

最後，還值得一提的是，黃龍慧南的禪法，是前人禪法的集大成，因此顯得龐雜：這點可以從他的《語錄》一再引用前人的話語看出來❾❹。相反地，楊岐方會的禪法，則表現出提綱挈領的特色；這也可以從他的《語錄》得到證明❾❺。清涼慧洪（洪覺範）即曾以二者的這一不同特色，說明兩派興衰的原因：

> 洪覺範曰：「臨濟七傳而得石霜圓，圓之子一為積翠南（即黃龍

---

❾❸ 引見前書，頁六四三，中。

❾❹ 現存《黃龍慧南禪師語錄》當中，黃龍慧南所提到的前人有：藥山、雲門、黃蘗、南院、永嘉、龐蘊、大珠、趙州、德山、五祖戒等禪師（參見《大正藏》卷四七，頁六二九，下～六四〇，上）。

❾❺ 參見《楊岐方會和尚語錄》；《大正藏》卷四七，頁六四〇，上～六四八，下。

慧南）**96**，一為楊岐會。南之施設，如坐四達之衢，聚珍怪百
物而鬻之，遺簪墮珥，隨所探焉。駁駁末流，冒其氏者，未可
一二數也。會乃如玉人之治，璠玉與砥砆廢矣！故其子孫皆光
明照人，克世其家。蓋碧落碑無贗本也。」**97**

　　引文中說到黃龍慧南的「施設」，就像「四達之衢（街道），聚珍
怪百物而鬻（販賣）之」，以致珍貴的東西丟得滿地都是，所謂「遺簪
墮珥（耳飾），隨所探焉」。這意味著黃龍派的禪法，吸取了當時各家
禪法的特色，成為一個龐雜的體系。但是，也由於黃龍派的這一龐雜
的特色，使得黃龍派的禪法變得艱深難解。因此，真修實煉之徒難尋，
僅僅學得一點皮毛的「駁駁（草本）末流」，卻到處都是。另一片面，
楊岐方會則像是個彫琢「璠璵（美玉）」的「玉人」，去蕪存菁，把那
些含有雜質的「砥砆」（似玉之石頭）全都鑿除，只剩下美麗的「璠璵」。
這意味著楊岐派的禪法簡單明瞭，容易理解。因此，楊岐方會的弟子
們，個個都是「光明照人，克世其家」。其中原因，當然是由於他的禪
法容易修習，以致他的弟子們個個都是真修實煉之人。這就像唐高祖
為他母親房太妃所立的「碧落碑」，不可能有「贗本」（仿冒品）一樣，
楊岐派的弟子們也不可能有假冒的禪者。

　　從以上的說明可以看出，臨濟義玄之後，臨濟宗分裂為黃龍、楊
岐兩派。由於這兩派的領導者，在個人性格上稍有不同，因此反映在
禪風上，也有大異其趣的情形產生。

　　其實，這種情形並不是只發生在臨濟下的黃龍、楊岐兩派。事實
上，六祖惠能後的整個禪宗，之所以分裂為「五家七宗」，思想上的分

96　這是因為黃龍慧南曾住於積翠寺的緣故，所以稱為「積翠南」。

97　《指月錄》卷二五，〈袁州楊岐方會禪師傳〉；引見《卍續藏》卷一四三，
　　頁二八四 b。

歧情形甚少，開宗立派者的個人風格，才是主要的分裂原因❾❽。

（本文原刊於《國立編譯館館刊》21 卷 2 期，1992 年 12 月。）

---

❾❽ 印順，《中國禪宗史》，第九章第二節，曾說到惠能下的洪州宗和石頭宗，
在「性在作用」一語的意義上，有不同之處。前者以為「（心）性」只存
在於「揚眉動目」之中，此外並沒有所謂的「心性」。而後者卻由於受到
道家更深的影響，因此以為「心性」雖然存在於「揚眉動目」等「作用」
之中，但卻超越了這些「作用」。另外，印順還指出，曹洞宗的洞山良价，
是因為參究「無情有（佛）性」而開悟解脫的。但在禪門當中，「無情有
性」的主張，並沒有受到完全的認同。例如，神會、懷海、慧海等人，即
反對這種說法。這些點點滴滴，都在說明：禪宗的分裂，並不全然都是禪
師個人之風格的不同所致，其中也有思想的差異存在。但是，本文旨在說
明：禪宗的分裂為五家七宗，「主要」原因是在禪師個人的風格，而不是
思想上的分歧。

五　看話禪和南宋主戰派之間的交涉

　　北宋‧政和五年（1115 年），屬於女真族的阿骨打（金太祖）稱帝，國號金。北宋‧宣和七年，亦即金‧天會三年、遼‧保大五年（1125 年），遼主天祚為金人所擄，遼亡。從此，宋朝頓失北方屏障，進入了爭戰連年、烽火不息的局面。北宋‧靖康二年，亦即金‧天會五年（1127 年），金兵擄宋‧徽宗、欽宗二帝北去，史稱「靖康之禍」。隨即，康王趙構南渡即位，改元建炎，是為南宋高宗。

　　建炎元年至紹興十一年（1127–1141 年）的十三、四年之間，宋、金一直處在且戰且和的不安定局面。因此，雙方朝廷都有和議的願望❶。然而，由於民族主義的激昂，南宋的大臣和民間之中，卻也出現了主戰的強烈聲音；其代表人物有：文臣趙鼎（1085–1147 年）、胡銓（1102–1180 年），以及武將韓世忠（1089–1151 年）、張俊（1068–1154 年）、岳飛（1103–1141 年）等人。心裡一直主張和議的高宗，於是利用秦檜（1090–1155 年），陸續解除了韓、張、岳三人的兵權，並且指控趙鼎、胡銓等文臣「朋黨」、「謗訕朝政」，乃至採取「右文」、「禁史」等文字獄的方式，排除異己，以達到和議的既定「國策」❷。

---

❶　金國大約是由於無法一時之間消化這麼大的新版圖，因此希望議和。而南宋則有多種理由，使得不得不求取和議：⑴國力不足；⑵諸將專橫而又互不協調；⑶財力不足；⑷高宗畏懼被擄二帝還朝，以致失去皇位。（參見林天蔚，《宋代史事質疑》第五章，臺北：臺灣商務印書館，1987。）

❷　有關秦檜利用「朋黨」、「謗訕朝政」、「右文」、「禁史」等手段，而達到排除異己以施行和議的過程，請參見黃寬重，〈秦檜與文字獄〉；該文口頭發表於 1993 年 3 月，由中華人民共和國杭州大學在杭州舉辦的「岳飛暨宋史國際學術研討會」之上。

　　在這一連串的政治變局當中，和秦檜敵對，主張對金用兵的張浚（1097–1164 年），雖然不是最重要的人物，卻也是一位關鍵性的人物。他和看話禪的倡導人——大慧宗杲禪師（1089–1163 年），同為禪門臨濟宗楊岐派下祖師——圜悟克勤禪師（1062–1135 年）的弟子。因此，他和宗杲之間也時有往來。他的同黨，例如侍郎張九成（無垢居士，1092–1159 年）、參政李邴（李漢老，1085–1146 年）、中書舍人呂本中（呂居仁，1084–1145 年）等人，也都是宗杲的「方外道友」❸或入室弟子。本文試圖透過這些主戰派巨匠和大慧宗杲之間的交往關係，探討看話禪的形成經過及其內涵。

㈠大慧宗杲和政界人士的交往

　　大慧宗杲是一位善於也樂於和政界人士交往的禪師，前面提到的張浚，只是其中一個而已。事實上，當時隸屬於臨濟宗楊岐派下的禪師，似乎都喜歡結交權貴❹；宗杲的師父圜悟克勤，即是一個明顯的

---

❸　「方外道友」一詞，乃宋・道融，《叢林盛事》卷二當中的用語：「近世，張無垢侍郎、李漢老參政、呂居仁學士，皆見妙喜老人（即大慧宗杲），登堂入室，謂之方外道友……。」（引見《卍續藏經》冊一四八，頁三五 c）

❹　阿部肇一，《中國禪宗史の研究》，東京：誠信書房，昭和三八年，第三篇，第十二、十三章，即曾比較分析臨濟宗楊岐派（圜悟克勤、大慧宗杲等人）和曹洞宗（天童正覺禪師）結交權貴的情形。他的結論是：楊岐派比起曹洞宗，要來得善於結交權貴。事實上，《大慧普覺禪師年譜》曾列出一連串在宗杲逝世時，前來悼念的士大夫名單：參政李邴、侍郎曾開、侍郎張九成、吏部郎中蔡樞、給事中江安常、提刑吳偉明、給事中馮檝、中書舍人呂本中、參政劉大中、直寶文閣劉子羽、中書舍人唐文若、御帶黃彥節、兵部郎中孫大雅、編修黃文昌、楞伽居士鄭昂、秦國夫人計氏法真、幻住道人智常、超宗道人普覺、內翰汪藻、參政李光、樞密富直柔、侍郎劉岑、侍郎曾幾、侍郎徐林、樞密樓炤、尚書汪應辰、左丞相湯思退、侍郎方滋、

例子。明‧朱時恩，《居士分燈錄》卷下，即把樞密徐俯、郡王趙令衿、侍郎李彌遜、右僕射兼知樞密院事張浚等人，列入克勤的門下。其中，《居士分燈錄》卷下，〈張浚傳〉，曾說：「張魏公浚，字德遠，南軒（張栻）之父，官右僕射兼知樞密院事，嘗問道於圓悟」❺。

克勤不但和張浚交往，還和曾於北宋徽宗大觀四年（1110 年）入相，並且屬於王安石所領導之「新黨」的張商英（無盡居士，1043–1122年），相交甚篤。《居士分燈錄》卷下，〈張商英傳〉，曾這樣記載這件事情：「圓悟克勤謁之於荊南，劇談《華嚴》旨要。」❻

在楊岐派喜歡結交權貴的風氣之下，大慧宗杲自然也不例外。其

舉李琛、侍郎榮嶷、尚書韓仲通、內都知昭慶軍承宣使董仲永、成州團練使李存約、安慶軍承宣使張去為、開府保信軍節度使曹勛、中書舍人張孝祥、御帶寧遠軍節度使黃仲威、直殿鄧靖、無仕居士袁祖巖。（參見《中華大藏經》二輯二冊，頁一七一九，下。）另外，市川白弦，《大慧》，東京：弘文堂書房，昭和一六年，頁一三八～一三九，曾依據《大慧書》、《大慧語錄》、《大慧普說》、《羅湖野錄》、《雲臥紀譚》、《叢林盛事》等文獻，歸納出大慧宗杲交友的情形：禪人二十八人，道人十一人，居士十一人，通判七人，侍郎、知縣、教授各五人，機宜、提刑、郎中各四人，丞相、寶學、道者、夫人各三人，樞密、舍人、太尉、宣教、令人學士、庵主各二人，參政、大夫、少卿、給事、待制、司理、郡王、內翰、計議、運使、直閣、宗丞、判院、門司、顯謨、司諫、縣尉、祠部、講主、司理、主簿、監務、檢察、提官、舍生、詩人各一人。

❺　詳見《卍續藏經》冊一四七，頁四五八 a。另外，值得一提的是，張浚參見克勤的記載，只出現在上引《居士分燈錄‧張浚傳》當中；其他史書，例如《五燈會元》、《佛祖歷代通載》、《佛祖統紀》、《雲臥紀譚》、《羅湖野錄》、《碧巖錄》等，都未記載。阿部肇一，《中國禪宗史の研究》，頁四四六，曾推測說：張浚和克勤可能是在建炎元年（1127 年），在金山（江蘇鎮江）見面。

❻　引見《卍續藏經》卷一四七，頁四五〇 b。

中，張商英應該是宗杲第一個主動求見，而後影響他一生的政界人物。
宗杲主動求見張商英是在二十八歲（1116 年）；當時，他的啟蒙師父
——隸屬臨濟宗黃龍派的湛堂文準禪師（1061–1115 年）剛逝世不久，
為了禮請張商英撰寫塔銘，宗杲因而主動求見張商英。《大慧普覺禪師
年譜》，曾這樣描寫宗杲求見的原因和經過：

> 政和乙未七月二十二日，洪州寶峰住山準公入滅……建塔於南
> 山之陽。其徒志端、宗杲與同志李彭等，相與議曰：「孰能銘吾
> 師之塔？」彭曰：「無盡張公，於真淨父子有大法緣，吾師行解
> 相應。非張公之文，不足取信後世。眾中有可往見公者乎？彭
> 願錄行狀以獻。」（宗杲禪）師曰：「某甲雖不識公，聞公定風，
> 先行業而後機辨。願請以行！」❼

引文一開頭的「政和乙未」，即政和五年，西元 1115 年。洪州寶
峰住山準公，指的是宗杲的第一位啟蒙師父——臨濟宗黃龍派下的湛
堂文準禪師。志端，是指宗杲的師兄弟——光孝志端；李彭，則是文
準的在家弟子。而真淨，是指文準的師父——真淨克文。雖然沒有直
接證據，證明張商英（無盡居士）曾和真淨克文來往；但是，明·朱
時恩，《居士分燈錄》卷下，〈張商英傳〉，卻說：張商英在和宗杲、宗
杲師父——圜悟克勤二人談論禪法的時候，曾數度提到真淨克文的詩
頌；另外，張商英也曾和克文的弟子——覺範慧洪（1071–1128 年），
談論禪法❽。也許，這就是引文為什麼說張商英和「真淨父子有大法
緣」的原因吧？

依照《居士分燈錄》卷下，〈張商英傳〉、《大慧普覺禪師年譜》等
史籍的記載，宗杲後來之所以前去親近圜悟克勤，也是經由張商英的

---

❼　引見《中華大藏經》二輯二冊，頁一六九二，上～下。

❽　以上皆見《卍續藏經》卷一四七，頁四五〇 b～四五一 a。

推薦❾。然而，張商英逝世於北宋・宣和四年（1122 年），對於大慧宗杲後來主張對金作戰的「主戰派」政治立場，還來不及影響❿。因此，真正影響大慧宗杲之主戰派立場的人物，是以趙鼎及其好友張浚等人所領導的一批人士，包括前面所提到的張九成、李邴、呂本中等宗杲的「方外道友」。其中尤以張九成（無垢居士），對於宗杲的關係最為親密，影響也因而最為明顯。這可以從《宋元學案》,〈橫浦學案〉中的一句話看出來：「先生（張九成）與宗杲為莫逆交。」

　　依照《宋史》卷三七四,〈張九成列傳〉的記載，張九成曾受趙鼎的推薦，因而步步高升，曾任禮部侍郎、刑部侍郎等職。後來，在朝廷熱烈討論是否對金用兵的政治鬥爭之中，張九成由於站在主戰派的趙鼎這邊，因而開罪了一向主和的高宗皇帝和宰相秦檜，而且，常趙鼎被罷黜之後，張九成「因在經筵，言西漢災異事」，以致「（秦）檜甚惡之，謫守邵州」。不久，又因為大慧宗杲一首諷刺秦檜的詩歌，而謫居南安軍，共十四年。《宋史》卷三七四,〈張九成列傳〉曾簡單地記載這一事件：「先是徑山僧宗杲善談禪理，九成時往來其間。檜令司諫詹大方論其與宗杲謗訕朝政，謫居南安軍，凡十四年。」《宋史》的作者還說（卷三七四,〈張九成列傳〉），張九成之所以言論偏激，乃是受了佛教的影響：「九成經學多訓解；然早與學佛者游，故議論多偏。」❶

---

❾　同上，冊一四七，頁四五一 a。又見《中華大藏經》二輯二冊，頁一六九五，下。

❿　一般史家以為，北宋哲宗元祐年間（1086～1093 年），司馬光所領導的舊黨和王安石所領導的新黨之間的政爭，影響了南宋初年主戰派和主和派之間的關係。大概說來，舊黨人都屬於主戰派；相反地，新黨則屬於主和派。張商英屬於新黨；因此，如果他活到南宋初年的話，很可能也是主和派的一員大將。這樣一來，大慧宗杲的主戰派立場，是否會因為張商英而改變，則未可知。

❶　引文中的「九成經學多訓解」一句，是指張九成在儒學方面的研究態度。

　　這一事件發生在南宋高宗紹興十一年（1141 年）四月，大慧宗杲五十三歲時。是年四月，秦檜解除了韓世忠、張俊、岳飛等主戰派三大將的軍權；十月，岳飛下獄；十一月宋、金和議成功；十二月岳飛被殺。其他主戰派人士下監獄、被放逐，自不在話下；張九成只是其中一個而已。《大慧普覺禪師年譜》對這事件有比較詳細的記載：

> 是年（紹興十一年）四月，侍郎張公九成以父卒哭，登山修崇，（宗杲）師因說圜悟謂張徽猷昭遠為鐵刮禪，山僧卻以無垢禪，如神臂弓。遂說偈曰：「神臂弓一發，透過千重甲；子細拈來看，當甚臭皮韈！」次日，侍郎請說法，臺州了因禪客致問，有「神臂弓一發，千重關鎖一時開；吹毛劍一揮，萬劫疑情悉皆破」之語。未幾，遭論列，以張坐議朝廷，除三大帥事，因及徑山主僧應而和之。五月二十五日，准勅九成居家持服，服滿別聽指揮。徑山主僧宗杲追牒，責衡州。❷

　　引文中說到了幾件重要的事情：⑴紹興十一年（1141 年），張九

《宋史》卷三七四，〈張九成列傳〉曾說：「張九成……嘗從楊時學。」《居士分燈錄》卷下，〈張九成傳〉也說：張九成「從龜山楊時學」；而且，「心慕楊文公、呂微仲諸名儒」。另外，張九成也曾和大慧宗杲討論儒家的「格物之旨」（以上皆詳見《卍續藏經》卷一四七，頁四五九 a～b）。《宋史》作者說：張九成「議論多偏」；這似乎不僅限於政論。儒家人士也批評他的儒學偏於佛教。《宋元學案》，〈橫浦學案・全祖望案語〉即說：「龜山弟子以風節光顯者，無如橫浦（張九成）；而駁學亦以橫浦為最。晦翁（朱熹）斥其書，比之洪水猛獸之災，其可畏哉！」可見張九成的「議論多偏」，並不只限於政論；而是旁及儒學。

❷ 引見《中華大藏經》二輯二冊，頁一七〇八，上。另外，宋・曉瑩，《雲臥紀譚》卷下，對於宗杲和了因禪客的對話，有更詳細的記載（參見《卍續藏經》冊一四八，頁二三 d—二四 a）。

成父卒；張九成來到宗杲所居住的徑山（浙江餘杭），為亡父「修崇」。
⑵宗杲藉機為張九成說明：圓悟克勤曾經稱讚張徽猷昭遠（張浚之兄
長，曾任臨川知州❸），為「鐵劉禪」。⑶相對地，宗杲則稱讚張九成
為「神臂弓」，並且宣唱了一首有關「神臂弓」的四句詩偈：「神臂弓
一發……當甚臭皮韈」；第二天，還以另外幾句有關「神臂弓」的話語
（「神臂弓一發……萬劫疑情悉皆破」），回答來自臺州之了因禪客的問
題。⑷由於這首四句詩偈和第二天的對話，有「坐議朝廷」的嫌疑，
因而遭到「論列」。張九成因為「坐議朝廷除三大帥（韓世忠、張俊、
岳飛）事」❹；而徑山主僧——宗杲，則被追回度牒，失去了國家頒
給的出家僧人資格，並且被流放到衡州（湖南長沙）。宋·志磐，《佛
祖統紀》卷四七，也曾簡略地記載這件事情：

---

❸　宋·曉瑩，《雲臥紀譚》卷下，曾說：「……張魏公（張浚）之兄昭遠……。」
　　（引見《卍續藏經》卷一四八，頁二三 d。）可見張昭遠是張浚的兄長。
　　另外，《大慧普覺禪師年譜》曾說：「（宗杲）師責衡州，七月至貶所。時，
　　昭遠知臨川，師以偈戲之曰：『小郡知州說大禪，因官置到氣衝天；常捕
　　劉了勘禪客，誰知不直半分錢！』昭遠亦戲以偈酬師曰：『小菴菴主放憨癡，
　　愛向人前說是非；只因一句臭皮韈，幾乎斷送老頭皮！』」（引見《中華大
　　藏經》二輯二冊，頁一七○八，下。）可見張昭遠曾任臨川（江西）知州。
❹　事實上，這整個事件是南宋高宗和秦檜二人精心策劃的。這可以從下面的
　　三件記載看出來：⑴〈張子韶答中丞伯壽書〉，曾說：張九成在四月十四
　　日登上徑山，十八日下山，而「除帥在月末」。⑵《大慧普覺禪師年譜》
　　在夾注中說：「二十八日除太保韓公世忠、少師張公俊，充樞密使；少保
　　岳公飛充樞密副使。」也就是說，主戰派的三大將韓世忠、張俊和岳飛，
　　都在四月二十八日被解除軍職。⑶宗杲〈答馮給事濟川書〉，曾評論說：
　　「張子韶（即張九成）四月十四日，以父卒哭；十六日請陞座；十八下山。
　　除三大帥卻在四月末。今坐此罪，事體昭明，豈偶然哉！」（以上皆見《大
　　慧普覺禪師年譜》；《中華大藏經》二輯二冊，頁一七○八，上。）

> （紹興）十一年五月，宰相秦檜以徑山宗杲為張九成黨，毀衣
> 牒，竄衡州。……（紹興）十三年，右司諫詹大方奏曰：「頃者
> 鼓倡浮言，張九成實為之首，徑山宗杲從而和之。今宗杲已竄，
> 為之首者豈可不問？」詔張九成南安軍居住。 **⑮**

在這整個有關文字獄的事件當中，圜悟克勤稱讚張徽猷献昭遠為「鐵
剗禪」，而大慧宗杲稱讚張九成為「神臂弓」，乃事件的中心。鐵剗，
譬喻能夠斷除煩惱的利器。鐵剗禪，不過是克勤稱讚張昭遠努力修禪，
有所成就罷了 **⑯**。而神臂弓，依照宋・沈括，《夢溪筆談（十九）・器
用》，乃熙寧元年（1068 年），北宋神宗命令張若水開始製造的一種兵
器，可射二百四十步，又稱鳳凰弓。紹興年間又加以改造，稱為克敵
弓。宗杲以這種屬害的兵器，來譬喻主戰派的健將——張九成；並把
主和派的大臣——秦檜，譬喻為被神臂弓射殺的「臭皮襪」。這自然得
罪了當時正以「朋黨」、「謗訕朝政」、「右文」、「禁史」等文字獄的方
式，來排除異己的秦檜；甚至也得罪了同樣主張和議的高宗皇帝。

㈡大慧宗杲的禪法

大慧宗杲的禪法，在本體論 (Ontology) 的思想面向之上，是「華
嚴禪」；而在方法論的面向之上，則是「看話禪」 **⑰**。不管是本體論或
是方法論，宗杲的禪法都和南宋初年主戰派士大夫之間，有著密切的
關聯。

---

⑮ 引見《大正藏》卷四九，頁四二五，中～下。

⑯ 宗杲曾讚美張昭遠「常攜剗子勘禪客」（詳見注釋⑬）。

⑰ 把宗杲的禪法分為本體論的華嚴禪和方法論的看話禪這兩個面向來探討，
是李開濟〈禪宗生命觀的現代論釋——以大慧宗杲為例〉一文的作法（該
文口頭發表於 1993 年 7 月，臺北：中華民國世界和平教授學會所舉辦的
「宗教與哲學組研討會」之上）。

1. 大慧宗杲與《華嚴經》

在本體論的思想面向之上，宗杲的禪法是華嚴禪；這點可以從下面幾個事實得到證明：(1)宗杲的師父——圜悟克勤，曾和張商英討論過「《華嚴》旨要」(詳前文)；也就是說，宗杲的「華嚴禪」乃直接繼承了克勤的禪法。(2)《大慧普覺禪師年譜》當中，曾多次提到宗杲和《華嚴經》之間的關係，而且和他的家人有關：

> (宗杲)師嘗謂侍者道先了德曰：「吾家因我生之後，家道日微。及十歲，忽罹回祿，一夕蕩盡。父母以余命破祖業，親族間以『善財』呼之。余雖心知其戲，實未審何等語。後因閱《華嚴經》，至〈入法界品〉，不覺失笑耳。」[⑩]

另外，當宗杲三十六歲時，曾「贖清涼《華嚴疏鈔》一部，齎之天寧」[⑲]。其中，「清涼」是指唐朝華嚴宗的高僧——清涼澄觀(738–839年)；而「天寧」則指浙江天寧寺。其次，當宗杲四十歲居住在江蘇虎丘時，曾閱讀《華嚴經》而有所悟入[⑳]。五十八歲時，有一位名叫解空居士的侍郎——劉季高，手寫《華嚴經》一部，獻給了宗杲；並且禮請宗杲「為眾普說，發明奧旨」。而宗杲則「以衣盂建閣於花藥寺之方丈」，並且「以所施《(華嚴)經》奉安其上」[㉑]。六十一歲時，「跋周子充手書《華嚴經》」[㉒]。而在七十五歲，也就是南宋孝宗隆興元年(1163年)三月，「聞王師凱旋……出衣盂，命闔山清眾閱《華嚴經》

---

⑱　引見《中華大藏經》二輯二冊，頁一六八九，上。

⑲　同上，頁一六九六，下。

⑳　同上，頁一六九八，下。

㉑　同上，頁一七一〇，上。

㉒　同上，頁一七一一，上。

七百餘部，用祝兩宮聖壽，保國康民」❷❸。

　　事實上，宗杲不但在形式上和《華嚴經》甚至華嚴宗具有密切的關係，而且在思想上也和《華嚴經》具有實質上的關係。《大慧普覺禪師語錄》卷六，即曾記錄宗杲再住徑山能仁禪院時❷❹，傳法的生動過程：

> 復有僧出，（宗杲）師云：「問話且止！縱饒問處如百川競注，答處似巨海吞流，直得維摩結舌、鷲子無言。於本分事上，了無交涉。且道本分事上，合作麼生提持？」乃舉拂子云：「還見麼？」又擊禪床云：「還聞麼？聞見分明是箇甚麼？當今聖主於此得之。以妙明心印，印十方華藏世界海，只在一塵中。於一塵中，垂衣治化，演出無量無邊廣大如虛空不可思議殊勝功德，利益法界一切有情。所謂聖壽廣大如虛空不可思議，聖量廣大如虛空不可思議，聖德廣大如虛空不可思議，聖學廣大如虛空不可思議，乃至聖智、聖慧、聖慈、聖聰皆悉廣大如虛空不可思議……。」❷❺

　　在這段引文當中，我們看到再次受到高宗皇帝青睞，而進住徑山的宗杲，以滿懷感恩的心情，教導他的弟子。一開頭，宗杲阻止想要

---

❷❸ 同上，頁一七一八，下。

❷❹ 依照《釋氏稽古略》卷四的記載，宗杲在紹興七年（1137年），「詔住徑山」。十一年（1141年）五月，「為張九成上堂言『神臂弓』，朝廷毀其衣牒，竄衡州」。二十一年（1151年）十一月，「移梅州」；不久又「詔復形服，蒙恩北歸」。同年十二月，「詔住明州阿育王山廣利禪寺」。二十八年（1158年），「詔再住徑山」（以上皆見《大正藏》卷四九，頁八九一，中）。因此，宗杲是在1158年，七十高齡時，再住徑山能仁禪院；離1141年「竄衡州」，已經過了十六、七年。

❷❺ 引見《大正藏》卷四七，頁八三三，下。

提出問題的弟子問話。宗杲阻止弟子提出問題的理由是：禪宗的真理
──「本分事」，無法用語言文字來加以表達；這就像《維摩經》裡的
維摩居士「結舌」──不回答文殊菩薩的問題一樣，也像鶖子（舍利
弗）「無言」一樣。但是，「本分事」的禪宗真理，卻分明真實存在著；
因此，緊接著，宗杲以「舉拂了」、「擊禪床」等「身體語言」，來表達
（所謂「提持」）禪宗真理的真實性。然後還說：當今的「聖主」（高
宗皇帝），「於此（禪宗真理）得之」！

　　這種禪宗的真理──「本分事」，是什麼呢？宗杲最後說：那即是
稱為「妙明心印」的心體。這一「（美）妙」、「（光）明」的心體，可
以把廣大無邊的「十方華藏世界海」，印入「一塵中」。更奇妙的是，
在這一粒含攝著十方華藏世界海的灰塵當中，「妙明心印」還可以「演
出……殊勝功德」，來「利益法界一切有情」。

　　值得注意的是，在這裡，宗杲採用了許多《華嚴經》裡的用語；
例如「華藏世界海」、「法界」、「印入」、「一塵」等。可見宗杲深深受
到《華嚴經》的影響。《華嚴經》所強調的是一多相即、大小含容、遠
近互攝等時間和空間的無礙思想；這樣的思想，也同樣出現在宗杲的
語錄當中，例如，《大慧普覺禪師語錄》卷二一，即說：

> 我以妙明不滅不生，合如來藏。而如來藏唯妙覺明，圓照法界。
> 是故於中一為無量，無量為一；小中現大，大中現小；不動道
> 場，遍十方界；身含十方無盡虛空；於一毛端，現寶王剎；坐
> 微塵裡，轉大法輪。❷⁶

　　總之，宗杲在本體論的思想上面，提倡「華嚴禪」。以為人人都有
一顆本性美妙、光明的「妙明心印」（又稱「如來藏」）；不管是時間或
是空間，都無法阻礙這顆心體，去展現（所謂「演出」）普度眾生的無

---

❷⁶　同上，頁九〇一，中。

量功德。而禪，就是一種可以開發這顆心體的方法。

宗杲所提倡的這種「華嚴禪」，對於和他交往的士大夫，必然具有某種程度的影響。《居士分燈錄》卷下，〈張九成傳〉，即曾記載，張九成因為依照《華嚴經》所說的方法，供養「緇流」（出家僧人），以致有所感應：「因取《華嚴》善知識日供其二回食，以飯緇流；又嘗供十六大天。而諸供茶盃（盃茶？），悉變為乳。」❷⁷可見宗杲的「華嚴禪」，確實有形無形地影響著和他交往的士大夫。

2.大慧宗杲的「看話禪」

如前所述，大慧宗杲以為，禪是一種可以開發「妙明心印」（如來藏）的方法。基本上，這是禪宗各派所共同承認的說法。問題是：什麼樣的禪，才能有效地開發這顆心體？大慧宗杲以為：看話禪！有關這點，可以從下面這段宗杲指示妙淨居士的話看出來：

> 行、住、坐、臥，造次顛沛，不可忘了妙淨明心之義。妄念起時，不必用力排遣，只舉：僧問趙州：「狗子還有佛性也無？」州云：「無！」舉來舉去，和這舉話底亦不見有。只這知不見有底，亦不見有。然後，此語亦無所受。驀地，於無所受處，不覺失聲大笑。一巡時，便是歸家穩坐處也。❷⁸

引文一開頭，宗杲叮嚀妙淨居士，「不可忘了妙淨明心之義」。「妙淨明心」，無疑地，即是前面所說的「妙明心印」或「如來藏」；那是一種帶有《華嚴經》之思想內涵的心體。

然而，「不可忘了」這顆心體的方法是什麼呢？宗杲以為：必須參

---

❷⁷ 引見《卍續藏經》卷一四七，頁四五九 b-c。

❷⁸ 《大慧普覺禪師語錄》卷二一，〈示妙淨居士〉；引見《大正藏》卷四七，頁九〇一，上。

究「狗子無佛性」這則「公案」；這是趙州從諗禪師所留給後代的一則
「公案」❷。也就是說，當一個參禪者，在參究「狗子無佛性」的「無」
字公案時，必須參究到主客雙泯、人（舉話底）法（「無」字公案）俱
忘的境界；亦即，必須參究到：「舉話底亦不見有」、「知不見有底，亦
不見有」（這是主體之「人」的泯忘），乃至「此語（指『無』字公案）
亦無所受」（這是客體之「法」的泯忘）。這時，即是開悟解脫（歸家
穩坐處）的時候，也是「妙淨明心」顯現出來的時候。

　　在這段引文當中，我們看到了宗杲禪法的特色：參究「狗子無佛
性」的「無」字公案。這種禪法，後人稱為「看話禪」❸。下面這段
引文，相信可以讓我們更加清楚什麼是「看話禪」：

　　一日問謙：「徑山和尚尋常如何為人?」謙云：「和尚只教人看『狗
　　子無佛性』話……。只是不得卜語，不得思量，不得向舉起處
　　會，不得去開口處承當。『狗子還有佛性也無?』『無!』只恁麼
　　教人看。」……謙云：「和尚尋常道：『要辦此事，須是輟去看經、

❷　有關趙州從諗禪師的「無」字公案，《五燈會元》卷四，〈趙州觀音院從諗
　　禪師傳〉，曾這樣記載：「問：『狗子還有佛性也無?』（趙州）師曰：『無!』
　　曰：『上至諸佛，下至螻蟻，皆有佛性；狗子為甚麼卻無?』師曰：『為伊
　　有業識在。』」（引見《卍續藏經》卷一三八，頁六六 b）
❸　「看話禪」一詞中的「看」，是觀察、看守、盯住不放的意思；而「話」
　　字，則指「（狗子）無（佛性）」這一句「話」（語詞）。在宗杲的看話禪中，
　　「無」這一句「話」，可以用其他的「話」來代替；最常代替的「話」是
　　「竹篦子」話。禪宗認為，宇宙中的萬事萬物，都由「如來藏」（妙明心
　　印）這一源頭而來；包括「無」、「竹篦子」這些「話」。而且，修禪的目
　　的即在開發這一萬物的源頭——如來藏。也就是說，參究「無」、「竹篦子」
　　等等「話」（公案）的目的，乃在開發這些「話」的源頭——如來藏。因
　　此，參究這些「話」的目的，乃在參究這些「話」的源頭——如來藏；所
　　以又稱為「參（究）話頭」。

> 禮佛、誦咒之類。且息心參究，莫使工夫間斷。若一向執著看
> 經、禮佛，希求功德，便是障道。」」 ❸

　　引文中的「謙」，應該是指宗杲的弟子密庵道謙（開善道謙），而
「徑山和尚」則是宗杲（宗杲曾二度住徑山）。引文還說，宗杲只教導
弟子們參究「狗子無佛性」這樣的一句「話頭」❸。當一個修禪的弟
子，正在參究這句「話頭」時，必須「不得下語」乃至「輟去看經、
禮佛、誦咒」這類「希求功德」而又有礙專心參究「話頭」的雜務。
而所謂「參究」話頭，即是在「（狗子為什麼）無（佛性?）」這句話上
起「疑情」（懷疑心）。但是，疑情並不是做理性的思考或引經據典式
地探究；只是把疑情放在「（狗子）無（佛性）」這個話頭上而已❸。
所以，《大慧普覺禪師語錄》卷二八，說：

> 千疑萬疑，只是一疑。話頭上疑破，則千疑萬疑一時破。話頭
> 不破，則且就上面與之厮崖。若棄了話頭，卻去別文字上起疑，
> 經教上起疑，古人公案上起疑，日用塵勞中起疑，皆是邪魔眷
> 屬。 ❸

---

❸　《大慧普覺禪師語錄》卷一四；引見《大正藏》卷四七，頁八六九，下。

❸　「話頭」一詞，請參見注❸。

❸　蔣義斌，〈大慧宗杲看話禪的疑與信〉（刊於《國際佛學研究》創刊號，臺
　　北：國際佛學研究中心，1991 年 12 月，頁四九～六七），曾說：疑情是
　　宗杲看話禪的重要特色，也是看話禪不可或缺的內涵。並說：這是繼承宋
　　代儒學的懷疑精神（例如：蘇軾疑《尚書》；王安石疑《春秋》；司馬光撰
　　《通鑑》，並不以《春秋》的褒貶為主，並疑《孟子》；歐陽修疑《易》十
　　翼並非孔子所作）。

❸　引見《大正藏》卷四七，頁九三〇，上。

(三)大慧宗杲之禪法特色

從以上的分析，我們可以把大慧宗杲的「華嚴禪」和「看話禪」，歸納為下面的三個重要點：(1)簡單易行；(2)不必荒廢世俗事務；(3)融合儒學。

首先是簡單易行：只要把疑情集中在「無」字公案之上，不管行、住、坐、臥都可參究。也不必看經、禮佛、誦咒。就像淨土宗的信徒，口唸「南無阿彌陀佛」一樣的容易。這對於公務忙碌的達官貴人和士大夫，顯然最適合學習。想來，這也是宗杲之所以能夠廣交高官和士大夫的原因吧？

其次，不必荒廢世俗的事務，是宗杲禪法的第二個特色。當時，和宗杲看話禪同時流行於南宋初期的禪法，還有曹洞宗天童正覺禪師（宏智禪師，1091–1157 年）所提倡的「默照禪」。宗杲曾極力批判這種禪法。這種禪法強調必須在淨室當中默然而坐；正覺曾撰有〈默照銘〉，即在推廣一種「默默忘言」、「妙存默處」乃至「靈然獨照」的禪法❸。另外，正覺還撰有短文〈淨樂室銘〉，其中有幾句是：「淨中之樂，默中之照。默照之家，淨樂之室。」❸正覺顯然是在提倡下面這種禪法：在清淨安樂的雅室之中，默默禪坐，並用智慧觀照禪埋。這種禪法不但必須在淨室中才能修習，不但必須安靜地禪坐才能修習，而且有深陷空寂、不問世事的嫌疑。正覺在《宏智禪師廣錄》卷六當中說：「吾家衲子將以超脫生死，須槁身寒念，徹鑒淵底。」又說：「田地穩密處，活計冷湫湫時，便見劫空，無毫髮許作緣累，無絲縷許作障

❸　《宏智禪師廣錄》卷八，〈默照銘〉；引見《大正藏》卷四八，頁一○○，上。

❸　《宏智禪師廣錄》卷八，〈淨樂室銘〉；引見《大正藏》卷四八，頁一○○，中。

翳。」❸這些片段都在說明，正覺的默照禪是一種孤高而又遠離世俗的
禪法。這種禪法，對於一個熱衷權勢而且忙碌的達官貴人和士大夫來
說，顯然並不適合修習。事實上，前文已經論及，隸屬曹洞宗的天童
正覺，比起臨濟宗楊岐派的大慧宗杲來說，乃是一個不善也不喜結交
高官和士大夫的禪師；相信這和他的禪法有關。

　　對於默照禪這樣的禪法，宗杲曾給以極其嚴厲、刻薄的批評。宗
杲指責那是「斷佛慧命」，是「墮在黑山下鬼窟裡」的「默照邪禪」❸。
宗杲以為，不必處在淨室之中，而在紛亂、雜沓的世俗事務之中，同
樣可以修禪。就這點而言，宗杲顯然是一位重視「慧」而輕忽「定」
的禪師❸。《大慧普覺禪師語錄》卷二一，曾舉李文和（李遵勗）、楊
文公（楊億）和張無盡（張商英）三人為例，來說明這點：

> 茶裡、飯裡，喜時、怒時，淨處、穢處，妻兒聚頭處，與賓客
> 相酬酢處，辦公家職事處，了私門婚嫁處，都是第一等做工夫
> 提撕舉覺底時節。昔李文和都尉，在富貴叢中參得禪，大徹大
> 悟。楊文公參得禪時，身居翰苑。張無盡參得禪時，作江西轉
> 運使。只這三大老便是箇不壞世間相而談實相底樣子也！又何
> 曾須要去妻拏、休罷官職、咬菜根，苦形劣志，避喧求靜，然
> 後入枯禪鬼窟裡作妄想，方得悟道來！❹

---

❸　《宏智禪師廣錄》卷六；引見《大正藏》卷四八，頁七六，上；頁七八，
　　上～中。

❸　《大慧普覺禪師語錄》卷一七；引見《大正藏》卷四七，頁八八四，下～
　　八八五，上。

❸　明・袾宏，《禪關進策》，〈徑山大慧杲禪師答問〉，曾這樣評論宗杲的禪法：
　　「（宗杲）師自云：『他人先定而後慧，某甲先慧而後定。』蓋話頭疑破，
　　所謂休去、歇去者，不期然而然矣！」（引見《大正藏》卷四八，頁一○九
　　九，上）可見宗杲自認為是個重「慧」輕「定」的人。

　　事實上，宗杲看話禪和正覺默照禪之間的對立，恐怕還有更加錯綜複雜的原因。其中，值得特別注意的是：曹洞宗和金國之間，一直保持著友好關係。金國熙宗皇統三年（1143 年），「詔海慧大師，於上京宮側，創造大儲慶寺……次年，詔留海慧、清慧二禪師，居大儲慶寺」❹。金世宗大定二年（1162 年），「建大慶壽寺於燕都城北，詔玄冥禪師顗公主之，為開山第一代。勅皇子燕王降香，賜錢二萬緡、沃田二十頃」❷。金章宗明昌四年（1193 年），「詔（曹）洞宗禪派萬松長老，於內殿說法，章宗躬親迎禮」❸。其中，萬松長老即萬松行秀禪師（1165-1246 年），入元後，由於他和元朝宰相耶律楚材（1190-1244年）之間的情誼，使他對於元朝的佛教，具有重大的影響力。其次，海慧、清慧大約是師兄弟。海慧禪師，《大明高僧傳》卷七，〈海慧傳〉雖然一方面說他「學不由師」，但是另一方面又說他「攜錫燕都，遍歷禪寺」❹。筆者不清楚海慧所「遍歷」的「禪寺」，到底屬於哪一個派別，但推測是曹洞宗的寺院。這是因為海慧「攜錫燕都」，而燕都即是北京，那是當時曹洞宗禪師活動的地方❺。另外，宋‧志磐，《佛祖統

---

❹　引見《大正藏》卷四七，頁八九九〇，下～九〇上。另外，《大慧普覺禪師語錄》卷二一，〈示徐提刑濟敦〉，也有類似的說法：「如楊文公、李文和、張無盡三大老，打得透其力，勝我出家兒二十倍！何以故？我出家兒在外打入，士大夫在內打出。在外打入者，其力弱；在內打出者，其力彊。彊者謂所乘處重，而轉處有力；弱者謂所乘處輕，而轉處少力。雖力有彊弱，而所乘則一也。」（引見《大正藏》卷四七，頁九〇〇，上。）

❶　參見明‧覺岸，《釋氏稽古略》卷四；《大正藏》卷四九，頁八九〇，上。

❷　同上，頁八九二。

❸　同上，頁八九七，上。

❹　參見《大正藏》卷五〇，頁九二九，中～下。

❺　阿部肇一，《中國禪宗史的研究》，頁四八七～四八八，曾說：曹洞宗原本是在揚子江沿岸的江西、湖南北部、湖北、安徽南部等地方發展。但是到

紀》卷四七，也曾記載：當金兵攻打天童正覺所住錫的浙江天童山時，正覺竟然自信滿滿地對那些驚慌失措的弟子們說：「虜（金兵）不至此，無用避！」結果，正如正覺所預測的，金兵並沒有攻打天童山。但是，另一方面，金兵卻攻打、燒殺宗杲曾經在六十八歲（1156 年）住持過的浙江阿育王山 ❹。

　　總之，由以上這些點點滴滴，可以證明金國和活動於華北地區的曹洞宗禪師之間，具有友善而又親密的關係。而在政治立場上，金國和曹洞宗人之間的這種關係，多少會影響曹洞宗人對於金國用兵的意見。這樣看來，曹洞宗人天童正覺之所以主張和議，似乎不是偶然的。

　　還值得一提的是，天童正覺的默照禪強調在淨室中禪坐；這和天台宗的「止觀」，有著異曲同工之妙。湊巧的是，主和派的大臣秦檜，也曾和天台宗的僧人討論過天台止觀 ❼。另外，紹興三十二年（1162 年）──宗杲七十四歲時，曾阻止張浚對金用兵，因此似乎也是屬於主和派的史浩（1106–1194 年），也和天台宗的高僧智連等人多所往來 ❽。這些事實，使得阿部肇一在其《中國禪宗史の研究》當中推測

　　了第七代弟子，例如天童正覺的師公──芙蓉道楷（1042～1118 年）等人，不管是出生地或是後來的活動地，卻有移往河南、河北、山東等華北地區的跡象。甚至連活動於明州（浙江）的天童正覺，也出生於北方的隰州（山西）。

❹　參見《大正藏》卷四九，頁四二四，中。

❼　《釋氏稽古略》卷四，曾說：「宋詔臺州東掖山圓智住上天竺，太師秦檜問曰：『止觀一法耶？二法耶？』智曰：『一法也。譬之於水，湛然而清者，止也；可鑒鬚眉者，觀也；水則一耳。……』檜悅首，施錢五萬緡，以建法堂。」（引見《大正藏》卷四九，頁八九二，上）可見秦檜確實和天台宗的高僧圓智，討論過有關天台止觀的事情。

❽　參見蔣義斌，《史浩研究──兼論南宋孝宗朝政局及學術》，臺北：中國文化大學史學研究所，1980 年（碩士論文），頁一一四～一一五，二〇五～

說：天童正覺所代表的曹洞宗，和主和派乃至金國之間，確實存在著友善、親密的關係。這或許也和天童正覺之所以不主張對金用兵有關 ❹ 。

　　事實上，入宋以後，天台宗分裂為山家、山外兩派，互相指責攻擊。山家派固守天台宗的舊傳統；而山外派卻吸收了華嚴宗的思想，來詮釋天台宗的傳統哲理。元・義瑞，〈重刻四明十義書序〉，即曾站在山家派的立場，批評山外派的創始人——慈光晤恩（912–986 年），「兼講華嚴，不深本教（指天台宗），濫用他宗（指華嚴宗）」，以致「今宗（指天台宗）……大壞矣」❺！到了山家派的四明知禮（960–1028 年）和山外派的孤山智圓（976–1022 年）、梵天慶昭（980–1017 年）之間，更是達到了辯論的高潮。南宋後，儘管兩派之間不再有新思想、新歧見的出現，但其分裂的鴻溝仍然無法填平；連帶著，天台宗（山家派）和華嚴宗之間的相互對立，也就成了必然的局面。大慧宗杲的禪法含有極其濃烈的華嚴成分，那是重「慧」輕「定」的禪法；相反地，天童正覺的禪法則和似於天台止觀，那是先「定」後「慧」的禪法。而且，這兩派禪法的背後支持者——張九成、秦檜等人，分別也和華嚴、天台有關。這似乎只是湊巧，卻不得不讓人有所聯想。

　　大慧宗杲禪法的第三個特色是：融合世俗的儒學。無疑地，這也是他廣結儒家人士的自然結果。在他的《語錄》當中，常常出現儒家倫理的文句；例如「上祝吾皇億萬春」、「祝延今上皇帝聖壽無疆」等等 ❺ 。又如「上則有君，下則有臣。父子親其居，尊卑異其位，起教

────────────────

二○六。

❹　參見阿部肇一，《中國禪宗史の研究》，頁四五七。

❺　引見《大正藏》卷四六，頁八三一，上。

❺　參見《大慧普覺禪師語錄》卷六；《大正藏》卷四七，頁八三三，中～八三四，上。

敘其因，然後國分其界，人部其家，各守其位。豈非是法住、法位，世間相常住者耶？」❺❷再如「……忠義孝道乃至治身、治人、安國、安邦之術，無有不在其中者。釋迦老子云：『常在於其中，經行及坐臥。』便是這箇消息也。未有忠於君而不孝於親者，亦未有孝於親而不忠於君者……。」❺❸可見宗杲受到儒家價值觀之影響，非常深重。

　　事實上，大慧宗杲所隸屬的臨濟宗禪師，和當時具有影響力的大儒之間，存在著密切的關係。《居士分燈錄・張九成傳》曾說：張九成「從龜山楊時學」。張九成和宗杲初次見面時，所談論的話題也是儒家的「格物之旨」❺❹。楊時（楊龜山，1053-1135 年）和謝上蔡（謝良佐），同為程顥（程明道，1032-1085 年）、程頤（程伊川，1033-1107年）兩位大儒弟子。但是，楊、謝二人卻都「夾雜異學」❺❺。而所謂的「異學」，即是禪學。《朱子語類》卷一〇一，曾說：胡文定（胡安國，1074-1138 年）所主張的「性」，乃「得之龜山」；「龜山得之東林常總」❺❻。而東林常總（1024-1091 年），則是臨濟宗黃龍派開宗祖師──黃龍慧南（1002-1069 年）的弟子❺❼。黃龍派和楊岐派都源自臨濟宗，二派之間也時有往來。例如，前面說到的張商英，原為黃龍

---

❺❷　同上，卷一八；《大正藏》卷四七，頁八八八，中。

❺❸　同上，卷二四；《大正藏》卷四七，頁九一三，上。

❺❹　參見《卍續藏經》卷一四七，頁四五九 a～b。

❺❺　《宋元學案・龜山學案・全祖望案語》說：「明道喜龜山，伊川喜上蔡；蓋其氣象相似也。……然龜山之夾雜異學，亦不下上蔡。」

❺❻　《朱子語類》卷一〇一，曾詳細說明常總和龜山之間的來往：「總龜山人，與之往來。後主廬山東林，龜山赴省，又往見之。……龜山問：『孟子道性善，說得是否？』總曰：『是。』又問：『性豈可以善惡言？』總曰：『本然之性，不與惡對。』此語流傳自他。」

❺❼　參見《五燈會元》卷一七，〈東林常總傳〉；《卍續藏經》卷一三八，頁三二八 a～b。

派兜率從悅禪師的弟子；但卻和楊岐派的圜悟克勤禪師乃至大慧宗杲之間，有著密切的情誼。楊時的弟子張九成，則是另一個例子。

比起朱熹（1130-1200 年）來說，楊時並不是一位澈底的儒學改革者❺❽；朱熹是楊時的「三傳」弟子❺❾，但卻嚴厲地批判佛教。儘管這樣，朱熹（早年）還是和人慧宗杲及宗杲的弟子——密庵道謙（開善道謙）之間，有著某種程度的往來。《居士分燈錄》卷下，〈朱熹傳〉，即說：

> 朱熹……因聽一尊宿談禪直指本心，遂悟照照靈靈一著。年十八，從劉屏山游；山意其留心舉業，搜之篋中，惟《大慧語錄》一帙而已。熹嘗致書道謙，曰：「向蒙妙喜開示，從前記持文字，心識計較，不得置絲毫許在胸中；但以『狗子話』，時時提撕。願投一語，警所不逮。」❻⓿

❺❽ James T. C. Liu，曾把宋朝的儒學改革者，分成三大流派：⑴只是觀念的充實 (Re-energize Ideals Only)，例如北宋的孫復、司馬光、蘇軾，南宋的楊時；⑵選擇性的革新 (Renovate Selectively)，例如北宋的范仲淹、歐陽修、程頤，南宋的陳亮、陳傅良、葉適、陸九淵；⑶根本的改革 (Improve Fundamentally)，例如北宋的王安石，南宋的朱熹。(Cf. James T. C. Liu, *China Turning Inward: Intellectual-Political Changes in the Early Twelfth Century*, Cambridge (Massachusetts) and London: Council on East Asian Studies, Harvard Univ. Press, 1988, p. 47.)

❺❾ 《宋元學案・龜山學案・黃百家案語》說：「……龜山之後，三傳而有朱子，使此道大光，衣被天下。」而所謂「三傳」，指的是楊龜山傳羅從彥（羅豫章，1072-1135 年），羅從彥傳李侗（李延平，1093-1163 年），李侗傳朱熹。(參見熊琬，《宋代理學與佛學之探討》，臺北：文津出版社，1985，頁一三二～一三三。)

❻⓿ 引見《卍續藏經》卷一四七，頁四六三 c。另外，《朱子語類》卷一〇四，也說：「某年十五、六時，亦嘗留心於此（禪）。一日，在病翁所會一僧，

引文中說到，十八歲時，朱熹的書篋中，「惟《大慧語錄》一帙而已」；又說，朱熹曾寫信給宗杲的弟子──道謙，信中說到自己曾經「蒙妙喜（宗杲）開示」有關「狗子話」（「狗子無佛性」的話頭）。可見激烈闢佛如朱熹者，還是和宗杲、道謙有所往來。這再次說明宗杲，乃至整個臨濟宗人，比起曹洞宗人，喜於也善於結交儒家人士。而其主戰的政治見解，必然也和這些儒者相同。

當時主戰一派之所以強調對金用兵的理由，最主要的是「義理」❻❶，

與之語。其僧只相應和了說，也不說是不是。卻與劉說，某也理會得箇昭昭靈靈底禪。」其次，清・洪去蕪，《朱子年譜》，庚辰年（朱子三十一歲）之下，收錄了李延年寫給友人羅博文的一封書信，信上說：「渠（朱熹）初從謙開善處下工夫來，故皆就裡面體認。」以上這兩段引文當中，第一段的最後一句──「理會得箇昭昭靈靈底禪」，也許就是《居士分燈錄》，〈朱熹傳〉中所謂「遂悟照照靈靈一著」吧？病翁，劉病翁（劉子翬，1101–1147 年），乃朱熹父親臨終咐囑朱熹前往參學的三位老師之一。（另二位是劉勉之、胡憲。）而朱熹在劉病翁家裡見到的禪僧，應該就是《居士分燈錄》，〈朱熹傳〉中所提到的「尊宿」；但到底是誰，已無稽可考。友枝龍太郎，《朱子の思想形成》，東京：春秋社，1979 年，頁四四～四五，以及劉述先，《朱子哲學思想的發展與完成》，臺北：臺灣學生書局，1982 年，頁四一，都說：朱熹在劉病翁家見到的禪僧，即「謙開善」。陳榮捷，《朱子新探索》，臺北：臺灣學生書局，1988 年，頁六四三，似乎也相信了友枝氏的說法。不過，這三人的說法都只是猜測之詞而已。謙開善，乃大慧宗杲的弟子──開善道謙（密庵道謙）。《居士分燈錄》，〈朱熹傳〉起先說朱熹見到「一尊宿」，後來又說「致書道謙」。前面略去姓名，後面卻又指名道姓；如果所指是同一人，顯然有違常理。因此，劉病翁家中的禪僧，不應該是李延年所說的「謙開善」。

❻❶ 林天蔚，《宋代史事質疑》第五章，〈義理與時勢之爭〉，曾把南宋初年主戰派和主和派之間的爭執，分別解釋為「義理」與「時勢」之爭。義理指的是儒家所強調的民族、國家的大道理；而時勢則指當時的國家局勢，無

也就是儒家人士所重視的國家、民族的大道理。紹興十一年（1141 年），宋、金達成了和議，而其和議條件主要有：⑴宋奉表稱臣於金；⑵以淮水中流為界，宋以唐、鄧二州及商、秦之半割於金，並割和尚、方山二原，以大散關為界；⑶每年金主生辰、正旦，宋遣使稱賀；⑷宋歲貢銀、絹二十五萬兩、匹於金，自壬戌年（1142 年）為首 ❷。在這幾個和議條件當中，以儒家人士為主的主戰派人士，最不能忍受的是⑴和⑶；因為它們有損國家、民族的尊嚴，這從儒家的倫理看來，乃無法忍受的事情。《春秋》學者——胡銓（1102-1180 年），曾於紹興八年（1138 年），上疏力排和議之說，可謂這種「義理」說的最佳代表：

> 夫天下者，祖宗之天下也；陛下所居之位，祖宗之位也。奈何以祖宗之天下，為金虜之天下？以祖宗之位，為金虜藩臣之位？陛下一屈膝，則祖宗廟社之靈，盡汙夷狄；祖宗數百年之赤子，盡為左衽；朝廷宰執，盡為陪臣；天下士大夫，皆當裂冠毀冕，變為胡服！……孔子曰：「微管仲，吾其被髮左衽矣！」夫管仲，霸者之佐耳，尚能變左衽之區，而為衣裳之會；秦檜大國之相也，反驅衣冠之俗，而為左衽之鄉。則檜也，不唯陛下之罪人，實管仲之罪人矣！ ❸

可用之兵，無可用之財。事實上，林天尉的這一說法，乃是根據清・趙翼，《廿二史劄記》卷二六的分析而提出來的。該書說：「義理之說與時勢之論，往往不能相符，則有不可全執義理者……自胡銓一疏，以屈己求和為大辱；其議論既愷切動人，其文字又憤激作氣，天下之談義理者，遂群相附和……然試令銓身任國事，能必成恢復之功乎？不能也！」

❷ 參見金毓黻，《宋遼金史》，臺北：臺灣商務印書館，1991 年，四版，頁八〇。

❸ 引見《宋史》卷三七四，〈胡銓列傳〉。

由此可見當時主戰而反對和議的原因之一，乃是基於儒家所重視之民族主義的考量；而這些反對和議的人士，也大都是具有濃烈民族主義信念的儒家人士。大慧宗杲和這些儒家人士多所往來，自然受到他們的影響；他的主戰立場，一點也不會讓人覺得意外。

㈣結　論

禪法是文化的一支，往往受到特定時代中之特定政治、經濟、思想的影響。南宋初年，離「靖康之禍」不久，民族主義在以漢人為中心的南宋朝野之間，如野火一般地燃燒起來。新儒家哲學之所以適時出現，以及後來之所以取代佛教而蓬勃發展，顯然和這種大環境有關。同樣地，大慧宗杲的看話禪，之所以盛極一時，成了後代禪宗的主流，也和這種大環境有關。宗杲所結交的士大夫，是一群具有濃烈民族主義信仰的新儒家人士，以及主戰派的朝廷官僚；因此，他的禪法也就自然具有濃烈的批判性和攻擊性。他以極為嚴厲，甚至刻薄的語詞，攻擊天童正覺的默照禪，想來並不是偶然的。

然而，在批判、攻擊之後，是否有新的思想或新的禪法形成？答案顯然是否定的。由於宗杲所結交的是一群忙碌於政治鬥爭的人物，因此，他所開展出來的看話禪，乃是一種強調不妨礙世俗生活而且簡單易行的禪法。這種禪法的主要特色，是在採取古人所遺留下來的「現成公案」（例如「無」字公案），作為教導弟子們的方便。像這種參究古人現成公案的禪法，和當時流行的淨土宗，口唸「南無阿彌陀佛」，並沒有本質上的差別。淨土宗以一句佛號，試圖阻斷人們紛亂的思緒，以達到「一心不亂」（《阿彌陀經》語）的目的；而看話禪則是以古人的現成公案，試圖杜絕禪者雜沓的念頭，以臻於「明心見性」的禪境。二者手段儘管有異，目的卻是相同。

禪，原本是活潑、自在的。「因緣時節」❻往往是禪師在教導弟子

時，所必須把握的；另外，像「脫羅籠、出窠臼」❻這種出人意表的
教學方法，也往往是禪師們最善於應用的。然而，宗杲的看話禪，把
禪法限定在「現成公案」的參究之上；禪的活潑、自在的特性，完全
喪失殆盡！

　　大慧宗杲因為結合新儒家人士和主戰派官僚，使得他的禪宗似乎
興盛了起來；在他被取消戒牒、被迫流放之前，弟子有一千七百多人❻。
張浚，〈大慧普覺禪師塔銘〉，則說：「道法之盛，冠於一時……凡二千
餘眾。」❻然而這只是表相，禪宗從此失去了它的生命力，而被新儒學
所取代❻。

---

❻　「時節因緣」一詞，大約是由法眼宗的清涼文益禪師（885–958 年）所首
先提出來的。他曾對他的弟子們說：「出家人但隨時及節，便得寒即寒，
熱即熱。欲知佛性義，常觀時節因緣。」（《景德傳燈錄》卷二四；引見《大
正藏》卷五一，頁三九九，中）注重因緣時節，意味著注重不同時空，不
同對象的「因材施教」。因此，「對病施藥」、「相身裁縫」，也成了法眼宗
所重視的教學方法──「家風」。宋‧智昭，《人天眼目》卷四，即說：「法
眼家風，對病施藥，相身裁縫，隨其器量，掃除情解。」（引見《大正藏》
卷四八，頁三二五，上）

❻　「脫羅籠，出窠臼」一句，是《人天眼目》卷二，對於臨濟宗的描述：「臨
濟宗者，大機大用，脫羅籠，出窠臼。虎驟龍奔，星馳電激。轉天關，幹
地軸。負衝天意氣，用格外提持。卷舒、擒縱、殺活自在。」（引見《大正
藏》卷四八，頁三一一，中）

❻　參見《大慧普覺禪師年譜》；《中華大藏經》二輯二冊，頁一七〇六，下。

❻　《大慧普覺禪師語錄》卷六；引見《大正藏》卷四七，頁八三七，上。

❻　有些學者認為，宋代佛教（包括禪宗）由於失去了活力，只一味地強化對
於弟子們的行為和思想上的控制，因此開始走向沒落之路。(Cf. James T.
C. Liu, *China Turning Inward: Intellectual-Political Changes in the Early
Twelfth Century*, pp. 38–39.) 事實上，看話禪在宗杲逝世之後，即開始沒落，
並由倍受宗杲壓迫的虎丘紹隆（宗杲同門師兄弟）一系的禪法所逐漸取代。

　　（本文 1993 年 8 月，口頭發表於：「第十三屆中國學國際學術大會：遼金元時代的學術與文化」，大韓民國・漢城：韓國中國學會主辦。寫作期間，承蒙臺北・臺灣大學哲學系林義正教授、臺北陽明山・文化大學史學系蔣義斌教授、新竹・清華大學歷史研究所張元教授等諸友人的提供資料和提供意見，特此致謝！）

虎丘派後來在日本曾有重大發展。玉村竹二，《五山文學》，東京：至文堂，昭和三〇年，即曾評論說：「大慧派與有勢力的官僚相結合，討好於政治權力，以此作背景，壓制其他的宗派。對此採取對抗態度的虎丘派，因為對抗失力，以致失去發展的地盤。所以，當時東渡日本的拓荒僧，幾乎都屬虎丘派。」

六　看話禪和默照禪的融合之道

　　禪宗，自初唐的惠能（638-713 年）之後，即分裂而成南、北兩宗。惠能逝世後，又數度分裂；到了宋朝，即有所謂的「五家七宗」之多❶。其中，屬於臨濟宗楊岐派之下的大慧宗杲（1089-1163 年），提倡參究「公案」的「看話禪」（詳下文）；另一方面，屬於曹洞宗之下的天童正覺（1091-1157 年），則主張默默靜坐的「默照禪」。由於二人年齡相近，度化徒眾的地域也接近❷，另一方面，師承和信仰、政治等理念卻有著顯著的差異（詳下文），因此彼此之間有極其露骨的批評（特別是大慧宗杲對天童正覺的批評）。本文試圖透過二人之禪法的分析比較，論究其中是否存有可以融合的共通之處？

㈠大慧宗杲筆下所批判的「默照邪禪」

　　大慧宗杲所遺留下來的著作，主要的共有兩種：㈠《大慧普覺禪

---

❶　「五家七宗」即是：曹洞宗、雲門宗、法眼宗、臨濟宗、潙仰宗（以上是「五家」）、黃龍派、楊岐派。其中，黃龍、楊岐二派都是入宋以後才由臨濟宗所分裂而成的。

❷　依照阿部肇一，《中國禪宗史の研究》，東京：誠信書房，昭和三八年，第三篇第十二章第七節的說法，大慧宗杲的主要化區是在浙江和福建；而同書第三篇第十三章第二節則說，天童正覺的化區主要則在浙江。特別是大慧宗杲晚年所居之處是在徑山，而天童正覺所居之處則是天童山，二者都在浙江省境。二人教化之區域重疊，信眾也必有雷同之人；相信也是彼此之間存有嫌隙的原因之一吧？例如，《語錄》卷一七，即曾記載天童正覺的弟子──鄭尚明，前去和大慧宗杲辯論默照禪的「邪」、「正」問題，但卻反而被大慧宗杲所說服的事情（參見《大正藏》卷四七，頁八八五 a）。

師語錄》，三〇卷，下文簡稱《(大慧) 語錄》；㈡《大慧普覺禪師宗門武庫》，一卷，下文簡稱《(宗門) 武庫》。其中，針對天童正覺之「默照禪」而提出批判的，是在《語錄》當中。例如，《語錄》卷一七即說：

> 今時不但禪和子，便是士大夫聰明靈利、博極群書底人，箇箇有兩般病：若不著意，便是忘懷。忘懷，則墮在黑山下鬼窟裡；教中謂之昏沉。著意，則心識紛飛，一念續一念，前念未止，後念相續；教中謂之掉舉。……往往士大夫多是掉舉，而今諸方有一般默照邪禪，見士大夫為勞塵所障，方寸不寧怗，便教他寒灰枯木去，一條白練去，古廟香爐去，冷湫湫地去；將這箇休歇人。……此風往年福建路極盛，妙喜❸紹興初入閩住菴時，便力排之，謂之斷佛慧命，千佛出世不通懺悔！ ❹

大慧宗杲的意思是：由於一般的士大夫「聰明靈利、博極群書」乃至「為勞塵所障」，因此而有「心識紛飛」、「方寸不寧」的「掉舉」現象。而那些「默照邪禪」的提倡者，正好看中了一般士大夫的這種毛病，並進而教導這些士大夫「寒灰枯木去」，乃至「冷湫湫地去」的禪法，要這些士大夫們「休歇」下來。大慧並說，他在紹興年間（1131–1135 年），剛剛來到福建傳法的時候❺，默照禪的風氣仍然很盛。那時，他就開始批判默照禪，認為那是「斷佛慧命」的一種邪禪。

從這段引文看來，大慧宗杲所批判的默照禪，大約有兩點特色：

---

❸ 妙喜，是大慧宗杲所住菴名。目前則是大慧宗杲自稱。依照張浚，〈大慧普覺禪師塔銘〉所說，菴名是由當時的丞相張商英（張無盡）所取的（參見《大慧語錄》卷六末；《大正藏》卷四七，頁八三六 c）。

❹ 引見《大正藏》卷四七，頁八八四 c～八八五 a。

❺ 阿部肇一，《中國禪宗史の研究》第三篇第十二章第七節的研究，大慧宗杲的弟子之中，出生在福建的最多。

㈠默照禪是一種教人「寒灰枯木去」乃至「冷湫湫去」的禪法；㈡默
照禪是教導那些平時忙碌之士大夫如何「休歇」身心的禪法。而大慧
之所以對這種禪法大加撻伐，依照《語錄》的記載看來，至少有兩個
原因：⑴像這種教導士大夫如何「休歇」身心的默照禪，最多只是一
個不究竟、不徹底的禪法，和禪宗「明心見性」的究極目標相去甚遠。
無疑地，這是針對上述所說的第㈡點而提出的批判。⑵像這種「寒灰
枯木去」乃至「冷湫湫去」的默照禪，違反了絕對真理既不是「語」
（可用言語來描述）也不是「默」（不可用言語來描述）的「中道」原
則。下文將先就⑴、⑵這兩點，來加以說明。

　　首先是第⑴點的說明。《語錄》卷二六曾有一段批判默照禪的文字，
可以作為默照禪被大慧宗杲認為不究竟、不徹底之禪法的證明：

> 大凡涉世有餘之士，久膠於塵勞中，忽然得人指令，向靜默處
> 做工夫，乍得胸中無事，便認著以為究竟安樂。殊不知似石壓
> 草，雖暫覺絕消息，奈何根株猶在，寧有證徹寂滅之期！要得
> 真正寂滅現前，必須於熾然生滅之中，驀地一跳跳出，不動一
> 絲毫。便覺長河為酥酪，變大地作黃金，臨機縱奪，殺活自由，
> 利他自利，無施不可。❻

　　引文中，大慧宗杲批評默照禪是一種「似石壓草」、「暫覺絕消息」
的禪法，以致「（煩惱的）根株猶在」，無法「證徹寂滅」的不究竟禪
法。也就是說，在大慧宗杲的眼裡，默照禪是一種利用寧靜的澄神方
法，暫時把內心之煩惱壓伏住的方便禪法。真正徹底的禪法，應該是
「於熾然生滅之中，驀地一跳跳出，不動一絲毫」的禪法。也就是說，
真正的禪法應該可以在「熾然生滅」的日常生活當中，突然開發出來
一種永恆不動（不動一絲毫）但卻自由自在之靈光的禪法。有關這點，

---

❻　引見《大正藏》卷四七，頁九二一 c～九二二 a。

《語錄》卷二〇說得相當清楚：

> 乍得心身寧靜，切須努力，不得便向寧靜處覷根，教中謂之解
> 脫深坑，可畏之處。須教轉轆轆，如水上葫蘆，自由自在，不
> 受拘牽。入靜出穢，不礙不沒。方於衲僧門下，有少親近分。
> 若只抱得不哭孩兒，有甚用處？ ❼

引文中，大慧宗杲說到修禪法的人，不可以「向寧靜處覷根」，應
該畏懼這種向寧靜處覷根的「解脫深坑」。無疑地，這是指默照禪。而
且，大慧又說，真正的禪法應該是像「水上葫蘆」那樣「轉轆轆」地
「自由自在」；也就是說，真禪必須「入靜」和「出穢」都能「不礙不
沒」。他還把禪法比喻為「孩兒」；既是孩兒，就必須是活潑潑的孩兒，
不可以像默照禪那樣，是一個死死板板、「不哭的孩兒」。

什麼是活潑的孩兒──真禪呢？大慧宗杲回答說：「喜時、怒時，
判斷公務時，與賓客相酬酢時，與妻子聚會時，心思善惡時，觸境遇
緣時，皆是噴地一發時節，千萬記取，千萬記取！」❽引文中所謂的「噴
地一發」，是指突然「明心見性」的意思。而要明心見性，大慧宗杲以
為，不必一定要像默照禪那樣地默然而坐；相反地，在日常生活中即
可達到明心見性的目的。大慧宗杲在《語錄》卷二一當中，甚至還舉
了當時幾個有名的官場人物做實例，來證明他這一說法的正確性：

> 茶裡、飯裡，喜時、怒時，淨處、穢處，妻兒聚頭處，與賓客
> 相酬酢處，辦公家職事處，了私門婚嫁處，都是第一等做工夫
> 提撕舉覺底時節。昔李文和都尉，在富貴叢中參得禪，大徹大
> 悟。楊文公參得禪時，身居翰苑。張無盡參得禪時，作江西轉

---

❼ 同上，頁八九五 c。

❽ 《大慧語錄》卷二一；引見《大正藏》卷四七，頁八九九 a。

運使。只這三大老便是箇不壞世間相而談實相底樣子也！又何曾須要去妻孥、休罷官職、咬菜根，苦形劣志，避喧求靜，然後入枯禪鬼窟裡作妄想，方得悟道來！ ❾

　　像大慧宗杲這種真禪必須在日常生活當中才能求得的說法，無疑地會衍生出下面兩種特點：(I)熱衷於和政界人物交往；(II)容納世俗學問，例如儒、道二家的思想。就拿第(I)點來說，王之奇在大慧宗杲逝世後所寫的悼念文中即說：「惟公英明剛果，出於天資，少日從諸大老游，能道前言往行，亹亹可聽。」 ❿ 另外，阿部肇一在其《中國禪宗史の研究》一書當中也曾指出，大慧宗杲和天童正覺之間最重要的不同點之一是：大慧宗杲結交了諸如張九成（張無垢）、李邴（李漢老）、張浚等主張和北方金人作戰之「主戰派」的政壇人物 ⓫。而天童正覺則和（以秦檜為主之）「議和派」的官員多所來往，而且，和大慧宗杲相形之下，算是一個比較專心於禪修的禪師 ⓬。

　　其次，就第(II)點——大慧宗杲容納儒、道二家之世學來說，閣祕在大慧宗杲的悼念文中曾說：「惟師……雖釋其衣，而心實儒。」 ⓭ 羅公旦的悼文也說大慧宗杲的文章乃是「並孔老以為言，混三教而一致。」 ⓮ 羅公旦的話，只要檢閱《大慧語錄》即可得到證明。例如《語錄》卷二二當中，大慧宗杲即曾提出他的儒、佛、道三教「同歸一致」的主張：

---

❾　同上，頁八九九 c～九〇〇 a。

❿　《大慧禪師禪宗雜毒海》卷下；引見《卍續藏經》卷一二一，頁四四 b。

⓫　參見阿部肇一，《中國禪宗史の研究》，頁四六九～四七二。

⓬　同上，頁四八七～四八九。

⓭　《大慧禪師禪宗雜毒海》卷下；引見《卍續藏經》卷一二一，頁四一 a。

⓮　同上，頁四二 a。

士大夫不曾向佛乘中留心者，往往以佛乘為空寂之教。戀著箇皮袋子，聞人說空說寂，則生怕怖。殊不知只這怕怖底心，便是生死根本。佛自有言：「不壞世間相而談實相。」又云：「是法住法位，世間相常住。」《寶藏論》云：「寂兮寥兮，寬兮廓兮。上則有君，下則有臣。父子親其居，尊卑異其位。」以是觀之，吾佛之教密密助揚至尊聖化者亦多矣！又何嘗只談空寂而已？……愚謂三教聖人立教雖異，而其道同歸一致，此萬古不易之義。❶

引文中先是引了三段佛教經論中的話，來證明佛教並不是主張一向空寂的宗教。然後說到佛教和儒、道二家在本質上並沒有什麼不同。像這樣把佛法和儒、道二家之哲學、倫理加以附會的作法，在《語錄》當中比比皆是，這是天童正覺所遺留下之語錄當中所少見的❶。

大慧宗杲反對天童正覺之默照禪，還有更重要的另一個原因：(b)絕對的禪理既不是「語」（可用語言來描述），也不是「默」（不可用語言來描述）；而默照禪違背了這一「中道」的原則。因此大慧宗杲反對默照禪的流行。有關這點，《語錄》卷七曾說：「才涉唇吻，便落言詮；不落言詮，即沉寂默。沉寂默則成誑，滯言詮則成謗。不語、不謗、不默、不誑，須知向上別有一條路子。明眼的知有，只是難近傍。」❶

❶ 引見《大正藏》卷四七，頁九〇六 a～b。

❶ 《大慧語錄》當中處處可見儒、道二家的哲學和倫理，下面是另外一段例子：「學到徹頭處，文亦在其中，武亦在其中；事亦在其中，理亦在其中；忠義孝道乃至治身、治人、安國、安邦之術，無有不在其中者。釋迦老子云：『常在於其中，經行及坐臥。』便是這箇消息也。未有忠於君而不孝於親者，亦未有孝於親而不忠於君者。但聖人所讚者依而行之，聖人所訶者不敢違犯，則於忠於孝、於事於理、治身治人，無不周旋，無不明了。」（《語錄》卷二四；引見《大正藏》卷四七，頁九一三 a）

從這段引文看來，可以肯定大慧宗杲以為絕對的禪理存在於言語和默
然之外；那就是他所謂的「向上別有一路」。《語錄》卷一七還詳細記
載大慧宗杲（妙喜）和默照禪的修習者——鄭尚明（詳前文）之間的
一段對話；從這段對話更可以看出大慧宗杲確實認為絕對的禪理應該
存在於「語」和「默」之外的超越境界，而這正是他之所以批判重「默」
之默照禪的原因。他和鄭尚明的對話是這樣的：

> （大慧宗杲）乃問：「爾曾讀《莊子》麼？」曰：「是何不讀！」
> 妙喜曰：「《莊子》云：『言而足，終日言而盡道；言而不足，終
> 日言而盡物。道物之極，言默不足以載，非言非默，義有所極。』
> 我也不曾看郭象解并諸家注解，只據我杜撰說破爾這默然。豈
> 不見孔夫子一日大驚小怪曰：『參乎！吾道一以貫之！』曾子曰：
> 『唯！』爾措大家，才聞箇唯字，便來這裡惡口，卻云：『這一
> 唯，與天地同根、萬物一體。致君於堯舜之上，成家立國，出
> 將入相，以至啟手足時，不出這一唯，且喜沒交涉。』殊不知這
> 箇道理便是曾子言而足、孔子言而足，其徒不會，卻問曰：『何
> 謂也？』曾子見他理會不得，卻向第二頭答他話，謂：『夫子之
> 道，不可無言。』所以云：『夫子之道，忠恕而已矣！』要之，道
> 與物至極處，不在言語上，不在默然處。言也載不得，默也載
> 不得。公之所說，尚不契莊子意，何況要契釋迦老子、達磨大
> 師意耶！……」❸

在這段冗長的對話當中，大慧為了說服學習默照禪而執著在「默」
之上的鄭尚明，引了《莊子・則陽篇》和《論語》中的兩段話，來證
明「非言非默」的「道物之極」（絕對的禪理），雖然原本是不可用言

---

❶　引見《大正藏》卷四七，頁八三九 b。

❸　同上，頁八八五 a～b。

語來表達的；但是為了達到教化弟子的目的，卻也不妨像曾子那樣，採用言語等退而求其次的方便手段，來詮釋不可言詮的「道物之極」。由此也可以看出，大慧之所以認為一向主張「默」的默照禪，是一「邪」禪的原因了。

　　總之，大慧宗杲一者由於熱衷交遊於當時主張攻打金兵的「主戰派」政要，二者則由於對禪法的體認有別於天童正覺提倡的默照禪，因此對默照禪展開了嚴厲的批判。然而，天童正覺所提倡的默照禪，到底是什麼樣的一種禪法呢？它是不是像大慧宗杲所批判的那樣，是一種「邪禪」呢？另外，大慧宗杲自己所認為的「正」禪又是什麼呢？它和大慧所認為的「邪」禪——默照禪之間，是否相異其表而相同其實呢？這些問題都必須通過對於大慧宗杲之「正」禪的分析，以及天童正覺自己對於默照禪的說法，才能得到公正的答案。因此下文將進一步討論大慧宗杲所提倡的禪法，並進一步從天童正覺的作品當中，分析默照禪的內容。首先是對大慧宗杲所提倡之禪法的分析：

㈡大慧宗杲的「看話禪」

　　大慧宗杲所提倡的禪法，可以從下面這則對話當中略知一二：

> 一日問謙：「徑山和尚尋常如何為人？」謙云：「和尚只教人看狗子無佛性話、竹篦子話。只是不得下語，不得思量，不得向舉起處會，不得去開口處承當。狗子還有佛性也無？無！只恁麼教人看。」……謙云：「和尚尋常道，要辦此事，須是輟去看經、禮佛、誦咒之類。且息心參究，莫使工夫間斷。若一向執著看經、禮佛，希求功德，便是障道。」 ❶❾

　　由以上這段引文可以看出，大慧宗杲的禪法共有兩種：㈠竹篦子

──────────
❶❾　《語錄》卷一四；引見《大正藏》卷四七，頁八六九 c。

話；㈡狗子無佛性話。而且不管是哪一種，都是反對看經、禮佛、唸咒的禪法。因為看經、禮佛、唸咒等一般性的宗教行為，都是「希求功德」；這和「不得下語、不得思量、不得向舉起處會、不得去開口處承當」的禪法，背道而馳。

什麼是「竹篦子話」呢？《語錄》卷一六當中曾有詳細的描述：

> ……妙喜室中常問禪和子：「喚作竹篦則觸，不喚作竹篦則背。不得下語，不得無語，不得思量，不得卜度，不得拂袖便行，一切總不得……。」❷

從這段引文看來，所謂「竹篦子話」其實是以竹篦子作為教學工具，要參禪的弟子們——「禪和子」，透過手上竹篦子的表象，去體悟背後那「不得下語」（不可描述）、「不得無語」（也不是無法描述）、「不得思量」（不可理解）、「不得卜度」（不可想像）之絕對的禪理。因此，不管是把手上的竹篦子稱為「竹篦子」或是不稱為「竹篦子」，都是錯誤的。另外，竹篦子不過是權宜性的教學工具而已，並沒有絕對的必然性。這可以從下面這段引文看出來：

> 爾便奪卻竹篦子，我且許汝奪卻。我喚作拳頭則觸，不喚作拳頭則背。爾又如何奪？更饒爾道箇請和尚放下著，我且放下著。我喚作露柱則觸，不喚作露柱則背。爾又如何奪？我喚作山河大地則觸，不喚作山河大地則背。爾又如何奪？❸

引文中，竹篦子既然可用拳頭、露柱乃至山河大地來取代，可見竹篦子只是一種權宜性的教學工具而已，並無特殊的意義。事實上，把竹篦子換成任何日常生活中的工具都不影響它的本質。問題的關鍵

---

❷　引見《大正藏》卷四七，頁八七九 c。

❸　《語錄》卷一六；引見前書，頁八七九 c。

是在如何由這些具體實物的表象，進而體悟它們背後的禪理。

　　值得注意的是，「竹篦子話」的禪法並不是大慧宗杲自己所創立的。事實上，早在五代時的首山省念禪師（926–993 年）即已採用過這個方法❷。也就是說，大慧宗杲不過是把前人的現成「公案」，用來作為方便教學的工具。這也許就是他的禪法被視為「看話禪」的原因吧？（詳下文）

　　大慧宗杲最常採用的前人現成公案，並不是「竹篦子話」，而是「狗子無佛性話」❷。所謂「狗子無佛性話」，除了可以從前文所引據的那段文字看出端倪之外，還可以從《語錄》卷二一的一段話看出它的詳情：

> 行、住、坐、臥，造次顛沛，不可忘了妙淨明心之義。妄念起時，不必用力排遣，只舉：僧問趙州：「狗子還有佛性也無？」州云：「無！」舉來舉去，和這舉話底亦不見有；只這知不見有底，亦不見有。然後，此語亦無所受。驀地，於無所受處，不覺失聲大笑。一巡時，便是歸家穩坐處也。多言多語，反相鈍置。且截斷葛藤！❷

　　引文中說到幾件事情，是值得我人注意的：㈠大慧宗杲肯定了「妙淨明心」的真實性。而所謂「妙淨明心」，其實就是「佛性」的異名。因此，所謂「狗子無佛性」的這一「話頭」，其實並不是真的否定《涅槃經》裡「眾生皆有佛性」的道理。它別有其他的用意，它的用意無非是想利用這一則公案來達到無所思慮、無所言詮的禪定境界，並進

---

❷　參見《五燈會元》卷一二；《卍續藏經》卷一三八，頁二〇八 b。

❷　依據鄧克銘，《大慧宗杲之禪法》，臺北：中華佛學研究所，1986，頁六三，所說，大慧宗杲開始採用「狗子無佛性話」，大約是在四五～五〇歲之間。

❷　引見《大正藏》卷四七，頁九〇一 a。

而體悟人人本有的「妙淨明心」的真實存在性。㈡修習「狗子無佛性」
這一話頭的方法是：不管任何時候都要記住自己原本就有「妙淨明心」
（佛性）；萬一妄念生起的時候，就把「狗子無佛性」的話頭拿出來擺
在心裡。但是不要刻意地想要把內心的妄念去除掉，也不要去推想「狗
子無佛性」這一話頭的意思到底是什麼，更不要推想能把這一話頭擺
在心裡的人（自己）到底是什麼。㈢「狗子無佛性」的話頭，是趙州
從諗禪師所提出來的❷。也就是說，那是前人的一則現成公案。

　　有關第㈠點，意味著「狗子無佛性」是一則可以隨意更改的方便
公案。事實上，《語錄》卷二四即曾記載了下面這則和「狗子無佛性」
非常相似的話：

> 卻向不可取、不可捨處，覷覷捕看，是有是無？直得無用心處、
> 無開口處，方寸中如一團熱鐵相似時，莫要放卻。只就這裡看
> 箇話頭：僧問雲門：「殺父、殺母，向佛前懺悔；殺佛、殺祖時，
> 卻向甚處懺悔？」雲門云：「露！」若有決定處，但只看箇露字，
> 把思量分別塵勞中事底心，移在露字上。行行坐坐，以此露字
> 提撕。日用應緣處、或喜或怒、或善或惡、侍奉尊長處，盡是
> 提撕時節。驀然不知不覺，向露字上絕卻消息。三教聖人所說
> 之法，不著一一問人，自然頭頭上明，物物上顯矣！❷

　　從上面這段引文看來，除了趙州的「狗子無佛性話」被換成了雲

---

❷　鄧克銘，《大慧宗杲之禪法》，頁六○～六一，曾說：趙州「狗子無佛性」
　　的公案，在早期所編撰之禪籍當中，例如《祖堂集》、《景德傳燈錄》等，
　　都沒有記載；因此可能是後人所妄自加入的。倒是《景德傳燈錄》卷七（《大
　　正藏》卷五一，頁二五五 a）曾錄有一則相似的公案，但它卻是馬祖道一
　　法嗣——惟寬禪師（755～817 年）提出來的。

❷　引見《大正藏》卷四七，頁九一二 a。

門文偃禪師的「露」字話頭之外，其他完全相同。這可見「狗子無佛性」的「無」字公案並不是不可更改的絕對性真理，相反地，它可以改成雲門的「露」字公案，也因此可以改成任何其他形式的公案。

其次，就第㈡點——修習「無」字公案的方法來說，那不過是禪宗所提倡之禪定方法的特點而已；事實上，只要去掉它的外衣，剩下的不過是禪宗，甚至各宗各派所共通的禪法。也就是說，大慧宗杲的禪法，乃是透過「狗子無佛性」這一話頭的全神專注，而試圖達到靜慮之心與靜慮之對象——「妙淨明心」之真理的完全冥合；如此主、客合一即是禪定（禪定原本就是靜慮的意思）。像這樣，主客對立的泯除，或心靈與真理的合一，不管是淨土宗的念誦佛號或是密宗的念誦咒語，乃至默照禪的與默然不可言詮的真理冥合，其實都和大慧宗杲的禪法沒有本質上的差別。

最後，就第㈢點——「狗子無佛性話」是趙州從諗所提出的禪法來說，再次顯示大慧宗杲的禪法，其實只是拾取前人的現成公案，來作為教化工具而已。這正是他的禪法被視為「看話（頭之）禪（法）」的原因。事實上，從《語錄》卷二八當中的一段話，確實可以看出大慧宗杲是一個重視看（觀察）話頭的禪師：

> 千疑萬疑，只是一疑。話頭上疑破，則千疑萬疑一時破。話頭不破，則且就上面與之廝崖。若棄了話頭，卻去別文字上起疑，經教上起疑，古人公案上起疑，日用塵勞中起疑，皆是邪魔眷屬。❷

最後，有關大慧宗杲的禪法還值得一說的是，他雖然反對注重默然而坐的默照禪，但並不是一個完全放棄禪坐的禪師。事實上，《語錄》卷二六曾有一段記錄大慧教導弟子禪坐的方法：

---

❷　同注❷，頁九三〇 a。

要靜坐時，但燒一炷香靜坐。坐時，不得令昏沉，亦不得掉舉。昏沉、掉舉，先聖所訶。靜坐時，才覺此兩種病現，但只舉狗子無佛性話。兩種病，不著用力排遣，當下怗怗地矣！日久月深，才覺省力，便是得力處也。亦不著做靜中工夫，只這便是工夫也。㉘

㈢天童正覺的「默照禪」

要知道大慧宗杲所批判的默照禪的真實面貌，還必須進一步從天童正覺自己所說的禪法來加以考察，才能公正地判定大慧宗杲的批判是否正確。因此下文將從天童正覺所留下的作品當中，來分析默照禪的本質。

天童正覺所留下的作品，主要的有《宏智禪師廣錄》，九卷，又名《天童覺和尚語錄》；下文將簡稱為《(宏智)廣錄》。另一是由《廣錄》摘出有關天童正覺對前人公案之「頌古」，並由後代禪師——萬松行秀評唱的《萬松老人評唱天童覺和尚頌古從容庵錄》，六卷；下文將簡稱為《從容錄》。其中有關默照禪法的介紹，主要記載於《廣錄》當中。特別是《廣錄》卷八，收錄了天童正覺所寫的幾篇短文，例如〈坐禪箴〉、〈本際庵銘〉、〈默照銘〉和〈淨樂室銘〉等，明白地說出默照禪的本質和特色。例如，〈默照銘〉即說：

> 默默忘言，昭昭現前。鑒時廓爾，體處靈然。靈然獨照，照中還妙。……妙存默處，功忘照中。妙存何存，惺惺破昏。默照之道，離微之根。默唯至言，照唯普應。應不墮功，言不涉聽。照中失默，便見侵凌。……默中失照，渾成剩法。默照理圓，蓮開夢覺。……㉙

㉘　同註㉖，頁九二二 b。

　　這段引文說到了下面幾點事情：㈠我人的心性原本是「靈然獨照」的，也就是，我人的心性是一本來就具有大智慧、大光明的精神體。因此，這一精神體，原本就具有照鑒萬物的能力。㈡這一能夠照鑒萬物的精神體，必須在「默默忘言」當中才能被「昭昭現前」地開發出來；這是因為它的本質就是一個默默而不可言詮的精神體。㈢這一精神體的本質雖然是默默忘言，但是這並不意味著它沒有照鑒萬物的能力。也就是說，「默」與「照」必須合一；不可「默中失照」，也不可「照中失默」。

　　有關這三點中的第㈢，乃是「體」（默）與「用」（照）的合一，或「理」（默）與「事」（照）的無礙。這是佛教任何教派，包括禪宗，都共同的說法，並無稀奇之處。因此本文也不想多加討論。然而，對於第㈠和第㈡點，天童正覺的《廣錄》當中，卻一再地強調。首先，就第㈠點來說，《廣錄》卷一即說：「性覺妙明，本覺明妙。與太虛等量，與物情同道。」❸無疑地，這是把本性妙覺（性覺、本覺）的精神體，視為和「太虛等量」與「物情同道」的存在體。卷六則說：「吾家一片田地，清曠瑩明，歷歷自照。虛無緣而靈，寂無思而覺。乃佛祖出沒、化現、誕生、涅槃之本處也。妙哉！人人有之，而不能磨礱明淨，昏昏不覺，為癡覆慧而流也。一念照得破，則超出塵劫，光明清白。」❸無疑地，天童正覺所謂「人人有之」，卻「為癡覆慧而流」的「一片田地」，正是佛經中所說的「佛性」；也是大慧宗杲在前文中所說的「妙淨明心」。而在《廣錄》卷一，當天童正覺向一個道士說法的時候更說：

---

❷　同注❷，卷四八，頁一〇〇 a～b。

❸　同注❷，頁五 b。

❸　同注❷，頁七七 c。

恍恍惚惚，其中有物。杳杳冥冥，其中有精。其中之精則無像，
其中之物則無名。應繁興而常寂，照空劫而獨靈。悟之者剎剎
見佛，證之者塵塵出經。 ❸❷

　　這雖然是模仿《老子》裡的句型而向道士所說的幾句話，但也可
以從中看出天童正覺以為：在萬物的變化、宇宙的運行當中，也就是
他所謂的「繁興」乃至「空劫」的大化流行當中，有一「恍恍惚惚」、
「杳杳冥冥」乃至「常寂」、「獨靈」的「物」、「精」存在；而這一「物」、
「精」卻是「無像」、「無名」的。這一存在體是什麼呢？固然可以理
解為道家式的「道」；但是，天童正覺畢竟是個佛教的禪師，因此，與
其理解為道家式的「道」，不如理解為佛教中的「佛性」或「如來藏」
來得恰當。而且，這一無像、無名的存在體，其實也就是前文大慧宗
杲所說「向上別有一路」的「妙淨明心」。其次，天童正覺所謂「物」、
「精」隱藏在「繁興」乃至「空劫」的大化流行當中，這種說法和大
慧宗杲所謂「妙淨明心」必須透過日常生活中的實際事務（例如忠君、
孝順等）才能體現，並無本質的差異。筆者以為，大慧宗杲和天童正
覺在形上學上的見解並無不一致的地方，他們都肯定有一超越現實事
物的精神體的存在。他們的差異，不是本質的，相反地，只是表面的
或枝末的。也許是在體現這一精神體的方法上，有一些不同的意見：
大慧宗杲以為，這一體現的方法必須是「看話頭」；而天童正覺卻以為，
在靜室當中默默地觀照這一隱藏在萬象當中的精神體，才是體現它的
最好方法。前者注重在行住坐臥當中即可「看話頭」，而後者卻多少偏
向默默的靜坐。

　　天童正覺的禪法偏重默默地靜坐，這是前文所引〈默照銘〉中所
說到的第㈡個特點。有關這一特點，還可以從〈淨樂室銘〉中的幾句

---

❸❷　同注❷❻，頁一〇 c。

話看出來：「淨中之樂，默中之照。默照之家，淨樂之室。居安忘勞，去華取實。」❸ 天童正覺的意思是：在安靜的房間裡默然靜坐，並觀照禪理，是「居安忘勞，去華取實」的最大樂趣。而在《廣錄》卷六當中，也說：「田地穩密處，活計冷湫湫時，便見劫空，無毫髮許作緣累，無絲縿許作障翳。虛極而光，淨圓而耀。歷歷有亙萬古不昏昧底一段事。」❸ 無疑地，這正是前文大慧宗杲所批判偏於靜坐的、「冷湫湫地去」的禪法。這一禪法，更可以從下面這段同樣是《廣錄》卷六的話看出來：

> 吾家衲子，將以超脫生死，須槁身寒念，徹鑒淵底。虛凝圓照，透出四大五蘊，與因緣未和合、根門未成就、胞胎未包裹、情識未流浪時，著得隻眼，何患不了？怎麼了時，祖師鼻孔、衲僧命脈，把定放行，在我有分。所以道，妄息寂自生，寂生知則現，知生寂自滅，了了唯真見。❸

從這段引文（以及前面的幾段引文），無疑地可以看出：所謂默照禪，具有下面幾個重要的特色：㈠它注重在安靜的室內修行；㈡它注重靜坐；㈢它以為把內心的所有雜念泯除掉，並把外在的塵緣斷絕掉，即可澈見我人本有的光明心體而解脫。無疑地，這和大慧宗杲所提倡的「看話禪」確實存在著某種不同。然而，前文已經論及，這種不同只是表面的、枝末的不同，並不是本質上不可化解的差異。筆者以為，這一發現，正好可以替默照禪和看話禪的融合，做一鋪路的工作。

另外還值得一提的是，天童正覺的默照禪固然是一種偏重靜坐的禪法，但這並不意味著它不可以在日常生活中來修行。事實上，《廣錄》

---

❸ 同注❷，頁一〇〇 b。

❸ 同注❷，頁七六 a。

❸ 同注❷，頁七八 a～b。

卷六曾說：「聲色叢中，飄飄超詣，歷歷相投。所以道，山河無隔越，光明處處透。」❸又說：「道人游世應緣，飄飄不羈，如雲成雨，如月隨流，如蘭處幽，如春在物。其為也無心，其應也有準。」❸天童正覺還勸告他的弟子們說：

> 洗得淨潔，磨得精瑩，如秋在水，如月印空。恁麼湛湛明明，更須知有轉身路子。……妙在回途，借路著腳，明中有暗，用處無迹。百草頭、鬧市裡，飄飄揚身，堂堂運步。自然騎聲跨色，超聽越眺。恁麼混成，方是衲僧門下事。❸

由此可見，天童正覺的默照禪，並不是一味地在靜室當中默然而坐；相反地，它也和大慧宗杲的看話禪一樣，可以在「百草頭、鬧市裡」修習。天童正覺甚至還說，如果只是「洗得淨潔，磨得精瑩」，那還不夠，必須了解還有「轉身路子」，不可一味地默然而坐下去，要了解「妙在回途」。也就是說，默照禪的最終目的也和看話禪一樣，必須在聲色常中來修，這樣才能「騎聲跨色，超聽越眺」。無疑地，從這一分析更可以看出：看話禪和默照禪之間，只有枝末的差別，並無本質的不同。

(四)結　論

中國禪，傳說自初祖菩提達摩到五祖弘忍之間，都以四卷本的《楞伽(阿跋多羅寶)經》作為「心印」；但是，自六祖惠能(或五祖弘忍)之後，卻改以《金剛(般若波羅蜜)經》作為「心印」❸。不管這一

---

❸　同注❸，頁七五 c。

❸　同注❸，頁七七 c～七八 a。

❸　同注❸，頁七八 b。

❸　宋・蔣之奇，〈楞伽阿跋多羅寶經序〉曾說：「昔達磨西來，既已傳心印於

傳說的真實性如何，它都意味著中國禪源自印度大乘佛教的兩大思想傳統：《楞伽經》裡的「佛性」或「如來藏」的思想，以及《金剛經》裡「一切皆空」的「般若」思想。其中，尤以《楞伽經》裡的「佛性」或「如來藏」思想，為最重要。因此，只要是中國禪，不管是五家七宗中的哪一個派別，都在教導弟子們如何開發人人本有的「佛性」或「如來藏」。大慧宗杲的看話禪和天童正覺的默照禪，自然也不例外。在大慧宗杲的用語裡，《楞伽經》裡的「佛性」或「如來藏」，被「向上別有一路」的「妙淨明心」等名詞所取代；而在天童正覺的用語裡，「佛性」或「如來藏」則以「一片田地」、「性覺妙明，本覺明妙」等名詞來表達。他們二人儘管用詞不同，但究其內容，並無本質的差異。

因此，大慧宗杲和天童正覺之間的差異，是在體現這一人人本有之「佛性」或「如來藏」的方便上，有了表面或枝末的不同。前者主張「佛性」或「如來藏」的體現，必須在日常生活的行、住、坐、臥當中體現，而其方便則是透過觀察古人的「話頭」，特別是趙州從諗的「狗子無佛性話」（和首山省念的「竹篦子話」）。而天童正覺卻以為，「佛性」或「如來藏」的開發，必須透過淨室中的默然靜坐，把內心的塵緣一併放下，才能體現出來。無疑地，這二人只是表象的不同，而無本質的差異。

更有甚者，即使是這種表象的差異，都有外在的原因存在；而這些外在的原因，卻可以隨著時空的物換星移，而被泯除、解消。這樣一來，甚至連表象的差異都是不存在了。筆者所謂時空的物換星移，

二祖，且云：『吾有《楞伽經》四卷，亦用付汝。既是如來心地要門，令諸眾生開、示、悟、入。』……至五祖，始易以《金剛經》傳授。」（引見《大正藏》卷一六，頁四七九 b）可見，確實有一種傳說，以為自初祖達摩至五祖弘忍之間，以四卷本《楞伽經》作為「心印」，五祖弘忍後才改以《金剛經》作為「心印」。

指的是大慧宗杲和天童正覺二人在政治態度上的不同偏向，可以隨著時代的不同而有所改變。前文已經論及，大慧宗杲熱衷於結交主張攻打金兵的「主戰派」政要；而天童正覺卻相對地避免涉入兩派政要的政治鬥爭當中，如果有所結交，也以主張和金人和平相處的「議和派」政要為結交的對象。筆者以為，這是大慧宗杲之所以排斥天童正覺之默照禪的外在原因。事實上，大慧宗杲因為過分地涉入政爭當中，因此也受到了秦檜等「議和派」政要的壓制和迫害❹。被壓制和迫害的禪師，反應在和他具有相反政治立場的天童正覺之上，是相當可以理解的。天童正覺似乎也頗諒解大慧宗杲的這一心結，因此，當天童正覺臨終前，還寫了一封遺書給大慧宗杲，要求大慧宗杲為他主持「後事」❹。由於史料的欠缺，我人固然無法猜測遺書的詳細內容，但是，除了要求大慧宗杲主持「後事」之外，相信天童正覺還會為自己受到攻擊的默照禪辯解。即使純粹要求主持「後事」，其中諒想含有人亡而爭息的暗示和忠告在內吧？事實上，金人等「異族」的說法，也許在宋朝那種漢族民族主義高漲的時代，具有其種意義。但是，在時空的轉換當中，今日已是主張「五族共和」的時代，再回頭來看漢族中心的民族主義，不但是不合時宜的東西，簡直是一種罪惡了。因此，就外在的原因來說，原本就沒有本質差異的看話禪和默照禪，更失去了互相攻擊的藉口了。

❹ 張浚，〈大慧普覺禪師塔銘〉曾說：「（大慧宗杲）所交皆俊乂，當時名卿如侍郎張公子韶，為莫逆之交。而師亦竟以此遇禍，蓋當軸者恐其議己，惡之也。毀衣焚牒，屏居衡州凡十年，徙梅州……又五年，太上皇帝特恩放還。明年復僧服。」（《語錄》卷六；引見《大正藏》卷四七，頁八三七a）由此可見，大慧宗杲因為涉入政爭太甚，以致被迫失去僧籍，並流放到衡州、梅州等偏遠地區。

❹ 參見《續傳燈錄》卷一七；《大正藏》卷五一，頁五七九c。

其次，像大慧宗杲這樣一個鎮日混跡於政要當中的禪師，自然無法像天童正覺那樣，默然地靜坐於淨室當中；相反地，他必須提倡另外一種可以在紅塵當中修行的禪法；那就是看話禪。而且，由於大慧宗杲所結交的官場政要，並不必然是佛教徒，因此，在他的作品當中染有濃厚的「（儒、釋、道）三教同源」思想，也是可以理解的。大慧宗杲的這些作為，固然都是可以理解的；但是，體現「佛性」的方便，原本就不限於「語」或「默」，這是大慧宗杲自己所承認的，我人也在前文討論過。因此，大慧宗杲透過「語」這一路數的看話禪，固然可以體現佛性；同樣地，天童正覺透過「默」的另一路數，很難說它不可以體現佛性。是以，二人的禪法，無疑地，確實存在著可以融通之道。

總之，由於師承❷、政治背景的不同，使得大慧宗杲和天童正覺之間的禪法，似乎存在著重大的差異，以致大慧宗杲對天童正覺的默照禪，展開嚴厲的批判。但是，這些差異都只存在於表面或枝末的方便之上，而不是二人禪法有什麼本質上的不同。如果大慧宗杲能夠和天童正覺一樣，採取和平的態度，放棄師承的宗派之見，那麼二人的禪法並不是沒有融合的可能。至於二人因為政治上的不同見解，所引發的禪法上的差異，更是屬於枝末而不應作為彼此批評的藉口。如此，默照禪和看話禪的融合之道，就顯得更加樂觀了。

（本文原刊於《1991 年佛學研究論文集》，高雄：佛光出版社，1992 年，頁四二一六一。）

---

❷　大慧宗杲屬於臨濟宗下的楊岐派弟子，而天童正覺則是曹洞宗的門徒。

七 《壇經》中之「自性」的意含

(一)引　論

　　《六祖壇經》(下文簡稱《壇經》) 是代表中國禪宗第六代祖師——惠能 (638-713 年) 之思想的一部經書❶。其中，最主要的哲學概念（之一），無疑的是「自性」❷。這可以從下面的幾個事實看出來：

　　首先，惠能在敦煌本《壇經》當中，自稱他在五祖弘忍處，所聽聞的禪法，正是「頓見真如本性」的禪法；而所謂「真如本性」，正是「自性」的別名。他說：

---

❶　《六祖壇經》的版本很多，本文將採用咸認現存最早的版本——《南宗頓教最上大乘摩訶般若波羅蜜經六祖惠能大師於韶州大梵寺施法壇經》(簡稱敦煌本《壇經》)；並參考元・宗寶所編之《六祖大師法寶壇經》(簡稱宗寶本《壇經》)，以做輔助之用。另外，《壇經》是否像傳說中所了解的，乃是六祖惠能說法的記錄，當代佛學界也有一些爭議。胡適以為《壇經》不全是惠能說法的記錄，而是加入其弟子神會 (682-760 年) 的偽撰 (詳見胡適校，《神會和尚遺集》，臺北：中央研究院胡適紀念館，1968，頁七三～九〇)。但是，印順卻以為《壇經》是惠能說法的記錄，足以代表惠能的思想 (詳見印順，《中國禪宗史》，臺北：慧日講堂，1978，三版，第六章)。本文僅做哲理之陳述、分析，不涉入版本的考據之爭。因此，依據一般的傳說，把《壇經》視為代表惠能思想的著作。

❷　在《壇經》當中，「自性」一詞有時說成本性 (本姓)、本心、佛性 (佛姓)、人性 (人姓)、自法性、真如本性、自心、覺性、真如淨性、淨性，或簡單的一個「性 (姓)」字。(詳見：敦煌本《壇經》；《大正藏》卷四八，頁三三七，上～三四五，中。)

　　　　善知識！我於忍和尚處，一聞言下大悟❸，頓見真如本性。是
　　　　故汝教法流行後代❹。

　　另外，他在元・宗寶本《壇經》當中，更詳細地說到他「頓見真
如本性」的經過：

　　　　（五）祖以袈裟遮圍，不令人見，為（惠能）說《金剛經》。至
　　　　「應無所住而生其心」，惠能言下大悟：一切萬法不離自性。遂
　　　　啟祖言：「何期自性本自清淨，何期自性本不生滅，何期自性本
　　　　自具足，何期自性本無動搖，何期自性能生萬法！」❺

　　由此可見「真如本性」或「自性」，在《壇經》中的重要性。
　　其次，《壇經》中的「自性」，不但是促使六祖惠能開悟的原因，
而且是每一個「學法」的人所必須徹底了解的；它是「學法」者必須
體悟的道理，也是「學法」者是否「成佛」的關鍵。所以，敦煌本《壇
經》說：「不識本心，學法無益；識心見性❻，即吾大意❼。」又說：
「見（弘忍）大師勸道俗但持《金剛經》一卷，即得見性，直了成佛。」❽
其中，第一段引文中的「本心」，即是「自性」的同義語❾。由此，再
一次地證明「自性」是《壇經》當中最重要的哲學概念（之一）。
　　本文試圖透過「自性」一詞的概念分析，來闡釋《壇經》中的其
他哲學概念和相關的思想。我們將會發現，以「自性」一詞為中心的

---

❸　原文錯為「伍」字。

❹　引見《大正藏》卷四八，頁三四〇，下。

❺　同上，頁三四九，上。

❻　原文作「姓」字。

❼　引見《大正藏》卷四八，頁三三八，上。

❽　同上，頁三三七，上。

❾　參見注❷。

一個概念網絡和思想網絡，編織成了《壇經》中特有的宇宙觀和修行法門。

㈡自性與《楞伽經》的關係

「自性」一詞，無疑地，是從《楞伽經》而來的。傳說中，禪宗在六祖惠能之前，以四卷本《楞伽經》——劉宋・求那跋陀羅所譯的《楞伽阿跋多羅寶經》❿為「心印」⓫。到了六祖惠能，才改採《金剛（般若波羅蜜）經》作為「心印」。例如，蔣之奇的〈楞伽阿跋多羅寶經序〉即說：

> 昔達磨西來，既已傳心印於二祖，且云：「吾有《楞伽經》四卷，亦用付汝。即是如來心地要門，令諸眾生開、示、悟、入⋯⋯。」至五祖始易以《金剛經》傳授。⓬

由此可見四卷本《楞伽經》，在早期禪宗史中，扮演了極其重要的角色。六祖惠能（或五祖弘忍）之後，雖然改採《金剛經》作為「心印」，但是，實際上，四卷本《楞伽經》的思想，仍然是禪宗的首要精神⓭。而「自性」一詞的屢屢出現在《壇經》當中，就是其中一個證

---

❿ 《楞伽經》的譯本至少有三種，除了四卷本之外，還有下面兩種：元魏・菩提流支譯的《入楞伽經》（十卷），以及唐・實叉難陀譯的《大乘入楞伽經》（七卷）。它們都收錄在《大正藏》卷一六，頁四八〇～六四〇。

⓫ 「心印」或「印心」，字面的意思是：內心的印契。禪宗在六祖惠能之後，強調師徒之間內心的默契，此即「心印」。而禪宗是佛教的一支，雖然強調不注重語言文字的經教——「不立文字，教外別傳」，但卻和其他佛教的宗派一樣，在師徒之間內心的默契當中，也不得不以經教作為依據——「印（信）」。所以，某些佛經，例如四卷本《楞伽經》，即成為這一依據。而經典的這一依據，也就稱為「心印」了。

⓬ 引見《大正藏》卷一六，頁四七九，中。

據。

　　四卷本《楞伽經》中，說到「自性」的地方，至少有兩處：一是卷一中的「七種性自性」，另一則是同卷的「三自性」。其中，七種性自性是：集性自性、性自性、相性自性、大種性自性、因性自性、緣性自性、成性自性❹。這七種性自性，在唐‧實叉難陀所譯的《大乘入楞伽經》卷一當中，可以找到相對應的譯名及其梵文原名：集自性 (samudaya-svabhāva)、 性 自 性 (bhāva-svabhāva)、 相 自 性 (lakṣaṇa-svabhāva)、大種自性 (mahābhūta-svabhāva)、因自性 (hetu-svabhāva)、緣自性 (pratyaya-svabhāva)、 成自性 (niṣpatti-svabhāva)❺。

　　古來，對這七種「自性」或「性自性」，有兩種截然不同的解釋。例如，寶臣的《注大乘入楞伽經》卷二，就從凡夫之妄心的立場，來解釋這七種自性。因此，集自性就是煩惱，由煩惱而得的苦果就是性自性，苦果的各種形相稱為相自性，構成形相的四大種（地、水、火、

❸　一般以為，《金剛經》等《般若經》，論萬法皆空，不談有一清淨之真心，能生起萬法。但是，像四卷本《楞伽經》之類的經典，屬於如來藏系的經典，主張每一眾生都有一本性清淨的真心——「如來藏」，能生起萬法。而禪宗，不管是六祖惠能之前或之後，都接受了四卷本《楞伽經》的這一「唯心論」的思想（詳下文）。因此，儘管六祖惠能之後傳說以《金剛經》作為心印，但其一貫的《楞伽經》思想，並沒有多大改變。印順，〈禪宗是否真常唯心論〉一文中曾說：「禪宗得自達摩，達摩以『楞伽』印心。《楞伽經》為唯心論——達摩『可惜此經四世而後（指五祖弘忍），變為名相』，並不說禪宗不是楞伽宗義。」〔引見印順，《妙雲集（下編⑺）‧無諍之辯》，臺北：正聞出版社，1987，七版，頁一三七。〕印順的這段話，也可以證明六祖惠能之後，四卷本《楞伽經》，在禪宗當中，並沒有喪失它的影響力。

❹　詳見《大正藏》卷一六，頁四八三，中。

❺　同注❹，頁五九三，下。

風）稱為大種自性，大種之因與緣形成了有形相之苦果即是因自性、緣自性和成自性❶。

依照這一解釋看來，七種自性都是凡夫虛妄之惡法，而不是善法。但是，明・宗泐、如𤦺所共撰的《楞伽阿跋多羅寶經註解》卷一上，卻說：

> 此七種自性名義，或約妄釋，是凡非聖；恐非經意。如下文云：「此是三世如來性自性第一義心。」又曰：「凡夫無性自性。」豈非性義是聖非凡耶？故當約聖釋。❶

這樣看來，「自性」一詞似乎並非「是凡非聖」的惡法，而是「是聖非凡」的善法了。因此，作者更進一步地註解七種自性說：集性自性就是萬善聚集因；由集因而有內在之性與外在之相，這就是性自性與相性自性；大種性自性是指常、樂、我、淨等成佛後的「四大種果」；此「四大種果」有親因和疏緣，即是因性自性和緣性自性；而因緣所成之佛果，則是成性自性❶。

宗泐和如𤦺的註解當中，值得特別注意的是，他們引了兩段四卷本《楞伽經》的經文。其中，第一段的全文是：

> 此（指七種性自性）是過去、未來、現在諸如來應供等正覺性自性第一義心。（原註：此心梵音肝栗大。肝栗大，宋言心。謂如樹木心，非念盧心；念盧心梵音云質多也。）以性自性第一義心，成就如來世間、出世間、出世間上上法❶。

---

❶　同註❶，卷三九，頁四四五，下。

❶　同註❶，頁三五一，上～中。

❶　同註❶，頁三五一，中。

❶　同註❶，卷一六，頁四八三，中。

引文原注中的「肝栗大」應是「汗栗大」之誤❷。而「汗栗大」
的梵文是 hṛd，其意義除了心靈之外，還有（身體之）內部（例如胃腸）
等意思❹。我想，這是原注之所以說到「性自性第一義心」是「如樹
木心」的原因；那是一種隱藏於（身心）內部之堅實的心體。

原注還說，「性自性第一義心」不是「質多」(citta)。質多有注意、
尋找、思慮、反省、想像、推理、回憶、希求等意思❷；大約是指一
般的心理活動。這是原注之所以把「質多」視為「念盧（慮?）心」的
原因。

因此，所謂「性自性第一義心」❷，並不是能推理、分辨，或有
所希求的心理活動，而是泯除一切概念對立的知性內容，極具堅實、
精微（汗栗大）之精神實體。受到四卷本《楞伽經》之深刻影響的《壇
經》，其所論及的「自性」，正是這種意義的「性自性第一義心」❷。

這種意義的「自性」，在四卷本《楞伽經》中還有什麼重要的意含

---

❷ 《大正藏》編者的注釋中說，「肝栗大」一詞在「元本」當中做「汗栗大」
（詳見《大正藏》卷一六，頁四八三，注釋❸）。

❹ Cf. Sir Monier Monier-Williams, *A Sanskrit-English Dictionary*, Delhi:
Motilal Banarsidass, p. 1302b.

❷ *Ibid*., p. 395c.

❷ 在唐譯的《大乘入楞伽經》當中，「性自性第一義心」作「法自性第一義
心」。（詳見《大正藏》卷一六，頁五九三，下。）

❷ 在四卷本《楞伽經》卷一之中，還說到了另外的三種「自性」：妄想自性、
緣起自性和成自性（詳見《大正藏》卷一六，頁四八七，下）。這相當於
唐・玄奘所新譯的遍計所執性、依他起性和圓成實性。其中，前二性就凡
夫之妄心而設立，後一則是：「離名相、事相妄想，聖智所得及自覺聖智，
趣所行境界，是名成自性如來藏心。」《大正藏》卷一六，頁四八七，下）
因此，《壇經》中的「自性」，也可以說是三性當中的「成自性（如來藏心）」；
但卻不能說是三性中的前兩性。

呢？首先，「性自性第一義心」就是「如來藏」的異名。唯一的差別是，前者就解脫的聖者——佛陀來說，而後者則指凡夫的心體而言。因此，「性自性第一義心」是純淨的，而「如來藏」卻是染、淨和合的。

「性自性第一義心」是「如來藏」的異名，可以從四卷《楞伽經》卷一當中所說的另外三種「自性」看出來。這另外三種「自性」是：妄想自性、緣起自性和成自性。其中的前兩種「自性」，乃就凡夫而說，自然不是《壇經》所說的「自性」㉕。而第三種「自性」，四卷本《楞伽經》卷一說：

> 云何成自性？謂離名相、事相妄想㉖，聖智所得及自覺聖智，趣所行境界，是名成自性如來心。㉗

「成自性」無疑地是指斷除了名相與事相等一切妄想之後，所顯發出來的境界；這一境界是解脫者之「聖智」所悟入的理體，經中稱之為「成自性如來藏心」。這可見「性自性第一義心」就是「（成自性）

㉕　詳前注。

㉖　名相與事相，是兩種妄想自性。依四卷本《楞伽經》，一切事物原本都是由如來藏心所幻生，因此沒有真實的本質。這即是三自性中的「緣起自性」。但是，凡夫不能了解這一「緣起自性」，因而在如來藏心所幻生的內、外事物上面計著它們的實有。這即是三自性中的「妄想自性」。而所謂計著內、外事物，有二：(a)誤以為內、外事物的實有；這就是「名相計著相」。(b)誤以為內、外事物之本質（自相）和大小、長短、美醜等性質（共相）的實有；這就是「事相計著相」。所以，經文說：「妄想自性從相生……。緣起自性……顯現事相相。」又說：「計著緣起自性，生妄想自性相。」（詳見《大正藏》卷一六，頁四八六，上～四八七，下）另外，所謂「成自性」，即是在「緣起自性」上面，去掉名相和事相的兩種「妄想自性」，所顯發出來的自由自在、大智大慧、大慈大悲的心靈。

㉗　引見《大正藏》卷一六，頁四八七，下。

如來藏（心）」。這樣意義下的「如來藏」，在四卷本《楞伽經》當中，
還有什麼其他的意含呢？我們發現，它原本是「自性清淨」、「常住不
變」的，具足「三十二相」❷的；但是卻被「（五）陰、（十八）界、
（十二）入垢衣所纏」，也被「貪、欲、恚、癡不實妄想塵勞所汙」，
以致隱藏在「一切眾生身中」。所以，經文卷二說：

> 如來藏自性清淨，轉三十二相，入於一切眾生身中。如大價寶，
> 垢衣所纏；如來之藏常住不變，亦復如是。而陰、界、入垢衣
> 所纏，貪、欲、恚、癡不實妄想塵勞所汙。❷

這樣意義的「如來藏」，具有下面三個意含：⑴它的自性（本質）
清淨，常住不變，具足佛陀的一切功德（以三十二相做代表）；⑵它為
現實的事物（陰、界、入）和煩惱（貪、欲、恚、癡）所束縛，失去
了原有的面目；⑶一切眾生身中都有這一「如來藏」。

另外，四卷本《楞伽經》中的「自性」，亦即「性自性第一義心」
或「如來藏（心）」，還有一個重要的意含，即：幻生山河大地。例如，
經文卷四說：

> 如來之藏是善不善因，能遍興造一切趣生。譬如伎兒，變現諸
> 趣……為無始虛偽惡習所薰，名為識藏。❸

引文說到下面的兩件事情：⑴如來藏能興造一切善趣和惡趣，所
以是「善（趣）、不善（趣）因」；⑵它為無始以來的煩惱（虛偽惡習）
所汙染（薰），所以又名識藏❸。

---

❷　三十二相是佛陀色身上的三十二種特徵，代表解脫者之色身的圓滿無缺。

❷　引見《大正藏》卷一六，頁四八九，上。

❸　同上，頁五一〇，中。

❸　識藏，有時又譯為藏識。在元魏所譯之《入楞伽經》卷七當中，譯為阿梨

　　由以上的分析，我們知道，四卷本《楞伽經》中的「自性」，亦即
「性自性第一義心」或「如來藏（心）」，至少具有下面四個重要的意
含：

　　⑴自性是泯除一切概念對立之堅實、精微的心體；

　　⑵自性的本質是清淨的、永恆不變的；

　　⑶自性隱藏在一切眾生身中，被煩惱所覆蓋；

　　⑷自性是一切事物的生因。

㈢《壇經》中之「自性」的意含

　　《壇經》中的「自性」一詞，仍然保留上述四卷木《楞伽經》之
「自性」（如來藏）的四個意含。例如，就第⑴之「泯除概念對立」而
言，敦煌本《壇經》說：「於一切法不取、不捨，即見姓（性）成佛道。」❷
其中，「不取、不捨」即是泯除一切概念的對立，亦即是「汙栗大」心
而非有「念慮」的「質多」心。而「姓（性）」，即是「自性」的省語❸。

　　耶識；而在唐譯的《大乘入楞伽經》卷二當中，音譯為阿賴耶識，義譯為
　　藏識。顯然，它們都是梵文 ālaya-vijñāna 的譯名。另外，在四卷本《楞伽
　　經》卷四當中，如來藏和藏識（識藏）二詞往往連在一起而成「如來藏識
　　藏」（詳見《大正藏》卷一六，頁五一〇，中～下）。甚至還說：「如來藏
　　名藏識。」（同前書，頁五一二，中）但是，這二者似乎並不完全一樣，因
　　為《入楞伽經》卷七當中曾說：「如來藏識不在阿梨耶識中。」（同前書，
　　頁五五六，下）

❷　引見《大正藏》卷四八，頁三四〇，上。

❸　另外，宗寶本《壇經》，〈行由品〉第一當中，惠能也教導惠明只要「木思
　　善、不思惡」，就能見到自己的「本來面目」（詳見《大正藏》卷四八，頁
　　三四九，中）。其中，「不思善、不思惡」，乃是泯除概念對立的意思；而
　　「本來面目」，不過是「自性」的別名罷了。〔按，「自性」一詞的梵文 svabhāva，
　　原本就有「自己之存在」（being in the self）的意思。(cf. Sir Monier

其次，「自性」在四卷本《楞伽經》的第(2)個意含——自性清淨、常住不變，也同樣出現在《壇經》之中。例如，敦煌本《壇經》說：「世人性本自淨……自姓（性）常清淨。」❸並引《菩薩戒經》說：「《菩薩戒》云：本須自姓（性）清淨。善知識！見自姓（性）自淨，自修自作。」❸可見《壇經》中的「自性」一詞，也和四卷本《楞伽經》一樣，是「自性清淨」的。也正因為這樣，所以每一眾生的「自性」之中，本具無量的德性。這是敦煌本《壇經》之所以宣說「菩提般若之知，世人本自有之」❸乃至「我心自有佛」❸的原因。

「自性」一詞在四卷本《楞伽經》中的第(3)個意含是：「自性」隱藏在一切眾生的身心當中，而被煩惱所覆蓋。這一意含的「自性」，我們也可以在《壇經》當中找到。例如，敦煌本《壇經》說：「人姓（性）本淨，為妄念故蓋覆真如。離妄念，本姓（性）淨。」❸又說：「世人性淨，猶如清天……妄念浮雲，蓋覆自姓（性），不能明。」❸由此可見《壇經》中的「自性」一詞，也和四卷本《楞伽經》一樣，不但人人本有，而且都為煩惱所覆蓋。

自性在四卷本《楞伽經》的第(4)個主要意含是：幻生山河大地。這在《壇經》當中，也有相似的說法。敦煌本《壇經》說：「萬法在自姓（性）」、「一切法盡在自姓（性）」、「於自姓（性）中萬法皆見」、「一切法自在姓（性）」❹。經文甚至更清楚地說：

Monier-Williams, *A Sanskrit-English Dictionary*, p. 1276a.）〕

❸ 引見《大正藏》卷四八，頁三三九，上。

❸ 同注❸。

❸ 同注❸，頁三三八，中。

❸ 同注❸，頁三四四，下。

❸ 同注❸，頁三三八，下。

❸ 同注❸，頁三三九，上。

❹ 同注❸。

　　心量廣大，猶如虛空……能含日、月、星辰、大地山河、一切
　　草木。惡人、善人、惡法、善法、天堂、地獄，盡在空中。世
　　人性空亦復如是。性含萬法，是大。萬法盡在自姓（性）。❹

　　敦煌本《壇經》甚至還有一段經文，具體而微地述說萬物由「自
性」生起的過程；無疑地，這是來自於四卷本《楞伽經》的思想。敦
煌本《壇經》說：

　　自性含萬法，名為含藏識。思量即轉識，生六識，出六門、六
　　塵。是三六十八，由自性邪，起十八邪含。自性十八正含。惡
　　用即眾生，善用即佛。用油（由）何等？油（由）自性。❹

　　經文中說到，由於「自性」含藏善邪、正等十八種萬法，因此，
「自性」稱為「含藏識」。這十八種萬法是：眼識、耳識、鼻識、舌識、
身識、意識的「六識」；眼根、耳根、鼻根、舌根、身根、意根的「六
門」（六根）；以及色、聲、香、味、觸、法的「六塵」。在佛法中，這
六識、六根和六塵稱為「三科」，乃一切事物的分類。
　　含藏了十八種萬法的「自性」，並不會主動生起萬法。也就是說，
十八種萬法原本以潛在的勢力，寄存在「自性」之中，並沒有顯現出
它們具體的面貌。但是，卻由於我人的「思量」，觸動了「自性」中的
十八種萬法的潛在勢力，以致使這一靜止的狀態被打破，而成「轉
識」❹，生起了十八種具體的萬法。由此可見，《壇經》中的「自性」

---

❹　同注❸，頁三三九，下。

❹　同注❸，頁三四三，中。

❹　「轉識」一詞來自於四卷本《楞伽經》卷一：「轉識、藏識真相若異者，
　　藏識非因；若不異者，轉識滅，藏識亦應滅。而自真相實不滅。是故，大
　　慧！非自真相識滅，但業相滅。若自真相滅者，藏識則滅。大慧！藏識滅
　　者，不異外道斷見論議。」（引見《大正藏》卷一六，頁四八三，中）原來，

一詞，確實和四卷本《楞伽經》中的「自性」一樣，具有生起萬法的特徵。

以上四點「自性」的意含，固然是《壇經》的重要思想，但是，卻由於它們都是四卷本《楞伽經》中所本有的主張，以致並沒有什麼新義。下面所要指出的幾個意含，才是《壇經》中對於「自性」一詞，所賦給的新義。

首先是「自性」與「無念」、「無相」和「無住」之間的關係。前文說過，《壇經》中的「自性」，是生起萬法的原因。這固然包含了外在世間中的「日、月、星辰、大地、山、河、一切草木」，但也包含我人內在的心念──六識。因此，內在心念的本質──「真相」，是「自性」或其同義語──「真如」❹。而心念，成了「自性」，亦即「真如」

_____

四卷本《楞伽經》卷一當中，說到了三種心體──真識、現識和分別事識。真識即如來藏或「性自性第一義心」，現識即藏識（阿梨耶識）中的一部分（相分），而分別事識則是眼、耳、鼻、舌、身、意等六識。其中，真、現二識是不滅的，只有分別事識才會消滅。其次，四卷本《楞伽經》卷一又說：「諸識有三種相，謂轉相、業相、真相。」其中，「轉相」(pravṛtti-lakṣaṇa)是顯現、產生、生起之特徵的意思，指的是諸識皆由如來藏所生起的意思。因此，轉相乃是如來藏（真識）或與之不可分割的阿梨耶識（現識），所轉變而生起的前六識（分別事識）。其次，「業相」(karma-lakṣaṇa)是作為、行動之特徵的意思。諸識的產生都由過去心的作為──「業」所引起，所以諸識都有「業相」（而業力貯存在阿梨耶識之中，所以，印順的《大乘起信論講記》，臺北：慧日講堂，1972，重版，頁一七七，說：「《楞伽經》中的業相，為賴耶識有虛妄熏習的種子。」）這樣看來，業相乃特指阿梨耶識當中所貯存的業力──種子而言。）最後，「真相」(jāti-lakṣaṇa)中的「真」(jāti)，原本是生起、產生的意思，但卻引申為存在的形式 (the form of existence)、種類的特徵、事物的真實狀態等的意思。所以，「真相」是指諸識的真實本質而言。而諸識的真實本質是什麼呢？無疑地，那是自性清淨、常住不變的如來藏或性自性第一義心。

所顯發（轉變）出來的功用了。所以，敦煌本《壇經》說：

> 真如是念之體，念是真如之用。姓（性）起念，雖即見聞覺之（知），不染萬鏡（境），而常自在。❹

這意味著心念的本性清淨，乃至在「見聞覺知」當中，也能保持「自在」，不被它所想要認識之外在境界汙染。也就是說，在《壇經》中，不但生起心念的「自性」是本性清淨的，而且，由「自性」所轉變出來的心念，儘管有善、惡之分，但也是本性清淨的。「自性」是超越一般經驗的「超驗心」(transcendental mind)❹，而心念則是一般經驗中的心理活動（即前文所說的「質多」心）。前者可以是本性清淨的，但後者卻應該是善、惡交雜才對；但是，《壇經》卻說一般經驗中的心念，也是本性清淨的。

從「自性」的這一新義，推衍出《壇經》，甚至惠能後的整個「南禪」❹的重要修行法門。而在《壇經》，這一修行法門即是「無念」、

---

❹ 真如 (tathatā) 一詞的原義是事物的真實狀態。但是，由於四卷本《楞伽經》以為萬法都由「自性」（如來藏）所生，因此，萬法的真實狀態──「真如」，即是「自性」。所以，「真如」成了「自性」的同義語，以致有「真如本性」的用語。

❹ 引見《大藏經》卷四八，頁三三八，下。

❹ 「自性」是超越一般經驗的「超驗心」，可以從它是「汗栗大」而非「質多」看出來。也可以從四卷本《楞伽經》卷一當中的幾句經文看出來：「如是微細藏識究竟邊際，除諸如來及住地菩薩，諸聲聞、緣覺、外道修行所得二昧智慧之力，一切不能測量覺了。」（引見《大藏經》卷一六，頁四八四，上。）

❹ 「南禪」乃相對於神秀之「北禪」而言。敦煌本《壇經》曾說明這兩個名詞的來源：「且（但）秀禪師於南荊府堂陽縣玉泉寺住時修行，惠能大師於韶州城東三十五里漕溪山住。法即一宗，人有南、北，因此便立南、北。」

「無相」和「無住」。無疑地，這是《壇經》中最重要的思想（之一）；因為敦煌本《壇經》曾說：「我自法門，從上已來，頓、漸皆立無念為宗，無相無體、無住無為本。」❹這是晦澀難解的經句，但在宗寶本《壇經‧定慧第四》則清楚地說成：「我此法門，從上以來，先立無念為宗，無相為體，無住為本。」❹可見「無念」、「無相」和「無住」三者，無疑地是《壇經》中最重要的思想（之一）。

《壇經》中的「自性」，能夠生起內在的心念和外在的萬相；這在前文已經論及。其次，前文也曾說過，由本性清淨之「自性」所轉變出來的心念，也是本性清淨的。同樣的情形，萬相既然也由「自性」所生，那麼，萬相也應該和心念一樣地本性清淨才對。有關這點，《壇經》並沒有說到；但在惠能後的後代南禪門人之中，卻不乏有這一思想的禪師❺。

內在的心念與外在的萬相，既然是本性清淨的，因此，就不應該去斷絕它們，逃避它們，或否定它們。相反地，只要不去執著它們即可。所謂不執著它們，意味著兩點：⑴承認念與相的現實存在性，它們不可能斷絕或否定掉；⑵不在已經存在的念與相上面，做任何主觀的考察和縱容。前者是不消極地逃避它們，後者則是不積極地助長它們。所以，敦煌本《壇經》說：「何明（名）為相？無相於相而離相。無念者，於念而不念。」❺而宗寶本《壇經》說得更清楚：「無相者，

（引見《大藏經》卷四八，頁三四二，上～中）

❹ 引見《大藏經》卷四八，頁三三八，下。

❹ 同上，頁三五三，上。

❺ 後代南禪的禪師當中，屢屢有人提倡「觸目菩提」、「觸目會道」者，以為一切萬類當中皆有大道的存在。而洞山良价更因為參悟「無情說法」而解脫（詳見《景德傳燈錄》卷一五；《大正藏》卷五一，頁三二一，中～下）。可見，外在的萬相——「無情」，也是本性清淨的這一說法，是後代禪師所屢屢論及的。

於相而離相。無念者，於念而無念。」❺我們應該特別注意其中的「於相」和「於念」，因為它們意味著肯定心念與萬相的現實存在性。相傳惠能因為聽聞《金剛經》中的一句經文而開悟❺；這句經文是：「應無所住而生其心。」這句經文固然勸人消極地「無所住」，卻也積極地肯定心念的現實存在性──「生其心」。所以，敦煌本《壇經》說：

> 何名無念？無念法者，見一切法，不著一切法；遍一切處，不著一切處。常淨自性，使六賊從六門中走出。於六塵中不離、不染，來去自由，即是般若三昧，自在解脫，名無念行。莫百物不思；當令念絕，即是法傳（縛），即名邊見。❺

引文中雖然消極地說到「不著」（一切法、一切處）、「不染」等否定詞，但也積極地說到了「見一切法」、「遍一切處」、「不離」（六塵）等肯定詞；甚至警告我們：「莫百物不思」❺，乃至「念絕」就是「法縛」、「邊見」。可見，《壇經》並不像佛教的其他宗派一樣，醜化心念的罪惡性質，或強調「打得念頭死」；相反地，《壇經》正面地肯定心念的現實存在性，雖然不縱容它，但也不壓抑它。筆者以為，這是為什麼較晚編撰成書的宗寶本《壇經》，之所以會有下面這首偈頌的原因：

> 惠能沒伎倆，不斷百思想；
> 對境心數起，菩提作麼長！❺

---

❺ 引見《大正藏》卷四八，頁三三八，下。

❺ 同上，頁三五三，上。

❺ 詳見宗寶本《壇經》；《大正藏》卷四八，頁三四九，上。

❺ 引見《大正藏》卷四八，頁三四〇，下。

❺ 《大正藏》原注，「莫」字作「若」（詳見《大正藏》卷四八，頁三四〇，注釋❶）。此時，「若百物不思」一語，應與下文相結合，才能成為完整的句子。

筆者還以為，惠能後的南禪，之所以提出「平常心是道」的修行
法門❺，也和這一「自性」的新義有關。總之，由於內在的心念與外
在的萬相，都由本淨的「自性」所生，因此，心念與萬相也是本性清
淨的。既然是本性清淨的，就不必去壓抑或助長它們。而就不去助長

❺ 引見《大正藏》卷四八，頁三五八，中。這一偈頌，傳說是惠能針對北宗
　臥輪禪師之偈頌而發的。臥輪的偈頌說：「臥輪有技倆，能斷百思想；對
　境心不起，菩提日日長！」（同前書，頁三五八，上。）從偈頌的第二、三
　句可以推知，臥輪的禪法和一般主張「打得念頭死」的宗派，並沒有兩樣。
　而惠能，站在心念本淨的觀點，卻正面地肯定心念的現實存在性，因而提
　出「不斷百思想」、「對境心數起」的說法。甚至，宗寶本《壇經》所謂「心
　平何勞持戒，行直何用修禪」（引見前書，頁三五二，中）的主張，也和
　這一心性說有其一定的關連。

❺ 《指月錄》卷五說：「一日，（馬祖道一禪師）示眾云：『道不用修，但莫
　汙染，何為汙染？但有生死心、造作趣向，皆是汙染。若欲直會其道，平
　常心是道。何謂平常心？無作造，無是非，無取捨，無斷常，無凡聖……
　只如今行住坐臥，應機接物，盡是道……。』」（引見《卍續藏經》卷一四
　三，頁五八 a）另外，宗密的《圓覺經大疏鈔》卷三之下，也曾介紹馬祖
　道一的禪法說：「有『觸類是道而任心者』……沙門道一……大弘此法。
　起心動念、彈指磬咳揚扇，所作所為，皆是佛性全體之用，更無第二主宰。
　如麵作多般飲食，一一皆麵。佛性亦爾，全體貪瞋癡，造善惡，受苦樂，
　一一皆性……又云：『……揚眉動睛、笑欠磬咳，或動搖等，皆是佛事。』
　故云：『觸類是道也。』言『任心』者……謂不起心造惡、修善，亦不修道。
　道即是心，不可將心還修於心。惡亦是心，不可以心斷心……故云：『但
　任心，即為修也。』」（引見前書，卷一四，頁二七九 a～b。）依這兩段引文
　看來，所謂「平常心是道」和「觸類是道」其實是相同的。那是一種讓心
　念順暢，不必刻意壓抑惡念，也不可刻意助長善念的修行法門。而其理論
　根據則是：善心善行固然是「佛性」（「自性」的同義詞）所生；貪、瞋、
　癡等惡念惡行，也同樣是「佛性」所生。因此，沒有理由壓抑惡念惡行而
　助長善念善行。

惡念、惡相這一方面來說，即是《壇經》中所謂的「無念」、「無相」❸。
然而，《壇經》中的「無住」又是什麼意思呢？敦煌本《壇經》說：

> 無住者，為人本性，念念不住。前念、念（今）念、後念，念
> 念相讀（續），無有斷絕。若一念斷絕，法身即離色身。念念時
> 中，於一切法上無住。一念若住，念念即住，名繫縛。於一切
> 法上念念不住，即無縛也。以無住為本。❺

依照引文看來，「無住」有兩個意思：(1)由「自性」（本性）所生
起的心念，念念相續而不斷絕，即名「無住」；(2)相續不斷的心念，不
執著（住）在一切事物之上，即名「無住」。前者是「自性」之本質的
描述；後者則是基於「自性」的這一本質，而衍生出來的修行方法。
也可以說，前者是後者的理論基礎，後者則是這一理論基礎下的實踐
法門。基於這一理論和實踐，《壇經》要我們不要去斷絕念念不斷的心
念❻，因為，一者那是不可能的，二者那是違背「自性」之念念不住
的本質。所以，敦煌本《壇經》批評那些「真心座（坐）不動」、「除
妄不起心」的禪法說：

> 迷人著法相，執一行三昧，真心座（坐）不動、除妄不起心，

---

❸ 這是僅就《壇經》而言，事實上，惠能後的南禪，還更進一步提出不助長
善念、善相（詳前注）。

❺ 引見《大正藏》卷四八，頁三三八，下。

❻ 其實，不但是內在的心念是「自性」所生而念念不斷，而且外在的萬相也
是「自性」所生而時時顯現。因此，不但心念不可斷除，而且，萬相也不
可泯滅。這和四卷本《楞伽經》是很不相同的。依經文卷一，「藏識」不
滅，而由「藏識」（自性）所生的各種心念（及萬相）卻可消滅也必須消
滅。後者即是「相滅」和「相續滅」（詳見《大正藏》卷一六，頁四八三，
上～中）。

即是一行三昧。若如是，此法同無清（情），卻是障道因緣。道
順通流，何以卻滯？心不❺住在即通流，住即被縛。❻

《壇經》不但批評「真心坐不動」、「除妄不起心」的禪法，還基
於對「自性」的同一見解，而進一步批評「看心」、「看淨」的禪法。
例如，敦煌本《壇經》即說：「又見有人教人座（坐），看心、看淨，
不動、不起。從此置功，迷人不悟，便執成顛。即有數百盤（般），如
此教道者，故之（知）大錯。」❻ 又說：

> 此法門中，座（坐）禪元不著心，亦不著淨，亦不言不❻動。
> 若言看心，心元是妄。妄如幻故，無所看也。若言看淨，人姓
> （性）本淨，為妄念故，蓋覆真如。離妄念，本姓（性）淨。
> 不見自姓（性）本淨，心起看淨，卻生淨妄。妄無處所，故知
> 看者，看卻是妄也。淨無形相，卻立淨相，言是功夫。作此見
> 者，章（障）自本姓（性），卻被淨縛……看心、看淨，卻是障
> 道因緣。❻

這是《壇經》中被認為是批判「北禪」 ❻的一段。無疑地，那是

---

❺　原文無「不」字，但《大正藏》卷四八，頁三三八，的原註❼卻懷疑漏掉
　　了「不」字。現依前後文義，採用《大正藏》原註的說法。

❻　引見《大正藏》卷四八，頁三三八，中。

❻　同上。

❻　原文並沒有「不」字。但在宗寶本《壇經》當中，卻有「不」字（詳見《大
　　正藏》卷四八，頁三五三，中）。現依前後文義，加入「不」字。

❻　引見《大正藏》卷四，頁三三八，下～三三九，上。

❻　「看心」、「看淨」的禪法，一般以為是「北禪」神秀禪師所提倡的禪法。
　　但是，拙文〈道信與神秀之禪法的比較——兼論惠能所批判之看心，看淨
　　的禪法〉（刊於《臺大哲學論評》11 期，臺北：臺灣大學哲學系，1988，

立基在「自性」本淨、心念也本淨，因此不必刻意起心除妄、起心看淨的禪法。

　　一般以為，「北禪」是主張漸修，而「南禪」則主張頓悟的。但是，不管是漸修或頓悟，依據《壇經》的說法，都是為了見到自己的「自性」。因此，敦煌本《壇經》說：「法無頓、漸，人有利、鈍。明（迷）❻❼即漸勸，悟人頓修。識自本是見本性。悟即元無差別，不悟即長劫輪迴。」❻❽也就是說，南、北禪的不同，並不在他們所要悟入的「自性」的不同，而是在學禪者之「根器」的差異。鈍根人採用北禪的漸修，「看心」、「看淨」乃至強調「心坐不動」、「除妄起心」、「一行三昧」；但是利根人卻必須採用南禪的頓悟法門，不壓抑惡念，也不助長善念，讓善、惡心念平順地念念不斷。正因為這樣，所以，晚出的宗寶本《壇經》疑問第三才會說：「心平何勞持戒，行直何用修禪。」❻❾

(四)結　論

　　古來傳說南禪有兩大思想傳統：一是四卷本《楞伽經》的如來藏思想，另一則是《金剛經》的般若思想（詳前文）。這二者組成了《壇經》特有的「自性」思想。正如前文所說，四卷本《楞伽經》的如來藏思想，主要有下面四點：

　　(1)如來藏是泯除概念對立的心體；

　　(2)如來藏本性清淨；

　　頁二〇五～二二五），曾經指出：包括「一行三昧」、「看心」、「看淨」在內的禪法，其實都是惠能之師公——道信所提倡的禪法。

❻❼　「明」字在宗寶本《壇經》作「迷人」（詳見《大正藏》卷四八，頁三五三，上）。

❻❽　引見《大正藏》卷四八，頁三三八，中～下。

❻❾　同上，頁三五二，中。

⑶如來藏隱藏在眾生身中，為煩惱所覆蓋；

⑷如來藏生起萬法。

這四個意含，成了《壇經》中之「自性」的一部分內容。另外，《壇經》還開展出「自性」的新內容，那就是：不但超驗的心體——如來藏（即自性）是本性清淨的，而且，由它所轉變出來的心念（轉識）和萬相，也是本性清淨的。這形成了《壇經》中特有的實踐法門：無念、無相、無住。其中，無住是最首要的。因為心念的念念無住，所以才有「不著一切法」、「不著一切處」的無念；也因為萬相的無住❼⓪，所以才有「外離一切相」、「離相性體清淨」的無相。所以，三者當中，以無住為本，然後衍生出無念與無相的另外二者。我們可以用下圖來說明它們之間的關係：

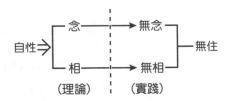

圖中的雙箭頭表示自性生起念與相，而單箭頭則表示：由念與相從自性所生的理論基礎，開展出無念與無相，亦即無住的實踐法門；這二者——理論與實踐，屬於不同的範疇，因此，我們用虛線把它們分割開來。

筆者想進一步分析的是：理論的部分，《壇經》大體上是沿用了四卷本《楞伽經》的思想；但是，實踐的部分，卻多分採取《金剛經》

---

❼⓪　所謂萬相的無住，是指自性時時生起的萬相（唯識經論中所謂的「相分」），以致萬相也和心念一樣的無住。不過，《壇經》中的無住卻偏說心念的無住。

的內容。《金剛經》一再強調要生「清淨心」,「不應住色(聲、香、味、觸、法)生心」,「應無所住而生其心」**❼**,又強調「諸心皆為非心」、「過去心不可得,現在心不可得,未來心不可得」**❼❷**。這都與《壇經》的「無念」、「無住」有關**❼❸**。另外,《金剛經》又說到「不住於相」、「不住相布施」、「凡所有相皆是虛妄」,乃全不要有我相、人相、眾生相、壽者相等**❼❹**,這都和《壇經》中的「無相」有關。

因此,來自於《金剛經》的「無念」、「無相」和「無住」的思想,形成了《壇經》對於「自性」所賦給的新義;相對於上文所述四卷本《楞伽經》的「自性」意含,這一新義成了下面的(5)、(6)兩個意含:

(5)心念與萬相都由自性(如來藏)所生,因此都是本性清淨的;

(6)因為心念與萬相本淨,所以應該無住,亦即應該無念和無相。

前文說過,無念、無相和無住,是惠能後的南禪所極力開展的禪法;這一禪法即是:「觸目菩提」、「觸類是道」、「平常心是道」。由馬祖道一為中心而開展出來的這一禪法,甚至主張「道不用修」乃至不起心修善、斷惡的法門**❼❺**。這一法門,使得南禪掙脫了宗教道德教條的束縛**❼❻**,但多少也喪失了宗教勸人除惡、為善的本質,以致被朱熹

---

❼ 引見《大正藏》卷八,頁七四九,下。

❼❷ 同上,頁七五一,中。

❼❸ 《壇經》的「無住」恐怕還與《維摩詰經》有關。理由有二:一、敦煌本《壇經》當中,至少引用了三次的《維摩詰經》文(詳見《大正藏》卷四八,頁三三八,中~三三九,上)。二、敦煌本《壇經》當中有「以無住為本」一句(詳見前書,頁三三八,下),而在鳩摩羅什所譯的《維摩詰所說經》卷中,〈觀眾生品〉第七當中,也有「無住為本」一句(詳見前書,卷一四,頁五四七,下)。可見《壇經》的「無住」,似乎也和《維摩詰經》有關。

❼❹ 詳見《大正藏》卷八,頁七四九,上。

❼❺ 參見注釋**❼❼**。

等宋儒譏為「義理掃滅無餘」⑦。如何避免宋儒所批評的這些缺陷，發揮《壇經》中「自性」的正面意義，相信是當代有志於禪學者所應努力的方向。

（本文口頭發表於佛光山國際禪學會議，高雄：佛光山，1989 年 1 月。）

---

⑯ 有關南禪之「平常心是道」能掙脫道德教條之束縛，甚至能對治宋明儒之泛道德主義的比較詳細的討論，請見拙文〈論中國禪的「平常心是道」與新儒家之「增益的執著」〉（參見本書頁二六七～二七五）。

⑰ 《朱子語類》卷一二六曾說：「禪學最害道。莊、老於義理絕滅猶未盡，佛則人倫已壞。至禪，則又從頭將許多義理掃滅無餘。以此言之，禪最為害之深者。」另外，從宋儒的觀點，來批評南禪「平常心是道」之比較詳細的討論，請見拙文〈惠能及其後禪宗之人性論的研究〉（參見本書頁二八○～二九九）。

八 南禪「頓悟」說的理論基礎
——以「眾生本來是佛」為中心 ●

「頓悟」是中國南方禪宗的基本主張。它的意義，以及它背後所假定的理論基礎，是本文所要探討的主題。筆者發現，中國南方禪宗的「頓悟」說，雖然建立在諸多理論基礎之上，但是，「一切眾生本來是佛」這一命題，卻是最重要的基礎之一。「一切眾生本來是佛」的說法，明顯地，源自《涅槃經》等印度經論中的「佛性」說，但卻與「佛性」說有不同的意義；這也是本文所要說明的。

(一)「頓悟」的意義

中國南方禪宗的「頓悟」說，曾隨其傳播的時代之不同，而大分為三個意義：(一)萌芽期的意義；(二)開展期的意義；(三)成熟期的意義。茲依序說明如下：

首先，是萌芽期的意義。南禪的開創者——惠能（638–713 年），在其敦煌本《壇經》❷ 當中，曾對「頓悟」做了底下的說明：

---

❶ 本文原題為：〈頓悟說的理論基礎〉，曾在 1983 年 4 月初，宣讀於臺灣大學哲學系的一次例行討論會上，講評人是系中的葉阿月教授。稍早，原稿又宣讀於藍吉富先生所創辦的「東方宗教討論會」上。綜合「東方宗教討論會」的批評意見，咸認本文應改題為〈南禪頓悟說的理論基礎〉，因為本文所謂的「頓悟」，僅限於中國南方禪宗的「頓悟」義。另外，副標題是葉阿月教授所建議的；因為她以為，南禪的「頓悟」說，不只建立在「眾生本來是佛」的理論基礎上，還建立在諸如《般若經》中所說的「空」等理論之上。

❷ 所謂「敦煌本《壇經》」，是指《南宗頓教最上大乘摩訶般若波羅蜜經六祖

> 何以漸頓？法即一種，見有遲疾。見遲即漸，見疾即頓。法無
> 漸頓，人有利鈍，故名漸頓。❸

在這段經文當中，惠能說明「漸」與「頓」，是建立在我人的「見遲」、「見疾」，或「利」、「鈍」之上。也就是說，因為眾生的根器有「利」（聰明）與「鈍」（愚笨）兩種，連帶著，其「見法」（體悟道理）的速度就有「疾」（迅速）與「遲」（緩慢）兩種；因此，衍生出來的就有「頓悟」與「漸悟」兩類。那些「利」根的眾生，因為體悟道理（見法）比較「疾」，所以成了「頓悟」；而那些「鈍」根的眾生，因為「見法」較「遲」，所以成了「漸悟」。顯然，惠能的「頓悟」說，建立在人性的差異之上。

然而，人性為什麼會有差異呢？這種差異是本質的，不可更改的呢？或只是枝末的，因此也是可改變的呢？為了回答這些問題，讓我們再看一段敦煌本《壇經》的經文：

> 少根之人聞說此頓教，猶如大地草木，根性自少者，若被大雨一沃，悉皆自倒，不能增長。少根之人亦復如是，有般若之智，之於大智之人亦無差別，因何聞法即不悟？緣邪見障重，煩惱

惠能大師於韶州大梵寺施法壇經》，乃 1907 年英國斯坦因爵士 (Sir Aurel Stein)，在敦煌洞窟中所發現者。原文現存於英國倫敦大英博物館，並收錄在《大正藏》卷四八。一般相信，在敦煌本《壇經》成立之前，已有一到兩種更古的版本被編集起來，但目前都已散佚；因此，敦煌本《壇經》咸認是現今最古的版本。葉阿月教授曾批評本文原稿，未對《壇經》的版本有所交代。事實上，有關《壇經》的版本、作者（編者）等問題，筆者都已在拙文〈壇經的作者及其中心思想〉乙文論及（該文刊於《國立編譯館館刊》第十卷第二期，1981 年出版；並收錄在拙著《佛教思想新論》乙書，臺北：東大圖書公司，1982 年版）。

❸ 引見《大正藏》卷四八，頁三四二。

根深。猶如大雲蓋覆於日，不得風吹，日無能現。般若之智亦無大小，為一切眾生自有。迷心外修覓佛，未悟自性，即是小根人。聞其頓教，不信外修，但於自心，令自本性常起正見，煩惱塵勞，眾生當時盡悟。❹

從這段經文，我人知道：㈠利根（「大智之人」）與鈍根（「少根之人」），都具有相同本質的「般若之智」；因此，「頓悟」與「漸悟」的說法，並不是建立在「般若之智」的不同。㈡鈍根，亦即「少根之人」的定義是「迷心外修覓佛，未悟自性」，而其原因則是「邪見障重，煩惱根深」。相反地，利根，亦即「大智之人」的定義應該是「但於自心，令自本性常起正見」，而他之所以能夠這樣，無疑地，是因為他的「邪見障輕，煩惱根淺」。因此，所謂的「頓悟」與「漸悟」的說法，顯然是建立在「邪見」與「煩惱」的或輕或重與或淺或深之上。那些邪見、煩惱輕淺的「利根」人，就是「頓悟」人，因為他們「見疾」；那些邪見、煩惱深重的「鈍根」人，就是「漸悟」人，因為他們「見遲」。但是，這兩種人的「般若之智」卻是沒有差別的。——這是南禪「頓悟」說的最原始意義。

但是，到了惠能的弟子輩，有關「頓悟」說卻有進一步的開展；我人稱之為「頓悟說的開展期」。從前文我人知道，原始的「頓悟」說，是建立在人性的差異——「利根」與「鈍根」的不同之上。但是，「開展期」及其更後「成熟期」，卻把「頓悟」說建立在修行方法的不同之上。例如，在開展期當中，惠能的弟子——神會（684–760 年）❺，

<hr>

❹　同上，頁三四〇。

❺　有關神會的生卒年月，主要的參考文獻有：㈠《宋僧傳》卷八的〈神會傳〉（《大正藏》卷五〇，頁七五六～七五七）；㈡《圓覺經大疏釋義鈔》卷三之下（《卍續藏經》卷一四，頁五五三～五五四）；㈢《景德傳燈錄》卷五（《大正藏》卷五一，頁二四五）。在這些參考文獻當中，對於神會的生卒

曾說：

> 見諸教禪者，不許頓悟，要須隨方便始悟。此是大下品之見。❻

　　從這段批評北禪的話，很明顯地可以看出，神會把「頓悟」了解成為「不須隨方便始悟」的法門，也就是「不須要方便」的法門。這種「頓悟」說，顯然不是像惠能那樣，從人性的「利」與「鈍」著眼，而是從修行方式上來建立他的理論。但是，問題是：什麼叫做「不須要方便」的法門？這從神會與崇遠（北禪弟子）之間的一段問答，即可看出端倪：

> （崇）遠法師問，未審（惠）能禪師與（神）秀禪師是同學不？答，是。又問，既是同學，教人同不同？答言，不同。又問，既是同學，何故不同？答，今言不同者，為秀禪師教人凝心入定，住心看淨，起心外照，攝心內證。緣此不同。……從上六代已來，皆無有一人凝心入定，住心看淨，起心外照，攝心內證。是以不同。……遠法師問，如此教門豈非是佛法？何故不許？和上（指神會）答，皆為漸頓不同，所以不許。我六代大師一一皆言單刀直入，直了見性，不言階漸……所以不許。❼

　　從這段問答我人可以看出，神會所說的「不須要方便」的法門，是指一種「單刀直入，直了見性，不言階漸」的法門。這種法門，正

年月，都有相當分歧的說法。目前，我人採取的是印順，《中國禪宗史》（頁二八一～二八四）的考證。

❻ 〈南陽和上頓教解脫禪門直了性壇語〉；引見胡適校《神會和尚遺集》，頁二五二。

❼ 獨孤沛《菩提達磨南宗定是非論》卷下；引見胡適校《神會和尚遺集》，頁二八五～二八七。

與北禪那種注重方法、次第（階漸），所謂「凝心入定」乃至「攝心內證」的法門，有很不一樣的地方。

　　有關神秀的修行法門，一般傳說有「五方便」。也許，透過這「五方便」的探究，將有助於我人了解神會所要批判的「須隨方便始悟」，也將有助於我人了解他說的「頓悟」義。記錄神秀「五方便」的相關文獻，大都出自敦煌古本，其中最重要的有：㈠《大乘無生方便門》（斯坦因 0735 號）；㈡《大乘五方便北宗》（伯希和 2058 號）；㈢無題（伯希和 2270 號）；㈣無題（斯坦因 2503 號）；㈤《觀心論》；㈥《大乘北宗論》❽。其中的第㈠、㈤、㈥本，都收錄在《大正藏》卷八五當中❾。特別是第㈠《大乘無生方便門》，在「五方便」中，只缺少第五方便，所以是比較完整的一本。我們從這一本殘卷，可以略知神秀所傳的禪法，到底是個什麼景況；也可以了解神會所要批判的，到底是什麼內容。

　　《大乘無生方便門》一開頭就列出「五方便」的名字；它們是：第一、總彰佛體（門）；第二、開智慧門；第三、顯示不思議法（門）；第四、明諸法正性（門）；第五、自然無礙解脫道（門）。❿

　　其中，第一、第二門是最重要的；第三到第五門不過是前二門的發揮而已。特別是第一「總彰佛體」門，我們可以從中看出神會所批判的「凝心入定」乃至「攝心內證」，而這也是敦煌本《壇經》所駁斥

---

❽　參見印順《中國禪宗史》，臺北：慧日講堂，1978 年，三版，頁一三八。

❾　其中，㈠本注有「大英博物館藏敦煌本，S. 2503」；第㈤本注有「大英博物館藏敦煌本，S. 2395，首題新加」；而第㈥本則注有「大英博物館藏敦煌本」（詳《大正藏》卷八五，頁一二七三，一二七〇，一二八）。

❿　引見《大正藏》卷八五，頁一二七三。此中，依據印順《中國禪宗史》頁一四四，這「五方便」中的第一門又叫「離念門」；第二門又叫「不動門」；第五門又叫「無異門」。

的「看心」、「看淨」❶。因此，讓我們來看看「五方便」的第一門——「總彰佛體」門，到底是怎麼說的。「總彰佛體」門共分為兩部分，其一是教授菩薩戒，其二是傳授禪法。在教授菩薩戒這一部分當中，共有底下幾個次第：⑴「令發四弘誓願」；⑵「請十方諸佛為和尚等」；⑶「請三世諸佛菩薩等」；⑷「教受三歸」；⑸「問五能」；⑹「各稱己名懺悔」❷。從這些井然有序的次第，我人可以了解為什麼神會說神秀的禪法是落入「階漸」了。

「總彰佛體」門的第二部分是傳授禪法，這是這一門中最主要的部分。我們可以從這一部分看出神會所要批判的「須隨方便始悟」，也可以看出惠能所要駁斥的「看心」、「看淨」。例如，《大乘無生方便門》說：

> 次，各令結跏趺坐。（神秀）問（原文誤作「同」），佛子！心湛然不動是沒？（弟子）言，淨。（神秀說，）佛子！諸佛如來有入道大方便，一念清淨，頓悟佛地。和（原文缺『尚』；此處指神秀）擊木，一時念佛。和（尚）言，一切相總不得取。（殘缺；應為「所」字）以金剛經云，凡所有相皆是虛妄。看心、看淨，

---

❶ 敦煌本《壇經》有底下的一段話，正是駁斥神秀「看心」、「看淨」的禪法：「善諸（疑為『知』）識！（我）此法門中，座禪元不著心，亦不著淨，亦不言動。若言看心，心元是妄。妄如幻故，無所看也。若言看淨，人姓（疑為『性』）本淨，為妄念故，蓋覆真如。……故知看者，看卻是妄也。」（引見《大正藏》卷四八，頁三三八。）

❷ 以上六個次第中的引文，皆見《大正藏》卷八五，頁一二七三。其中，第⑸「問五能」是：第一、「能捨一切惡知識不？」第二、「（能）親近善知識否？」第三、「能坐持禁戒乃至命終不犯戒不？」第四、「能讀誦大乘經問甚深義不？」第五、「能見苦眾生隨力能救護不？」而在這五個問題底下，弟子都要回答「能」。

名淨心地。莫卷縮身心。舒展身心，放曠遠看，平等盡虛空看。
和（尚）問言，見何物？（弟）子云，一物不見。和（尚言），
看淨，細細看。即用淨心眼，無邊無涯除（疑為「際」）遠看。
……和（尚）問，見何物？答，一物不見。和（尚言），向前遠
看，向後遠看，四維上下一時平等看，盡虛空看，長用淨心眼
看，莫間斷，亦不限多少看。使得者然，身心調用無障礙。❸

　　從以上《大乘無生方便門》的敦煌殘卷當中，我人即可知道，神
會所批判的「凝心入定」乃至「攝心內證」的「階漸」禪法，到底是
個什麼情形。顯然，那是一種有固定次序，有固定方法（所謂「方便」）
的修行法門。而他所說的「頓悟」，則是一種沒有固定次序、方法，所
謂「單刀直入，直了見性，不言階漸」的法門。這種「頓悟」說，並
不像原始的「頓悟」說，僅僅建立在眾生根器的「利」、「鈍」之上，
而是進一步建立在修行方法的是否需要「方便」之上。所以，我人說，
惠能的弟子輩，所主張的是屬於「開展期」的「頓悟」說❹。

　　隨著南禪的道家化❺，神會的「頓悟」說有了更進一步的轉變。

❸　引見《大正藏》卷八五，頁一二七三。

❹　有關這點，我人還可以從神會的另外一些話得到旁證；例如，敦煌本《神
　　會語錄第一殘卷》即說：「然此（頓悟）法門，直指契要，不假繁文。」（引
　　見胡適校《神會和尚遺集》，頁一〇二）又說：「但莫作意，自當悟入。」
　　（同前引）這些觀點，都從修行方法來說明「頓悟」。

❺　南禪的道家化，主要是受到法融（593–657 年）所開創之「牛頭禪」的影
　　響。特別是南禪兩大支派之一的曹洞宗，受到「牛頭禪」的影響最深。這
　　些論點，在本文原稿當中都未曾說明，主要的原因是筆者已撰有〈壇經的
　　作者及其中心思想〉乙文（出版處及出版年月請參見注❷最後所說），文
　　中對於南禪的道家化曾有詳細的舉證與說明。在藍吉富先生所創辦的「東
　　方宗教討論會」上，臺大歷史系的周伯戡先生，曾要求對這段歷史做更詳
　　細的描述，因此補注如上。

這就形成了惠能之徒孫輩的「頓悟」說。由於其後的「頓悟」理論，看不出有更進一步的轉變，因此我人稱這一時期的「頓悟」理論為「成熟期」的理論。

「成熟期」的「頓悟」理論，也和「開展期」的「頓悟」理論一樣，並不僅僅像《壇經》那樣，建立在人性「利」、「鈍」的差異之上，而是進一步建立在修行方法的不同之上。但是，成熟期與開展期的相異是：前者強調一種任何時候、任何場合都可修行的法門；這卻是後者所不曾說到的。甚至，很多文獻都告訴我們，成熟期的修行方法，是一種「不用修」的法門[16]。這顯然與神會那種只強調沒有「階漸」的「頓悟」說不同。例如，惠能的再傳弟子——馬祖道一（709–788年），即曾示眾說：

> 道不用修，但莫汙染。……若欲直會其道，平常心是道。……只如今行住坐臥、應機接物盡是道。[17]

像這種「道不用修」、「平常心是道」，乃至「行住坐臥、應機接物盡是道」的說法，無非是在強調一種隨時隨地都可修行的法門；換句話說，是在強調一種不必刻意修行，只用日常的生活方式即可頓悟的法門。這從道一的弟子——百丈懷海（720–814年），更可看出來；他

---

[16] 所謂「不用修」的修行法門，在「東方宗教討論會」上，是一個討論得最為熱烈的問題；因為這似乎是一個矛盾的概念。幾乎所有與會的人，都認為所謂的「不用修」，並不是「不必修行」或「沒有修行的方法」。徵諸史實，後代禪師有所謂的「參話頭」、「參公案」，或利用出奇的方式（例如看似沒有意義的問答，乃至「棒喝」等等），來達到開悟的目的，可見所謂的「不用修」，確是一種修行的法門。因此，下文所援引的文獻，都應該把「不用修」一詞，了解成「任何時候、任何場合都可修行」的意思。有關這點，本文原稿未曾注意到；這一論點應歸功於所有與會的朋友。

[17] 《景德傳燈錄》卷二八；引見《大正藏》卷五一，頁四四〇。

說：

> 說道修行得佛，有修有證，是心是佛，即心即佛，是佛說，是
> 不了義教語，……是凡夫前語。不許修行得佛，無修無證，非
> 心非佛，亦是佛說，是了義教語，……是地位人前語。……但
> 有語句，盡屬不了義教。……了義教是持，不了義是犯，佛地
> 無持犯。了義、不了義教盡不許也！ ⓲

在百丈的這段話裡，共分成三段，說明了三種修行方式：第一種
修行方式是「有修有證」乃至「是心是佛，即心即佛」。這種修行方式
是「不了義說」，是「凡夫前語」，因此當然無法「頓悟」。第二種修行
方式是「無修無證」、「非心非佛」，這雖然是「了義教語」，但仍然是
不究竟的「地位人前語」，因此也無法依之而「頓悟」。只有最後一種
修行方式，才可依之「頓悟」，那是一種「但有語句，盡屬不了義教」
乃至「了義、不了義教盡不許」的法門；也就是一種超越任何「持」
（守戒律）與「犯」（犯戒律）之對立的法門，在此法門當中，固然沒
有犯戒可言，但也沒有刻意地修行、刻意地持戒可言。顯然，那是一
種「只用平常的生活方式」即可「頓悟」的法門⓳。

綜上所述，「頓悟」說在南禪的歷史發展當中，至少有兩次轉折。
其一是從惠能的「利鈍」說，轉成弟子輩的「沒有方便、沒有階漸」

⓲　《古尊宿語錄》卷一；引見《卍續藏經》卷一一八，頁一六七。

⓳　百丈懷海所說的這三種修行方式，顯然是來自他的師父馬祖道一的思想，
　　不過卻略有修改。《景德傳燈錄》卷六「江西道一禪師」條，曾有底下一
　　則有名的公案：「僧問：和尚（指馬祖道一）為什麼說即心即佛？（馬祖道
　　一禪）師云：為止小兒啼。僧云：啼止時如何？師云：非心非佛。僧云：
　　除此二種人來，如何指示？師云：向伊道不是物。僧云：忽遇其中人來時
　　如何？師云：且教伊體會大道。」（引見《大正藏》卷五一，頁二四六）

說；其二是從「沒有方便、沒有階漸」說，進而演變成「道不用修」、
「平常心是道」的說法。因此，「頓悟」一詞，在整個南禪的歷史文獻
當中，至少有底下三個意思❷：

　　(1)迅速地體悟：「萌芽期」的意義，惠能本意，建立在眾生根器的
　　　　「利」、「鈍」之上。

　　(2)沒有固定階梯地體悟：「開展期」的意義，神會所說，建立在修
　　　　行方法的「不須方便」之上。

　　(3)以平常的生活方式來體悟：「成熟期」的意義，後代禪師所說，
　　　　建立在道家化的修行方法之上。

---

❷　在臺大哲學系的例行討論會，以及「東方宗教討論會」上，討論得最熱烈
　　的主題之一是：「頓悟」到底是什麼意思？葉阿月教授批評說，中國禪宗
　　的「頓悟」說，並非始自六祖惠能，四祖道信即已採用這一名詞。楊政河
　　先生說，「頓悟」說早已出現在《楞伽經》，以及成立於中國的某些宗派，
　　例如華嚴宗。周伯戡先生也說，日本的鈴木大拙 (D. T. Suzuki)，在其《楞
　　伽經之研究》(*Studies in the Laṅkāvatāra Sūtra*, Routledge & Kegan Paul,
　　Ltd., London and Boston, 1975) 頁二〇六～二〇七當中，已經注意到《楞伽
　　經》也討論了「頓悟」與「漸悟」的問題。的確，「頓悟」這一概念並非
　　始自惠能。在印度，部派佛教的論典，像《俱舍論》，在討論「見道」與
　　「修道」時，已說到「見道」是「頓修十六行（相）」（引見《大正藏》卷
　　二九，頁一二八）。而大乘的經典，除了《楞伽經》，其他像《法華經》中
　　的「娑竭羅龍王女」，「忽然之間……坐寶蓮華，成等正覺」（引見《大正
　　藏》卷九，頁三五）等等，都證明「頓悟」說不是始自惠能，甚至不是始
　　自中國。但是，這些林林總總的頓悟說，不管是印度的或中國的，也不管
　　是禪宗的或不是禪宗的，都不同時具備南禪頓悟說的三個意義，最多只具
　　備三個意義的第一個──「迅速地體悟」。因此，這些批評，都不會影響
　　本文的最主要結論之一──南禪的頓悟說是建立在「眾生本來是佛」的理
　　論之上。

㈡南禪「頓悟」說的理論基礎之一
──「眾生本來是佛」

　　以上的(1)、(2)、(3)是南禪「頓悟」說的三個主要意義；合乎這三個意義的頓悟說，乃建立在「一切眾生本來是佛」的理論基礎之上。這是目前我人所要說明的。說明中，大分為兩個部分：㈠文獻的證明；亦即援引南禪的主要文獻，來證明這個說法。㈡論理的證明；亦即從邏輯上來證明這個說法。

　　首先是文獻的證明。例如最原始的南禪文獻──敦煌本《壇經》，處處都在暗示「一切眾生本來是佛」的說法：

　　迷人若悟心開，與大智人無別。故知不悟，即佛是眾生；一念若悟，即眾生是佛。❷❶

又如：

　　佛是自性作，莫向身（外）求。自性迷，佛即眾生；自性悟，眾生即是佛。❷❷

　　在這兩段經文當中，都暗示一個不悟自性的眾生就是佛；也就是說，一個處於凡夫位的眾生，已經是佛❷❸。而底下的問答，更可證明這點：

<hr/>

❷❶　引見《大正藏》卷五一，頁三四〇。此中，「一念若悟，即眾生是佛」，原文誤為「一念若悟，即眾生不是佛」。現依 1976 年臺北慧炬出版社出版之《六祖壇經流行、敦煌本合刊》頁九二的經文，更正如文。
❷❷　引見《大正藏》卷五一，頁三四一。
❷❸　另外，（敦煌本）《壇經》經末有一首「見真佛解脫頌」（《大正藏》卷五一，頁三四四），也有相似的詩句。

> 法海又白：大師今去，留付何法？今後代人，如何見佛？六祖
> 言：汝聽！後代迷人，但識眾生，即能見佛。若不識眾生，覓
> 佛萬劫不得也！ ❷❹

　　更有一段經文，明言眾生的「自色身中」有「三性佛」：⑴清淨法
身佛；⑵千百億化身佛；⑶當來圓滿報身佛❷❺。這在在都證明，原始
的南禪文獻——敦煌本《壇經》，強烈地暗示「一切眾生本來是佛」這
一命題。

　　其次，在記錄惠能的弟子輩，特別是徒孫輩的南禪文獻當中，「一
切眾生本來是佛」這一命題，越來越顯得明確。例如，有一首題為〈南
宗讚〉的〈五更調〉，疑為神會所作❷❻，而它的第一段是：

> 一更長。如來智慧心中藏。不知自身本是佛，無明障蔽自荒忙。
> 了五蘊，躰皆亡。滅六識，不相當。行住坐臥常作意，則知四
> 大是佛堂。 ❷❼

　　在這首詩裡，明白說到眾生的「自身本是佛」；說到眾生的肉體（地、
水、火、風等「四大」），是供奉佛的「佛堂」。——南禪弟子主張「一
切眾生本來是佛」，可以從這首〈五更調〉，明顯地看出來。

-----

❷❹　引見《大正藏》卷，頁三四四。

❷❺　同上，頁三三九。

❷❻　有兩首〈五更調〉，已確定是神會所作，收錄在胡適校《神會和尚遺集》，
　　　頁四六〇，下。目前我人所引用的是第三首〈五更調〉，胡適懷疑它是神
　　　會所作（見《神會和尚遺集》頁四七九）；但是，從它的名字——〈南宗
　　　讚〉，及其思想內容看來，無疑地是南禪弟子的作品。「東方宗教討論會」
　　　上，游祥洲先生批評筆者引用了作者可疑的文獻；但是，只要確定它是南
　　　禪的作品，作者是誰應該是無關緊要的。

❷❼　引見胡適校，《神會和尚遺集》，頁四七七。

惠能的第四代弟子——黃檗希運（850 年寂），在其〈傳心法要〉中，雖不曾明言「眾生本來是佛」，但卻也和《壇經》一樣，強烈地暗示這個命題；如說：

> 諸佛與一切眾生，唯是一心，更無別法。……惟此一心即是佛，佛與眾生更無差異。但是眾生著相外求，轉失。使佛覓佛，將心捉心，窮劫盡形，終不能得。不知息念忘慮，佛自現前。❷❽

黃檗接著又說：「此心即是佛，佛即是眾生，眾生即是佛，佛即是心。為眾生時，此心不減；為諸佛時，此心不添。乃至六度萬行，河沙功德，本自具足，不假修添。……若不決定信此，而欲著相修行，以求功用，皆是妄想，與道相乖。此心即是佛，更無別佛，亦無別心。」❷❾ 顯然，黃檗的話，是從「心、佛、眾生，是三無差別」的唯心論（《華嚴經》）觀點，來談「眾生本來是佛」；也就是說，這是在「理論」上，而不是「實際」上論定「眾生本來是佛」。但是，這也可以說，黃檗為「眾生本來是佛」這一命題，給了一個更基礎性的說明❸❾。所以，他

---

❷❽ 裴休〈黃檗希運禪師傳心法要〉；收錄於《景德傳燈錄》卷九；引見《大正藏》卷五一，頁二七〇。

❷❾ 同上。

❸❾ 在「東方宗教討論會」上，創辦人藍吉富先生以及游祥洲先生，批評本文原稿所引文獻，都無法證明在「實際」上，「一切眾生本來是佛」。藍先生還以為，所謂「眾生本來是佛」，可能只是禪師激勵弟子的方便語，並非「實際」上眾生真的已經是佛。同樣，在臺大哲學系的例行討論會上，也有不知名的一位先生，提出類似的疑難；而楊政河先生更就一般化的觀點批評說，禪宗的語錄或公案，往往不能依其字面的意義來了解。綜合這些批評者的意見，他們以為，如果眾生在「實際」上已經是佛，為什麼他們不知道？即使後來知道了，為什麼還要參公案、參話頭，慢慢地修？這些疑難的確是這兩次討論會中，筆者所遭遇到的最大挑戰。首先，我不否認

緊接著說：「若觀佛作清淨光明解脫之相，觀眾生作垢濁暗昧生死之相，此人作此解，歷河沙劫終不得菩提，即是著相之故。」❸

　　黃蘗的這些話，不但讓我人知道，它在「理論」上，已經給予「眾生本來是佛」一個更基礎性的說明，而且更重要的，它還說明：為什麼「眾生本來是佛」，就不必刻意地修行，就不必透過固定形式、固定階梯地修行？換句話說，黃蘗的話說明了：「頓悟」的確是建立在「眾生本來是佛」這一理論之上。就黃蘗看來，由於「佛與眾生更無差異」，所以眾生不可「著相外求」，不可「將心捉心」，因為「六度萬行，河沙功德，本自具足，不假修添」。黃蘗甚至還說：「無始來，無著相佛。修六度萬行，欲求成佛，即是次第。無始來，無次第佛。」❸——黃蘗的話，使我人在文獻上證明南禪的「頓悟」說，確實是建立在「眾生本來是佛」的理論基礎之上。

　　也許，正如上文所說，黃蘗的「眾生本來是佛」說，是建立在唯心論的「理論」基礎之上，而不是就「實際」的現實情況而說。但是他的弟子，南禪兩大宗派之一——臨濟宗的開創者，臨濟義玄（867年寂）的語錄，應該很難就「理論」上來解釋，而非得在「實際」上說

　　　許多文獻所說的「眾生本來是佛」，是就「道理」上來說；例如上引黃蘗的語錄。但是，卻也有不少文獻，（如本文已引數則以及底下所繼續要援引的數則）都是從「實際」上來說明「眾生本來是佛」。尤有進者，下文還要就論理上，以詳密的邏輯論證，來證明：南禪的「頓悟」說，是建立在「實際」上的「眾生本來是佛」說。因此，不管就文獻，或就論理上，都支持本文的看法；那就是：南禪主張「實際」上，「眾生本來是佛」。其次，眾生既然本來是佛，為什麼他們不知道？為什麼還要努力地，慢慢地參話頭、參公案？這個問題在下文我人將引《圓覺經》和《楞嚴經》來回答，依這兩部經，這是無法回答的錯誤問題。

❸　同注❷。

❸　同注❷。

明不可；他說：

> 如今學者不得，病生甚處？病在不自信處。你若自信不及，即
> 便忙忙地，循一切境。被他萬境回換，不得自由。你若能歇得
> 念念馳求心，便與祖佛不別。你欲識得祖佛麼？只你面前聽法
> 底是！ ❸

　　臨濟的這段話（特別是「病在不自信處」，「自信不及」），明顯地
從「實際」的現實情況中，指示他的弟子（聽法底）是「祖佛」。有一
次，有人請教馬祖道一的弟子——大珠慧海「如何是佛」？大珠回答說：
「清談對面，非佛而誰！」❹這與臨濟的「只你面前聽法底是（祖佛）」，
具有同一旨趣，那就是：就「實際」的情況而言，一切眾生（清談對
面）本來是佛。

　　在南禪的諸多文獻當中，不但原始的敦煌本《壇經》，強烈地暗示
「眾生本來是佛」；後代弟子所遺留下來的語錄、公案，明言「眾生本
來是佛」；而且，在某些文獻當中，還收錄南北朝時代一些高僧的「眾
生本來是佛」說。這些高僧並非南禪弟子，而他們的這種主張，卻被
收錄在南禪的文獻當中，足見「眾生本來是佛」，確實是南禪的重要理
論之一。例如，《景德傳燈錄》卷二九，就收有梁·寶誌和尚的〈大乘
讚〉，其中有底下幾句：「若言眾生異佛，迢迢與佛常疎。佛與眾生不

---

❸　《指月錄》卷一四；引見《卍續藏經》卷一四三，頁三二八。另外，在《景
　　德傳燈錄》卷二八（《大正藏》卷五一，頁四四六）中，也有相似的文句。
　　所可注意的是，撰於明朝的《指月錄》中的「祖佛」兩字，在撰於宋代的
　　《傳燈錄》中，作為「祖師」。這似乎可以說明：越是後代的南禪，越有
　　主張「眾生本來是佛」的傾向。

❹　同前注所引書，頁一九七。又，《景德傳燈錄》卷六（《大正藏》卷五一，
　　頁二四六），也有相似的問答，唯一的不同是，「清談對面」的「談」字，
　　作為「潭」。

二，自然究竟無餘。」❸再如，同書同卷，收有梁‧善慧大士的一首詩：
「夜夜抱佛眠，朝朝還共起。起坐鎮相隨，語默同居止。纖毫不相離，
如身影相似。欲識佛去處，祇這語聲是。」❸這兩首詩，無疑地，都說
到「眾生本來是佛」。而後面一首，保寧禪師更站在後代南禪的立場，
以底下的詩頌來附和它：「要眠時即眠，要起時即起。水洗面皮光，啜
茶濕卻嘴。大海紅塵飛，平地波濤起。呵呵呵呵呵，囉哩囉囉哩！」❸

　　以上是就文獻來證明南禪的「頓悟」說，乃建立在「眾生本來是
佛」的理論基礎之上。底下將更進一步從邏輯上，來證明這個結論的
正確性。不過，在沒有展開邏輯的論證以前，我們先來探究一下南禪
所說的「頓悟」，到底「悟」到了什麼？到底「悟」到什麼程度❸？依
照原始的敦煌本《壇經》，無疑地，那是悟到了佛地；換句話說，不悟
則已，一悟即究竟解脫、澈底成佛。例如，前引經文說：「故知不悟，
即佛是眾生；一念若悟，即眾生是佛。」❸又說：「自性迷，佛即眾生；
自性悟，眾生即是佛。」❹而元代的宗寶本《壇經》❹，說得更清楚：

　　　　修此行者，是般若行。不修即凡；一念修行，自身等佛。善知
　　　　識！凡夫即佛，煩惱即菩提。前念迷即凡夫，後念悟即佛。❷

---

❸　引見《大正藏》卷五一，頁四四九。

❸　同上。

❸　《指月錄》卷二；引見《卍續藏經》卷一四三，頁四四。

❸　在臺大哲學系的例行討論會上，劉福增教授曾要求筆者對這些問題作答，
　　他以為這些問題的釐清，有助於邏輯論證的展開。筆者要感謝他的這個建
　　議。

❸　同注❷。

❹　同注❷。

❹　即《六祖大師法寶壇經》。刊行於元朝至元年間，經後附有南海釋宗寶的
　　跋，因此稱為「宗寶本」。詳見楊惠南〈壇經的作者及其中心思想〉乙文。

又說：

> 若起正真般若觀照，一剎那間，妄念俱滅。若識自性，一悟即
> 至佛地。❹

這些經文，在在都證明南禪的「頓悟」說，所悟的是佛境界，所入的也是澈底解脫的佛地。後代禪師，也許由於根器的漸鈍、明師的難求，以致無法像《壇經》所說的那樣，「一悟即至佛地」，而需要像〈十牛圖頌〉❹，把悟境分割成許多步驟；但是，原始的、真正的「頓悟」，應該是《壇經》所說的才對。

另外，筆者還要再次提醒讀者的是：「一切眾生本來是佛」乙句，雖有許多文獻（例如黃檗的語錄）告訴我人，是就「理論」上來說的，但也有不少文獻明言是就「實際」的現實情況來說的。而且，當我們在展開底下的邏輯論證之後，我人即可肯定，南禪的「一切眾生本來是佛」乙句，是就「實際」的現實情況，而非就「理論」來說的。底下是邏輯論證的展開：

前文說過，南禪的「頓悟」說可大分為三個階段：(1)迅速地體悟；(2)沒有次第地體悟；(3)以平常的生活方式來體悟。現在，因為「頓悟」是「一悟即至佛地」，因此(1)應詳為「迅速地體悟而成佛」；(2)應詳為

---

❹　引見《大正藏》卷四八，頁三五〇。

❹　同上，頁三五一。其中，敦煌本《壇經》，「一悟即至佛地」乙句作「一悟即知佛也」。這也許又再次證明了筆者的一個看法：越是後代的禪法，越注重「頓悟」說，而它必須建立在「眾生本來是佛」的理論之上。

❹　所謂「十牛圖頌」，是古代禪師用圖畫與詩頌，來說明南禪修行的十個步驟。《卍續藏經》卷一一三，頁九一七～九四一，中，收有兩本〈十牛圖頌〉（缺圖）。依兩本的序文，第一本的圖是清居禪師所繪，頌為則公禪師所作；第二本有明·雲棲袾宏的序文，說明頌是普明禪師所作，但他還說：「普明未詳何許人，圖頌亦不知出一人之手否？」

「沒有次第地體悟而成佛」；而第(3)則應詳為「以平常的生活方式來體悟而成佛」。由於這三個意義是依南禪的發展年代而分的，因此，第(1)個意義不必然包含第(2)、第(3)個意義；第(2)個意義也不必然包含第(3)個意義。但是，反過來，第(3)個意義一定含有第(1)、(2)個意義嗎？乃至第(2)個意義一定含有第(1)個意義嗎？我們似乎也沒有充分的文獻來回答這兩個問題。因此，南禪的「頓悟」說，不管是早期或晚期，無非是底下幾個意義當中的某一個：

　　㈠迅速地體悟而成佛；

　　㈡沒有次第地體悟而成佛；

　　㈢以平常的生活方式來體悟而成佛；

　　㈣迅速而且沒有次第地體悟而成佛——㈠而且㈡；

　　㈤以平常的生活方式，迅速地體悟而成佛——㈠而且㈢；

　　㈥沒有次第而且以平常的生活方式來體悟而成佛——㈡而且㈢；

　　㈦以平常的生活方式，沒有次第地迅速體悟而成佛——㈠而且㈡
　　　　而且㈢。

　　而筆者所謂要在論理上證明，「頓悟」說建立在「眾生本來是佛」的基礎上，意思是要證明底下的事實：如果南禪的「頓悟」說成立，那麼「一切眾生本來是佛」亦必成立；也就是說，「一切眾生本來是佛」乃南禪「頓悟」說成立的「必要條件」(necessary condition)❹。由於南

---

❹ 本文原稿宣讀於臺大哲學系的例行討論會時，曾肯定地說到：「眾生本來是佛」不但是南禪「頓悟」說的必要條件，而且是「充分條件」(sufficient condition)。但是葉阿月教授認為，南禪的「頓悟」說不只預設「眾生本來是佛」，而且預設《般若經》中的「空」，甚至其他經論中的「自性 (Prakṛti)清淨」；而劉福增教授、趙之振先生等人，也都懷疑「眾生本來是佛」是「頓悟」說的充分條件。因此，筆者當場修正了我的看法，僅僅把它限制在「必要條件」之上。但是，顯然我的說明不夠清楚，原稿的論證也不夠詳密，因此劉教授及徐佐銘先生更進一步懷疑「必要條件」之說。會後，

禪的「頓悟」說，無非是上述㈠—㈦等七個意思之一，因此，要證明
這個事實，等於要證明底下的命題：

如果㈠—㈦中有一成立，那麼「一切眾生本來是佛」成立。……
(I)

在邏輯上，(I)等值於底下的(II)；因此，要證明(I)，等於要證明(II)：
如果「一切眾生本來是佛」不成立，那麼㈠—㈦都不成立。……
(II)

其次，由於㈣—㈦都只是㈠—㈢的組合，因此，(II)等值於底下的
(III)；所以，要證明(II)，等於要證明(III)：
如果「一切眾生本來是佛」不成立，那麼㈠—㈢都不成立。……
(III)

總之，要證明：南禪的「頓悟」說，建立在「眾生本來是佛」的
必要條件之上，等於要證明(III)成立。底下就是(III)的詳細證明：

首先，讓我們先來證明：如果「一切眾生本來是佛」不成立，那
麼㈠也不成立。所謂㈠不成立，有兩種情形：其一是，雖然迅速悟入
但卻未成佛；這如《俱舍論》所說的，小乘人雖「頓悟十六行（相）」，
但卻只是「見道」，而非澈底的解脫（參見注❷）；又如晉・惠達《肇
論疏》卷上所說的「小頓悟」義，雖說「三界諸結……一時頓斷」，但
卻只證入「七地」的「無生（忍）」，七地之後還有八、九、十等三地，
第十地後才成佛❹。所謂㈠不成立的另一情形是：雖然究竟成佛但卻

　　郭博文、陳文秀教授等人，也都一致要求筆者做更詳盡的分析。由於這些
　　批評與建議，使得修改後的本文，在論理上顯得比較允實，我要感激這些
　　人；但是，也使得本文變得繁雜而瑣碎，這是應向讀者致歉的。

❹　參見《卍續藏經》卷一五〇，頁八五八。其中，七、八、九、十地都是未
　　成佛前修菩薩行的階位；「無生（忍）」是一種禪定的工夫，達到這種禪定
　　工夫的，一般稱為「不退轉地」菩薩。而「小頓悟」是指支道琳、道安、

慢慢地悟入。這如一般經論、一般宗派所闡揚的法門；而惠達《肇論疏》卷上所說的「大頓悟」義，也應屬於這一情形❼。那麼，為什麼「一切眾生本來是佛」不成立，一定會得到這兩種情形之一呢？這是因為，既然眾生本來不是佛，換句話說，在「實際」上而非「理論」上（此前文已經說過），眾生有許多煩惱缺陷，那麼他如何可能在一轉念之間（《壇經》所謂的「一念修行」），就迅速地把這些「實際」上存在的煩惱缺陷去除掉呢？即使能夠迅速地把某些煩惱缺陷去除掉，又如何可能把所有的煩惱缺陷去除掉呢？所以，必須在「實際」上（而非「理論」）上，預設眾生已經是佛，只是他不知道自己是佛（有虛妄的煩惱故），才有可能在一轉念之間開悟成佛。這是我人之所以認為，第㈠種「頓悟」義必須預設「眾生本來是佛」的原因。

其次，我人還要進一步證明：第㈡種「頓悟」義，也必須預設「眾生本來是佛」。換句話說，我人要證明：如果「眾生本來是佛」不成立，那麼㈡也不成立。

所謂㈡不成立，也有兩種情形：其一是，沒有次第地悟入但卻未成佛；這如前文所說的「小頓悟」義❽。另一是有次第地悟入而成佛；這如《法華經》所說的「龍女成佛」❾，而北禪以及前文所說的「大

（匡山）慧遠、真安埵、僧肇等之主張。

❼ 同前註所引。此中，「大頓悟」是指竺道生的主張。

❽ 讀者不要因為這個例子與「迅速悟入卻未成佛」的例子相同，就以為「迅速悟入」與「沒有次第地悟入」具有相同的意義。因為在現實的例子當中，沒有次第（沒有階梯）可以很迅速，例如火箭的升空；而很迅速也不一定沒有次第，例如物體滾下樓梯來。在小乘，「見道」是「頓修」，但卻有十六個步驟（次第）——所謂的「十六行相」。（參見註❹）可見，「迅速」與「沒有次第」意義不同。

❾ 《妙法蓮華經》中的娑竭羅龍王女，雖說是「忽然之間……成等正覺」，但其間仍夾有一個階位——「不退轉」地（詳見《大正藏》卷九，頁三五；

頓悟」義，也應屬於這一情形。現在的問題是：為什麼眾生本來不是佛，就會得出這兩種情形之一？這是因為：既然在「實際」上眾生有許多缺陷，那麼他就必須一步一步地把這些缺陷去除掉，否則他就無法成佛。所以我人說，如果眾生本來不是佛，㈡就不成立；也就是說，第㈡意義的「頓悟」說，必須預設「一切眾生本來是佛」。

　　最後，我人還要證明：如果眾生本來不是佛，那麼㈢不成立。所謂㈢不成立，也同樣有兩種情形：其一是，眾生雖以平常生活方式來體悟，但不能成佛；例如一般凡夫。另一是，眾生雖然成佛，但卻不是用平常的生活方式來體悟，而是刻意地修行；這如一般的經論、宗派所說。底下我人要證明：這兩種情形都會從「眾生本來不是佛」得出。因為，既然眾生本來不是佛，一定會有許多「實質」（而非「理論」）的缺陷，這些實質的缺陷如何能在平常的行住坐臥當中去除掉呢？如何能夠以「平常心」來去除掉呢？如何能說「道不用修」呢？如果道真的「不用修」，為什麼大部分的人也在行住坐臥當中，卻沒有成佛呢？也許主張這種「頓悟」說的人會反駁說，那是因為大部分的人沒有努力地、用心地修；但是，一旦努力、用心，還能說是「平常心」嗎？要解消這一連串的疑問，只有一個可能，那就是預設眾生在「實質」上（而非「理論」上）已經是一尊佛；換句話說，唯有預設眾生在行住坐臥當中已經是一尊「實質」的佛，才能說明為什麼他不必努力地、刻意地，以「平常心」就可成佛。所以，我們說，第㈢意義的「頓悟」說，必須預設「一切眾生本來是佛」。

　　總之，南禪的「頓悟」說，不管是早期的或後期的，無非是㈠至㈦等七個意義之一；其中㈠、㈡、㈢是最根本的。而這三個最根本的「頓悟」說，都必須預設「眾生本來是佛」；也就是說，「眾生本來是佛」，的的確確是南禪「頓悟」說的「必要條件」。

　　又參見注❷及❹）。

然而，「眾生本來是佛」是漢譯印度經論所本有的嗎？下文將針對這個問題來做探討。

(三)「佛性」與「眾生本來是佛」說

「一切眾生本來是佛」的說法，明顯地是從「一切眾生皆可成佛」的「佛性」（如來藏）說轉化而來。這不但可以從敦煌本《壇經》處處提到「佛性」一詞看出來，也可以從圭峰宗密（780–841 年）——一位介於禪宗與華嚴宗之間的唐代高僧——所說的話看出來：

> 源者，是一切眾生本覺真性，亦名佛性……此性是禪之本源，故名禪源……依此而修者，是最上乘禪，亦名如來清淨禪。……達摩門下展轉相傳者，是此禪也。❺⓿

在印度，「一切眾生皆可成佛」的「佛性」（如來藏）說，是《大般涅槃經》等中、後期大乘經論的主張。本文不想討論這些經典的成立經過，也不想探究「佛性」或「如來藏」這些名詞的全盤意義。本文只想指出，南禪在建立其「頓悟」理論時，如何了解這些經論所說的「佛性」或「如來藏」❺❶。

首先，我人要指出的是：在漢譯的「佛性」經論當中，雖曾說到眾生身心當中已有如來的智慧、十力等功德，但都不曾說到「眾生本來是佛」。例如，《大方等如來藏經》說：

---

❺⓿ 宗密《禪源諸詮集都序》卷上之一；引見《大正藏》卷四八，頁三九九。

❺❶ 在臺大哲學系的例行討論會上，葉阿月教授曾指出，本文原稿不曾對《大般涅槃經》的版本做說明；而楊政河先生則批評，本文原稿未曾引用四卷《楞伽經》——早期禪宗的重要典籍——中的「如來藏」說。筆者以為，版本的問題應是校刊時或考證時才會產生，而《楞伽經》的引用並無助於本文的結論。

爾時世尊告金剛慧及諸菩薩言……我以佛眼觀一切眾生，貪欲
恚癡諸煩惱中，有如來智、如來眼、如來身，結加趺坐，儼然
不動。善男子！一切眾生雖在諸趣煩惱身中，有如來藏常無染
汙，德相備足如我無異❷。

又如，《大般涅槃經》卷九也有類似的說法：

一切眾生悉有佛性。以佛性故，眾生身中即有十力、三十二相、
八十種好。❸

這些經文明白地說到，一切眾生具足佛陀的所有功德，但卻不曾
宣稱一切眾生已經或「本來」是佛。而且，即使這樣的主張，也受到
其他經典的批判；例如，《大般涅槃經》卷二七即批判說：

一切眾生定得阿耨多羅三藐三菩提故，是故我說一切眾生悉有
佛性。一切眾生真實未有三十二相，八十種好。……善男子！
有者凡有三種，一、未來有；二、現在有；三、過去有。一切
眾生未來之世當有阿耨多羅三藐三菩提，是名佛性。一切眾生
悉有煩惱諸結，是故現在無有三十二相、八十種好。❹

明白地，經文說到：「一切眾生……現在無有三十二相、八十種好」；
而卷九之所以說「眾生身中即有十力、三十二相、八十種好」，那是就

---

❷ 引見《大正藏》卷一六，頁四五七。

❸ 同上，卷一二，頁四一九。其中，十力、三十二相、八十種好，都是佛陀
所具備的德相。

❹ 同上，頁五二四。此中，《涅槃經》卷二七批判卷一二之經文，可做底下
的解釋：《涅槃經》前十卷是本經的原始部分，代表較早期的「佛性」說。
而後三十卷屬於晚出的部分，因此在內容上有不同於前十卷的地方。參見
印順《如來藏之研究》（臺北：正聞出版社，1982年）八章，二節。

「三種有」中的「未來有」而說的，並非就「現在有」說。卷三六甚
至更說：「若有人言，一切眾生定有佛性，常樂我淨，不作不生，煩惱
因緣故不可見；當知是人謗佛法僧！」❺可見，即使像《如來藏經》乃
至《涅槃經》卷九那樣的說法──只說到「眾生身心當中已有佛的功
德」，都受到其他經典的批判，更不必說「眾生本來是佛」了。

總之，「眾生本來是佛」的說法，只是南禪一系的特有主張❺。就
漢譯的印度經論看來，我人看不出有這種說法的任何跡象。

本文原來應在這裡結束；但是，也許有人會提出底下的一些問難，
因此筆者先在下文回答。

首先可能提出的問難是：婆藪槃豆（世親）所著之《涅槃論》，明
言「眾生本來是佛」；因此，這一說法乃印度所本有的。例如，圭峰宗
密，在其《圓覺經大疏》卷中之二，就曾引《涅槃論》證明「眾生本
來是佛」；他說：「六、本來成佛……《涅槃論》解深密義云……眾生
是佛故微密。」❺這種問難是錯誤的，因為《涅槃論》中「眾生是佛」
的主張，乃就不可言詮之「真如」（自性如如）而言，換句話說，是就
最真實的「道理」來說，而非就「實際」的現實情況來說。這只要檢
閱《涅槃論》原文，即可證明這點：

> 云何微密？身外有佛亦不密，身內有佛亦非密，非有非無亦非
> 密，眾生是佛故微密。云何眾生是佛？眾生非有、非無、非非

---

❺　引見《大正藏》卷一六，頁五八○。

❺　在臺大哲學系的例行討論會上，葉阿月教授引用神秀偈──「身是菩提樹，
　　心如明鏡臺……」，來證明北禪也有「眾生本來是佛」的主張。但是，筆
　　者以為，神秀偈的「佛性」說，最多只能解釋成《如來藏經》或《涅槃經》
　　卷九的「佛性」說，亦即最多只能解釋成「眾生身心當中已有如來的德相」，
　　而不能解釋成：在「實際」上，眾生本來是佛。否則他不會主張「漸悟」。

❺　引見《卍續藏經》卷一四，頁三○八。

有、非非無，是故眾生是佛。❺⑧

　　論文以眾生「非有」乃至「非非無」來解釋「眾生是佛」，明顯的是依不可言詮的「真如」而說的。有關這一點，還可以從世親的另一著作——《佛性論》得到旁證。《佛性論》顯體分第三、如來藏品第三，曾以三義解釋「如來藏」（佛性）一詞，其第一義「所攝名藏」中說：

　　佛說約住自性如如，一切眾生是如來藏。……一切眾生悉在如
　　來智內，故名為（如來）藏。以如如智稱如如境故，一切眾生
　　決無有出。如如境者並為如來之所攝持，故名所藏、眾生為如
　　來藏。❺⑨

　　這是說，一切眾生都住如來的真實智慧的認識範圍當中，因此說一切眾生是如來藏。這並沒有就一般的常識層面說「眾生本來是佛」。

　　其次，《佛性論》解釋「如來藏」的第二義「隱覆為藏」時說：「如來性住道前時，為煩惱隱覆，眾生不見，故名為藏。」⑥⓪而解釋第三義「能攝為藏」時說：「謂果地一切過恆沙數功德，住如來應得性時，攝之已盡故。」⑥①這兩種解釋，也都不曾從「實際」的現實觀點，來說明「眾生本來是佛」。可見圭峰宗密的引文是斷章取義。

　　對本文的另一個可能的問難是：《大方廣圓覺修多羅了義經》（簡稱《圓覺經》），曾明言「眾生本來是佛」⑥②；因此，這個說法是印度所本有的。對於這一問難，筆者的答覆是：《圓覺經》已在學界被認定

────────────

❺⑧　引見《大正藏》卷二六，頁二七七～二七八。

❺⑨　同注❺⑧，卷三一，頁七九五～七九六。

⑥⓪　同注❺⑧，頁七九六。

⑥①　同前注。

⑥②　例如，《圓覺經》曾說：「善男子！此菩薩及末世眾生，修習此心得成就者
　　……始知眾生本來成佛……。」（引見《大正藏》卷一七，頁九一五）

為成立於中國的「偽經」❸，因此，不能以這可疑的文獻來駁斥本文的論點。

我人還要進一步指出的是，《圓覺經》所主張的「眾生本來是佛」的說法，有許多內在的、不可解決的問題；有趣的是，這些內在不可解決的問題，也都反映在經文當中。例如，經中的金剛藏菩薩，即曾責問說：

> 世尊！若諸眾生本來成佛，何故復有一切無明？若諸無明眾生本有，何因緣故如來復說本來成佛？十方異生本成佛道，後起無明，一切如來何時復生一切煩惱？❹

依經文，金剛藏菩薩向佛提出三個問題。在這三個問題當中，經文只回答了最後一個問題：如來不會再生起無明，因為「如銷金鑛，金非銷有，既已成金，不重為鑛」❺。但是，對於第一個問題——「眾生本來成佛，為什麼會有無明？」以及第二個問題——「如果無明本有，為什麼說眾生本來成佛？」卻沒有任何合理的答覆。經文雖然用了許多篇幅和比喻，來說明沒有答覆的理由，而其結論卻是：「虛妄浮心，多諸巧見，不能成就圓覺方便。如是分別，非為正問！」❻

同樣被視為「偽經」的《大佛頂如來密因修證了義諸菩薩萬行首楞嚴經》（簡稱《楞嚴經》）卷四，富樓那彌多羅尼子也提出了類似的問題：「敢問如來，一切眾生何因有妄，自蔽妙明，受此淪溺？」❼而

---

❸ 有關《圓覺經》，及下文提到的《楞嚴經》乃「偽經」的問題，請參見望月信亨《佛教經典成立史論》後編第十章〈如來藏並に密教關係の疑偽經〉，第二、三節（頁四九三～五一九）；法藏館，京都，昭和五三年（第二刷）。

❹ 引見《大正藏》卷一七，頁九一五。

❺ 同註❹。

❻ 同註❹，頁九一六。

經文的回答，與《圓覺經》一樣：「妙覺明圓，本圓明妙。既稱為妄，云何有因？若有所因，云何名妄！」❻❽

總之，這些被認為是中國人所寫的「偽經」，都宣說「眾生本來是佛」，但也都遭遇了無法解決的內在問題；那就是：眾生本來是佛，為什麼會有無明？為什麼會墮落而淪溺在生死輪迴當中？

而南禪，——主張「眾生本來是佛」的南禪，雖然叫人不看經論，說：「二十分教是鬼神簿、拭瘡疣紙」❻❾，但是，它能因而就避免這種理論上的內在問題嗎？

(四)結 論

「頓悟」一詞是印度所本有，也是南禪的開創者——惠能之前，已熱烈討論於中國佛學界的重要概念。但是，南禪的「頓悟」說，卻具有完全不同於前人的主張。從南禪遺留下來的文獻，以及邏輯的推理，我人可以證明：南禪這種異於前人的「頓悟」說，必須以「一切眾生本來是佛」這一命題為必要條件；也就是說，南禪的「頓悟」說，必須建立在「一切眾生本來是佛」的理論基礎上，才能成立。

然而，從印度傳來的經論看來，「一切眾生本來是佛」的說法，是印度所沒有的。甚至，像《如來藏經》、《涅槃經》卷九那樣的說法，——只說到「眾生身心當中有佛的功德」，還未說到「眾生本來是佛」，也都會受到其他經典的嚴厲批判；這更證明「一切眾生本來是佛」的主張，並非印度所本有的。

「一切眾生本來是佛」的說法，有其內在的、不可解決的問題存在；這都反映在主張這個說法的「偽經」——例如《圓覺經》、《楞嚴

---

❻❼ 同註❻❹，卷一九，頁一二一。

❻❽ 同註❻❼。

❻❾ 《五燈會元》卷七；引見《卍續藏經》卷一三八，頁一一六。

經》之上。這些不可解決的問題，自然也不是主張這個說法的南禪弟子所能回答的。但是，這並不意味著，建立於這個說法的南禪「頓悟」說，也存在著不可解決的內在問題；同樣地，這更不意味著，南禪的「頓悟」說，沒有存在的價值⑩。原因是：「一切眾生本來是佛」的主張，只是南禪「頓悟」說的「必要條件」；我人不能因為它的必要條件具有不可解決的問題，就推論到它也具有同樣的問題；否則，我人就犯了邏輯上的謬誤⑪。

---

⑩ 在「東方宗教討論會」上，惠敏法師曾問：為什麼筆者要特別強調「眾生本來是佛」這一命題，有其內在不可解決的問題？難道這些問題在其他宗派或經論之中，有更合理的解答嗎？的確，在其他宗派或經論之中，有關無明如何來的問題，也並沒有合理的答案。例如，《大智度論》卷九〇，論主龍樹即說：「若無明因緣更求其本，則無窮，即墮邊見，失涅槃道。是故不應求。」（引見《大正藏》卷二五，頁六九七）但是，在這些宗派或經論當中，「無明」由來的問題並不是由其基本理論所引生，因此，可以像龍樹所說的那樣，──「不應求」；基本上，這些問題可以視為「十四無記」或「六十二見」之一。反之，禪宗或《圓覺經》、《楞嚴經》中的「無明」問題，卻因其基本理論──「眾生本來是佛」而引生，因此不可視為「不應求」，這是本文特別強調「眾生本來是佛」這一命題，有其內在不可解決之問題的原因。另外，惠敏法師的問難，似乎還隱含著另一問題：會不會因為筆者的這種特別強調，而損及南禪「頓悟」說的存在價值？他這種隱含著的問題，使我做了更詳密的反省；這點應該感謝他。

⑪ 具有底下形式的論證，是不合理的論證；如果 P，則 Q；Q 有 F 性質；所以，P 也有 F 性質。底下是一個實例：如果臺灣在日本，則臺灣在亞洲；「臺灣在亞洲」為真；所以，「臺灣在日本」亦為真。在這個實例當中，兩個前提皆真，而結論卻假；可見這個形式的論證是不合理的。──在邏輯上，一般稱之為「肯定後件的謬誤」(the fallacy of affirming the consequent)。

九 論禪宗公案中的矛盾與不可說

(一)三種類型的公案：矛盾的、不可說的，與混用的

禪宗語錄中，古來就一直困擾學者的，是為數不少的「矛盾」與
「不可說」的公案。所謂「矛盾」的公案，是指禪師們透過矛盾的語
詞或動作，來表達他們所體悟的禪理。例如，底下即是一個典型的實
例；在這個實例當中，南北朝時代的一個禪師——善慧大士(傅翁) ❶，
利用一首句句矛盾的禪詩，來表達他所體悟的禪理：

> 空手把鋤頭　步行騎水牛
> 人從橋上過　橋流水不流 ❷

另外，用行動來傳達「矛盾」之信息的例子，在禪宗的語錄當中，

---

❶　傅翁的生、卒年，依《景德傳燈錄》卷二七所說，分別是「(南) 齊建武
　　四年」和「(陳) 太建元年」，亦即 497–569 年 (參見《大正藏》卷五一，
　　頁四三〇，上～下)。因此，他的活動時代，和禪宗初祖——菩提達摩 (約
　　530 年逝世) 相同。當時禪宗剛剛成立，傅翁自然不是禪宗門下的一員。
　　因此，嚴格說來，他並不是「禪師」。但是，他的這首詩作，卻被收錄在
　　《景德傳燈錄》這類的禪宗典籍當中，許多禪宗的語錄，也為他立傳。這
　　可見禪師們在實質上把他視為「禪師」。明顯地，這是因為他的詩作和人
　　格，合於禪宗的思想和作風。這一事實，更可以從南宋的斷橋妙倫禪師
　　(1201–1261 年)，為傅翁的四句詩寫了一首「評唱」，得到進一步的證明。
　　這首「評唱」是：「狗走抖擻口，猴愁搜搜頭，瑞巖門外水，自古向西流。」
　　(參見《指月錄》卷二；《卍續藏經》卷一四三，頁〇〇四四，下)
❷　《景德傳燈錄》卷二七；引見《大正藏》卷五一，頁四三〇，中。

也比比皆是。例如，雪峰義存（822-908年）和他的徒弟玄沙師備之間，有一段故事，即是最佳的典範：

> （雪峰義存禪）師一日在僧堂內燒火，閉卻前後門，乃叫曰：「救火！救火！」玄沙將一片柴，從牕櫺中拋入。師便開門。❸

事實上，比雪峰義存稍早的另外一位禪師——趙州從諗（777-897年），和他的師父南泉普願、師兄弟黃蘗希運❹之間，也有一段異曲同工之妙的公案：

> （趙州從諗禪）師作火頭，一日，閉卻門，燒滿屋煙。叫云：「救火！救火！」時大眾俱到，師云：「道得即開門。」眾皆無對。南泉將鎖匙於窗間過與師，師便開門。又到黃蘗，黃蘗見來，便開方丈門。師乃把火於法堂內叫云：「救火！救火！」黃蘗開門捉住云：「道！道！」師云：「賊過後張弓！」❺

在雪峰義存的那個例子當中，雪峰在室內燒火，玄沙本來應該提水滅火，但是，他卻「矛盾地」投了一片木柴，火上加火；而更奇怪的是，雪峰卻因此「得救」了，開門出來。其次，在趙州從諗的例子當中，共有兩段故事：其一是從諗閉門燒火，師父南泉把「鎖匙」投入室內，因而「救」了從諗。依《大正藏》的注釋❻，引文中的「鎖匙」兩字，在較早的明本《景德傳燈錄》當中，略為「鎖」字。南泉

---

❸　《指月錄》卷一七；引見《卍續藏經》卷一四三，頁〇三九〇，上。

❹　黃蘗希運是百丈懷海的徒弟。百丈懷海則與南泉普願同為馬祖道一的徒弟。因此，趙州與黃蘗，應該是「堂師兄弟」。

❺　《景德傳燈錄》卷一〇；引見《大正藏》卷五一，頁二七六，下。

❻　D. T. Suzuki, *Studies in Zen*, New York: Philosophical Library, Inc., 1955, p. 51.

為了救火，本來應該直接用鎖匙從外面開門的，但是，他卻把鎖匙投到了室內。而在明本中，更「矛盾地」投給趙州一把鎖，趙州卻因而「得救」了。

趙州從諗的例子當中，還有後半段公案：他的師兄弟黃檗為了救火，進到著火的法堂大喊「道！道！」，趙州卻告訴他的師兄弟說：你來遲了一步（賊過後張弓）！換句話說，當黃檗並沒有用「矛盾」的行動來「救」趙州時，趙州認為他自己並沒有被「救」。因此，趙州的公案雖然分成了兩段，但是二者都是試圖透過「矛盾」的動作，來詮釋禪師們所體悟的真理；只不過前半段採取了正面的詮釋方法，而後半段則應用了反面的表達手段罷了。就這樣看來，趙州的公案和雪峰的故事，並沒有本質上的差別。

綜上所述，禪師們為了表達他們內心所體悟的真理，往往用矛盾的語句或矛盾的動作，來完成這種意圖。而這些矛盾的語句和動作，往往困擾了人們。

另一類困擾人們的公案，是明文說其「不可說」或以動作表示其「不可說」的例子。其中最有名的例子，自然是「拈花微笑」的公案；這則公案，最早的出處應該是來自一部疑偽經——《大梵天王問佛決疑經》 ❼ ，經文說：

---

❼　明·通容所輯著的《祖庭鉗鎚錄》，當中所附錄的「宗門雜錄（四條）」，曾有底下的一段對話：「王荊公問佛慧泉禪師云：『禪家所謂世尊拈花，出在何典？』泉云：『藏經亦不載。』公曰：『余頃在翰苑，偶見《大梵天王問佛決疑經》三卷，因閱之，經文所載甚詳……此經多談帝王事佛請問，所以祕藏，世無聞者。』」（引見《卍續藏經》卷一一四，頁〇七六九，上）文中所說之《大梵天王問佛決疑經》共有三卷，但目前收集在《卍續藏經》冊八七中的，只有一卷本和二卷本；其中論及「拈花微笑」的經文，兩本內容大同小異。本文所引則為一卷本。

爾時，娑婆世界主大梵王，名曰方廣，以三千大千世界成就之
根，妙法蓮金光明大婆羅華，捧之上佛……爾時，如來坐此寶
座，受此蓮華，無說無言，但拈蓮華，入大會中，八萬四千人
天。時，大眾皆止默然。於時，長老摩訶迦葉見佛拈華示眾佛
事，即今廓然，破顏微笑。佛即告言：「是也！我有正法眼藏，
涅槃妙心，實相無相，微妙法門，不立文字，教外別傳，總持
任持，凡夫成佛，第一義諦，今方付屬摩訶迦葉。」言已默然。❽

在這則有名的公案當中，禪師們透過釋迦的口，明白地宣稱「不
立文字，教外別傳」的真理，已經在釋迦拈花、迦葉微笑的默默無語
當中，傳遞了下來。這似乎是一則迷人的公案，以致與之類似的公案，
屢屢出現在禪宗的語錄當中；例如，菩提達摩傳法給慧可的經過，也
是這樣「不可說、不可說」的：

（菩提達摩）欲西返天竺，乃命門人曰：「時將至矣，汝等蓋（盍？）
各言所得乎？」時門人道副對曰：「如我所見，不執文字，不離
文字，而為道用。」師曰：「汝得吾皮。」尼總持曰：「我今所解，
如慶喜見阿閦佛國，一見更不再見。」師曰：「汝得吾肉。」道育
曰：「四大本空，五陰非有；而我見處，無一法可得。」師曰：
「汝得吾骨。」最後，慧可禮拜後，依位而立。師曰：「汝得吾
髓！」乃顧慧可而告之曰：「昔如來以正法眼付迦葉大士，展轉
囑累，而至於我，我今付汝，汝當護持。並授汝袈裟，以為法
信。各有所表，宜可知矣！」可曰：「請師指陳。」師曰：「內傳
法印，以契證心；外付袈裟，以定宗旨……。」❾

---

❽ 《大梵天王問佛決疑經》，〈拈華品〉第二；《卍續藏經》卷八七，頁〇九
七六，上。

❾ 《景德傳燈錄》卷三；引見《大正藏》卷五一，頁二一九，中～下。引文

在這個例子當中，慧可採取「不可說」的方式（亦即只禮拜而不說話的方式），來表達他內心所體悟的真理，因而獲得了達摩的印可，傳給他禪宗第二代祖師的位子。這和迦葉利用微笑而「不可說」的方式，因而獲得釋迦所付託給他的「正法眼藏」，是完全同一意趣的。

行文至此，我人可以歸納出一個結論：禪師們往往用兩種令人困擾的方式，來表達他們內心所體悟的真理。這兩種方式是：㈠用「矛盾」的語句或動作，來表達內心所體悟的真理；㈡用「不可說」的語句或動作，來表達內心所體悟的真理。事實上，禪師們還往往把這兩種方式交互混用，而成為第三種方式：㈢用「矛盾」而且「不可說」的語句或動作，來表達內心所體悟的真理。底下即是一個典型的例子：

> （疎山匡仁禪）師聞福州大潙安和尚示眾曰：「有句、無句，如藤倚樹。」師特入嶺，到彼。值潙泥壁，便問：「承聞和尚道，有句、無句，如藤倚樹，是否？」潙曰：「是。」師曰：「忽遇樹倒藤枯，句歸何處？」潙放下泥盤，呵呵大笑歸方丈。師曰：「某甲三千里賣卻布單，特為此事而來，和尚何得相弄？」潙喚侍者取二百錢，與這上座去，遂囑曰：「向後有獨眼龍，為子點破在。」……後聞婺州明招謙和尚出世（原注：謙眇一目），徑往禮拜。招問：「甚處來？」師曰：「閩中來。」招曰：「曾到大潙否？」師曰：「到。」招曰：「有何言句？」師舉前話。招曰：「潙山可謂頭正尾正，祇是不遇知音！」師亦不省。復問：「忽遇樹倒藤枯，句歸何處？」招曰：「卻使潙山笑轉新！」師於言下大悟，乃曰：「潙山元來笑裡有刀！」遙望禮拜悔過。❿

一開始的「蓋」字，應是「盍」字之誤。

❿　《五燈會元》卷一三；引見《卍續藏經》卷一三八，頁〇四八二，下～〇四八三，上。

在這則公案當中，「有句」和「無句」是互相矛盾、對立的兩個概念。在現實的世界裡，任何一件事物如果是「有」，它就不可能是無；反之，如果是「無」，它就不可能是有。但是，事實上，這一對矛盾而不可兩立的概念，卻是「如藤倚樹」，彼此相互依持而存在。也就是說，「有」是相對於「無」而說的；沒有「無」就不可能說「有」。反之，「無」也是相對於「有」而說的；沒有「有」，就不會有「無」。文中所謂「樹倒藤枯」，意思是指相互依存的這種情況不再存在的時候，亦即在一種絕對的解脫狀況之下。在這種狀況之下，「有」與「無」兩句的矛盾、對立還存在嗎？對這一問題，大溈禪師以「不可說」的一笑，來作為他的回答。顯然，疎山匡仁並沒有體悟大溈的何以「不可說」而笑。一直到他後來把同一問題拿去請教婺州明招謙和尚時，他才真正地開悟。明招的回答是「卻使溈山笑轉新」，意思是大溈又要笑你了。也就是說，明招並沒有正面的回答，事實上他也可以像大溈一樣，採用「不可說」的一笑來回答。

像這樣，一方面採用矛盾的語詞、動作，二方面又採用「不可說」的方式，來表達真理的公案，在禪宗的語錄當中，也是常見的。底下就是另外一個例子。

> 僧參次，（江西道一禪）師乃畫一圓相云：「入也打，不入也打！」
> 僧繞入，師便打。僧云：「和尚打某甲不得！」師靠拄杖，休去。⑪

在這則公案當中，大溈的「有句」與「無句」，被換成了圓相內與圓相外，亦即「入（圓相內）」與「不入（圓相內）」。依照一般的常識，圓相內不對時，圓相外一定對；反之，圓相外不對時，圓相內一定對。但是，道一禪師卻說：「入也打，不入也打！」顯然，他認為二者都不對。道一利用了「內」與「外」的矛盾、對立，來表達真理的所在，

⑪　《指月錄》卷五；引見《卍續藏經》卷一四三，頁〇一一三，上。

但他卻不曾把它的真正所在說出來，——道一除了用「矛盾」的方法之外，還用了「不可說」的方法，試圖指出他所體悟的真理是什麼。

禪宗公案的困擾人們，有些是因為禪師們所要表達的「境界」太過高深（非現實經驗當中的事物），有些是因為語詞的難解（方言、象徵意義之語詞等）；但是，有些則是屬於上面所舉出的三種表達方式——矛盾的、不可說的，以及二者混用的方式。

鈴木大拙 (D. T. Suzuki) 以為，禪師們之所以常用這三種令人困擾的方式來傳達禪理，是因為一般的日常語言和邏輯，有其特有的限制。他在〈禪佛教〉(Zen Buddhism) 一文中，曾經引用《楞伽經》(Laṅkāvatāra Sūtra) 中的一段話，來證明他的這一看法：「究極的真理 (Paramārtha) 是由聖智 (Āryavijñā) 所證得的內在體驗狀態，而且，由於它超越了語言與思辨的範圍，因此不是它們所能確切表達的。」[12]他甚至在〈禪：答胡適博士〉(Zen: A Reply to Dr. Hu Shih) 一文當中說：「我們一般推論：A 是 A，因為 A 是 A；或 A 是 A，所以 A 是 A。禪同意或接受這種推論方式，但是，禪有它自己的方式，這種方式並不是一般可以接受的方式。禪會說：A 是 A，因為 A 不是 A；或 A 不是 A，所以 A 是 A。」[13]

鈴木大拙的意思，顯然認為禪的真理，在日常語言與一般推理之外。也就是說，在語言與邏輯所無法達到的地方，有一真實的真理存在。受到鈴木大拙所影響的現今歐美學界，儘管從不同的角度來理解禪，但是仍然脫離不了鈴木的基本看法。例如，弗洛姆 (E. Fromm) 在〈心理分析與禪佛教〉(Psychoanalysis and Zen Buddhism) 一文當中，指出語言 (language)、邏輯 (logic)，和禁忌 (taboos) 等三種層面，構成了一個「被社會所制約的過濾器」(filter of socially conditioned)，使得我人無法經驗到許多心理現象。這些無法經驗到的心理現象，即是令

[12] 同註[6]。

[13] *Ibid.*, p. 152.

人煩惱的「潛意識」(unconsciousness)❶。而禪，就是撤除由這三方面所構成的過濾器，使潛意識變成「意識」(consciousness)❺。

明顯地，弗洛姆所了解的禪，和鈴木大拙並沒有本質上的不同。他們基本上都認為，日常的語言、邏輯以及禁忌都是有缺陷的，我人無法透過它們，來體悟真理，也就是說，有一個真實的真理，存在於語言和邏輯之外。

從前文所分析過的三種公案當中，筆者發現，確實有些公案是在傳達這種信息❻；但是，筆者在下文還要進一步指出：這些公案不但在傳達真理「存在」於語言與邏輯之外，而且還試圖告訴我人，絕對的真理是「不存在」的──「空」。

㈡禪宗的兩種思想傳統

禪宗，古來即盛傳有兩種不同的思想來源：一是《楞伽經》的「佛性」(如來藏)思想；另一則是《般若經》，特別是《金剛般若波羅蜜經》的「般若」(空)思想。例如，宋‧蔣之奇的〈楞伽阿跋多羅寶經序〉即說：

---

❶ D. T. Suzuki, E. Fromm, and R. DeMartino, *Zen Buddhism and Psychoanalysis*, New York: Grove Press, Inc., 1960, p. 104.

❺ *Ibid*., pp. 121–141.

❻ 例如有一則公案，描述禪宗第六代祖師惠能與其徒弟陳惠明之間的故事：「惠明作禮云：『望行者為我說法。』惠能云：『汝既為法而來，可屏息諸緣，勿生一念，吾為汝說。』明良久，惠能云：『不思善、不思惡，正與麼時，那箇是明上座本來面目?』惠明言下大悟。」(《六祖大師法寶壇經》，〈行由品〉第一；引見《大正藏》卷四八，頁三四九，中)其中，「善」與「惡」是矛盾、對立的兩個概念。而絕對的真理──(惠)明上座(的)本來面目，卻存在於這矛盾、對立之外。所以惠能要惠明「不思善，不思惡」。

　　昔達磨西來，既已傳心印於二祖，且云：「吾有《楞伽經》四卷，
　　亦用付汝。即是如來心地要門，令諸眾生開、示、悟、入。」……
　　至五祖，始易以《金剛經》傳授。❶⑦

　　蔣之奇的說法，是合乎史實的。因為各種文獻都證明，菩提達摩
確實以《楞伽經》的「佛性」（如來藏）思想為其宗要。例如，淨覺的
《楞伽師資記》，即曾記載達摩的思想要義有「理入」及「行入」；其
中，「理入」即是佛性思想：

　　夫入道多途，要而言之，不出二種，一是理入，二是行入。理
　　入者，謂藉教悟宗。深信凡聖含生同一真性，但為客塵妄覆，
　　不能顯了。若也捨妄歸真，凝住壁觀，無自他，凡聖等一，堅
　　住不移，更不隨於言教，此即與真理冥符，無有分別，寂然無
　　為，名為理入。❶⑧

　　文中，「凡聖含生同一真性，但為客塵妄覆，不能顯了」，即是四
卷《楞伽經》中所謂「如來藏自性清淨，轉三十二相入於一切眾生身
中。如大價寶，垢衣所纏」❶⑨。事實上，鈴木大拙、弗洛姆等人所謂
的絕對真理，超越了日常語言和一般邏輯之外，即是指這一「佛性」
（如來藏）的思想。

　　但是，蔣之奇認為，禪宗自五祖弘忍（602–675 年）之後，卻改
以《金剛經》為「心印」。因此，它還有另外一個思想的傳統——《金
剛經》裡的「般若」（空）。

　　蔣之奇的話是沒有錯的，因為弘忍的徒弟——禪宗第六代祖師惠

❶⑦　引見《大正藏》卷一六，頁四七九，中。
❶⑧　同上，卷八五，頁一二八五，上。
❶⑨　《楞伽阿跋多羅寶經》卷二，〈一切佛語心品〉之二；引見《大正藏》卷
　　　一六，頁四八九，上。

能（638-713年），曾自述他自己是因為聽聞別人唸誦《金剛經》而決
心出家的 ❷。而且，他之所以開悟得解脫，成為禪宗第六代祖師，也
是因為弘忍為他講解《金剛經》的緣故。例如，敦煌本《壇經》即說：
「五祖夜知三更，喚惠能堂內，說《金剛經》。惠能一聞，言下便伍（悟?）。
其夜受法，人盡不知。」❷而流行本的《六祖大師法寶壇經》，更詳細
記載說：

> （五）祖以杖擊碓三下而去，惠能即會祖意，三鼓入室。祖以
> 袈裟遮圍，不令人見，為說《金剛經》。至「應無所住而生其心」，
> 惠能言下大悟：一切萬法不離自性。遂啟祖言：「何期自性本自
> 清淨！何期自性本不生滅！何期自性本自具足，何期自性本無
> 動搖！何期自性能生萬法！」祖知悟本性，謂惠能曰：「不識本
> 心，學法無益；若識自本心，見自本性，即名丈夫、天人師、
> 佛。」三更受法，人便不知。便傳頓教及衣鉢云：「汝為第六代
> 祖……。」❷

從這些記載，我人即可肯定《金剛經》中的「般若」（空）思想，
在五祖弘忍及六祖惠能之後，轉變了禪宗的哲學內涵。例如，《六祖大
師法寶壇經》，〈般若品〉第二即曾解釋「般若」（空）說：

> 摩訶般若波羅蜜是梵語，此言大智慧到彼岸……何名摩訶？摩
> 訶是大。心量廣大，猶如虛空，無有邊畔，亦無方、圓、大、
> 小，亦非青、黃、赤、白，亦無上、下、長、短。亦無瞋、無

---

❷ 參見《南宗頓教最上大乘摩訶般若波羅蜜經六祖惠能大師於韶州大梵寺施
法壇經》；引見《大正藏》卷四八，頁三三七，上。

❷ 同上，頁三三八，上。其中，「伍」字應是「悟」字之誤。

❷ 《六祖大師法寶壇經》，〈行由品〉第一；引見《大正藏》卷四八，頁三四
九，上。

喜、無是、無非、無善、無惡，無有頭、尾……若見一切人，
惡之與善，盡皆不取、不捨，亦不染著，心如虛空，名之為大。
故曰摩訶。㉓

　　在這段表面上是注釋「摩訶」（大），而實際上則是說明「般若」
（空）的經文當中，惠能告訴我們，一個真正修習「般若」的菩薩，
應該「心量廣大，猶如虛空」，以至於沒有方圓、大小乃至善惡、頭尾
之分。這正是《金剛經》中「應無所住而生其心」的意思。

　　最值得我們注意的是，為了解釋什麼叫做「般若」（摩訶），惠能
用了許多矛盾、對立的語詞。例如，「方」與「圓」是矛盾、對立的，
「大」與「小」是矛盾、對立的，乃至「頭」與「尾」也是矛盾、對
立的。惠能以為，在「般若」之下，這些矛盾、對立都是「空」的；
因此，他說「無方圓大小」乃至「無有頭尾」。也就是說，在「般若」
之下，不是方，不是圓，不是大，不是小，乃至不是頭，不是尾。這
似乎已經把矛盾化解掉了，但是，實際上它們仍然是某種意義的矛盾、
對立。因為，「不是方」應該就是「圓」，但惠能卻又斷言「不是圓」；
「不是大」應該就是「小」，但他卻又說「不是小」；乃至「不是頭」
應該就是「尾」，而他卻說「不是尾」。可見這種否定一切的方式，仍
然是某種意義的「矛盾」方式。

　　用矛盾、對立的方法，來解釋「般若」（空）的思想，並不是惠能
的獨創；事實上，他所宗重的《金剛經》，就是一部善用矛盾句型的《般
若經》。例如，前文鈴木大拙所舉「A 不是 A，所以 A 是 A」的句形，
即屢次出現在經文當中㉔。另外，類似上引《壇經》經文的文句，也

㉓　引見《大正藏》卷四八，頁三五〇，上～中。
㉔　《金剛般若波羅蜜經》當中，合於這一句型的例子，如：「如來說，第一
　　波羅蜜非第一波羅蜜，是名第一波羅蜜。」（引見《大正藏》卷八，頁七五
　　〇，中）「所言一切法者，即非一切法，是故名一切法。」（同前書，頁七

常常出現在《般若經》中。《大品般若經》即是一例:

> 舍利弗白佛言:「菩薩摩訶薩云何應行般若波羅蜜?」佛告舍利
> 弗:「菩薩摩訶薩行般若波羅蜜時,不見菩薩,不見菩薩字;不
> 見般若波羅蜜,亦不見我行般若波羅蜜,亦不見我不行般若波
> 羅蜜。何以故?菩薩、菩薩字性空,空中無色、受、想、行、
> 識……但有名字謂為菩薩。但有名字,故謂為空。所以者何?
> 諸法實性,無生、無滅、無垢、無淨故。菩薩摩訶薩如是行,
> 亦不見生,亦不見滅,亦不見垢,亦不見淨。何以故?名字是
> 因緣和合作法,但分別憶想假名說。是故菩薩摩訶薩行般若波
> 羅蜜時,不見一切名字;不見故不著。」㉕

在這段經文當中,釋迦為了解釋「般若」行時,用了大量矛盾、
對立的語詞;例如:不見我行般若、不見我不行般若;無生、無滅(不
見生、不見滅);無垢、無淨(不見垢、不見淨)等。這種方式,和《壇
經》是很相似的。最值得注意的是,釋迦不但採用了矛盾、對立的語
詞,來說明何謂「般若」行,而且還詳細說明了理由。為什麼修習「般
若」行的菩薩,必須「矛盾」地「不見我行般若」、「不見我不行般若」,
乃至「矛盾」地「不見垢」、「不見淨」呢?釋迦解釋說:因為「性空」、
「但有名字」、「但分別憶想假名說」的緣故。釋迦的意思是:一個(性)

五一,中)「如來說,人身長大則為非大身,是名大身。」(同前)「如來說,
莊嚴佛土者,即非莊嚴佛土,是名莊嚴佛土。」(同前)「如來說,諸心皆
為非心,是名為心。」(同前)「如來說,諸相具足即非具足,是名諸相具
足。」(同前書,頁七五一,下)「說法者,無法可說,是名說法。」(同前)
「眾生,眾生者,如來說非眾生,是名眾生。」(同前)……。

㉕ 《摩訶般若波羅蜜經》卷一,〈奉鉢〉第二;引見《大正藏》卷八,頁二
二一,中~下。

「空」的（本質上不存在的）、只有名字（「但有名字」）而無實質的，
乃至只有想像（「分別憶想」）而方便說（「假名說」）的東西，例如「菩
薩」，是不可以給以任何描述的。因此，對「菩薩」來說，說他是「行
般若」不對，說他是「不行般若」也不對；乃至說他是「垢」不對，
說他是「不垢」（淨）也是不對。這一切的描述都不對，所以經文反面
地說：「不見我行般若」、「不見我不行般若」，乃至「不見垢」、「不見淨」。

　　然而，一個「空」的東西，為什麼不能給以任何描述，而非要用
反面、否定的描述呢？穆諦 (T. R. Murti) 為了解釋這種「不可說」性（不
可描述性），曾舉了一個有趣的例子：(1) 3 與 4 之間的整數是質數；(2)
3 與 4 之間的整數不是質數。他說，(1)與(2)這兩語句都是錯誤的，因
為「3 與 4 之間的整數」根本是「空」的（不存在的）❷❻。事實上，
並不是只有穆諦說到了這點──「空」（幻）的東西都是「不可說」的，
《大品般若經》也說到了這一事實：

　　佛告須菩提：「於汝意云何？幻有垢有淨不？」（須菩提答:）「不
　　也，世尊！」（佛言:）「須菩提！於汝意云何？幻有生有滅不？」
　　（須菩提答:）「不也，世尊！」❷❼

　　在這裡，經文強調一個「幻」（「空」的別名）的事物，不可以說
是「垢」，也不可以說它是「淨」（不垢）；不可以說它是「生」，也不
可以說它是「滅」（不生）。那是一種「不可說」的狀態，因此也是「矛
盾」的狀態。它之所以「不可說」，因為它不垢、不淨、不生、不滅，
任何的描述都必須加以否定。而它之所以是「矛盾」的，因為：不是

---

❷❻　Cf. T. R. Murti, *The Central Philosophy of Buddhism*, Geo. Allen and Unwin, 1955, pp. 145–147.

❷❼　《摩訶般若波羅蜜經》卷四，〈幻學品〉第十一；引見《大正藏》卷八，頁二三九，下。

「垢」，應該就是「淨」，但它卻說「不淨」；不是「生」，應該就是「滅」，但它卻說「不滅」。依此看來「矛盾」與「不可說」是一體的兩面。「不可說」意味著「A」的不成立與「非A」的不成立，意味著「B」的不成立與「非B」的不成立，乃至C、D、E……也是一樣。而所謂的「A」不成立，在一般的邏輯中，意思是「非A」成立；所謂的「非A」不成立，在一般的邏輯中，則指「非非A」（亦即「A」）成立（其他B、C、D、E……也一樣）。這似乎是自相矛盾的，因為一方面說「非A」成立，另一方面又說「非非A」（亦即「A」）成立。實際上，在《般若經》裡，這種表面的「矛盾」句法，只是為了詮釋「般若」或「空」的「不可說」而已❷。因此，《般若經》裡，並沒有真正的「矛盾」產

---

❷　「非A」與「非非A」的「矛盾」，只有預設亞里斯多德 (Aristotles) 的「二值邏輯」(two-valued logic) 才會產生。在這種邏輯當中，「排中律」(Law of Excludedmiddle)、「矛盾律」(Law of contradiction)，以及「雙重否定律」(Law of Doublenegation) 都成立，因此，「非A」與「非非A」才是「矛盾」的。但是，《般若經》裡是否採用這種邏輯呢？這種邏輯是唯一而沒有錯誤的邏輯嗎？T. R. Murti, E. Fromm，以及筆者，都曾為文詳細討論，而其共同的結論則是否定的——《般若經》並不採用亞里斯多德的邏輯。因此在《般若經》當中，「非A」與「非非A」並沒有任何矛盾可言。其中，E. Fromm 甚至把《般若經》裡的邏輯，稱之為「詭論邏輯」(paradoxical logic)。然而，筆者和 T. R. Murti 等人最大的不同點是：T. R. Murti 等人認為，既然《般若經》不採用亞里斯多德的邏輯，那麼它所採用的應該是黑格爾 (Hegel) 式的辯證法 (dialectic)，或者，它根本就是非邏輯、非理性所能理解的道理。而筆者卻以為，《般若經》雖然不採用亞里斯多德的邏輯，但也決不是辯證法或非理性的道理，事實上，它採用了一種與「直覺主義」(Intuitionism) 很相近的邏輯。詳見 T. R. Murti, *The Central Philosophy of Buddhism*, pp. 145–147; D. T. Suzuki, E. Fromm, and R. DeMartino, *Zen Buddhism and Psychoanalysis*, pp. 101–102；楊惠南，〈龍樹的《中論》用了辯證法嗎?〉，收錄於楊惠南，《龍樹與中觀哲學》，臺北：東大圖書公司，

生；經文之所以採用了矛盾的句法，完全是為了方便詮釋「空」的「不可說」而已。而禪宗，受到了《般若經》，特別是《金剛般若波羅蜜經》的影響，自然而然地反映在公案當中，而有矛盾式的、不可說式的，以及混合式的三種類型。

(三)結　論

　　矛盾式的、不可說式的，以及二者之混合式的三類公案，古來即困擾了學界。有一些學者，例如鈴木大拙、弗洛姆等人，以為這些公案試圖突破日常語言和一般邏輯的束縛，指出一種超越語言與邏輯的真理。

　　這些學者的看法也許是正確的，因為他們根據了禪宗的第一個大傳統──《楞伽經》裡的「佛性」思想。在這個傳統思想之下，所有的公案，都可以被了解成為探求「佛性」的手段。而「佛性」，正如前文鈴木大拙所引用的《楞伽經》文所說，確實是超越了日常語言與一般的邏輯之外。然而，這種解釋並沒有注意到禪宗（特別是五祖弘忍和六祖惠能之後的禪宗）有它的另外一個思想傳統，那就是《般若經》（特別是《金剛般若波羅蜜經》）的「般若」（空）思想。在這個思想之下，所謂的「矛盾」，實際上只是「不可說」的另外一種表達；矛盾方式的公案，以及混合式的公案，都可以化歸到「不可說」的形式。而它們的「不可說」，並不是因為日常語言的缺陷，也不是一般邏輯的限制，而是因為它們所要指稱的事物是不存在的──「空」的。在這「不可說」中，並沒有超越語言與邏輯的神祕真理；相反地，只要我人採用經過反省和修正的常識與推理，即可肯定：一個「空」的（不存在的）東西，確實是無法描述的（不可說的）。

　　像這類只是單純詮釋「空」而不詮釋「佛性」的公案，在禪宗的

典籍當中比比皆是；例如，初祖菩提達摩與二祖慧可（神光）之間的
初次見面，即是最好的例子：

> （神）光曰：「我心未寧，乞師與安。」（菩提達摩祖）師曰：「將
> 心來，與汝安。」（神光）曰：「覓心了不可得。」師曰：「我與汝
> 安心竟！」㉙

在這則公案當中，菩提達摩並沒有為神光指出一個超越語言、邏
輯的真理。這則公案，與其說是闡述超越語言、文字的「佛性」，不如
說是指出「心」的了不可得。這是《金剛經》中一切皆「空」這一思
想下所衍生出來的小結論；經文說：「如來說，諸心皆為非心，是名為
心。所以者何？須菩提！過去心不可得，現在心不可得，未來心不可
得。」㉚

底下的另外一則公案，幾乎是上面那則公案的翻版；它是描述二
祖慧可與三祖僧璨首次見面的故事：

> 有一居士，年逾四十，不言名氏，聿來設禮，而問（慧可）師
> 曰：「弟子身纏風恙，請和尚懺罪。」師曰：「將罪來，與汝懺。」
> 居士良久云：「覓罪不可得。」師曰：「我與汝懺罪竟！宜依佛、
> 法、僧住……宜名僧璨。」㉛

在這則公案當中，也不曾說到超越日常語言與邏輯的真理——佛
性。它只說到「罪」的空幻不實——這顯然也是《金剛經》的「般若」
（空）思想。也許會有人說，《般若經》裡的「空」是低層次的，不能
讓人獲得澈底解脫的；只有像《楞伽經》裡的「佛性」思想，才能讓

㉙　《景德傳燈錄》卷三；引見《大正藏》卷五一，頁二一九，中。

㉚　《金剛般若波羅蜜經》；引見《大正藏》卷八，頁七五一，中。

㉛　《景德傳燈錄》卷三；引見《大正藏》卷五一，頁二二〇，下。

人得到真正的開悟❸。但是，底下的例子，說明禪宗的第四代祖師道信，僅僅是透過對於理解煩惱束縛的「空」而開悟的：

> 有沙彌道信，年始十四，來禮（僧璨）師曰：「願和尚慈悲，乞與解脫法門。」師曰：「誰縛汝？」曰：「無人縛。」師曰：「何更求解脫乎？」信於言下大悟。　❸

《楞伽經》裡超越日常語言和邏輯的「佛性」思想確實是禪宗公案中的主題，為數甚多的公案都在闡述這一真理。但是，一者這些公案也可以理解成為闡述《金剛經》裡的「般若」（空）思想，二者還有另外一些公案，並不是在闡述「佛性」的真理，相反地，它們是在闡述「般若」的思想，因此，把禪宗的公案，特別是本文所討論的三種類型的公案，僅僅解釋成為是在追求超語言、超邏輯的「佛性」真理，是有所缺陷的。這些公案當中的矛盾和不可說的語詞與動作，還可從另一方面理解成為不可言詮、不可描述的「般若」（空）思想。而這種「般若」（空）的思想，並不是超語言、超邏輯的。它是利用經過反省之後的常識，即可理解的道理，它並不是超越現實的神祕事物。

（本文原刊於《臺大哲學論評》第 9 期，臺北：臺灣大學哲學系，1986 年 1 月。）

---

❸　像這樣，把《般若經》看成是「不了義經」的看法，幾乎是古來中國佛教的固定看法。天台宗的智顗，把《般若經》判為「通教」，在它的上面還有《華嚴經》的「別教」，以及《法華經》的「圓教」。而華嚴宗的法藏，則把《般若經》判為「空始教」，意思是大乘佛教的粗淺入門，它的上面還有終教、頓教，和圓教。參見：諦觀，《天台四教儀》，《大正藏》卷四六，頁七七四，下一七八〇，下，特別是頁七七七，下～七七八，上；法藏，《華嚴一乘教義分齊章》卷一，《大正藏》卷四五，頁四八一，中～下。

❸　《景德傳燈錄》卷三；引見《大正藏》卷五一，頁二二一，下。

十 論中國禪的「平常心是道」與新儒家之「增益的執著」

(一)引 言

中國禪所標榜的「平常心是道」的修行方法，意思固然很多，但是，其中至少有一個意思是：依照事物的真實樣子，忠實地認識它們。所謂忠實地認識事物，是指在認識外在事物的過程當中，必須做到下面兩點：一、事物有十分的內容，決不「減損」它們而成八分、九分；二、事物有十分的內容，決不「增益」它們而成十一分、十二分。違反第一原則的認識過程，筆者稱之為「減損的執著」；而違反第二原則的認識過程，則稱之為「增益的執著」。二者都是內心帶有煩惱，因而無法忠實地認識外在事物。

犯有「減損的執著」的人，是指佛門中的小乘人；因為他們錯誤地了解「空」——它是佛門中的一個重要概念。而那些犯有「增益的執著」的人，是指一般的凡夫，本文中特別是指宋、明以來所開展出來的「新儒家」的思想家。以朱熹、王陽明等人為中心而開展出來的「新儒家」，往往用道德的眼光，來觀察外在世界，使得原本平實無華的外在世界，蒙上了一層道德的外衣，因此，筆者稱之為「增益的執著」。

外在世界僅僅「就是這樣」，但是，小乘人心帶「減損的執著」，悲觀地把它看成了「空」；而「新儒家」的思想家們，心懷「增益的執著」，過分樂觀地把它看成「天理」的流行。這二者都是歪曲了世界的真實面目。而中國禪，卻教導我們以「平常心」來面對外在世界，不

「減損」也不「增益」，忠實地觀察外在的事物。這是值得每一個現代人深思、學習的生活態度。

本文願就上述觀點，進一步討論中國禪的「平常心是道」和新儒家之「增益的執著」。

㈡中國禪的「平常心是道」

中國禪宗史上，第一位提出「平常心是道」這一說法的禪師，應該是馬祖道一（788 年寂）。《指月錄》卷五，「江西道一禪師」條，曾說：

> 一日（馬祖道一）示眾云：「道不用修，但莫汙染。何為汙染？但有生死心，造作趣向，皆是汙染。若欲直會其道，平常心是道。何謂平常心？無造作，無是非，無取捨，無斷常，無凡聖。……只如今行住坐臥，應機接物，盡是道……。」❶

在此，馬祖道一提倡一種以平常的心情、平常的態度，面對日常事務的修行法門。因此，他說「道不用修」，又說「行住坐臥，應機接物，盡是道」。而對「平常心」的正式解釋，則說是一種遠離是非（「無是非」），遠離斷常（「無斷常」），遠離凡聖（「無凡聖」）的心理。亦即是一種不落入「兩邊」，而能忠實地認識外在世界的「中道」心理。

馬祖道一的「平常心是道」，成了後代禪宗的一則有名的「公案」。例如，馬祖道一的弟子——南泉普願，與南泉的弟子——趙州從諗之間，就曾留下另一則有關「平常心是道」的「公案」。依據《景德傳燈錄》，這則「公案」是這樣的：

> （趙州從諗）異日問南泉：「如何是道？」南泉曰：「平常心是道。」

---

❶　引見《指月錄》卷五；《卍續藏經》卷一四三，頁五八，右，上。

（趙州從諗禪）師曰：「還可趣向否？」南泉曰：「擬向即乖。」
師曰：「不擬時，如何知是道？」南泉曰：「道不屬知、不知。知
是妄覺，不知是無記。若是真達不疑之道，猶如太虛，廓然虛
豁，豈可強是非邪？」師言下悟理。❷

屬於後代（宋朝）作品的《無門關》一書（無門慧開的作品），曾
在引述了這則公案之後，做了下面的「評唱」：

無門曰：「南泉被趙州發問，直得瓦解冰消，分疎不下。趙州縱
饒悟去，更參三十年始得！」頌曰：「春有百花秋有月，夏有涼
風冬有雪，若無閒事掛心頭，便是人間好時節。」❸

無門慧開的四句頌，是有名的。其意義無非是再一次地肯定馬祖
道一以來所闡揚的「平常心是道」。無門以為，春、夏、秋、冬四季當
中，儘管充滿著困擾我人的事物，但是，只要我們以「平常心」來面
對它們，一切困擾我人的「閒事」自然脫落，此時，四季當中沒有一
時一刻不是解脫自在的「好時節」。

以「平常心」來面對外在世界，是馬祖道一底下所流行的「禪風」。
例如，大珠慧海的「飢來喫飯，困（睏）來即眠」的「用功」方法，
趙州從諗的「喫粥」、「洗鉢」的修行法門，都是「平常心是道」這一
精神的延伸❹。這一精神，顯然意味著依事物的「本來面目」❺，忠

---

❷　引見《景德傳燈錄》卷一〇，〈趙州觀音院從諗禪師〉；《大正藏》卷五一，
　　頁二七六，下。

❸　引見《無門關》，「平常是道」條；《大正藏》卷四八，頁二九五，中。

❹　所謂大珠慧海（馬祖道一之弟子）的「飢來喫飯，困來即眠」的「用功」
　　方法，請參見《景德傳燈錄》卷六，〈越州大珠慧海禪師〉（《大正藏》卷
　　五一，頁二四七，下）。所謂趙州從諗的「喫粥」、「洗鉢」的修行法門，
　　請參見前書，卷一〇，〈趙州觀音院從諗禪師〉（《大正藏》卷五一，頁二

實地認識它們。下面一則公案，正可顯示這點：

> （智堅禪師）初與歸宗、南泉行腳時，路逢一虎，各從虎邊過
> 了。南泉問歸宗云：「適才見虎，似箇什麼?」宗云：「似箇貓兒。」
> 宗卻問智堅禪師，師云：「似箇狗子。」宗又問南泉，泉云：「我
> 見是箇大蟲!」❻

　　文中的智堅、南泉、歸宗三人，都是馬祖道一的弟子。智堅和歸
宗都把老虎看「小」了（看成了貓和狗），無法以「平常心」來面對一
隻老虎。但是，南泉卻能以「平常心」，忠實地看待那隻老虎，不把牠
看「大」了（「增益的執著」），也不把牠看「小」了（「減損的執著」），
而把牠看成牠的「本來面目」——「大蟲」。

　　像南泉普願這樣，以「平常心」來看待外在世界的忠實態度，並
不是只有馬祖道一這一系統下的禪師才有的思想，而是遍及整個禪宗
的思想。例如，不屬於馬祖道一這一系統，而屬於石頭希遷這另外一
系統下的雲門文偃❼，有一次，拿起一支「拄杖」，對他的弟子們說：

> 凡夫實謂之有，二乘析謂之無，圓覺謂之幻有，菩薩當體即空。

　　七七，下）。這二則公案，都在闡述一種以日常生活的態度，來看待外在
　　世界的修行法門；亦即「平常心是道」的修行法門。

❺　「本來面目」一詞，首次出現在《六祖大師法寶壇經》,〈行由品〉第一（參
　　見《大正藏》卷四八，頁三四九，中）。

❻　引見《景德傳燈錄》卷六，「池州松山智堅禪師」條；《大正藏》卷五一，
　　頁二四八，上。

❼　六祖惠能之下，主要有三個流派：㈠荷澤神會的「荷澤宗」；㈡馬祖道一
　　的「洪州宗」；㈢石頭希遷的「石頭宗」〔參見印順，《中國禪宗史》（臺北：
　　慧日講堂，1978 年，二版），八章，一節〕。而雲門文偃則是石頭希遷下
　　的第五代徒孫，亦是「雲門宗」的開創者。

衲僧家見拄杖，便喚作拄杖。行但行，坐但坐，不得動著。❽

在雲門的眼中看來，把「拄杖」看成實有、實無、幻有、體空，都是錯誤的，只有以「平常心」，忠實地把「拄杖」看成「拄杖」──所謂「見拄杖，便喚作拄杖」，才是正確的心態。

總之，中國禪，特別是馬祖道一門下所開展出來的中國禪，強調以「平常心」來看待外在的世界。外在世界是「這樣」，禪師們就僅僅把它看做「這樣」。他們不用悲觀的眼光，「減損」外在世界的「本來面目」，以致厭惡世間、逃避世間；他們也不用過分樂觀的眼光，「增益」外在世界的「本來面目」，以致把外在世界歪曲而成道德的「天理」流行的幻相。他們依照老虎的「本來面目」，來看待老虎；也依照拄杖的「本來面目」，來看待拄杖。因此，他們可以在喫粥、洗缽、睡覺當中修道。這就是「平常心是道」。

㈢新儒家之「增益的執著」

「新儒家」一詞，在此指的是受到隋唐佛教影響的「宋明理學」；此有別於先秦的原始儒家。屬於新儒家的思想家，為數極多，由於篇幅的限制，本文僅以朱熹（1130–1200 年）為例，說明普遍存在於新儒家的「增益的執著」。

朱熹的哲學，是「理」與「氣」並存而生起萬物的二元論思想❾。

---

❽　引見《指月錄》卷二〇，「韶州雲門山光奉院文偃禪師」條；《卍續藏經》冊一四三，頁二二六，左，下。另外，同書頁二二五，左，下，還有另外一段有關「拄杖」及「（房）屋」的話，也是雲門文偃所說的：「我尋常道，一切聲是佛聲，一切色是佛色，盡大地是個法身，枉作個佛法知見。如今拄杖但喚作拄杖，見屋但喚作屋。」顯然，這也是「平常心是道」的另一文證。

❾　此處所謂「理」與「氣」並存的二元論，並不是說「理」與「氣」沒有先

他說：「未有天地之先，畢竟也只是理。有此理，便有此天地。……有理，便有氣流行，發育萬物。」❿因此，「理」是一切事物的本質，也是人心之「(本)性」；此所謂「性者，心之理」也❶。在朱熹看來，和「氣」一起生出萬類的「理」，是至善至美的存有體，但是，卻由於「氣」的「相軋相取」──朱熹所謂的「滾來滾去」，所以才有「惡」的出現❷。朱熹所說的「氣」是什麼？本文不打算討論(就像「理」是什麼？本文也不討論一樣)。但是可以肯定的是，「氣」不只是一種，因為它會「相軋相取」。事實上也的確如此，「氣」至少有「清」、「濁」之分。這兩種不同的「氣」，是使人之所以為聖、為賢、為愚、為不肖的原因。朱熹說：

> 有是理而後有是氣，有是氣則必有是理。但稟氣之清者，為聖為賢，如寶珠在清冷水中。稟氣之濁者，為愚為不肖，如珠在濁水中。❸

朱熹的意思是，由於「氣」的「濁」，使人成為凡愚和不肖。因此，

後、輕重的區別。事實上，朱熹處理這一問題時，採取的是一方面肯定，一方面否定的立場；如說：「理與氣本無先後可言。但推上去時，卻如理在先，氣在後相似。」(引見《朱子語類》卷一)

❿ 引見《朱子語類》卷一。

❶ 同上，卷五。

❷ 朱熹說：問：「理無不善，則氣胡有清濁之殊?」曰：「才說著氣，便自有寒有熱，有香有臭。」(引見《朱子語類》卷四)又說：「二氣五行，始何嘗不正。只滾來滾去，便有不止。」(同前引)又說：「二氣相軋相取……自然有善有惡。……語其本(指「理」)，則無不善也。」(同前引)可見，原本是至善的。萬物之所以有「惡」，人心之所以有「情」有「欲」，都是因為「氣」的「相軋相取」所生。

❸ 引見《朱子語類》卷四。

如果要從凡愚、不肖提升為聖賢，就必須把受到濁氣汙染的人「心」
（喻為「寶珠」），加以「揩拭」。他在解釋《大學》中「明明德」一句
時，即說：「所謂明明德者，是就濁水中揩拭此珠也。」❹ 而所謂「揩
拭」人「心」，即是要開發出至善之心「性」──「理」。同樣地，由
於萬「物」也像寶珠一樣，受到濁氣的汙染❺，因此也必須加以「揩
拭」，使其至善之「理」顯發出來。而所謂揩拭「物」，乃是在行住坐
臥當中體會萬物之「（道）理」的意思，──朱熹稱之為「格物」。他
說：

> 所謂格物，便是要就形而下之器，窮得那形而上之道理而已。
> 如何便將形而下之器，作形而上之道理得？飢而食，渴而飲，
> 日出而作，日入而息，其所以飲食作息者，皆道之所在也。若
> 便謂飲食作息者是道，則不可。❻

　　值得注意的是，朱熹以為「格物」必須在飲食、作息當中體會「道」
（理）；但飲食、作息卻不一定就是體會「道」（理）的「格物」。朱熹
以為，這是儒家與佛家（特別指禪宗）之不同所在❼。

---

❹　同上。

❺　非「心」之「物」也像寶珠一樣，受到濁氣的汙染。這也是朱熹所明文說
　　到的：「物亦有是理，又如寶珠落在至汙濁處。」（引見《朱子語類》卷四）

❻　引見《朱子語類》卷六二。

❼　朱熹說：「若便謂飲食、作息者是道，則不可。與龐蘊居士神通妙用、運
　　水搬柴之頌一般，亦是此病。……儒家則需是就這上尋討個道理，方是道。」
　　（引見《朱子語類》卷六二）其中，龐蘊是馬祖道一禪師的俗家弟子。他
　　曾向石頭希遷禪師，唱了一首歌：「日用事無別，唯吾自偶諧，頭頭非取
　　捨，處處勿乖張。朱紫誰為號，丘山絕點埃，神通并妙用，運水及搬柴。」
　　（引見《景德傳燈錄》卷八，〈襄州居士龐蘊〉；《大正藏》卷五一，頁二
　　六三，中）龐蘊的意思是，在運水、搬柴等日常生活當中，只要能做到「非

　　既然「格物」必須在飲食、作息當中體會「道」（理），而不可以像佛家（禪宗）那樣地不去「尋討個道理」❶，那麼，對那些原本無關乎「道」（理）的事物，例如男女間的愛情，朱熹也硬要以「道」（理）的眼光來觀察。這就是筆者所謂的新儒家之「增益的執著」。朱熹在注解《詩經・國風・周南》中的「關關雎鳩，在河之洲，窈窕淑女，君子好逑」等四句時，曾說：

> 窈窕，幽閒之意。淑，善也。女者，未嫁之稱。蓋指文王之妃大姒，為處子時而言也。君子，則指文王也。……周之文王，生有聖德，又得聖女姒氏以為配。宮中之人，於其始至見有幽閒貞靜之德，故作是詩，言彼關關然之雎鳩，則相與和鳴於河洲之上矣。

　　這明顯的是一種附會。「關雎」這首古詩，只是普通的男女言情之詩；但朱熹在其「物物上有這個道理」❶的形上預設之下，連這首普通的男女言情之詩，也要堅持其「就這上尋討個道理方是道」（詳見注❶）的迂腐理想。使得人間詩情畫意的藝術情境，蕩然無存。他甚至在《詩經・國風・周南》的序注中說：「周南」中的各首詩篇，都是周公「采文王之世，風化所及，民俗之詩」，為的是要「使天下後世之修身、齊家、治國、平天下者，皆得以取法焉」。這正是筆者所謂的「增益的執著」，因為，朱熹把原本沒有的說成了有。❷

　　　取捨」、「勿乖張」的地步，即能達到「神通并妙用」的解脫境界。而朱熹卻認為，「非取捨」等並非「窮得那形而上之道理」的方法，相反地，必須有所「取」、有所「捨」──捨去濁氣，尋求道理，才是儒家的修行方法。

❶　朱熹認為佛家不刻意去「尋討個道理」，請參見注❶。

❶　引見《朱子語類》卷六二。

(四)結　論

儒家，特別是朱熹等人所倡導的「新儒家」，有其時代的意義和貢獻。但是，無可諱言的，難免也有其衍生出來的弊病。新儒家的思想家當中，不但像前文所說的朱熹那樣，因為「泛道德主義」 ❷ 而抹煞了中國人的藝術情懷，而且，更嚴重的是，這種「泛道德主義」也造成了中國人畏懼權威的保守性格。有關中國人的畏懼權威，是許多中外學者都指出過的 ❷。這一性格，顯然與朱熹等新儒家的「泛道德主義」有關 ❷。而中國禪，在「平常心是道」的修行方法之下，不以道

---

❷ 朱熹為了「闢佛」，甚至不惜將佛經的集成歪曲，這更是「增益的執著」的最好明證。他說：「釋氏書其初只有《四十二章經》，所言甚鄙俚。後來日添月益，皆是中華文士相助撰集。如晉宋間，自立講師，孰為釋迦，孰為阿難，孰為迦葉，各相問難，筆之於書，轉相欺誑。大抵多是剽竊老子、列子意思，變換推衍，以文其說。」(引見《朱子語類》卷一二六)這段話可以做兩種解：㈠朱熹明知佛經是由印度傳譯而成，因此並非「中華文士相助撰集」，也非「剽竊老子、列子意思」；但為了提高儒家地位，卻故意說謊。㈡朱熹對佛教的無知，完全不知道佛經傳譯的經過。筆者寧可做第㈡種解，否則朱熹的人格就大有問題了！但是，就第㈡點來說，朱熹對佛教是那樣一個「無知」的人嗎？

❷ 原始儒家以及新儒家的「泛道德主義」，請參見文崇一，〈從價值取向談中國國民性〉一文，收錄在李亦園、楊國樞編，《中國人的性格》，臺北：全國出版社，1981年，五版，頁四七～八三（特別是頁六三）。

❷ 參見文崇一，〈從價值取向談中國國民性〉；朱岑樓，〈從社會個人與文化的關係論中國人性格的恥感取向〉；二文皆收錄在前注所引之《中國人的性格》乙書。

❷ 文崇一，〈從價值取向談中國國民性〉一文說：「最後，到了朱熹手裡，特別強調道德的意義，於是使原來的評價標準一變而為道德標準。變為道德標準後，對人類行為的束縛力也就大些。換句話說，更富有權威。」（引見

學的眼光看待事物，斷除了沒有而有的「增益的執著」。因此，中國禪充滿了活潑的藝術心靈，也提供中國人不畏權威的最佳榜樣。這正是中國禪對於朱熹等人之「增益的執著」的對治之道。

中國禪之活潑的藝術心靈，可以從禪籍中處處可見的打油詩看出來；這是板著面孔，硬把言情詩解釋成「尋道」歌的新儒家文獻當中所少見的。例如：

> 要眠時即眠，要起時即起，
> 水洗面皮光，啜茶濕卻嘴。
> 大海紅塵飛，平地波濤起，
> 呵呵呵呵呵，囉哩囉囉哩！ ㉔

其次，中國禪的不畏權威，也可從禪師們比比皆是的「呵佛罵祖」看出來。例如：

> 這裡佛也無，法也無。達磨是老臊胡。十地菩薩是擔糞漢。等、妙二覺是破戒凡夫。菩提、涅槃是繫驢橛。十二分教是鬼神簿、拭瘡膿紙。四果、三賢、初心、十地是守古塚鬼，自救得也無。佛是老胡矢橛。 ㉕

以上是德山宣鑑禪師的「呵佛罵祖」。禪師們的「呵佛罵祖」，不但像德山宣鑑那樣，表現在對佛菩薩和歷代祖師的批判之上，而且也表現在弟子之於師父的不守「禮教」之上。這也是強調「尊師重道」

《中國人的性格》，頁五一）

㉔ 引見《指月錄》卷二，〈善慧大士〉；《卍續藏經》卷一四三，頁二二，左，下。

㉕ 同上，卷一五，「鼎州德山宣鑑禪師」條；《卍續藏經》卷一四三，頁一七三，左，上。

的儒家，所少有的現象。例如：

> （隱峰禪）師推車次，馬祖展腳在路上坐。師曰：「請師收足。」
> 祖曰：「已展不縮。」師曰：「已進不退。」乃推車碾損祖腳。祖
> 歸法堂，執斧子曰：「適來碾損老僧腳底出來！」師便出，於祖
> 前引頸。祖乃置斧。❷⑥

　　新儒家的朱熹以為，儒、佛之間的不同，乃在佛家把形而上的「理」
看成了「空虛不實」，而儒家卻把形而上的「理」看成了「實」。他說：
「釋氏合下見得一箇道理空虛不實，故要得超脫，盡去物累，方是無
漏，為佛地位。……若吾儒，合下見得箇道理便實了。故首尾與之不
合。」❷⑦依朱熹看來，佛家之所以「叛君親、棄妻子、入山林、捐軀命」，
都是因為佛家把這個形而上的「理」看成了「空無寂滅」❷⑧。筆者相
信，在朱熹看來，不但「叛君親」等，是因為把「理」看空了，而且
禪門的不畏權威，也無非是因為把「理」看空了的結果。然而，一者、
佛家的「理」真的是空嗎？二者、即使佛家的「理」真是空的，因之
而衍生的「叛君親、棄妻子、入山林、捐軀命」，乃至不畏權威的另一
種倫理觀，就一定是錯誤嗎？二者的答案都是否定的。首先，朱熹所
說的「理」，相當佛家所說的「心」或「佛性」、「如來藏」❷⑨。依《勝

---

❷⑥　同上，卷九，「五台山隱峰禪師」條；《卍續藏經》卷一四三，頁一〇三，
　　　左，下。

❷⑦　引見《朱子語類》卷一二六。

❷⑧　朱熹曾說：「蓋其（指佛家）所以為學之本，正為惡此理之充塞無間，而
　　　使已不得一席無理之地以自安。厭此理之流行不息，而使已不得一息無理
　　　之時以自肆也。是以叛君親、棄妻子、入山林、捐軀命，以求其所謂空無
　　　寂滅之地而逃焉。」（引見《文集》卷七〇，「讀大紀」）

❷⑨　朱熹曾把「理」與「心」相提並論，而批評佛家只認得「心」而不認得「理」。
　　　可見佛家的「心」可以類比為朱熹的「理」。他說：「吾以心與理為一，彼

鬘經》，如來藏有「空如來藏」與「不空如來藏」兩種。前者固然可以如朱熹所批判的，是「空虛無實」的；但後者卻是「過於恆沙，不離、不脫、不異不思議佛法」❸。可見佛家的「理」（佛性、如來藏），並非一向是空。

其次，即使佛家的「理」是空的，由之而衍生的另一種倫理觀，就是錯誤嗎？在古代的封建社會中，儒家被定為一尊，儒家的倫理成了唯一的標準，這個問題的答案自然是肯定的。但是，正如前文所說，儒家的倫理觀已經帶給現代社會某些不便，禪宗因「理」空而衍生的異質倫理觀，或許可以彌補它的不足吧？

（本文口頭發表於「世界顯密佛學會議」，高雄・佛光山主辦，1986年12月。）

（指佛家）以心與理為二……彼見得心空而無理，此見得心雖空而萬理咸備也。」（引見《朱子語類》卷一二六）

❸ 引見《勝鬘師子吼一乘大方便方廣經》，〈空義隱覆真實章〉第九；《大正藏》卷一二，頁二二一，下。

十一　惠能及其後禪宗之人性論的研究

　　古來盛傳，禪宗自六祖惠能（638-713 年）以後，有兩大思想傳統：一、以《楞伽經》為主的思想傳統；二、以《金剛經》為主的思想傳統。這兩大思想傳統，在六祖惠能一代，加以匯集融合，開展出後來的「南禪」❶，並決定了惠能後歷代禪師們的人性論之特質。

　　除了《楞伽經》與《金剛經》的思想傳統之外，決定「南禪」禪師們之人性論特質的，還有牛頭禪的禪風❷；那是一種道家化的禪風。它特別表現在「南禪」之禪師們所倡導的「觸類是道」和「平常心是道」等思想之上。

　　因此，惠能後禪宗的人性論之特質，由三方面的思想所決定：(1)《楞伽經》為主的思想；(2)《金剛經》為主的思想；(3)牛頭禪之道家

---

❶　「南禪」是相對於惠能之師兄——神秀（684-760 年）所開創的「北禪」而言。南、北禪又分別名為南、北宗，都是依照惠能與神秀所駐錫的地點而稱呼。惠能住錫在嶺南之廣東，所以稱為「南禪」或「南宗」；神秀住錫在北方之湖南省，所以稱為「北禪」或「北宗」。另外，南、北禪（宗）又分別名為「頓禪」與「漸禪」，那是因為惠能主張「頓悟」而神秀提倡「漸修」的關係（詳下文）。所以，《六祖大師法寶壇經》，〈頓漸品〉說：「時，（惠能）祖師居曹溪寶林，神秀大師在荊南玉泉寺。于時兩宗盛化，人皆稱南能、北秀，故有南、北二宗，頓、漸之分，而學者莫知宗趣。」（引見《大正藏》卷四八，頁三五八，中）

❷　禪風，又名宗風、家風，乃禪門各禪師或各支派所建立起來之思想、習俗，或風尚。禪門中，各個不同的禪師或支派，都可能有不同的思想、習俗，或風尚，所以稱為「禪風」、「宗風」或「家風」。

化的思想。這一人性論之特質是：眾生「本來是佛」，以致不必刻意修
行——「道不用修」的生活態度。

下文將依照上面所說之線索，逐步展開說明和討論。

㈠四卷本《楞伽經》與惠能的人性論之關係

惠能之禪風決定了後世「南禪」諸禪師們的人性論之特質，有其
匯集百川而又重開新流之重要性，因此，我人有必要在最起先，先來
探討惠能之禪風的思想來源。

惠能之禪風的思想來源，前文說過，有二：⑴《楞伽經》；⑵《金
剛經》。前者，相傳是初祖菩提達摩至四祖道信之間的思想傳統——「心
印」❸；後者，則自五祖弘忍開始，以至後代「南禪」的思想傳統——
「心印」。所以，蔣之奇〈楞伽阿跋多羅寶經序〉即說：

> 昔達磨西來，既已傳心印於二祖，且云：「吾有《楞伽經》四卷，
> 亦用付汝，即是如來心地要門，令諸眾生開、示、悟、入。」……
> 至五祖，始易以《金剛經》傳授。故六祖聞客讀《金剛經》，而
> 問其所從來，客云：「我從蘄州黃梅縣東五祖山來，五祖大師常
> 勸僧俗，但持《金剛經》，即自見性成佛矣。」則是持《金剛經》
> 者，始於五祖。故《金剛》以是盛行於世，而《楞伽》遂無傳
> 焉。❹

---

❸ 「心印」，即心心相印的意思。禪宗，特別是惠能後的「南禪」，主張真理
不在語言文字之上，因此倡言「不立文字」。他們以為，真理必須透過師
父與弟子之間的心心相印——所謂「以心傳心」，才能傳遞下來。但是，
「以心傳心」的心心相印，必須有客觀的證明——「心印」（印是印證之
意），這客觀的證明（心印）即是《楞伽經》或《金剛經》等經典。

❹ 引見《大正藏》卷一六，頁四七九，中。

　　上引蔣之奇的四卷本〈楞伽經序〉，明白地說到了達摩至道信之間，以四卷本《楞伽經》作為「心印」；到了五祖弘忍，才改用《金剛經》作為「心印」。這一傳說雖然是不可靠的❺，但是，卻清楚而無可疑議地指出：五祖弘忍後，《金剛經》裡的思想，大量地滲入了原本僅有《楞伽經》思想的禪門❻。使得六祖惠能後，禪宗的思想融合了《楞伽經》和《金剛經》裡的兩種內容。

　　那麼，什麼是《楞伽經》的中心思想呢？這些思想如何影響惠能的禪法呢？我人將在下文一一回答這二問題。首先，是《楞伽經》的中心思想：

　　淨覺，《楞伽師資記》，曾記載菩提達摩的禪法共有「理入」與「行入」兩方面，其中「理入」（依道理而進入修行的要道）是：

> 理入者，謂藉教悟宗。深信凡聖含生同一真性，但為客塵妄覆，不能顯了。若也捨妄歸真，凝住壁觀，無自他，凡聖等一，堅住不移，更不隨於言教，此即與真理冥符，無有分別，寂然無為，名為理入。❼

---

❺　印順以為：「或者說達摩以四卷《楞伽》印心，慧能代以《金剛經》，這是完全不符事實的。」（引見印順，《中國禪宗史》，臺北：慧日講堂，1978 年，三版，頁一五八）他以為，從四祖道信到五祖弘忍之間，整個禪宗——「東山法門」（特指道信和弘忍的禪法），漸漸偏重《金剛經》和《大乘起信論》的弘揚；因此，並不是只有南禪才弘揚《金剛經》，神秀的北宗同樣弘揚《金剛經》。他甚至以為，不但南、北兩宗的禪宗特重《金剛經》的弘揚，而且，整個當時的佛教界也都特重《金剛經》的弘揚（參見前書，頁一五八～一六四）。

❻　所謂「原本僅有《楞伽經》思想的禪門」一詞，只是大略的說法。事實上，從初祖達摩到四祖道信之間，除了《楞伽經》裡的思想為主流之外，還有道信所引入的《文殊說般若經》裡的「一行三昧」，也成了道信、弘忍之禪法的特色（參見印順，《中國禪宗史》，第二、四章）。

　　菩提達摩的「理入」，有下面幾個重點：(1)「深信凡聖含生同一真性」；(2)此「真性」被「客塵妄覆」，以致「不能顯了」；(3)透過「凝住壁觀」等方法修行，即可捨去「客塵」——「捨妄」，而回歸「真性」——「歸真」。這三個意義的「理入」，其實正是四卷本《楞伽經》的中心思想。四卷本《楞伽經》說：

> 世尊修多羅說，如來藏自性清淨，轉三十二相入於一切眾生身中，如大價寶，垢衣所纏。如來之藏，常住不變，亦復如是，而陰、界、入垢衣所纏，貪欲、恚、癡、不實妄想塵勞所汙。一切諸佛之所演說。❽

　　引文中，「如來藏」(tathāgata-garbha) 一詞，即是菩提達摩所說的「真性」，那是每一眾生——「凡聖含生」都有的心性。這一眾生同有的心性——「如來藏」或「真性」，它的「自性清淨」，本具「三十二相」等等德性❾，就像「大價寶」一樣。經文到此，相當於達摩所說「理入」中的第(1)重點——「凡聖含生同一真性」。其次，經文說到這一「如來藏」，「轉三十二相入於一切眾生身中」，以致被眾生身中的「貪欲、恚、癡、不實妄想塵勞所汙」，就像「大價寶」被「垢衣所纏」一樣；這相當於達摩「理入」中的第(2)個重點：「真性」被「客塵（煩惱）妄覆」，以致「不能顯了」。至於「理入」的第(3)個重點——修行法門，則相當於四卷本《楞伽經》所說的，能「得修行者大方便」的「四法」❿。

---

❼　引見《大正藏》卷八五，頁一二八五，上。

❽　《楞伽阿跋多羅寶經》卷二，〈一切佛語心品〉之二，引見《大正藏》卷一六，頁四八九，上～中。

❾　「三十二相」乃佛陀身體上的三十二個特徵，在此代表了佛的一切德性。

❿　四法是：善分別自心現、觀外性非性、離生住滅見、得自覺聖智善樂。參見《大正藏》卷一六，頁四八九，中～四九〇，上。

這四法，由於和人性論無關，因此本文省略而不討論。

四卷本《楞伽經》所說的「如來藏」，乃至菩提達摩所說「理入」的第(1)個重點，用《涅槃經》的話來說，即是「眾生皆有佛性」的意思。在此，「佛性」（buddhatā 或 buddhatva），即是「如來藏」的別名。所以，《涅槃經》說：「我常宣說一切眾生悉有佛性，乃至一闡提等亦有佛性。」❶又說：「一切眾生定得阿耨多羅三藐三菩提故，是故我說一切眾生悉有佛性。」❷引文中，「一闡提」（icchantik 或 ecchantika）是指那些「斷善根」的惡人❸；他們將來也會得「阿耨多羅三藐三菩提」——成佛。可見，「眾生皆有佛性」這一命題意味著：包括「一闡提」在內的一切眾生，都可以成佛，因為他們都有「佛性」。

眾生皆有「佛性」、「如來藏」，或達摩所說的「真性」，以致眾生皆可成佛，這一思想，明白地反映在惠能的禪法之中。例如，敦煌本《壇經》，曾記載了惠能與弘忍之間的一段對白，這段對白清楚地證明了惠能的「佛性」思想：

> 弘忍和尚問惠能曰：「汝何方人……復求何物？」惠能答曰：「弟子是嶺南人……唯求佛法作。」大師遂責惠能曰：「汝是嶺南人，又是獦獠，若為堪作佛？」惠能答曰：「人即有南北，佛性即無南北。獦獠身與和尚不同，佛性有何差別？」❹

❶ 《大般涅槃經》卷二七，〈師子吼菩薩品〉，引見《大正藏》卷一二，頁五二四，下。

❷ 同上，頁五二四，中。

❸ 《大般涅槃經》卷二六，〈光明遍照高貴德王菩薩品〉說：「何等名為一闡提耶？謂斷善根。」（引見《大正藏》卷一二，頁五一八，上）

❹ 引見《大正藏》卷四八，頁三三七，上～中。其中，原文「佛性」皆誤作「佛姓」。現依《六祖壇經敦煌本、流行本合刊》（下文簡稱《壇經合刊》），臺北：慧炬出版社，1976年，頁七四，改正如文。

　　從上引惠能與弘忍的對話當中，可以肯定地說：惠能相信了《楞伽經》乃至《涅槃經》中的「佛性」或「如來藏」的思想。

　　「佛性」或「如來藏」一詞的另一重要內涵是：它是我人的「真我」。《涅槃經》說：「我者，即是如來藏義。一切眾生悉有佛性，即是我義。如是我義，從本已來，常為無量煩惱所覆，是故眾生不能得見。」⑮這明白地說到「如來藏」（亦即「佛性」），就是真「我」；這一真我，由於「常為無量煩惱所覆」，以致「眾生不能得見」。因此，受到這一思想之深遠影響的惠能，把「佛性」又稱為「自性」、「本性」、「本心」；而所謂修行就是要「見性」——見到「自性」、「本性」、「本心」，以找回真我。所以，惠能說：「不識本心，學法無益；識心見性，即吾大意。」⑯又說：「菩提般若之知，世人本自有之。即緣心迷，不能自悟。須求大善知識，示道見性。」⑰這些片段，都可說明惠能所說的「（自）性」、「本性」、「本心」，正是上引《涅槃經》中所說的真「我」。

　　「佛性」或「如來藏」的另一個內涵是：它能生起萬物。所以，四卷本《楞伽經》說：

> 如來之藏是善不善因，能遍興造一切趣生。譬如伎兒，變現諸趣，離我、我所，不覺彼故。三緣和合，方便而生。外道不覺，計著作者。為無始虛偽惡習所熏，名為識藏。生無明住地，與七識俱。如海浪身，常生不斷。離無常過，離於我論。自性無垢，畢竟清淨。其諸餘識，有生有滅。⑱

---

⑮　《大般涅槃經》卷七，〈如來性品〉，引見《大正藏》卷一二，頁四○七，中。

⑯　敦煌本《壇經》，引見《大正藏》卷四八，頁三三八，上。

⑰　同上，頁三三八，中。

⑱　《楞伽阿跋多羅寶經》卷四，〈一切佛語心品〉之四，引見《大正藏》卷一六，頁五一○，中。

上引四卷本《楞伽經》的經文當中，可以歸納出下面幾個重點：
⑴如來藏是「善不善因」，可以「興造一切趣生」，亦即，為善的眾生
——「善趣」與為惡的眾生——「惡趣」❶，都以如來藏為因而生起。
⑵如來藏所變現之善、惡「諸趣」，不是真正的「我」，也不是附屬於
「我」的真實萬物——「我所」，因為，「諸趣」都是虛妄不實——「不
覺彼」的緣故。⑶善、惡「諸趣」都是「三緣和合，方便而生」，因此
都是虛妄不實的。其中，經文並沒有列出「三緣」的名稱，但一般經
論都說到一個新生命的形成，必須具備母血——「赤」（śoṇita）、父精
——「白」（śukra）與心識等三個條件❷。⑷如來藏常被「外道」誤以
為是「作者」❸。⑸如來藏受到了「無始虛偽惡習所熏」，以致成為「識
藏」❹。⑹由如來藏所生之「識藏」，生起了其他含有「無明住地」的
「七識」❺。⑺如來藏「自性無垢，畢竟清淨」，但出之而生之「識藏」

---

❶　「善趣」一般指天趣與人趣，「惡趣」則指畜生趣、餓鬼趣與地獄趣。合
　　善、惡趣為「五趣」，是為一切眾生。另外，也有加入阿修羅而成六種眾
　　生——「六道」者。

❷　母血、父精合稱「赤白」（śoṇitaśukra），再加上心識，三者合稱「羯邏藍」
　　（kalala），譯為凝滑、雜穢，或胞胎等，即胚胎的意思。

❸　因此，《楞伽阿跋多羅寶經》卷二，〈一切佛語心品〉之二曾警告說：「我
　　（釋迦）說如來藏，不同外道所說之我。」相反地，如來藏的各種教義，
　　是為了讓「外道」了解「無（外道之）我」的道理。所以，同經又說：「開
　　引計我諸外道故，說如來藏，令離不實我見妄想。」又說：「為離外道見故，
　　當依無我如來之藏。」（以上皆引見《大正藏》卷一六，頁四八九，中）

❹　「識藏」一詞，在元魏・菩提流支所譯之《入楞伽經》卷七，〈佛性品〉，
　　作「阿梨耶識」（參見《大正藏》卷一六，頁五五六，中）。而在唐・實叉
　　難陀所譯之《大乘入楞伽經》卷五，〈剎那品〉，作「藏識」（參見《大正
　　藏》卷一六，頁六一九，下）。三者皆是梵文 ālaya-vijñāna 的翻譯。而唐・
　　玄奘的譯作當中，ālaya-vijñāna 則一律譯為「阿賴耶識」。

❺　「住地」是煩惱的一種，共有五種「住地」，「無明住地」是其中最嚴重、

及「七識」則是「有生有滅」。

以上七個重點，第(1)與第(5)、(6)、(7)是最值得注意的。這幾個重點說到一切的善、不善等「諸趣」及一切的精神活動——「識藏」及「七識」，都由如來藏所生起。所以，如來藏生起了萬物。這一《楞伽經》中的思想，同樣也反映在六祖惠能的禪法當中。例如，敦煌本《壇經》說：「性含萬法是大，萬法盡是自性。」❷❹ 又說：

> 世人性本自淨，萬法在自性。思量一切惡事，即行於惡；思量一切善事，便修於善行。知如是一切法，盡在自性。自性常清淨，日月常明，只為雲覆蓋，上明下暗，不能了見日月星辰。忽遇慧風吹散，卷盡雲霧，萬象參羅，一時皆現。世人性淨，猶如清天，慧如日，智如月，智慧常明。於外著境，妄念浮雲蓋覆自性，不能明。故遇善知識，開真法，吹卻迷妄，內外明徹，於自性中萬法皆見，一切法自在性……。❷❺

上引兩段經文當中，惠能明白地說到我人本具的如來藏——他稱之為「自性」或「性」，內含著萬法；如說，「性含萬法」、「萬法在自性」、「一切法自在性」等等。但是，所謂自性內含著萬法，可能只是一種自性與萬法的「共存」關係，或是一種全體（自性）與部分（萬法）的「從屬」關係；而不是以「自性」之因，生起萬法之果的「因

最根本的一種（參見《勝鬘師子吼一乘大方便方廣經》，〈一乘章〉第五，《大正藏》卷一二，頁二二〇，上～中）。「七識」指眼、耳、鼻、舌、身、意，及末那 (manas) 識。這七識包括了一個生命體所有日常生活中的精神活動。

❷❹ 引見《大正藏》卷四八，頁三三九，下。其中，「萬法盡是自性」一句中的「性」字，原作「姓」字，現依《壇經合刊》，頁八八，改正如文。

❷❺ 引見《大正藏》卷四八，頁三三九，上。原文有許多錯別字，今依《壇經合刊》，頁八四～八五，改正如文。

果」關係。如果自性與萬法之間，不是「因果」關係，而僅僅止於「共存」或「從屬」的關係，那麼，惠能所說的自性，就不是四卷本《楞伽經》裡的如來藏；因為，前文已經說過，四卷本《楞伽經》裡的如來藏，與萬法之間的關係，是「因果」關係。

事實上，從流行本《壇經》的片段，可以確定惠能所說的「自性」，確實是四卷本《楞伽經》所說的「如來藏」。流行本《壇經》說：

> 祖以袈裟遮圍，不令人見，為說《金剛經》。至「應無所住而生其心」，惠能言下大悟：「一切萬法不離自性」。遂啟祖言：「何期自性本自清淨，何期自性本不生滅，何期自性本自具足，何期自性本無動搖，何期自性能生萬法！」❷

這段經文在敦煌本《壇經》中缺如，可以推斷是後代所加入的。因此，並不足以證明惠能也具有經文中的思想。但是卻可以證明惠能後的南禪，確有這種思想。這種思想是：自性與萬法之間的關係，不但是「共存」或「從屬」的關係，而且也是前後相生的「因果」關係。經文一開頭，說到了「一切萬法不離自性」，似乎也只說到自性與萬法的「共存」或「從屬」關係；但是，經文的最後，卻又說：「自性能生萬法」，這明顯地不再止於「共存」或「從屬」，而是以自性為因，生起萬法之果的「因果」關係了。可見這種說法，來自於四卷本《楞伽經》裡的「如來藏」思想，是毋庸置疑的。

(二)《金剛經》與惠能的人性論之關係

前文說過，決定惠能之人性論特質的，除了四卷本《楞伽經》之外，還有《金剛經》裡的思想。現存的《金剛經》，有許多不同的譯本❷，

---

❷　《六祖大師法寶壇經》，〈行由品〉，引見《大正藏》卷四八，頁三四九，上。

但是，真正影響惠能的，應該是當時（及現在）所最通行的秦譯本。後秦・鳩摩羅什譯，《金剛般若波羅蜜經》（一卷），是《般若經》的一種，主要思想自然與其他《般若經》相同，乃在闡述「般若」(prajñā)或「空」(śūnya)、「空性」(śūnyatā)的道理⓲。

　　《金剛經》裡的「空」或「空性」，否定了一切有生滅變化的「有為法」(saṃskṛta)，亦即否定了所有現象世界當中的事物──「世間法」。這可以從經末的四句偈看出來：「一切有為法，如夢幻泡影，如露亦如電，應作如是觀。」⓳也可以從其他的片段經文看出來；例如：「凡所

⓱　現存的《金剛經》至少有六本：⑴後秦・鳩摩羅什譯，《金剛般若波羅蜜經》，一卷；⑵元魏・菩提流支譯，同前經名，同卷數；⑶陳・真諦譯，同前經名，同卷數；⑷隋・笈多譯，《金剛能斷般若波羅蜜經》，一卷；⑸唐・義淨譯，《佛說能斷金剛般若波羅蜜多經》，一卷；⑹唐・玄奘譯，《大般若經（卷五七七）・第九能斷金剛分》。其中，⑴-⑸收錄在《大正藏》卷八，頁七四八一-七七五；⑹收錄在《大正藏》卷七，頁八八〇一-八九五。

⓲　「般若」(prajñā)一詞，由 pra 與 jñā 兩個梵文字所組成。pra 有「在前的」、「前面的」、「偉大的」等意思；jñā 則是智慧的意思。（參見 Sir Monier Monier-Williams, *A Sanskrit-English Dictionary*, Delhi: Motilal Banarsidass, 1970, p. 652b.）因此，pra 與 jñā 的結合語──prajñā（般若），特指一種超越一般世智辨聰的特殊智慧。在《般若經》中，它特別是指一種體悟了「空」或「空性」的智慧。例如，《摩訶般若波羅蜜經》（即《大品般若經》）卷三，即說：「菩薩摩訶薩欲行般若波羅蜜，應如是思惟：『何者是般若波羅蜜？何以故名般若波羅蜜？是誰般若波羅蜜？』若菩薩摩訶薩行般若波羅蜜，如是念：『若法無所有、不可得，是般若波羅蜜……內空故；外空、內外空、空空、大空、第一義空、有為空、無為空、畢竟空、無始空、散空、性空、自相空、諸法空、不可得空、無法空、有法空、無法有法空故……。』」（引見《大正藏》卷八，頁二三六，中）另外，「空」通常用做形容詞，而「空性」則是「空」的抽象名詞化。

⓳　引見《大正藏》卷八，頁七五二，中。

有相皆是虛妄」❸，又如：「所言一切法者，即非一切法，是故名一切
法」❸。

事實上，《金剛經》裡的「空」，不但否定了「有為法」、「(有為)
相」等「一切法」的存在，而且也否定了解脫等「無為法」(asaṃskṛta)
的存在❸。例如：

> 佛告須菩提：「……如來於然燈佛所，有法得阿耨多羅三藐三菩
> 提不?」「不也，世尊。如我解佛所說義，佛於然燈佛所，無有
> 法得阿耨多羅三藐三菩提。」佛言：「如是，如是! 實無有法，
> 如來得阿耨多羅三藐三菩提……。」❸

引文中的「阿耨多羅三藐三菩提」(anuttarasamyaksaṃbodhi)，義
譯為「無上正遍知」或「無上正等正覺」等，乃指佛的智慧而言，亦
是解脫後所證得之涅槃所顯發出來之心智。所以，《大智度論》卷二說：
「阿耨多羅，秦言無上。云何無上? 涅槃法無上。」❸

上引《金剛經》文中，既然說到「實無有法，如來得阿耨多羅三
藐三菩提」，可見像涅槃之類的無為法，也是「空」的。

總之，依《金剛經》看來，「空」不但否定了有為法的存在，也否
定了無為法的存在；那是一部主張一切皆「空」的《般若經》。

---

❸ 同上，頁七四九，上。其中，「相」(lakṣaṇa) 是指事物的性質、特徵、屬
性等等。(Cf. Sir Monier Monier-Williams, *A Sanskrit-English Dictionary*, p. 892a.)

❸ 引見《大正藏》卷八，頁七五一，中。

❸ 「無為法」，一般指那些沒有生滅變化的事物。《阿毘達磨俱舍論》卷一，
列有三種無為法：⑴虛空；⑵擇滅；⑶非擇滅 (參見《大正藏》卷二九，
頁一，下～二，上)。其中，擇滅即是指解脫。

❸ 引見《大正藏》卷八，頁七五一，上。

❸ 同上，卷二五，頁七二，中。

　　《金剛經》這種「一切皆空」的思想，自然也反映在惠能的禪法當中。不過，這種「一切皆空」的思想，並不是單純的「一切皆空」，而是帶有四卷本《楞伽經》的「如來藏」思想在內，可以說是「如來藏」與「空」之綜合體的「一切皆空」。這從下面敦煌本《壇經》的一段經文，即可看出：

> 摩訶般若波羅蜜者，西國梵語，唐言大智慧彼岸到……何名摩訶？摩訶者，是大。心量廣大，猶如虛空……能含日月星辰、大地山河、一切草木、惡人善人、惡法善法、天堂地獄，盡在其中。世人性空亦復如是。性含萬法，是大。萬法盡是自性。見一切人及非人，惡之與善，惡法善法，盡皆不捨，不可染著。猶如虛空，名之為大。此是摩訶行……何名般若？般若是智慧。一時中，念念不愚，常行智慧，即名般若。行一念愚，即般若絕；一念智，即般若生。世人心中常愚，自言我修般若。般若無形相，智慧性即是。何名波羅蜜？此是西國梵音，言彼岸到，解義離生滅。著境生滅去（生？），如水有波浪，即是於此岸。離境無生滅，如水承長流，故即名到彼岸。故名波羅蜜。 ❸❺

　　顯然，引文中所說到的「摩訶般若波羅蜜」(mahāprajñāpāramitā)❸❻，與《金剛經》所說的「空」很不一樣。《金剛經》所說的「空」，否定

---

❸❺ 同上，卷四八，頁三三九，下～三四〇，上。原文有許多錯別字、脫落字，現依《壇經合刊》，頁八八～八九，改正如文。

❸❻ 梵文 mahāprajñāpāramitā 一詞中，mahā 譯為「大」、廣大、偉大的意思。prajñā 譯為智慧（參見注❷❾）。pāramitā 譯為「到彼岸」（或如敦煌本《壇經》中的「彼岸到」），有越過、超越、完全達成、圓滿等意思。（參見 Sir Monier Monier-Williams, *A Sanskrit-English Dictionary*, p. 619c.）因此，所謂 mahāprajñāpāramitā，傳統譯為「大智慧到彼岸」或「大智度」，其實是指一種圓滿無缺的超越（世俗的）智慧。

了有為、無為等一切法；但是，敦煌本《壇經》所說的「空」，卻是能含萬法，乃至「人及非人，惡之與善，惡法善法，盡皆不捨，不可染著」的「空」。這種意義的「空」，與其說是《金剛經》式地否定萬物，不如說是《楞伽經》式地含容萬物，把萬物含容在「如來藏」中，乃至依「如來藏」而有善惡「諸趣」以及「識藏」(阿梨耶識)、「七識」等等萬法，是四卷本《楞伽經》的中心思想之一（詳前文）；這一中心思想，在上引敦煌本《壇經》的經文當中，即以「空」、「性空」、「性」、「自性」等概念，而表達無遺。所以，惠能所理解的「空」或「般若」，並不單純是《金剛經》裡的意義，事實上是融入了四卷本《楞伽經》的「如來藏」思想，而成一綜合性的「空」或「般若」。

但是，敦煌本《壇經》是特別讚嘆、提倡《金剛經》的。經中惠能多次提到、引用到《金剛經》，也多次勸告他的門人聽聞、讀誦《金剛經》。其中，有一次是這樣說的：

> 若欲入甚深法界、入般若三昧者，直修般若波羅蜜行。但持《金剛般若波羅蜜經》一卷，即得見性，入般若三昧，當知此人功德無量，經中分明讚嘆，不能具說……若大乘者，聞說《金剛經》，心開悟解。故知本性自有般若之智，自用智慧觀照，不假文字。❸❼

可見敦煌本《壇經》是特重《金剛經》的。

《金剛經》對惠能的影響，正如前文所說，並不在其否定萬物的道理，而在其「不捨」萬法、「不染著」萬法的道理。這一道理，特別表現在「無住」這一概念之上。傳說中，惠能是因為聽到了《金剛經》裡的一句經文——「應無所住而生其心」，然後決心出家的，也是因為聽到了同一句經文然後開悟的❸❽，可見「無住」這一概念對惠能的深

❸❼　引見《大正藏》卷四八，頁三四〇，上～中。

刻影響。敦煌本《壇經》中，對於「無住」一詞的說明，是和另兩個相關的概念——「無念」、「無相」，同時介紹的：

> 我此法門，從上已來，頓漸皆立無念為宗、無相為體、無住為本。何名為相？無相者，於相而離相。無念者，於念而不念。無住者，為人本性，念念不住。前念、今念、後念、念念相續，無有斷絕。若一念斷絕，法身即是離色身。念念時中，於一切法上無住。一念若住，念念即住，名繫縛。於一切法上念念不住，即無縛也。此是以無住為本。 ❸❾

依照惠能的人性論，人的心性是至善的「真如」，由此至善之「真如」心，所生起的「念（頭）」，自然也是本質上的善。所以他說：「真如是念之體，念是真如之用。自性起念，雖即見聞覺知，不染萬境，而常自在。」❹⓿ 既然善念、惡念都是至善之「真如」心所生，因此，固然不能使善念斷絕，但也不可刻意地去阻止惡念的產生。所以，惠能說：「莫百物不思，念盡除卻。一念斷，即死，別處受生。」又說：「若百物不思，當令念絕，即是法縛，即知邊見。」❹❶

正由於「念（頭）」是由至善之「真如」心所生，因此，「念（頭）」

---

❸❽ 惠能因「應無所住而生其心」這一句《金剛經》裡的經文而出家，記載在宮內省圖書寮本（舊宋本）《六祖大師法寶壇經》，〈悟法傳衣品〉當中（參見《大正藏》卷四八，頁三四八，注❸）。其次，惠能因同一經句而開悟，則是大部分的流行本《六祖大師法寶壇經》所共同記載的（參見《大正藏》卷四八，頁三四九，上）。

❸❾ 引見《大正藏》卷四八，頁三三八，下。原文有許多錯別字、脫落字、衍字，今依《壇經合刊》，頁八二，改正如文。

❹⓿ 同上，卷四八，頁三三八，下。並依《壇經合刊》，頁八三，略有修改。

❹❶ 同上，卷四八，頁三三八，下；三四〇，下。並依《壇經合刊》，頁八二、九三，略有修改。

是念念不斷的，因為「真如」心是流通的❷。「念（頭）」既然是念念不斷的，就不可，也無法令其「住」（停止、住著）；這就是「無住」。

另外，「真如」心不但生起「念（頭）」，也生起「日月星辰、大地山河、一切草木、惡人善人、惡法善法、天堂地獄」等「（萬）相」。這些「（萬）相」既然由真如之心所幻生，因此都是空幻不實的，不可染著。這即是「於相而離相」乃至「外離一切相」的「無相」。

總之，「念」與「相」由真如心（如來藏）所生，因此，善念、惡念都是本質的善，不可也不能斷除，此即「無念」；其次，不可在念上住著、停留（貪愛），此即「無住」。而真如心所生之「相」，由於是虛幻不實的，因此應了解其虛幻不實，不要為其外表之「相」所矇蔽，此即「無相」。另外，對於「相」的不住著，亦可稱為「無住」❸。這就是惠能所謂的「無念為宗，無相為體，無住為本」。我們可以用下面的簡圖，來綜合以上所說各點：

---

❷　依《楞伽經》，真如心（如來藏）生起包括「識藏」、「七識」等一切萬法，所以無時無刻都是流通的。

❸　敦煌本《壇經》並沒有說到這種意義的「無住」；但是，《金剛經》中的「無住」，卻包含這一層意思，而且，惠能的本意也應該有這一層意思。《金剛經》中的「無住」，不但有不住著於心念之意，也有不住著於萬相之意。例如，《金剛經》說：「應如是生清淨心，不應住色生心，不應住聲、香、味、觸、法生心。應無所住而生其心。」（引見《大正藏》卷八，頁七四九，下）又說：「菩薩應離一切相發阿耨多羅三藐三菩提心，不應住色生心，不應住聲、香、味、觸、法生心。應生無所住心。若心有住，則為非住。是故佛說，菩薩心不應住色布施。」（同上，頁七五〇，中）這兩段經文都說到「無住」不但是不住著於心念，而且也應不住著於色、聲、香、味、觸、法等外在的、物質性的萬相之上。

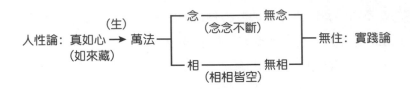

㈢惠能之後的人性論
——眾生本來是佛

　　惠能後所開展出來的「南禪」，雖有五家七宗❹之多，但都主張「眾生本來是佛」；這正是惠能後的人性論之中心主題。這一人性論的中心主題，一方面是繼承了惠能以來，那種綜合四卷本《楞伽經》與《金剛經》之思想的人性論，而且，還更進一步吸收了道家化的牛頭禪之思想，而組合成的新人性論。

　　在敦煌本《壇經》之中，惠能並沒有明確地說到「眾生本來是佛」。而在四卷本《楞伽經》以及一些以「如來藏」為中心思想的印度佛經之中——例如，《涅槃經》、《如來藏經》等，也都不曾說到「眾生本來是佛」❺。但是，惠能後所開創出來的「南禪」，卻明顯地主張「眾生本來是佛」，並提倡一種由之衍生出來的修行法門——「平常心是道」。例如，有一首題為〈南宗讚〉的〈五更調〉，即說：

　　　一更長，如來智慧心中藏。不知自身本是佛，無明障蔽自荒忙。
　　　了五蘊，體皆亡。滅六識，不相當。行住坐臥常作意，則知四
　　　大是佛堂。❻

---

❹　五家七宗是：溈仰宗、曹洞宗、臨濟宗、雲門宗、法眼宗（以上「五家」）、黃龍派、楊岐派（此兩派合前五家為「七宗」；此兩派皆從臨濟宗所分出）。

❺　有關惠能不曾明言「眾生本來是佛」，以及四卷本《楞伽經》等印度經論也不曾明言「眾生本來是佛」這一事實，請參見本書頁二二一～二四七。

　　詩中，明白地說到眾生的「自身本是佛」，也說到我人的身體（由地、水、火、風所組成），是一座供有真佛的「佛堂」。這在在說明惠能後的「南宗」，主張「眾生本來是佛」。

　　其次，五家七宗之一的臨濟宗，其開創者——臨濟義玄（867 年寂），也明顯地說到「眾生本來是佛」：

> 如今學者不得，病生甚處？病在不自信處。你若自信不及，即便忙忙地，狥一切境。被他萬境回換，不得自由。你若能歇得念念馳求心，便與祖佛不別。你欲識得祖佛麼？只你面前聽法底是！ ❹❼

　　臨濟義玄的話，明白地說到「聽法底」眾生，就是「祖佛」；這是「眾生本來是佛」的另外一種說法。而當有人問到「如何是佛？」時，另一位禪師——大珠慧海也回答說：「清談對面，非佛而誰！」 ❹❽ 這和臨濟的話，是完全同一旨趣的；那就是：「眾生本來是佛」。 ❹❾

　　然而，惠能後所開展出來的「南禪」，為什麼主張「眾生本來是佛」呢？筆者以為，那是因為兩種思想相互激盪的結果：(1)《金剛經》裡的「空」之思想，在「南禪」的加深其影響力；(2)道家化之「牛頭禪」的引入「南禪」諸禪師的思想當中。

　　首先，《金剛經》的「空」在南禪的加深其影響力這一事實，可以從惠能批判神秀的四句偈看出來 ❺〇。依敦煌本《壇經》，惠能的四句偈

---

❹❻　引見胡適校，《神會和尚遺集》，臺北：中央研究院胡適紀念館，1968 年，頁四七七。

❹❼　《指月錄》卷一四，引見《卍續藏經》卷一四三，頁三二八。

❹❽　同上，頁一九七。

❹❾　有關南禪主張「眾生本來是佛」的其他例證，請參見本書頁二二一～二四七。

共有兩首：

> 菩提本無樹，明鏡亦無臺，
> 佛性常清淨，何處有塵埃？（其一）
> 心是菩提樹，身為明鏡臺，
> 明鏡本清淨，何處染塵埃？（其二）

在這兩首批判神秀的四句偈中，雖有《金剛經》的「空」思想在內（如「無樹」、「無臺」等），但卻多分屬於四卷本《楞伽經》的「佛性」思想。這可以從偈中用到「佛性」一詞，乃至把神秀偈的前兩句──「心是菩提樹，身為明鏡臺」照抄看出來。

但是，在較後成立❺❶的《六祖大師法寶壇經‧行由品》當中，惠能的兩首四句偈，卻被改變而成下面的一首：

> 菩提本無樹，明鏡亦非臺，
> 本來無一物，何處惹塵埃？ ❺❷

這首四句偈，幾乎沒有一點「如來藏」的思想在內，其中的「無樹」、「非臺」，乃至「無一物」，都是《金剛經》裡否定一切的「空」的思想。可見惠能後，「南禪」加深了《金剛經》的影響成分。這也就難怪蔣之奇的《楞伽經序》會說，五祖弘忍後，《金剛經》「盛行於世」，

---

❺❶ 神秀的四句偈，依敦煌本《壇經》，是：「身是菩提樹，心如明鏡臺，時時勤拂拭，莫使有塵埃。」（引見《大正藏》卷四八，頁三三七，下。其中，「時時勤拂拭」一句中的「拂」字，原誤作「佛」字）而流通本《六祖大師法寶壇經》，〈行由品〉中，最後一句──「莫使有塵埃」，作「勿使惹塵埃」（參見《大正藏》卷四八，頁三四八，中）。二經並無太大的差別。

❺❶ 有關《壇經》的版本問題，成立年代，請參見印順，《中國禪宗史》，臺北：慧日講堂，1978 年，三版，第六章。

❺❷ 引見《大正藏》卷四八，頁三四九，上。

而《楞伽經》卻「遂無傳焉」了（詳前文）。

《金剛經》裡的「空」，大量地滲入南禪的思想當中，與「眾生本來是佛」這一專屬南禪的人性論，有什麼關連呢？原來，在南禪的禪師眼裡，由於「空」，因此，汙染「佛性」或「自性」、「自心」、「本性」、「本心」的煩惱，自然也是虛幻不實的。煩惱既然是虛幻不實的，亦即是「空」的，那麼，眾生的佛性雖然染有煩惱，卻也不妨礙「眾生本來是佛」這一命題的成立。這從上引被修改後的惠能之四句偈，即可看出來。

南禪的人性論——「眾生本來是佛」，除了和《般若經》的流行有關之外，還與道家化的牛頭禪有關。牛頭禪的主要思想之一是：不刻意地去修行；這和老莊的「無為」思想有關 ❸。牛頭禪初祖——法融（593-656 年），在其《絕觀論》中說：

> 高臥放任，不作一個物，名為行道。不見一個物，名為見道。
> 不知一個物，名為修道。不行一個物，名為行道。❺

這明顯地告訴我們，不刻意修行本身，就是最好的修行。《絕觀論》還說：「『云何名心？云何安心？』答曰：『汝不須立心，亦不須強安，可謂安矣！』」❺ 這在在說明牛頭禪的道化之深。

牛頭禪這種不刻意修行的禪法，都被南禪的禪師們所吸收，以至於合而為一。這一論斷，至少有兩件事實可以加以證明：首先，宗密的《禪源諸詮集都序》卷上之二，曾把牛頭禪與南禪中的石頭宗 ❺，

---

❸　有關牛頭禪的師承、思想，及其與老莊思想的比較，請參見印順，《中國禪宗史》，第三章。

❺　引見印順，《中國禪宗史》，頁一二八。

❺　同上，頁一一五。

❺　石頭宗，指石頭希遷（700-790 年）的禪法而言。

視為性質相同的「泯絕無寄宗」❺❼；這可見牛頭禪對石頭宗的影響之深。其次，與石頭宗一起，成為南禪之兩大宗派的洪州宗❺❽，也同樣受到牛頭禪的深刻影響；例如，《景德傳燈錄》卷二八，〈江西大寂道一禪師語〉即說：

> 江西大寂道一禪師示眾云：「道不用修，但莫汙染。何為汙染？但有生死心、造作趣向，皆是汙染。若欲直會其道，平常心是道……只如今，行、住、坐、臥，應機接物，盡是道……。」❺❾

這即是惠能後之「南禪」所主張的特殊禪法——「平常心是道」。明顯地，它是牛頭禪那種不刻意修行的禪法之衍生。

然而，「平常心是道」的禪法，與南禪的人性論——「眾生本來是佛」，有什麼關連呢？我們再看一段描寫洪州宗之禪法的引文，即可清楚二者之間的關連：

> ……有「觸類是道，而任心者」……沙門道一……大弘此法。起心動念，彈指磬咳揚扇，所作所為，皆是佛性全體之用，更無第二主宰。如麵作多般飲食，一一皆麵。佛性亦爾，全體貪瞋癡、造善惡、受苦樂，一一皆性……又云：「……揚眉動睛，笑欠磬咳，或動搖等，皆是佛事。」故云：「觸類是道也。」言「任心」者……謂不起心造惡、修善，亦不修道。道即是心，不可將心還修於心。惡亦是心，不可以心斷心……故云：「但任心，即為修也。」❻⓪

---

❺❼ 詳見《大正藏》卷四八，頁四〇二，下。

❺❽ 洪州宗，指洪州馬祖道一（788 年寂）的禪法而言。洪州宗和石頭宗開展出五家七宗，所以是惠能後的兩大禪流。

❺❾ 引見《大正藏》卷五一，頁四四〇，上。

❻⓪ 宗密，《圓覺經大疏鈔》卷三之下，引見《卍續藏經》卷一四，頁〇五五

這是洪州宗有名的「觸類是道」的主張。從引文中，明白地看出「平常心是道」（此段引文中稱為「任心」）與「眾生本來是佛」的關係。由於眾生本來是佛，因此，由其「佛性」所流露出來的「彈指、磬咳、揚扇」，乃至「揚眉、動睛、笑欠、磬咳」等等一舉一動，都是「佛性全體之用」，也都是「佛事」。甚至，「惡亦是心」，是至善之心（佛性）的顯露，因此，不可「以心斷心」，不可「起心」斷惡修善。這就是「任心」，也就是「平常心是道」。這一不刻意修行的禪法，從實踐上肯定了「眾生本來是佛」的人性論，補足了《般若經》的「空」，僅從理論上建立起「眾生本來是佛」這一人性論的缺陷。

(四)結　論

至此，我們可以把惠能及其後所開展出來之南禪的人性論，歸納成下面幾個重點：

(1)眾生皆有佛性（或惠能的用語：眾生皆有自性、自心、本性、本心）等；

(2)佛性的重要屬性有：

　(a)佛性是真「我」；

　(b)佛性能幻生心「念」與萬「相」等一切事物；

(3)「無念為宗，無相為體，無住為本」。

以上(1)－(3)是惠能的人性論。其中，(1)與(2)是偏重理論的建立，而(3)則是為了實踐的目的。這三者都是建立在四卷本《楞伽經》的「如來藏」思想與《金剛經》的「空」思想之上。

惠能後的「南禪」，一者由於《金剛經》的加深影響，二者又由於道家化之牛頭禪的大量引入禪宗，使得「南禪」的人性論，起了一大轉變。這一大轉變，可以歸納成下面的兩個重點：

七，上～下。

⑷眾生本來是佛；

⑸「平常心是道」（或「觸類是道」）。

其中，⑷是南禪之人性論的理論部分；而⑸則為實踐的方法。二者有其必然的邏輯關連。

大體而言，從⑴到⑶，依然保留了印度所傳來之佛法的面貌。亦即，雖說「眾生皆有佛性」，卻仍然必須實修；雖說「頓悟」 ❻，卻仍然必須「自歸依三身佛」、「發四弘誓願」、「無相懺悔」、「受無相三歸依戒」，乃至「直修般若波羅蜜行」等 ❻。可見惠能是不排斥修行的。但是，到了惠能後的「南禪」，卻顯著地傾向於排斥讀經、禮佛、持戒，乃至修行 ❻；這從上面所說的第⑸點——「平常心是道」這一主張，即可以看出端倪。

「平常心是道」那種「道即是心，不可將心還修於心」乃至「惡亦是心，不可以心斷心」的說法，是最值得商榷的。這種道德的「無

---

❻ 依敦煌本《壇經》看來，惠能主張「頓悟」：「我於忍和尚處，一聞言下大悟，頓見真如本性。是故汝教法流行後代，令學道者頓悟菩提。各自觀心，令自本性頓悟。」（引見《大正藏》卷四八，頁三四〇，下。並依《壇經合刊》，頁九二，略有修改）可見惠能主張「頓悟」。惠能不但主張「頓悟」，而且還以為「頓悟」是那些「利」根的人，才能修習的法門；「鈍」根人只能「漸勸」。他說：「法無頓、漸，人有利、鈍。迷即漸勸，悟人頓修。」（引見前書，頁三三八，下；並依《壇經合刊》，頁八一，略有修改）可見惠能仍然主張實修；特別是那些只適合「漸勸」的「鈍」根人，更應該努力地實修。

❻ 有關惠能之「自歸依三身佛」乃至「直修般若波羅蜜行」的修行次第，請參見敦煌本《壇經》（《大正藏》卷四八，頁三三九，上～下，頁三四〇；上～中）。

❻ 有關南禪的排斥讀經、禮佛、持戒等，請參見印順，《中國禪宗史》，第八章。

關心主義」，不刻意為善，也不努力斷惡的心態，可謂喪失了佛教勸人
為善去惡的本懷。相信這也是禪學之所以受到宋明新儒家學者批判，
而走向衰亡之路的原因之一。朱熹即曾嚴厲地批判說：「有言莊老、禪
佛之害者，曰：禪學最害道。莊老於義理絕滅猶未盡，佛則人倫已壞。
至禪，則又從頭將許多義理掃滅無餘。以此言之，禪最為害之深者。」❻
朱熹所謂「義理掃滅無餘」的禪學，是指什麼樣的禪學呢？從下面的
引文看來，應該是指「平常心是道」的禪學：

> 釋氏專以作用為性……作用是性，在目曰見，在耳曰聞，在鼻
> 齅香，在口談論，在手執捉，在足運奔……且如手執捉，若執
> 刀胡亂殺人，亦可為性乎？❻

　　朱熹所批判的「作用為性」的禪法，與上引洪州宗「觸類是道，
而任心」的禪法相近，因此應是指洪州宗「平常心是道」的禪法無疑❻。
朱熹的最後責問——「若執刀胡亂殺人，亦可為性乎？」可謂是「性在
作用」這一禪法的致命批判。禪宗開創在中國，自然會受中國固有文
化的影響。問題是，這些影響所導致的結果，不應偏離佛教的本懷。

---

❻　引見《朱子語類》，卷一二六。

❻　同上。

❻　《景德傳燈錄》卷三，〈菩提達摩傳〉，曾描述菩提達摩之弟子——波羅提，
　　與南天竺某一國王之間的論辯，其中提到了「性在作用」的禪法，顯然是
　　朱熹所批判的「作用為性」：「王怒而問曰：『何者是佛？』答曰：『見性是
　　佛。』……王曰：『性在何處？』答曰：『性在作用。』……波羅提即說偈曰：
　　『在胎為身，處世名人，在眼曰見。在耳曰聞，在鼻辨香，在口談論，在
　　手執捉，在足運奔……。』」（引見《大正藏》卷五一，頁二一八，中）《景
　　德傳燈錄》是宋‧景德年間之作品，亦是南禪盛行的時代。因此，這一有
　　關波羅提的傳說，我人寧可視為是南禪的傳說。這也是筆者以為朱熹的批
　　判對象是當時之南禪的原因。

而惠能後的南禪，顯然已經偏離了佛教勸人為善去惡的本懷。這是值得批判的。朱熹對於南禪之「平常心是道」的批判，並不都是公平的**❻❼**，但上面說到的各點，卻確實指出了這一禪法的嚴重缺陷。**❻❽**

　　（本文原刊於《哲學與文化》月刊，十四卷六期，1987 年 6 月，頁二四～三六。）

---

❻❼　參見本書，頁二六七～二七五。

❻❽　南禪「平常心是道」這一修行法門的理論基礎——「眾生本來是佛」，也和「平常心是道」一樣的值得商榷和批判，因為其中內含著理論上的矛盾。但是，一者由於篇幅的限制，二者由於與本文的主題相去較遠，因此略而不論。一個簡略的批判，參見本書，頁二二一～二四七。

十二 從般若到分別智
──鈴木大拙之禪學與心理分析之比較與反省

　　日本當代禪學大師──鈴木大拙 (D. T. Suzuki, 1870–1966)，無疑地，是一位影響深遠的禪學大師；特別是在西方的禪學界和新心理分析 (Neo-psychoanalysis)❶學界，鈴木的禪學具有關鍵性和指導性的影響❷。1957 年夏，墨西哥和美國的五十名精神病學家和心理學家（大都為心理分析學家），在墨西哥國立自治大學 (Autonomous National University) 心理分析學系的贊助之下，和鈴木大拙等人展開了一場座談會；隨後，其中三篇和禪學關係較深的論文，被收集在《禪與心理分析》一書之中❸。另外，1953 年 4 月，胡適在《東西哲學》（期刊）卷三期一當中，發表一篇名為〈中國禪宗：其歷史與方法〉的論文，批評鈴木禪學；鈴木也在同期刊出一篇名為〈禪：答胡適博士〉的論文，反駁胡適的看法❹。筆者試圖以這幾篇論文為中心，輔以其他相

---

❶ 所謂「新心理分析學派」，是指心理分析學 (Psychoanalysis) 的開宗祖師──弗洛伊德 (S. Freud, 1856–1939 年) 逝世之後，由楊格 (C. G. Jung)、弗洛姆 (E. Fromm) 等人所進一步開展出來的新心理分析學。

❷ 有關鈴木的禪學和新心理分析學派之間的關係，請參見楊格為鈴木之大作──《禪與生活》（禪佛教，*Zen Buddhism*, London: Rider, 1949）一書所寫的序言。

❸ D. T. Suzuki, E. Fromm, and R. DeMartino, *Zen Buddhism and Psychoanalysis*, New York: Grove Press, Inc., 1963.

❹ 胡適的論文原名："Ch'an (Zen) Buddhism in China: Its History and Method." 而鈴木的論文原名則為 "Zen: A Reply to Dr. Hu Shih"。二文皆見：

關資料，來比較鈴木之禪學和新心理分析學派諸學匠對禪學的看法，並提出筆者個人的一些省思。

㈠鈴木大拙之「禪即無意識」說

禪即「宇宙無意識」(Cosmic Unconscious)，亦即「本體無意識」(Ontological Unconscious)，無疑地，是鈴木大拙對禪學的最根本了解。在他豐富的著作當中，少有不論及這一說法的。「宇宙無意識」亦即「本體無意識」，簡稱「無意識」；鈴木有時又把這種「無意識」稱為「般若（直觀）」、「大圓鏡智」、「靈性的自覺」、「自性」、「佛性」、「無念」、「無心」、「（無位真）人」(Person)、「（形而上的）自我」(Self 或 Ego)、「（大）心」（英文大寫的 Mind）等等。這些名稱，有些是鈴木自己發明的，有些來自心理分析學，有些來自佛經，有些來自中國禪宗第六代祖師──惠能所說的《六祖壇經》，有些則來自禪師的語錄（特別是《臨濟禪師語錄》和《趙州禪師語錄》）；但卻都指稱同一個根本而又不可知的超越心體。

事實上，鈴木大拙把我人的心理活動，區分為幾個深淺不同的層次；「宇宙無意識」或「本體無意識」是其中最深沉的一個層次。一個人，如果能夠澈底打開自己本有的這一心理層次，即達到了禪的最高境界──解脫。例如，在《禪與日本文化》，〈禪與俳句〉之中，他把我人的心理活動，區分為五個層次：⑴二元意識層：亦即能夠分別你我、是非、對錯、美醜等二元對立的心理活動。其實，這即是下面所要討論的「二法對待心」或「分別識」。⑵半意識層：亦即記憶層。⑶普通心理學家所定義的無意識層：它貯存著許多已經遺忘的記憶❺。⑷「聚集無意識」(collective unconscious)：這是更加深沉的「無意識」，

Philosophy East and West, Hawaii: Univ. of Hawaii Press, 1953, vol. 3, no. 1.

❺ 亦即弗洛伊德等心理分析學家所謂的「潛意識」(unconscious)。

相當於佛典中所謂的「阿賴耶識」（藏識，ālaya-vijñāna）；鈴木說：「這一『藏識』即無意識的存在，雖然不能用實證的方法顯示，但……在說明意識的普通事實這一方面卻是極其必要的。」也就是說，「聚集無意識」（阿賴耶識）是說明意識活動所必須的；因為它是「我們精神生活（亦即意識活動）的基礎」。(5)宇宙無意識：這是「達到實在本體去把握藝術及宗教生活的祕密」，所必須要有的「創造原理」。它是「神的工作場」，「其中蘊藏著宇宙的原動力」 ❻。

　　這五個從淺到深的心理層次之間，並不是孤立而不相干的；相反地，深層的心理活動，乃淺層之心理活動的基礎。鈴木在其《禪與生活 (*Zen Buddhism*)・禪的無心說》中，曾以下面的圖表，說明深層的「宇宙無意識」生起淺層心理活動的整個過程：

　　圖表中，自性、無念、般若三詞，乃中國禪宗第六代祖師——惠能所說之《六祖壇經》中的用語。儘管在原典和一般的佛典之中，這三個詞具有不盡相同的意義，但在鈴木的眼裡，卻都是同義詞❼。而

---

❻　參見鈴木大拙著，陶剛譯，《禪與日本文化》，臺北：桂冠圖書公司，1992年，頁一一九。另外，這五種心理活動中的第(4)種——「聚集無意識」，中譯本原作「集體無意識」。這是不恰當的翻譯；因為「阿賴耶」(ālaya) 一詞的字面意思是貯藏、收集、聚集（這是為什麼它被譯為「藏」的原因），其中並沒有「集體」的意思在內。因此，本文將「集體無意識」改譯為「聚集無意識」。

❼　鈴木大拙著，孟祥森譯，《禪學隨筆》(*Studies in Zen*)，〈佛教哲學中的理

且，前面已經說過，它們全都和「（宇宙）無意識」一詞具有相同的內涵。

圖表中的「自性」或「無念」一詞，鈴木解釋為「佛性」、「絕對的空」、「絕對的如如即真如」。也稱為「（大）心」（大寫英文 Mind），那是一種「與主客二元的對待世界沒有關係」的心理活動。事實上，與主客二元的對待世界相關的心理活動，亦即一般的心理活動，鈴木稱之為「（小）心」（小寫英文 mind）❽。

鈴木以為，「自性」（無念）可以生起「般若」；這即是「無念中起念」。無念之所以會生起心念（般若），乃是由於「在這自性之中，有活動，有悟，而無念也是自覺的」；這種「活動」、「悟」或「自覺」，即是「自我反映的心」。經過「無念中起念」的「改變」以後，「自性即是般若」❾。這樣看來，鈴木所了解的「自性」、「無念」或「宇宙無意識」，乃是一種具有活動性、悟性、自覺性，而且會生起其他心念（包括般若）的心體❿。這種意義的心體說，基本上並不超出《壇經》和一般如來藏系佛典的思考範圍。《壇經》說：「自性本自清淨……自性本不生滅……自性本自具足……自性本無動搖……自性能生萬法。」⓫又說：「自性能含萬法，名含藏識。若起思量，即是轉識；生

性與直觀〉（臺北：志文出版社，1974 年，頁一二〇～一二一），曾列舉了一些和「般若」同義的用詞：「無念」（無心）是其中一個。而《禪與生活・禪的無心說》（臺北：志文出版社，1987，二版，頁二一一，二一四），則說：「像『（大）心』、『無念』這些名詞，這裡是用作自性的同義詞」、「自性即是般若」、「所謂般若三昧即是無念」。可見自性、般若、無念三詞，在鈴木的眼裡，都是同義語。

❽ 參見《禪與生活》，頁二一〇～二一一。

❾ 同上，頁二一一。

❿ 所以，鈴木在《禪與生活》，〈禪的無心說〉（頁一七七）當中，說：「……自性是體，般若是用……。」

六識，出六門，見六塵。如是一十八界，皆從自性起用。」❷這些引文
都可證明鈴木的「自性」或「宇宙無意識」概念，並不超出《壇經》
及一般佛典的範圍；那是一個本具悟性、自覺性，而又能夠生起內在
一切心念，甚至生起外在一切事物的超越心體。有關自性生起心念，
特別是現象心的說法，牽涉到自性與現象心之間的關係，也牽涉到鈴
木對禪學和西方文化的看法；這是本文最中心的主題，我們將在下面
陸續討論。

　　圖表中另一個重要的概念是「般若」，鈴木大拙的解釋是：

　　作為無念中起念的般若，從兩方面發生作用。一方面對無念，
　　另方面對有念。對無念的般若是名符其實的般若，而對有念的
　　般若則是用小寫字母表示的心 (mind)。從這個心，便產生了二
　　法對待的世界：主體和客體、內在自我和外在世界等等。所以，
　　在自性心 (Mind) 中，也可以分為兩方面：即無分別的般若和二
　　法對待心。第一方面的心屬於這個世界，但只要與般若連在一

───────────

❶　《六祖大師法寶壇經》，〈行由品〉第一；引見《大正藏》卷四八，頁三四
　　九，上。

❷　《六祖大師法寶壇經》，〈宣詔品〉第九；引見《大正藏》卷四八，頁三六
　　〇，中。引文中，「含藏識」一詞，無疑地即「藏識」（阿賴耶識）的異名：
　　自性含藏著心物萬法，並且由之生起心物萬法，因此稱為「含藏識」。自
　　性或含藏識「起思量」，即是鈴木所謂的「無念中起念」。引文中的「轉識」，
　　依照一般經典的說法是：由藏識生起七種心理活動——眼識、耳識、鼻識、
　　舌識、身識、意識（以上是「前六識」），以及第七末那識（那是一種能夠
　　意識到「自我」的深沉心體）。這七種心理活動，即是「七轉識」。引文中
　　的「六識」即是眼等「前六識」。「六門」是六識所賴以活動的器官——眼
　　根、耳根，乃至意根。「六塵」是這六種心理活動所認識的六種對象；分
　　別是：色塵、聲塵、香塵、味塵、觸塵和法塵。而六識、六根和六塵，則
　　合稱「十八界」。

　　起，便直接與無念相通，這便是自性心；而第二方面的心，則
　　完全是這個世界的心，也安於這個世界，並與這世界一切雜多
　　現象混在一起。**⑬**

　　引文中，鈴木分辨了兩種不同的般若：「無分別的般若」（無念 B、
C、D）以及能夠分別善惡、是非、男女、大小、天地、山河等「二法
對待」的般若——「二法對待心」（圖表中三種「有念」）。前者和「自
性」的差別只有「體」和「用」的不同**⑭**；它雖然「屬於這個世界」，
但卻能和「無念」（自性、宇宙無意識）相通，因此，鈴木又稱之為「自
性心」（大寫英文 Mind），其實即是前文屢屢提到的「（大）心」。它雖
然屬於現實世界，卻又超越了現實世界，是一種超越的心體。而後者
僅僅屬於這個世界，是一種已被現實世界中之雜多現象所汙染的心體；
鈴木並以「（小）心」（小寫英文 mind）來稱呼它，以便和「（大）心」
亦即「自性（心）」（大寫英文 Mind），有所區別。

　　還值得一提的是，鈴木以為：圖表中的無念 A、B、C，都是「屬
於超越經驗的層次，並且屬於同一性質」；但是無念 D，則是「屬於心
理學所研究的經驗心」**⑮**。在此，無念 D 既然被稱為「無念」，那麼，
無疑地，它是心理分析學家所謂的「潛意識」。而無念 A、B、C 雖然
也被稱為「無念」，但是由於它們都是「超越經驗的層次」，因此必然
不屬於心理分析學家所謂「潛意識」的範圍。這意味鈴木所認為的禪，
超越了一般心理分析學家所能研究的範圍（有關這點，我們將在下面
詳細討論）。

---

⑬　引見《禪與生活》，〈禪的無心說〉，頁二一一。

⑭　參見注**⑩**。

⑮　引見《禪與生活》，〈禪的無心說〉，頁二一二。

㈡新心理分析學派的「潛意識」說

　　前面已經說過，鈴木大拙以為，禪學存在著超越一般心理學的內容；亦即在「無念 D」這種一般心理分析學家所謂的「無意識」（又譯為「潛意識」）之外，還有更加深沉的「無意識」——無念 A、B、C，它們是一般心理分析學家所未曾論及的心理活動。問題是：一般心理分析學家所謂的「無意識」（潛意識），是什麼呢？它的形成原因又是什麼呢？它和禪學之間的關係又如何呢？下面我們將以弗洛姆這位新心理分析學家的若干主張為中心，來尋找這些問題的答案。

　　心理分析學派的開創時期——弗洛伊德在世時期，原本是一個反對宗教的心理學派；弗氏以「性驅慾」——「戀母情結」(Oedipus complex)，以及「攻擊驅慾」，來解釋人類的一切行為，包括宗教行為。他在 1939 年所出版的《摩西與一神論》（頁一二八）當中，即把基督教的「原罪」，解釋為「謀殺父親之罪」❻。而在 1933 年所出版的《心理分析新論》(New Introductory Lectures on Psychoanalysis, New York: Norton, 1933) 當中，更把宗教視為一種「全球性的強迫觀念精神官能症」❼。然而，楊格、弗洛姆等人所進一步發展出來的新心理分析學派，卻對宗教抱持著完全不同的看法。弗洛姆，在其《心理分析與宗教》(Psychoanalysis and Religion) 一書當中，雖然強烈地批判基督新教中的「喀爾文派」(Calvinism)，認為它是「極權宗教」(Authoritarian Religion) 的代表；但是卻也極力讚美早期的佛教和禪宗，將之視為「人文宗教」(Humanistic Religion) 的範例❽。而在〈心理分析與禪佛教〉

---

❻　詳見普汶 (L. A. Pervin) 著，鄭慧玲譯，《人格心理學》，臺北：桂冠圖書公司，1990，七版，頁二二二。

❼　同上，頁二二七。

❽　詳見埃洛克・弗羅門（即弗洛姆）著，林錦譯，《心理分析與宗教》，臺北：

這一長篇論文當中，弗洛姆更大量地採用禪宗的概念和內容，來建構其心理分析的理論架構（詳下）。

弗洛伊德曾把我人的心理活動，分為意識 (conscious)、下意識 (preconscious) 和潛意識 (unconscious) 等三種。意識是我人隨時可以察覺得到的心理活動；下意識是只要加以注意即可察覺的心理活動；而潛意識則是我人不可能察覺得到的心理活動，除非在特殊情況之下（例如催眠）才能察覺得到。在這三者之中，潛意識的提出，無疑地，是弗洛伊德最大的貢獻，也是他的學說中最重要的一環 ❶。而在弗洛伊德的學說當中，潛意識的形成，被解釋為五歲前之兒童的性慾、攻擊慾等「原慾力」(libido) 的受到壓抑；亦即「本我」（本能衝動，Id）受到「超我」(Super-ego) 壓抑，並發展出不正常之「自我」(Ego) 的結果 ❷。因此，心理分析學家的目的，即在提供一條可行的途徑，試圖把被壓抑在潛意識中的各種原慾力挖掘出來，使它們變成意識中的知覺對象；經過這種「把潛意識變成意識」(make the unconscious conscious) 的過程之後，被壓抑的原慾力即可將其對心理的傷害，降至最低的程度 ❸。

慧炬出版社，1986，五版，第三章。

❶ 弗洛伊德在 1924 年出版的《心理分析概論》(*A General Introduction to Psychoanalysis*, Boni & Liveright, 1924) 一書（頁二六）中，曾說：「接受潛意識的心理歷程，正表示朝向世界及科學領域的新展望，邁進新決定性的一步。」（引見注❶所引書，頁二一七）又說（頁三九七）：「心理分析論的目的與成就無他，唯心理生活中潛意識的發現而已。」（引見前書，頁二三〇）可見潛意識在弗洛伊德心理學中的重要地位。

❷ 詳見注❶所引書，頁二三五～二三七。

❸ 弗洛姆〈心理分析與禪佛教〉，說：「心理分析方法中最為特殊之處，在於想把無意識（即潛意識）變為意識——或者，用弗洛伊德的說法，是把本能衝動（即本我）變為自我。」（引見鈴木大拙、弗洛姆著，孟祥森譯，《禪與心理分析》，臺北：志文出版社，1983 年，頁一五二）可見，作為一種

　　然而，弗洛姆等新心理分析學派的巨匠，卻從禪學獲得靈感，以更加寬廣的態度，來解釋潛意識的形成原因。弗洛姆，在其〈心理分析與禪佛教〉一文當中認為，潛意識來自一種他稱為「社會（條件所形成的）過濾器」(socially conditioned filter)。這種「社會過濾器」，把許多經驗中的事物，從意識之中過濾掉，而不被意識所知覺；但卻貯藏在心理活動的底層——潛意識之中。這即是我人心理疾病形成的原因❷。他說：

> 每一個社會由它的生活以及關連和感覺的模式，發展出一個範疇系統，而這個系統決定了知覺的形式。這個系統，似乎可以說像一個社會條件所形成的過濾器；經驗除非能夠透過這個過濾器，就不能被我們察覺。❸

　　弗洛姆所謂的「社會過濾器」，至少由三部分所組成：⑴語言；⑵邏輯；⑶禁忌。他說：「凡是能通過社會的三重過濾器（語言、邏輯和禁忌）的情感與思想，我都能夠察覺。凡是不能通過過濾器的經驗，都留在知覺之外，這就是說它們是無意識的（潛意識的）。」❹
　　形成「社會過濾器」的第一部分是語言；語言之所以成為「社會過濾器」的一部分，乃是由於：「如果語言中沒有字句來表達某種經驗，則這種經驗就極少被我們察覺。」❺而被語言所過濾掉的那些經驗，亦

心理治療的工具，心理分析學的目的，乃在令患者不可知覺的潛意識，變成可知覺的意識。

❷ Cf. D. T. Suzuki, E. Fromm, and R. DeMartino, *Zen Buddhism and Psychoanalysis*, New York: Grove Press, Inc., 1963, p. 99.
❸ 引見《禪與心理分析》，〈心理分析與禪佛教〉，頁一五六。
❹ 同上，頁一六二。
❺ 同上，頁一五七。

即由於語言而沒有被察覺到的那些經驗，無疑地，被貯藏在潛意識之中，並導致各種心理疾病❷。

其次，邏輯之所以成為「社會過濾器」的組成部分，乃在邏輯「決定人如何思想」、「決定何種經驗得以被我們察覺」❷。弗洛姆以為，在西方，亞里斯多德邏輯 (Aristotelian Logic) 支配著西方人的思維方式；而所謂亞里斯多德邏輯，乃是把同一律 (Law of Identity)、矛盾律 (Law of contradiction)，以及排中律 (Law of Excluded middle) 視為當然的思維方式。同一律說：「A 是 A」；矛盾律說：「A 不是非 A」；而排中律則說：「A 不能是既是 A 又是非 A」，或即：「既非 A, 亦非非 A」❷。凡是不合乎這「三大思想律」的思維方式，都被視為錯誤，因此也都被「過濾」在意識的知覺之外，並且深藏在潛意識之中，成為心理疾病的病源。所以，弗洛姆說：

> 在一個社會文化中，設若亞里斯多德的邏輯是無可置疑的，在其中生活的人要想察覺同亞里斯多德邏輯相衝突的經驗，就是極其困難的——設若有其可能——因為在這個文化的立場看來，那種經驗根本是無意義的。弗洛伊德的好惡相剋的概念是一個好的例子，這個概念是說，我們可以對同一個人同時又愛又恨。從困思邏輯的觀點來看，這個經驗是十分「合邏輯的」，但從亞里斯多德邏輯的觀點來看，則沒有意義。結果是，大部

---

❷ 另外，弗洛姆曾舉了一些語言中的實例（《禪與心理分析》，頁一五七～一五八），來說明這種「過濾」現象；請讀者自行參考。

❷ 引見《禪與心理分析》，〈心理分析與禪佛教〉，頁一五九。

❷ Cf. *Zen Buddhism and Psychoanalysis*, p. 101. 在此，弗洛姆顯然把亞里斯多德的三大思想律的形式錯解了。依照正確的說法，同一律應是：「如果 A, 那麼 A」；矛盾律應是：「並非既是 A 又是非 A」；而排中律則是：「A 或非 A」。

分（西方）人很難察覺到好惡相剋的情感。❷

引文中提到了亞里斯多德邏輯之外的另一種邏輯——「困思邏輯」
(Paradoxical Logic)，這種邏輯的特性是：「它認為 A 與非 A 在作為 X
的表詞時，並不互相排斥。」❸這裡，所謂「作為 X 的表詞」(as predicates
of X)，意思是：作為 X 這一事物的描述。因此，按照弗洛姆的說法，
困思邏輯的特色是：當我們要描述某事物 X 時，我們既可說 X 是 A，
又可說 X 不是 A(X 是非 A)；而且當我們這麼說時，並沒有矛盾存在。
弗洛姆還說：「困思邏輯在中國與印度思想中，在赫拉克里圖
(Heraclitus) 的哲學中以及後來的黑格爾與馬克思思想中，都佔著主要
的成分。」❸

弗洛姆對「困思邏輯」的看法，顯然來自於鈴木大拙的「般若邏
輯」❸。鈴木的作品處處說到「般若邏輯」，而最典型的莫過下面這段
引文：

> 一般我們的推理是這樣的：A 是 A，因為 A 是 A；或者，A 是
> A，所以 A 是 A。禪同意並接受這種推理，但禪另有它自己的
> 推理方法，卻是一般人所根本不接受的。禪會說：A 是 A，因
> 為 A 不是 A；或者，A 不是 A，所以 A 是 A。❸

---

❷　引見《禪與心理分析》，〈心理分析與禪佛教〉，頁一六○。

❸　同上，頁一五九。

❸　同上。

❸　「般若邏輯」一詞，是鈴木大拙在其《禪學隨筆》，〈佛教哲學中的理性與
　　直觀〉中的用語。書中，鈴木從佛經和禪籍當中舉了許多合乎這種「般若
　　邏輯」的例子；例如：「佛說般若波羅蜜即非般若波羅蜜，是名般若波羅
　　蜜。」（《金剛經》）而這個句子的形式則是：「A 不是 A，所以 A 是 A。」（參
　　見鈴木大拙著，孟祥森譯，《禪學隨筆》，臺北：志文出版社，1974 年，
　　二版，頁九一～九二）

　　有關弗洛姆的「困思邏輯」和鈴木大拙的「般若邏輯」之間的異同，乃至筆者對二者的反思，我們將在下面詳細討論。目前，讓我們回到弗洛姆所謂的「社會過濾器」的第三個組成部分：「禁忌」(taboos)，亦即「社會性格」(social character)，也可以稱為「經驗內容」(content of experiences)。弗洛姆說：「這個過濾器除了語言和邏輯之外，還有第三個層面，就是經驗的內容。每個社會都會排除某些思想和情感，使它的社會分子不去思考、感受和表達它們。有些事情不但是不可以去做，而且甚至不可以去想。」❸❹被社會排除掉，而不可以做、不可以想的思想和情感，即是該一社會的禁忌。例如，在一個好戰的部落當中，某一個族人也許厭惡搶奪、戰爭，但是，為了害怕被族人所孤立或放逐，這種厭惡的想法或感情，可能被「社會過濾器」──禁忌，所過濾掉，因而不會進入他的意識範圍之內，也不會被知覺。但是，這種厭惡的經驗，卻貯藏在潛意識之中，並可能以嘔吐這種心理疾病的症狀表現出來❸❺。

　　依照前面的說明看來，語言、邏輯和禁忌三者，都是「外在」社會的特殊產物，而不是使用（語言、邏輯）者或顧忌（禁忌）者的「內心」之物。因此，在弗洛姆等新心理分析學家的眼裡，潛意識的形成乃是受到「外在」因素的制約。相反地，在鈴木大拙的眼裡，「無意識」的形成，不管是「超經驗層次」的無意識 A、B、C，或是「屬於心理學所研究的經驗心」的無意識 D，全都建立在唯識學派之「轉識」的

---

❸❸　引見鈴木大拙著，孟祥森譯，《禪學隨筆》，〈禪：答胡適博士〉，頁一七八。
　　另外，鈴木又從數學、幾何學等各方面，舉例說明他的「般若邏輯」；例如：「數學說法是 0=0，1=1，1+1=2 等。禪也承認這些，但它對如下的說法卻不反對：0=1，0=2，1+1=3 等等。」（引見《禪學隨筆》，頁一七九）

❸❹　引見《禪與心理分析》，〈心理分析與禪佛教〉，頁一六○。

❸❺　同上，頁一六○～一六一。其他的例子，則見前書，頁一六一。

概念之上，亦即都是由「內在」的心體——「自性」所轉變而後生起。因此，二人的「無意識」（潛意識）說，顯然有著重大的區別。

㈢「般若」直觀與思辨理解的「分別識」

鈴木大拙和弗洛姆之間的差異，不只出現在對「無意識」（潛意識）來源的不同解釋之上；更重要的差異，乃在於二者對「無意識」（潛意識）的性質和內容，有著天南地北的不同看法。在這方面，禪與心理分析之間，有著「同」少「異」多的傾向；禪與心理分析的分野，也正在這裡❸❻。

弗洛姆（或整個心理分析學派）所理解的「無意識」（潛意識），是被壓抑之各種經驗的貯藏中心。心理分析學派的早期代表　弗洛伊德，以為潛意識乃是由於超我壓抑本我之「原慾力」而形成；因此，潛意識裡貯藏著以性慾和攻擊慾為主的一些被壓抑的心理成分。弗洛姆等新心理分析學家，雖然從「社會過濾器」這種比較寬廣的立場，來解釋潛意識的成因；但卻仍然不離「潛意識乃心理垃圾」的內涵。這可以從弗洛姆在解釋「禁忌」時，所舉的「厭惡戰爭」而引生嘔吐現象的例子，得到證明。在這個例子中，對戰爭的厭惡心理，被貯藏在潛意識裡，成為嘔吐現象的發生酵素。

相反地，正如前面已經詳細討論過的，鈴木大拙的「無意識」，卻

❸❻　弗洛姆的論文裡，從多方面來強調禪與心理分析之間的相似性。例如：二者皆有克服貪婪的倫理指向；二者皆堅持脫離權威，堅持獨立；二者皆採取相似的方法，來達到去除心理疾病（含焦慮、孤獨等煩惱）的目的。弗洛姆甚至以為，禪和心理分析具有相同的最終目的：對自己本性的洞察，自由、幸福與愛的達成，精力之解放，免於瘋狂或殘廢。弗洛姆認為，這些目的和鈴木大拙所描寫的禪的目的，完全相同（以上參見《禪與心理分析》，〈心理分析與禪佛教〉，頁一八六～一九一）。但是，禪與心理分析的這些相似之處，並不能蓋過本文下面所要說到的不同之處。

有多種層面和多樣性格。鈴木說：「無念（亦即無意識）A、B、C 屬於超越經驗的層次……無念 D 則屬於心理學所研究的經驗心。」❸因此，鈴木說：「『無意識』一詞，我所指的含意，可能和心理分析家不同……。」❸心理分析學者所說的「無意識」（潛意識），其實只是鈴木所說的「無念 D」罷了。在無念 D 這種無意識之外，還有更加深沉的無念 A、B、C 等三層無意識。而且，其中的無念 A，即是「自性」，亦即鈴木所謂的「宇宙無意識」或「本體無意識」；而「自性即是佛性……它是絕對的空，它是絕對的如如即真如」。❸也就是說，這種無意識是「自性清淨」的般若直觀，而不是焦慮、孤獨乃至原慾力等「心理垃圾」的貯藏所。所以，鈴木說：「……這個無意識若還留在心理學領域，就不可能產生禪宗意義的悟。心理學必須被超越，並且必須叩及我們可以稱為的『本體無意識』。」❹

禪和心理分析最大的差別，不在二者對「無意識」（潛意識）之來源、內涵的不同詮釋；而在禪對於「無意識」給以根源性的說明，以為諸種層次之「無意識」（無念 B、C、D）的背後，還有一個更根源

----

❸ 引見《禪與生活》，〈禪的無心說〉，頁二一二。

❸ 引見《禪與心理分析》，〈禪學講座〉，頁三一。

❸ 引見《禪與生活》，〈禪的無心說〉，頁二一〇。

❹ 引見《禪與心理分析》，〈禪學講座〉，頁八七。另外，鈴木在其《耶教與佛教的神祕教》(*Mysticism: Christian and Buddhist*) 一書當中，也從「無我」的觀點，來說明禪與心理學之間的不同：「心理學的分析祇到心理的無我為止，過此便不能作更進一步或更深一層的探索，故而亦無法窺視『諸法無我』的就裡，而這在般若直覺的慧眼看來，並不是某種完全沒有價值的物事，而是充滿無限潛能的東西。……由此可知，所謂開悟的經驗，係指超越心理學的世界，打開般若的慧眼，洞視究竟實相的真際……。」（引見鈴木大拙著，徐進夫譯，《耶教與佛教的神祕教》，臺北：志文出版社，1986，二版，頁五三。）

的「宇宙無意識」（無念 A）的存在。而且，對於這一根源性的存在，給予詳細的描述。這些都是心理分析學派所未曾涉及的領域。鈴木大拙對於這一根源的存在，曾從兩方面來描述：(1)「宇宙無意識」是一切心、物萬法的本源；基本上，這一描述取自於禪宗所依據之印度如來藏系佛典的思想，也取自《壇經》中「自性能生萬法」的說法。(2)「宇宙無意識」不是一般理性或「分別識」所能理解或開發。而所謂一般理性或「分別識」，即是前面提到的「二元意識層」或（與無念 D 相對應的）「二法對待心」。

就第(1)點而言，我們已在前面多所論述；不再贅言。而就第(2)點來說，鈴木的多種著作當中，處處可見。例如，鈴木〈禪學講座〉中，在解釋什麼叫做「(宇宙) 無意識」時，開宗明義即說：「我的『無意識』是『後科學的』(metascientific) 或『前科學的』(antescientific)。……有時我怕甚至是『反科學的』(antiscientific)。」❹而他所謂的「前科學」、「後科學」，其實即是和科學無關甚至背道而馳的東西；這是為什麼他又採用「反科學」一詞來描寫「無意識」或禪的原因❷。

「反科學」意味著「反智」❸──反理性、反邏輯、反知識；而

---

❹　引見《禪與心理分析》，頁三一。

❷　有關這點，可以從下面的兩段引文得到進一步的證明：「禪宗對於實體的趨近法，雖然可以界定為前科學的，有時卻是反科學的，因為禪與科學所追尋的方向正好相反。這並不必然說禪是反科學的，而只是說，要了解禪，我們必須要採取另一種立場，而這個立場到現在為止，都是被科學家們當做『非科學的』而加以忽視或抹殺。」又說：「科學一致都是離心的、外向的，它們『客觀的』看著它們取來做研究的物體。如此它們所採取的立場，乃是將物體同它們分開，保持距離，而從不想把它們自己同所研究的對象相認同。……禪勸誡我們，如果要真正認識自我，必須反轉科學所追尋的方向。」（以上皆見《禪與心理分析》，〈禪學講座〉，頁五〇）

❸　鈴木大拙自認為他並不是一個反智論者；他說「……不要把我認做是徹頭

且，由於科學及其基礎——理性、邏輯和知識，乃是西方文化所重視的，因此，「反科學」也意味著反西方文化。這些傾向也都是鈴木著作中所屢見不鮮的。例如，他說：「禪悟的最大敵人是理智……如果要展開禪的意識，便要減少起分別作用的理智……。」而他所持的理由則是：「理智乃是強調主體和客體的分開。」然而，禪卻正好與此相反❹。

主、客分開或對立，是理智的特性；這是鈴木大拙對理智的基本看法。在許多其他的作品裡，「理智」一詞被鈴木用「分別識」(Vijñāna)一詞來取代；而「分別識」則是一種和「般若（直觀）」(Prajñā) 正好相反的心理活動。鈴木在《禪學隨筆 (Studies in Zen)・佛教哲學中的理性與直觀》當中，首先分辨了這兩種心理活動的不同，然後繼續解釋說：

> 在感官與智力世界，我們應用分別識；這個世界的特色是二元性，因為有見者與被見者之分，這兩者是對立的。在般若中，這個分別卻不存在；見者與被見者是同一的；見者就是被見者；而被見者就是見者。……般若是整體對其自身的自我知識，而分別識則忙碌於各個部分。般若是統合原理，分別識卻總是分析性的。❺

引文中明白地說到分別識只能用在屬於「二元性」的現實世界，它的特色是有「見者」和「被見者」之對立差別，是「忙碌於（整體

徹尾的反智性主義者。我所反對的是把智性認做最終的實體本身。實體在何處，這確實是得用智性來決定的，不論它指得何等模糊。但是要抓握到實體，卻只有在智性棄權之後才可能。」(引見《禪與心理分析》,〈禪學講座〉,頁八七) 鈴木這種說法妥當性如何，我們將在下文討論。

❹ 以上皆見《禪與生活》,〈無理性的理性：公案的運用〉,頁一四六。

❺ 引見《禪學隨筆》,頁八九。

的）各個部分」。相反地，般若直觀則沒有這種對立差別的存在；而是
「整體對其自身的自我知識」，它所認識的是「（由部分所組成的）整
體」。這樣看來，分別識所把捉到的真理，只是「部分」的真理；只有
般若直觀所體悟的真理，才是「整體」的真理。正是由於般若直觀才
能夠體悟「整體」性的真理，般若直觀才成為禪或鈴木大拙所謂「宇
宙無意識」、「本體無意識」的唯一證入之路。

㈣鈴木大拙禪學的反省

　　鈴木大拙以「反智」來詮釋禪的作法，曾引起一些批判；胡適即
是其中重要的一個。1953 年 4 月，胡適曾在《東西哲學》卷三期一，
發表一篇論文，名為：〈中國禪宗：其歷史與方法〉〔Ch'an (Zen)
Buddhism in China: Its History and Method〕❹。論文開宗明義即說：「我
最大的失望是，依照鈴木大拙及其弟子們的說法，禪是不合邏輯的、
不合理性的，而且，因而超乎我們智力的了解。」胡適以為：「禪宗的
運動，是中國佛教史不可或缺的一部分；而中國佛教史則是一般中國
思想史不可或缺的部分。只有放置在歷史的位置當中，才能正確地了
解禪；就像任何中國哲學學派的研究和了解，必須放置在歷史的位置
當中，才能研究和了解一樣。」胡適又說：「把禪解釋為『不合理性』
的人，最主要的麻煩出在他們有意忽視這種歷史（研究）的進路。鈴
木說：『禪超越時空關係，因此自然也超越歷史事實。』❹ 任何採取這
種非歷史而且反歷史觀點的人，都不能了解禪宗的運動或偉大禪師們
的教示。」❹

---

❹　Cf. *Philosophy East and West*, Hawaii: Univ. of Hawaii Press, 1953, vol. 3,
　　no. 1, pp. 3–24.

❹　這是鈴木大拙在其《禪佛教論集》中的看法。(Cf. D. T. Suzuki, *Essays in Zen
　　Buddhism*, London: Luzac and Co., 1927, 2nd Series, p. 189.)

針對胡適的批判，鈴木也在《東西哲學》同期，刊出一篇名為〈禪：答胡適博士〉(Zen: A Reply to Dr. Hu Shih) 的反駁論文 ❹。文中，鈴木開宗明義即說：

> 我的辯駁可以分為兩點：1. 僅從智性分析是不能解釋禪的。由於智性是關乎語言文字與觀念的，它永遠不能接觸到禪。2. 即使把禪做歷史性的研究，胡適把它放入歷史框架中的方法也是不正確的，因為他未能了解什麼是禪。我必須堅持的說，禪必須先從內在來領會；只有在做過這種領會之後，才可以像胡適那般，去研究禪的歷史外觀。

引文中，鈴木對禪學研究的「反智」觀點，再次清楚地顯現出來：只有智性或前文所說的「分別識」，並不能了解禪。更有甚者，只有經過「內在領會」的人，才有資格研究禪的歷史。後者意味著：只有透過「般若直觀」而體悟到禪的禪師或其追隨者，才有資格研究禪的歷史。

筆者希望把剩下的篇幅，用來檢討鈴木大拙這種「反智」的說法是否妥當。而且，由於這種「反智」的說法，建立在鈴木對於「般若直觀」和「分別識」之間的關係及其內涵之上，因此，筆者的檢討，將集中在這兩種心理活動的釐清工作之上。

在鈴木大拙的用語裡，「般若（直觀）」又稱為「自性」、「無念」、「（宇宙、本體）無意識」等；這是前面已經屢屢論及的。然而，它和分別識之間的關係，前文並沒有詳細說明。就分別識來說，前文僅僅

---

❹ Cf. *Philosophy East and West*, 1953, vol. 3, no. 1, pp. 3–4.

❹ 鈴木的反駁被收錄在他的《禪學隨筆》一書當中，並由孟祥森譯為中文。（臺北：志文出版社，1974 年，二版。本文所引即出自中譯本，頁一四八～一九一。）

說到兩點：(1)它是對於事物之「部分」的認識活動，並以二元的現實世界作為認識的對象；因此它也是理性、(西方) 邏輯和科學知識的基礎。(2)由於禪不屬於二元的現實世界，因此，分別識並不能用來體悟禪。

事實上，對於分別識的描述，除了上面所說的兩點之外，鈴木還說到了下面更重要的第(3)點：「分別識是從般若發出，般若藉分別識而運作。」**⑩**「分別識如果不是安全的停泊在般若的港灣中，就無法充分發揮它的能力。」**⑪**「分別識的基礎是般若，是般若使得分別識以分別原理而運作。」**⑫**「意識（即分別識）是在進化的過程中某段時間，從無意識（即般若）覺醒的。」**⑬**「意識是同無意識經常而不斷的交通著。確實，沒有後者，前者就不能發生作用，它會喪失它運作的基礎。」**⑭**這些片段的引文，在在說明鈴木所理解的分別識，乃是一種由般若作為基礎而發出的智力活動。而他的理由是：

……因為若沒有某種東西行合一作用，分別作用就是不可能的。除非有某種東西存在於主體與客體之下，做它們的基礎，但又既不是主體亦不是客體，則主體與客體之分就是不可能的。這個基礎乃是主體與客體可以在其中運展的場所，是使得主體可同客體分離，而客體可同主體分離之處。……（因此）我們必須訴之般若直觀。**⑮**

---

⑩　引見《禪學隨筆》，〈佛教哲學中的理性與直觀〉，頁一一二。

⑪　引見前書，頁一一九。

⑫　引見前書，頁一〇一。

⑬　引見《禪與心理分析》，〈禪學講座〉，頁四二。

⑭　同前注。

⑮　引見《禪學隨筆》，〈佛教哲學中的理性與直觀〉，頁一〇一～一〇二。

　　鈴木對於般若與分別識之關係的描述，無疑地是前文無念 A（自性）到無念 D（潛意識）之描述的更進一步。在這裡，鈴木對於我人心理活動的描述，已從心理分析學家所說的「潛意識」，進而到達「意識」的地步。意識，並不是心理分析學家所致力研究的範圍，因此著墨不多。而且，如果像前面弗洛姆所說的那樣，心理分析學的目的乃在「把潛意識變成意識」，那麼，心理分析學家顯然並不排斥意識。但是，意識卻是鈴木所嚴厲批判的對象。無疑地，這也是鈴木禪和心理分析學之間的重大差別之一。

　　鈴木對於分別識（意識）的描述或許完全正確；但是，筆者所關心的毋寧是：鈴木對於分別識（意識）的批判是否完全正確？筆者的答案是否定的。依照鈴木的理論，下面的比喻應該可以被他接受：般若直觀如果是萬里晴空中的太陽，那麼，分別識應是陰天昏晦的陽光；儘管是昏晦的分別識，卻仍然是般若太陽所放射出來的智慧之光。鈴木所謂的「分別識」，其實就是前面圖表中的「有念」（特別是相對於「無念 D」的「有念」）；鈴木又把它稱為「二元對待心」，並說它是「二元對待的般若」。鈴木既然稱它為「般若」，足見它也有「般若」的成分；就像陰天昏晦的陽光也是陽光一樣。因此，要開發光明的般若智慧，非得在昏晦的分別識中尋求不可；離開分別識，絕對沒有般若的存在；捨分別識，也開發不了般若直觀。

　　筆者這樣的說法，並不只是鈴木禪學所必然推論出來的結果；而且也有其他佛典的旁證。例如，印度大乘佛教的早期開創者，也是被中國禪宗尊為第十四代祖師❺❻的龍樹（Nāgārjuna, 150-250 年），在其《大智度論》一書，卷九〇，說明十二因緣的第一支──「無明」支沒有來源時，一方面雖然說：無明的來源「不應求」❺❼；但另一方面

---

❺❻　參見《六祖大師法寶壇經》，〈付囑品〉第十；《大正藏》卷四八，頁三六一，下。

卻又說:「若菩薩欲斷無明,故求無明體相,求時即入畢竟空。……復次,菩薩求無明禮,即時是明。」❺在這裡,龍樹的意思顯然是:無明的來源問題原本「不應求」,就像禪的「宇宙無意識」原本「不應(利用分別識去尋)求」一樣;但是,一個初學的修行者,卻不妨(利用他的分別識去)尋求無明的來源。(事實上,要求一個初學佛法的修行者,不用分別識,而馬上用般若直觀,去思考佛法中的任何問題,那是絕對不可能的事情。)不管是無明來源的問題,或是禪的「無意識」問題,都不妨在「一開始」時,就採用分別識來尋求。在困思苦想的尋求過程當中,原本由般若直觀所「轉變」出來的分別識(它是「轉識」之一),漸漸被磨練光潔,並且回到它的本來面目——般若直觀。此時,「無明」即成為「明」,而分別識也成為般若直觀下的「宇宙無意識」了。

中國禪,到了宋朝以後,確實發展出幾個「反智」的宗派❺;鈴

---

❺ 無明來源不應求的理由則是:「若無明因緣更求其本,則無窮,即墮邊見,失涅槃道;是故不應求。若更求,則墮戲論,非是佛法。」(引見《大正藏》卷二五,頁六九七,上)

❺ 引見《大正藏》卷二五,頁六九七,上。

❺ 事實上,「反智」是當時整個中國政治思想界的傾向。余英時,《歷史與思想》,臺北:聯經出版公司,1976,頁一~七六,曾從儒、道、法三家的政治思想,來討論中國政治思想中的「反智論」。在這樣的大環境之下,中國禪受到影響,並反映在宋以後(唐為開端、宋集大成)的禪宗某些宗派之中,是可以想見的。依照印順,《中國禪宗史》,臺北:慧日講堂,1978,二版,頁三三一~三四五的說法,中國禪原本並不排斥經教,亦即並不「反智」;中國禪所標榜之「不立文字,教外別傳」的「反智」(反經教)傾向,在六祖惠能逝世後不久(中唐),以保唐無住禪師所領導的保唐宗為中心,而熱烈展開。其他像馬祖道一禪師的洪州宗、石頭希遷禪師的石頭宗,也漸漸有了「反智」的明顯傾向。

木所重視的臨濟宗是其中的一個例子**❻⓿**。鈴木大拙的作品中，到處可以看到他受這一宗派的深重影響**❻❶**。然而，中國禪之所以走上「反智」的路數，與其說是鈴木所認為的「超越時空關係」的必然，毋寧說是胡適所以為的「歷史」的偶然。傳說中國禪的第一代祖師菩提達摩（約?–530年）曾以四卷本《楞伽經》（即劉宋‧求那跋陀羅所譯之《楞伽阿跋多羅寶經》）作為「心印」；到了第五代祖師弘忍（602–675年）和第六代祖師惠能（638–713年）之時，改以《金剛經》（即姚秦‧鳩摩羅什所譯之《金剛般若波羅蜜經》）作為「心印」**❻❷**。這一傳說告訴我們：六祖惠能以前的中國禪，還是尊重以知識（分別識）為主之經

---

❻⓿ 鈴木特別重視臨濟宗，可以從他的《臨濟的基本思想——《臨濟錄》中「人」之研究》一書看出來。該書被視為鈴木日、英文所有著作中，最重要的一部。鈴木以為，《臨濟錄》中有關「（無位真）人」的概念，乃真正的禪宗精神核心。（參見阿部正雄著，王雷泉、張汝倫譯，《禪與西方思想》，〈真人與慈悲——鈴木大拙對臨濟和趙州的評價〉，臺北：桂冠圖書公司，1992，頁七五。）

❻❶ 在〈禪學講座〉一文當中，鈴木即以相當大的篇幅，來介紹《臨濟錄》中的禪法和思想。並且屢次引用臨濟義玄禪師後代的禪師——趙州從諗、大慧宗杲等人的禪法（詳見《禪與心理分析》，頁五九～一一八）。

❻❷ 宋‧蔣之奇，〈楞伽阿跋多羅寶經序〉，曾說：「昔達磨西來，既已傳心印於二祖，且云：『吾有《楞伽經》四卷，亦用付汝。即是如來心地要門，令諸眾生開、示、悟、入。』……至五祖，始易以《金剛經》傳授。」（引見《大正藏》卷一六，頁四七九，中）可見，達摩以四卷《楞伽經》作為心印，五祖改採《金剛經》作為心印，是一流傳甚廣的傳說。引文中，「心印」是內心之印信的意思：指的是禪宗的真理。禪宗的真理必須以心體悟，而且禪師們必須以此內心體悟的禪理作為依據（印信），然後傳播給後代的弟子；因此，禪宗的真理稱為「心印」。而經典，不管是四卷本《楞伽經》或是《金剛經》，都是記錄釋迦這位大禪師所宣說的禪理；因此，這些經典也被稱為傳播禪理的「心印」。

教的。這是許多學者都提到的看法，胡適只是其中一個罷了；其他像印順的《中國禪宗史》，也持相同的看法❻。而中村元，《中國人的思維方法》，更從菩提達摩「二入四行」的禪法開始說起，其中，經過大珠慧海《頓悟入道要門論》當中論難應答的實例、臨濟義玄的「四料揀」、趙州從諗對「狗子無佛性」這一問題的不同回答，一路舉證討論到後代禪師對「祖師西來意」的各種五花八門的回答，來說明中國禪從論理性走到非論理性的整個過程❻。這些學者提供給我們的證據，在在說明中國禪曾經有過一段「智性的」或「論理性的」時期；它的走上「反智」路數，並不如鈴木大拙所說的那樣，純然出自「內在的」、「超越時空關係」的必然；相反地，屬於「外在」之「時空關係」的「歷史」因素，同樣扮演著決定性的角色。筆者願意以四祖道信和五祖弘忍的禪法為例，進一步舉例證明六祖惠能之前的禪法確實並不「反智」，這些禪法完全沒有脫離二元對立、主客分割之「分別識」的痕跡。

道信（580-651 年）特別注重「守一不移」的禪法；在其《入道安心要方便門》一書中，曾這樣描寫他的這種禪法：

> 守一不移者，以此空淨眼，注意看一物，無問晝夜時，專精常不動。其心欲馳散，急手還攝來。如繩繫鳥足，欲飛還掣取。終日看不已，泯然心自定。❻

引文所描述的禪法，顯然有利用二元對立、主客分割之「分別識」，來修習「守一不移」之禪法的跡象；這從修禪者必須「無問晝夜時」地「注意看一物」，即可看出來。事實上，道信還受到《文殊說般若經》

---

❻　詳見注❺。

❻　詳見中村元著，徐復觀譯，《中國人的思維方法》，臺北：學生書局，1991，頁八九～九三。

❻　引見《楞伽師資記》，〈道信傳〉；《大正藏》卷八五，頁一二八八，中。

的影響，弘揚一種以唸佛名號為主的禪法——「一行三昧」❻。這種禪法必須利用二元對立、主客分割的「分別識」才能修習，則更加明顯。

不但道信的禪法含有利用「分別識」而修的傾向，而且他的弟子——五祖弘忍，也繼承了這種利用二元對立、主客分割之「分別識」，來修習禪法的傳統。弘忍曾對他的弟子們說：

> 爾坐時，平面端身正坐，寬放身心，盡空際遠看一字，自有次第。若初心人，攀緣多，且向心中看一字。證後坐時，狀若曠野澤中，迴處獨一高山，山上露地坐，四顧遠看，無有邊畔。❼

在這裡，我們再次看到了二元對立、主客分割的禪法。不但初學禪的人，必須「向心中看一字」；而且，在「證後」，同樣要「四顧遠看」。禪宗史上把道信和弘忍的禪法，稱為「一行三昧」、「看心」、「看淨」；惠能的《六祖壇經》大力批判這種禪法❽。其中原因也許不只一端，但決不是由於鈴木大拙所以為的「超越時空關係」的因素，而是有其禪以外的「歷史」因素使然。胡適的論文當中，曾說到了這種「歷史」因素：禪在中國思想史中，大約涵蓋四百餘年（約 700–1100 年）。最初的一百五十年是禪宗的開創期，這是一段「冒險思想、勇敢懷疑和明白說出 (plain speaking) 的時期」。所有偉大的禪師，包括荷澤神會（688–762 年）、馬祖道一（707–788 年）、德山宣鑑、臨濟義玄（?–867 年）等人，都採用「明白而且不會誤解的語言」，而非謎樣的語言、姿

---

❻ 參見楊惠南，《惠能》，臺北：東大圖書公司，1993 年，頁一四～一八。

❼ 引見《楞伽師資記》，〈蘄州雙峰山幽居寺大師（弘忍）傳〉；《大正藏》卷八五，頁一二八九，下～一二九○，上。

❽ 詳見《六祖大師法寶壇經》；《大正藏》卷四八，頁三五二，下～三五三，中。

態和動作，來教導弟子。但是，當禪宗漸漸被接受而且時髦起來以後，禪成了文人雅士或販夫走卒掛在嘴角閒談的「口頭禪」(ch'an of the mouth-corners)。另一方面，為了維持禪寺的經濟平衡，禪師們必須應付王公大臣和一般信眾的請求，來到城市弘法。這一時期的禪師，不可能再以「明白說出」的方式，把祖師們「冒險思想、勇敢懷疑」之後的結論，直截了當地告訴信徒們；這些結論包括：「佛是謀殺者，他引誘人們墮入魔鬼的陷阱之中！」等等 ❻。因此，這一時期的禪師，開始採用「奇怪而且有時似乎是瘋狂的姿勢、語言和動作」，來傳播禪理。胡適還補充說：臨濟義玄及其開創的臨濟宗，或許是第一個引進這種新方法的人和宗派。胡適下結論說：「但是這種方法，包括它所採取的瘋狂技巧，並不如一般所說的那樣不合邏輯和不合理性。……在所有看似瘋狂和混亂的表面之下，存在著一種可意識的 (conscious) 而且理性的 (rational) 方法。」胡適並把這種方法稱為「困學教育法」(method of education by the hard way)，那是一種「讓學者自己努力，通過自己日漸廣闊的生活體驗，去發現事物之真理」的方法。

胡適對禪法從「明白說出」到「困學教育法」的細節描述和例證，也許正如鈴木所批評的，乃是錯誤的 ❼；但是，胡適把禪法的發展，

❻ 胡適所說的這句話，不知典出何處？但類似的話，則出現在德山宣鑑、臨濟義玄等人的傳記和語錄之中。例如，德山宣鑑曾說：「這裡無佛無祖。達磨是老臊胡，釋迦老子是乾屎橛，文殊、普賢是擔屎漢，等覺、妙覺是破執凡夫，菩提、涅槃是繫驢橛，十二分教是鬼神簿、拭瘡疣紙，四果、三賢、初心、十地是守古塚鬼、自救不了！」(《五燈會元》卷一五；引見《卍續藏經》卷一三八，頁一一六 b) 另外，臨濟義玄也曾說：「你若求佛，即被佛魔攝！你若求祖，即被祖魔縛！……佛今何在？明知與我生死不別……」(《指月錄》卷一四；引見《卍續藏經》卷一四三，頁一六六 d。)

❼ 鈴木認為胡適不應該把禪法的這種發展，視做外在的（禪寺）經濟因素使然（參見《禪學隨筆》，〈禪：答胡適博士〉，頁一八四～一八五）。

放在「歷史」的時空脈絡當中來考察，卻是正確的大方向。事實上，
鈴木的反駁中，也有許多段落討論到中國禪的「歷史」發展；在這一
歷史的發展當中，確實存在著某些並非「超越時空關係」的「歷史」
因素。但是，鈴木論文中這些段落的例證，卻被鈴木自己所忽略而沒
有自我察覺，以致陷入前後自相矛盾的論述之中。例如，鈴木相當讚
嘆中國人「腳踏實地」(practical) 的精神，他認為這是六祖惠能之後的
禪法，之所以能在中國發展的原因。他甚至說：「它（禪）起源於中國，
而，就我看來，它不可能源起於任何其他地方。」⓻又說：「禪不可能
在任何其他土地和人民間生長出來，而且也只有在中國人的土地上得
以如此繁茂。」⓼而且，鈴木也承認禪法在歷史上確實有過偏重發展的
現象⓽。這和鈴木所謂禪乃「超越時空關係」的說法，顯然自相矛盾。

　　鈴木大拙所謂禪乃「不合邏輯」、「不合理性」的「反智」主張，
衍生出來的結論，不但是「反歷史（研究）」，而且是：反科學、反（任

⓻　引見《禪學隨筆》，〈禪：答胡適博士〉，頁一八一。

⓼　同上，頁一八二。

⓽　鈴木大拙以為：在印度，「（禪）定」和「（智）慧」（般若）被分開來；而
　　且強調「禪定」，忽視「智慧」。菩提達摩來中國後，則強調依靠「禪定」
　　才能把握住的「心」。但是，「心」容易被誤解為靜止的，因此，惠能開始
　　提倡「禪定」、「智慧」一體（所謂「定慧一體」）的「見性」說。「見」，
　　意味著「智慧」的顯發，也意味著「（般若）知」；因此，惠能的弟子神會
　　開始強調「知」（所謂「知之一字，眾妙之門」）的重要性。然而，神會的
　　「知」有概念化和抽象化的傾向，和禪的本質不相容。因此，馬祖道一禪
　　師開始強調（般若智慧之）「用」。但是，「用」的背後必然有「用者」，這
　　即是臨濟義玄所開創出來的「（無位真）人」的概念。而趙州從諗禪師
　　（778–897 年），則是發揮臨濟義玄「人」這一概念的禪師（參見《禪學
　　隨筆》，〈禪：答胡適博士〉；又見阿部正雄，《禪與西方思想》，〈真人與慈
　　悲——鈴木大拙對臨濟和趙州的評價〉）。從以上的說明，我們可以肯定：
　　鈴木大拙確實認為中國禪，在「歷史」的過程當中，有過偏重發展的現象。

何）知識。這也是對禪，甚至整個佛教的嚴重誤解。鈴木之所以反科學、反知識的理由，是因為他以為：科學、知識乃分別識的產品。而分別識則是一種「情染」(the affective contamination)，一種煩惱 (kleśa)；它是宇宙無意識喪失了「純潔」之後的智能活動❼。由這種帶有缺陷、失去「純潔」的智能活動，所發展出來的科學、知識，必然也是帶有缺陷而不「純潔」的東西。這是為什麼鈴木大拙反科學、反知識的原因。

　　然而，前面已經論及，般若直觀（宇宙無意識）和分別識之間的差別，僅僅是在晴天的陽光和陰天的陽光之間的差別。二者的本質同樣都是般若的智慧之光，因此，由陰天的陽光——分別識，所開發出來的科學、知識，必然有其「純潔」的、真實的一面，並不如鈴木所說的那樣罪大惡極。而且，禪者，作為一個誓願「普度眾生」的大乘行者，除了必須去除可以讓自己解脫成佛的「煩惱障」（染汙無知）之外，還必須遍學教化眾生的工具——一切世俗的知識，以去除「所知障」（不染汙無知）❼。這也是為什麼大乘佛教的經論當中，強調菩薩必須學習因明（邏輯）、聲明（文字學）、醫方明（醫學）、工巧明（科學）和內明（宗教、哲學）等「五明」（五種學問）的原因❼。更何況由分別識所開發出來的世俗知識——五明中的前四明，也有它們真實「純潔」的一面。

---

❼　參見《禪與心理分析》，〈禪學講座〉，頁四四。

❼　有關煩惱障、所知障，乃至染汙無知、不染汙無知的說明，請參見《阿毘達磨大毘婆沙論》卷一四一；《大正藏》卷二七，頁七二四，中～下。又見《成唯識論》卷九；《大正藏》卷三一，頁四八，下。又見《佛地經論》卷七；《大正藏》卷二六，頁三二三，上～下。

❼　有關「五明」的說明，請參見《大唐西域記》卷二；《大正藏》卷五一，頁八七六，下。

　　分別識所開發出來的科學、知識，有其「純潔」、真實的一面，這點可以從唯識學的「依他起性」這一概念，來作進一步的解釋。唯識的經論，說到事物有三種性質——三種「自性」(svabhāva)；它們是❼：遍計所執性、依他起性和圓成實性。遍計所執性 (parikalpita-svabhāva)，指的是我人的「虛妄分別」心，具有普遍計量測度的能力；這種能力，用在分別各種事物，並且誤以為這些事物各個具有不可更改的本質——「自性」。然而，實際上，事物並沒有自己不變的「自性」；因為它們都屬於「依他起性」的範圍。

　　所謂的依他起性 (paratantra-svabhāva)，指的是客觀世界的事物，它們都是我人過去的「分別心」造作了善惡行為之後，留在「阿賴耶識」中的「種子」（善惡行為之印象）所生起。客觀世界的事物，都具有這種「依」靠阿賴耶識中之善、惡行為種子之「他」而生「起」的特性，因此客觀世界的事物都具有「依他起性」。依他起的客觀世界，由於是由阿賴耶識中的種子所生，並不是自己本有，也不是永恆不變。當阿賴耶識中的種子有所變化時（亦即我人的善、惡業力有所變化時），依他起的客觀世界必然也會跟著變化。就這個意義來說，依他起的客觀世界也是虛妄而不真實的。但是，另一方面，由於依他起的世界乃由過去的業力（種子）所生起，而業力不可更改，有其（暫時性的）不可變易性，因此，依他起的世界也有客觀真實的另外一面。這即是科學等世俗知識得以成立的基礎。有關這點我們將在下面詳細討論。

　　最後是圓成實性 (pariniṣpanna-svabhāva)，它是指：把客觀世界中的事物——依他起，去除因為虛妄分別心而誤以為實有「自性」的執著——去除遍計所執。因此，所謂圓成實，其實即是修行者透過「空」的體悟，而將附著在依他起（客觀事物）上面的遍計執（實有自性的

❼　以下有關三自性的詳細說明，請參見《成唯識論》卷八；《大正藏》卷三一，頁四五，下～四六，中。

執著），去除掉的一種解脫狀態。

在這三種自性當中，依他起和遍計執與本文的主題具有密切的關係。前面說過，依他起的客觀世界，雖然有其虛妄不實的一面，但卻也有客觀真實的另外一面。有關這點，世親（Vasubandhu，約 320–400年）在其《佛性論》卷二當中，說得非常清楚：

> 依他性（即依他起性）體，有而不實。由亂識根境，故是有；以非真如，故不實。何以故？因緣義無倒故。是以對分別性（即遍計所執性），故名為有；對後真性（即圓成實性），故非實有。是名有（而）不真實。❼❽

引文中，世親說到依他起的客觀世界，乃是「有（而）不真實」。用「不真實」一詞來描述依他起的客觀世界，是容易理解的；這是因為依他起的世界，並不是「真如」（tathata）的緣故❼❾。

然而，為什麼依他起的客觀世界是「有」呢？這是由於它是「亂識根境」所生起的緣故。在這裡，「亂識根境」乃亂識、亂根、亂境三詞的省語。依他起的客觀世界，乃由我人過去的亂識（虛妄分別的心識），在面對亂境（虛妄分別的外在境界）時，透過亂根（虛妄分別的認識器官——六根），而後錯誤地認識這些亂境，並且引生錯誤的行為——業，接著在阿賴耶識當中留下錯誤行為（業）的印象——（業）種子，最後再由這些（業）種子生起依他起的客觀世界。而且，基於

---

❼❽ 引見《大正藏》卷三一，頁七九四，下。

❼❾ 「真如」一詞的字面意思是：事物的真實樣子。不過，在唯識的經論當中，有另外更深一層的意義。《成唯識論》卷一○立有「十真如」，依照這十真如，真如一詞有遍一切處、具無邊德、無所繫屬、無有差別、本性無染、不增不減、無礙自在等意義。按照這些意義，依他起的客觀世界，顯然不是真如（參見《大正藏》卷三一，頁五四，中）。

「業力不可失」之因果報應的原理，由亂識、亂根和亂境三者所製造出來的業力種子，既然已經貯藏在阿賴耶識之中，就具有不可更改的不變性。就業力種子這種（暫時）不可更改的不變性而言，由業力種子所生起之依他起的客觀世界，乃是真實而具有客觀不變性的。這即是世親所謂的「因緣義無倒」（因果報應之理沒有倒錯）的意思，也是為什麼世親把依他起視為「有」的原因。而這種依他起的客觀「有」，乃是科學等一切世俗知識之所以能夠建立的理由之一。

科學等一切世俗知識之所以能夠建立的另外一個理由是：依他起的客觀世界並不全然帶有染汙、執著——分別識的遍計所執，而是有其清淨無執的一面。有關這點，也可以從世親的《佛性論》看出來。《佛性論》卷二，不但認為依他起的世界，具有客觀的「有」性；而且還進一步指出兩種依他起的客觀世界：「染濁依他（起）」和「清淨依他（起）」。所謂染濁依他，乃是「緣分別得成」；而清淨依他，則是「緣如如（即真如）得成」❽。這意味著世俗的世界——依他起，固然可以是由凡夫的「分別識」而生起；但也可以因為解脫者的緣慮（體悟）如如（真如），而後生起。此時，解脫者顯然也用到了分別的智力；只是他們的分別智力不叫做「識」，而叫做「（分別）智」而已。前者乃帶有遍計所執之凡夫，所認識、所生活的現實世界；而後者卻是不帶任何執著之解脫者所認識、所生活的世界。雖然有這兩種世界之分，但事實上卻是同一個世界；只是一個有所執著（遍計所執），另一個無所執著而已。（這是因為：依照大乘佛教的道理，凡夫和解脫者的世界，

---

❽ 詳見《佛性論》卷二；《大正藏》卷三一，頁七九四，下。在此，「緣」當動詞用；有緣慮（思慮、認知）和「以……為條件」這兩個不同的意思。因此，「緣分別」的意思是：以分別為緣（因緣、條件）；或是：緣慮（錯誤的認識）分別的萬事萬物。而「緣如如」的意思則是：以如如（真如）為緣（條件）；或是：把如如當做對象而（正確地）緣慮。

乃同一個世界的緣故——所謂「世間即涅槃，涅槃即世間」。）這樣看來，依他起的世界並不全然是惡的、錯的、帶有執著的；相反地，也有它清淨無執的一面。無疑地，依他起中清淨無執的這一面，也是科學等一切世俗知識可以客觀成立的另一個理由。

有些學者以為，佛教的世俗（科學）知識，必須建立在遍計所執性之上。而且，也正因為這樣，佛教哲學不可能容忍真正世俗（科學）知識的建立。為了在依他起上去掉遍計所執，以便成就圓成實的徹底解脫，世俗的知識也必須「去掉」、「（破）壞」。因此，佛教不可能容忍真正世俗知識的建立 ❸。像這種佛教的（科學）知識觀，和鈴木大拙對於科學、知識的看法，並無二致。他們都以為：世俗的知識，乃建立在帶有執著的智力之上，亦即建立在遍計所執或帶有煩惱的分別識之上。因此，在解脫或修禪的路途之上，必須遠離、拋棄世俗的（科學）知識。無疑地，這正是鈴木大拙反科學的內在原因。

然而，如果像前面所分析的那樣，來認識（科學）知識，那麼，（科學）知識顯然不必一定建立在遍計所執性或帶有煩惱的分別識之上，而是可以建立在不帶任何執著、煩惱的「分別智」（而非「分別識」❷）的上面；亦即可以建立在清淨依他的上面。事實上，以二元對立、主客分割為本質的客觀世界——依他起，並不全然帶有執著或煩惱；因此，也並不必一味地反對它。同樣地，以二元對立、主客分割之世俗世界為認識對象的「分別」智力，也不必然是帶有執著、煩惱的「識」；換句話說，這種「分別」二元對立、主客分割之世界的心理功能，也可以是體悟了「如如」（真如）之解脫者的「方便」智慧。這樣看來，

---

❸ 牟宗三先生即持這種見解（參見牟宗三，《佛性與般若》，臺北：學生書局，1977，上冊，頁五〇一～五〇二）。

❷ 相對於無分別的般若直觀來說，分別智通常在佛典當中，被稱為「（善巧）方便」（又譯「漚和」或「權巧」，upāya）。

（科學）知識無罪，二元對立、主客分割的世界無罪；罪惡出自我人的執著。

綜合以上對於「依他起」的兩點討論——依他起具有客觀的「有」性，以及具有清淨無執性——我們可以得到下面的結論：與其（像鈴木大拙那樣地）說，禪是「前科學」的、「後科學」的、「反科學」的、「反歷史（研究）的」，不如說：禪是一種試圖在二元對立、主客分割的「染濁依他」上，去掉遍計所執，以便使它成為「清淨依他」，並且恢復其「有」（客觀）性、清淨無執性的一種心靈活動。而且，最值得注意的是，在這整個心靈活動的過程當中，至少在剛開始的時候，由般若轉變而成的分別識，扮演著舉足輕重的角色。這樣看來，禪並不全然是「不合邏輯」、「不合理性」的。

（本文口頭發表於第二屆國際東西哲學比較研討會，臺北：中國文化大學哲學研究所主辦，1993 年 6 月。）

十三　《楞嚴經》「反聞聞自性」與虛雲法師之禪法的比較

　　虛雲法師（1840–1959 年），被當代佛教界譽為「民國四大（出家法）師」，而與太虛、印光、弘一等三法師齊名。太虛法師一生致力於僧伽制度的改革和「人生佛教」的發揚，是一位力求佛教現代化的高僧，有別於民國以來的其他二位高僧。相反地，印光法師所致力的是淨土信仰的弘揚，以及儒家倫理的推廣；而弘一法師則隱居山林，整治戒律。這二人都看到了傳統中國佛教（和文化）的偉大與美妙，無疑地，他們都是中國傳統佛教中的佼佼者。而虛雲法師也和印光、弘一二位法師一樣，乃是中國傳統佛教中人。他和太虛法師完全不同，太虛法師所關心的雖在佛教，但卻也不忘國家大事；而虛雲法師則是一個純粹的佛門中人。他持律甚嚴，制訂了十幾種的寺院規約❶，其中的〈教習學生規約〉曾規定：「談論國事，遊心世俗者，不共住！」而在〈戒堂規約〉中，也規定說：「不真心學佛，談論國事者，罰！」另外，〈愛道堂共住規約〉當中也規定說：「妄論時事、擅評知識、不務本業者，罰！」❷事實上，虛雲法師所努力的目標是漢族傳統佛寺的

---

❶　例如，〈雲棲寺萬年簿記〉、〈常住規約〉、〈教習學生規約〉、〈重整鼓山規約〉、〈客堂規約〉、〈雲水堂規約〉、〈禪堂規約〉、〈戒堂規約〉、〈愛道堂共住規約〉、〈衣鉢寮規約〉、〈庫房規約〉、〈大寮規約〉、〈浴室規約〉、〈農場組織簡章〉、〈學戒堂規約〉、〈水陸法會念誦執事規約〉等〔參見岑學呂編，《虛雲和尚法彙》（以下簡稱《法彙》）；收錄於岑學呂編，《虛雲老和尚年譜法彙增訂本》（以下簡稱《增訂本》），基隆：十方大覺寺，1987，頁七九三～八三四〕。

❷　《法彙》；引見《增訂本》，頁八〇七、八一六、八二〇。

復建❸，以及中國傳統禪法的弘揚。

　　許多文獻告訴我們：虛雲法師的禪法，受到《大佛頂如來密因修證了義諸菩薩萬行首楞嚴經》（以下簡稱《楞嚴經》）卷六當中「反聞聞自性」之修行方法的深刻影響❹。本文的目的，乃試圖說明二者之間的這一密切關係。

㈠《楞嚴經》「反聞聞自性」的修行方法

　　《楞嚴經》是一部深遠影響宋、明以後之禪宗的佛經。它的內容，可以從虛雲法師 1943 年，在重慶慈雲寺的一次開示當中看出來：

> 此《（楞嚴）經》原有百卷，而此土所譯，只有十卷。初四卷示見道，第五、第六等卷示修行，第八、第九卷漸次證果，最後

---

❸　虛雲法師似乎對於非漢族的寺廟和佛教，例如雲南和西藏的寺廟和佛教，並不感到興趣。其中主要的因素是他對於漢族以外的佛教，帶著批判的眼光來觀察。例如，他對西藏的密教（喇嘛教），曾做這樣的批評：「由（四）川入（西）藏……僧伽不守戒律，多食牛羊。道服劃分紅黃，各立門戶。憶及祇園會時，不知涕之何從也！」〔引見《虛雲和尚年譜》（以下簡稱《年譜》）；收錄於《增訂本》，頁四三〕無疑地，這是對於西藏密教不了解之下的批評。又如他在登上雲南境內之雞足山頂──天柱峰，看到了山上的雲南寺廟裡的出家人之後，曾對雲南佛教做了這樣的批評：「僧伽與人無殊，子孫相承，各據產業。非本山子孫，不准在山中住，並不留單。予念往昔法會之盛，今日人事之衰，歎息不已。思欲有為，而不知機緣之何在也！」（引見前書，頁四四）無疑地，這也是對於雲南佛教──阿闍梨教（密教的一支）了解不夠所做出的批評。甚至對於位在漢地偏遠地區的臺灣佛教，虛雲法師也做了「（出家僧眾）男女雜處」的批評（詳見朱鏡宙，〈我所知道的虛雲老和尚〉；收錄於《增訂本》，頁一〇二三）。

❹　本文有關《楞嚴經》中「反聞聞自性」之引文及說法，請參見《大正藏》卷一九，頁一二八，中～一三一，下。

並說陰魔妄想。❺

其中，「初四卷示見道」，指的是釋迦和阿難之間討論「見性」或「見精」到底是什麼？在哪裡？等問題。所謂「見性」或「見精」，指的是我人能夠知覺外在事物和知覺（反省）內心所思、所想的這一本能。這一本能存在於眼見外物之中，也存在於耳聞音聲之中，乃至存在於鼻嗅、舌嚐、身觸等知覺之中。然而《楞嚴經》卻以眼見為例，偶爾也會論及耳聞。在釋迦和阿難的討論之中，阿難總共說出七個「見性」（見精）可能存在的地方；包括「見性」（見精）存在於被認識的外物（色塵）之上，存在於能認知（外物）的視覺器官（眼根）之上，存在於外物和視覺器官的中間（根與塵的中間）等七個可能的地方。這即是《楞嚴經》中有名的「七處徵心」❻。對於這七個「見性」（見精）可能存在的地方，釋迦除了一一加以否定之外，最後還說出了它的正確答案：

> 此見妙明，與諸空塵……本是妙明，無上菩提淨圓真心，妄為色、空及與聞、見。如第二月，誰為是月？又誰非月？文殊！但一月真，中間自無是月、非月。❼

經文的意思是：能認識外物（和能反省內在心理狀態）的「見」，以及被認識（所見）的外物──「空」或「塵」等，都由比它們更加根本的「無上菩提淨圓真心」所幻生。因此，被生起的「見」和「空」、「塵」，都是不真實的；只有生起它們的「無上菩提淨圓真心」，才是

---

❺　《法彙》；引見《增訂本》，頁五九八。

❻　宋・祖沏，〈大佛頂如來萬行首楞嚴經序〉，曾有「由是七處徵心，全是妄性淨元明」的句子（引見《大正藏》卷一九，頁一〇六，上）。也許，這就是「七處徵心」一詞的來源。

❼　《楞嚴經》卷二；引見《大正藏》卷一九，頁一一二，中。

宇宙間唯一真實的存在體。這就像有眼疾的人，看到天上有兩個月亮
一樣。其實，天上並無「第二月」(所以也沒有相對的「第一月」)，因
為第二月（以及相對於它的「第一月」都）是由唯一的月亮所幻生出
來的。《楞嚴經》的這一見解，無疑地是哲學上所謂的「一元論的唯心
論」(Monistic Idealism)，以為宇宙間的萬事萬物，都由一個經驗所無
法知覺到的超驗的 (transcendental)「心」體所生起，因此由它所生起的
萬事萬物都是不真實的。只有這一超驗的「心」體，才是唯一真實的
存在。這種意義之「一元論的唯心論」的主張，在《楞嚴經》中表達
得相當明顯；例如，卷二曾說：「色、心❽諸緣，及心所使，諸所緣法，
唯心所現。汝身、汝心皆是妙明真精妙心中所現物。」❾經文中並且還
透過釋迦責備的口吻，批評阿難等人說：「云何汝等遺失本妙圓妙明心
寶明妙性？……不知色身、外泊（洎?）、山、河、虛空、大地，咸是
妙明真心中物！」❿而經文卷三也說：「一切世間之所有物，皆即菩提
妙明元心。心精遍圓，含裹十方。」⓫像這種意義的超驗「心」體（見
性、見精），虛雲法師曾用簡短的一句話來歸納：「而佛（在《楞嚴經》
中）首明諸法所生，惟心所現。」⓬

　　虛雲法師的禪法，建立在這種「見性」（見精）之「唯心論」的理
論基礎之上，並進一步採取《楞嚴經》卷六⓭當中有關「反聞聞自性」

---

❽　這裡的「心」，顯然和能生起它的超驗的「心」體不同。超驗的心體是經
　　驗所無法知覺到的，而這裡的「心」則是經驗所能知覺得到的心。經驗所
　　能知覺到的心有許多（六識），例如帶有煩惱、能知覺外物存在或自覺內
　　心活動的心。
❾　引見《大正藏》卷一九，頁一一〇，下。
❿　同上。
⓫　同上，頁一一九，中。
⓬　《法彙》；引見《增訂本》，頁五九八。
⓭　前文已經說過，虛雲法師以為：《楞嚴經》卷六（和卷五）是經中對於修

的一段經文，展現了他特有的禪法。這段有關「反聞聞自性」的經文，
一開頭是這樣的：

> 爾時，觀世音菩薩即從座起，頂禮佛足，而白佛言：「世尊！憶
> 念我昔無數恆河沙劫，於時有佛出現，名觀世音。我於彼佛發
> 菩提心，彼佛教我從聞、思、修，入三摩地。初於聞中，入流
> 亡所；所入既寂，動、靜二相了然不生。如是漸增，聞、所聞
> 盡。盡聞不住，覺、所覺空。空覺極圓，空、所空滅。生、滅
> 既滅，寂滅現前。忽然超越世、出世間，十方圓明，獲二殊勝：
> 一者、上合十方諸佛本妙覺心，與佛如來同一慈力；二者、下
> 合十方一切六道眾生，與諸眾生同一悲仰。……」❹

　　這即是《楞嚴經》中有名的〈觀世音菩薩（耳根）圓通章〉（的首
段），也是《楞嚴經》「二十五圓通」中的最後一個「圓通」❺。在這
段經文當中，說到了幾件重要的事情：(1)觀世音菩薩向「無數恆河沙
劫」以前，和祂同名同姓的觀世音如來，學習「從聞、思、修，入三
摩地」的修行法門。(2)這一修行法門，最先是「於聞中，入流亡所」；
亦即從耳根聽聞聲音的作用入手，然後體悟到沒有內在之「能聞者」

行方法的介紹。

❹　引見《大正藏》卷一九，頁一二八，中。

❺　《楞嚴經》卷五一六，釋迦的二十五個弟子和大菩薩們，曾自述自己初入
佛門時的修行法門。每一弟子或菩薩，都自稱自己的修行法門是「圓通」
的法門。然而，文殊菩薩在最後下結論時卻特別讚美觀世音菩薩所說的「耳
根圓通」法門。例如，《楞嚴經》卷六，文殊菩薩說：「此方真教體，清淨
在音聞，欲取三摩提，實以聞中入，離苦得解脫，良哉觀世音！」(引見《大
正藏》卷一九，頁一三〇，下) 又說：「成就涅槃心，觀世音為最！」(同
前書，頁一三一，中。) 又說：「但以此（耳）根修，圓通超餘者……。」
(同前引)

和外在之「所聞聲」對立，相反地，「能」與「所」平等、合一的絕對狀態——「亡所」。⑶要達到「亡所」的絕對狀態，必須講求逐步的「入流」；亦即先是達到「動」與「靜」平等、合一的狀態，其次進一步達到「(能)聞(者)」和「所聞(聲)」平等、合一的狀態，然後再進而達到「(能)空(者)」和「所空」平等、合一的狀態，最後則達到不生不滅、「寂滅現前」的境界。⑷在達到「寂滅現前」的最高境界之後，即會獲得兩種「殊勝」：(a)與諸佛的「本妙覺心」相冥合，而產生和佛一樣的「慈力」；(b)認同六道眾生的苦難，因而產生拔除眾生之苦難的「悲仰」⑯。

在這四個重點當中，⑵與⑶當然是最重要的兩點。這兩點，如果採用文殊師利菩薩在經文稍後對這一法門的描述，那麼可以歸納成為文殊菩薩所說的「反聞聞自性」等五個字⑰。其中，「聞自性」中的「自性」，無疑地，是指生起「能聞者」與「所聞聲」的超驗「心」體之本質（本性），亦即前文所說的「妙明真精妙心」、「妙明真心」、「無上菩提淨圓真心」乃至「菩提妙明元心」的本質。這一超驗的「心」體，生起了有生、有滅，有異別、有對立的萬事萬物，但它自己卻是「湛然常住，性非生、滅」⑱，乃至「非因、非緣，非自然、非不自然，無非不非、無是非是。離一切相，即一切法」⑲。若用虛雲法師的說法，則是：「佛告(阿難等人)：心不在內、不在外、亦不在中間。若一切無著，亦無是處。」⑳因此，這一超驗之「心」體的本質——「自

---

⑯ 慈，是給予快樂的意思；悲，是拔除其苦的意思。而「悲仰」應指眾生渴望（仰望）佛、菩薩為其拔除苦難的意思。

⑰ 參見《大正藏》卷一九，頁一三一，中。

⑱ 《楞嚴經》卷二；引見《大正藏》卷一九，頁一一二，下。

⑲ 同上。

⑳ 《法彙》；引見《增訂本》，頁五九九。

性」，乃是永恆不變的絕對真實體。經文所謂「聞自性」，即是「聽聞」（體悟）到具有這種本質的「心」體。其中，「聞自性」中的「聞」字，當然不必一定是耳聞；它可以是眼見而改成「見自性」，乃至身觸而改成「觸自性」等等。也就是說，透過感官知覺的細密觀察──「聞」、「見」、「觸」等，然後體悟在變化無窮的萬事萬物之中，有一超越一般經驗而永恆不變的「心」體存在。這即是「聞自性」的意思。

　　其次，「反聞聞自性」中的「反聞」二字，也可以改成「反見」乃至「反觸」等等。反，是逆轉的意思。《楞嚴經》以為，外在的萬事萬物都是永恆不變之超驗「心」體所幻生；這點已在前文論及。一般眾生不了解這點，以為外在的萬事萬物是不同於我人（之「心」）的獨立存在體，因此而有物、我之分，乃至而有「能見（能聞、能觸等）」和「所見（所聞、所觸等）」之分。以致無法和外在的眾生和萬物合為一體。這樣一來，一般的眾生既不能充分了解外在的「物」，也不能充分了解內在的「心」。於是流轉於六道當中，受到輪迴之苦。這種「不了解」即是「客塵煩惱」❷❶。所以，《楞嚴經》卷一說：「一切眾生不成菩提及阿羅漢，皆由客塵煩惱所誤。」❷❷而經文在解釋「客塵煩惱」一詞時，曾透過釋迦佛最初的一個弟子──憍陳那的說明，把煩惱比喻為住宿於旅店的客人和空中飄浮不定的灰塵。相反地，卻暗示那顆超驗的「心」體，像旅店的主人一樣的「自無攸往」，又像虛空一樣的「寂然」、「澄寂」❷❸。而釋迦則在稍後，也做了這樣的說明：「譬如有客寄

❷❶ 「客塵」(akasmāt-kleśa) 一詞中的「客」(akasmāt) 字，是偶然、忽然的意思。而「塵」(kleśa) 字則是煩惱、痛苦的意思，一般譯為（根本）煩惱、（本）惑、結使、結縛、塵勞等。因此，所謂「客塵煩惱」是指那些不明原因，但卻是暫時性（因而可斷除）的根本煩惱。

❷❷ 引見《大正藏》卷一九，頁一〇九，下。

❷❸ 同上。

宿旅亭，暫止便去，終不常住。而掌亭人都無所去，名為亭主。此亦如是，若真汝心，則無所去。」❷ 這些比喻和說明，都在強調生起萬事萬物的那顆超驗的「心」體是永恆不變的，但是由它所生起的萬事萬物，則像旅店的客人或空中的灰塵一樣，具有暫時性和不定性。而「反聞」，即是不去隨順超驗之「心」體所幻生的萬事萬物，因為它們只是暫時性的、飄浮不定的「客塵煩惱」；相反地，一心一意、逆轉地去體悟（聞、見、觸等）那顆永恆不變的「心」體。所以，《楞嚴經》卷六說：「眾生迷本聞，循聲故流轉。」❷ 又說：「將聞持佛佛 ❷，何不自聞聞？聞非自然生，因聲有名字。旋聞與聲脫，能脫欲誰名？一根既返源，六根成解脫。……反聞聞自性，性成無上道。」❷

　　無疑地，從現象界生滅變化的「客塵煩惱」之中，反其道而行地逐漸體悟不變的「心」性；這是《楞嚴經》卷六當中「反聞聞自性」的本意。而虛雲法師則對這樣的修行法門讚嘆有加，他說：

> 用功怎麼下手呢？《楞嚴》會上，憍陳那尊者說客塵二字，正是我們初心用功下手處。他說：……客塵喻妄想，主空喻自性。常住的主人，本不跟客人或來或往；喻常住的自性，本不隨妄想忽生忽滅。所謂但自無心於萬物，何妨萬物常圍繞。……此中，客字較粗，塵字較細。初心人先認清了「主」和「客」，自不為妄想遷流。進一步明白了「空」和「塵」，妄想自不能為礙。❷

　　從引文看來，無疑地，虛雲法師認為《楞嚴經》中憍陳那所說的

---

❷　同上，頁一一一，上。

❷　同上，頁一三一，上。

❷　這句經文的大意是：利用耳根具有聽聞聲音的能力，來持名念佛。

❷　同上，頁一三一，上～中。

❷　《法彙》；引見《增訂本》，頁六三九。

「客塵」二字，是一個初學佛的人所應「下手處」。他在一次名為〈參禪的先決條件〉的開示當中，還曾這樣地說：「……參禪的先決條件，就是除妄想。妄想如何除法？釋迦牟尼佛說的很多，最簡單的莫如『歇即菩提』一個『歇』字。……所以『萬緣放下，一念不生』這兩句話，實在是參禪的先決條件。」❷其中，「歇」字所要「歇」（放下）的，無疑地就是憍陳那所說的「客塵（煩惱）」。這雖說是「參禪的先決條件」，其實是修習一切法門的先決條件。

㈡虛雲法師的禪法

　　印順法師在〈懷念長老想起佛教〉一文當中，曾扼要地描述虛雲法師的學養說：「雲長老是教演《華嚴》的，但宗在禪門。」❸說虛雲法師「教演《華嚴》」固然沒有錯，但如果說虛雲法師特別宗重《楞嚴經》，想來應該更加貼切。虛雲法師五十六歲以前是自修時期，五十六歲以後則是化他的階段❸。依照《（虛雲和尚）年譜》看來，虛雲法師第一次接觸到《楞嚴經》，是在 1876 年，三十八歲在天童寺時❸。其後，即多次親自開講或助講該經❸。而在他的「禪七」開示或法語、

---

❷　同上，頁六二六～六二七。

❸　同上，頁九五五。

❸　這是依據蘇芬，〈虛雲老和尚事略〉一文而做的分判（詳見《增訂本》，頁一〇九三）。其實，如果詳讀《年譜》，也可以得到相同的結論。

❸　《年譜》曾簡略地記載著：「光緒三年，丁丑，三十八歲……至天童寺，聽講《楞嚴宗通》。」（引見《增訂本》，頁三二）而講者是誰，並沒有提到。

❸　助講，是指擔任「偏座」等輔講該經的角色。例如，1897 年，五十八歲時，通智法師曾講《楞嚴經》於焦山，而虛雲法師受命為「偏座」助講（詳見《增訂本》，頁四八）。而在〈與復慶禪師〉的一首七言詩裡，虛雲法師也曾說到他和復慶法師同在焦山聽講《楞嚴經》的往事。他說：「焦山聽講記當時，同習《楞嚴》號總持……。」（引見前書，頁八六一）

書問當中，也屢次引用該經的經句。這都可以看出虛雲法師和《楞嚴經》之間的密切關係。特別是他的禪法，受到《楞嚴經》卷六中「反聞聞自性」之修行法門的深刻影響。有關這點，我們將在稍後再做詳細的討論。

1.虛雲法師「禪淨雙修」的思想

首先，筆者想提出來供讀者參考的是：虛雲法師曾多次引用《楞嚴經》中的經句，來說明他對佛教各宗各派的看法；這一看法是：各宗平等。例如，他在〈上海居士林請普說〉一文中，曾引用《楞嚴經（卷六）‧觀世音菩薩耳根圓通章》的有名經句，以及同經卷五一六所述二十五個佛弟子和大菩薩的修行法門，來表達他那各宗平等的想法：

> 法門雖多，門門都是了生死的。故《楞嚴經》云：「歸元性無二，方便有多門。」所以二十五聖各專一門，故云一門深入。若一聖貪習多門，猶恐不得圓通。❸

而在〈復星洲卓義成居士〉這封信函當中，虛雲法師也引《楞嚴經》的同一經句說：「(《楞嚴經》云：)『歸元性無二，方便有多門。』八萬四千法門，對治眾生八萬四千煩惱，莫不殊途同歸。惟當擇其契理契機者而修持之。」❸ 由此可見虛雲法師雖然是像印順法師所說的——「教演《華嚴》，宗在禪門」，但卻是一個主張各宗平等、心胸開放的高僧。

主張各宗平等，這並不意味著虛雲法師的心目中，沒有特別心儀的宗派或法門。事實上，他認為禪、淨、密、律是四個比較適合時宜

❸ 《法彙》；引見《增訂本》，頁五九二。
❸ 同上，頁六八一。

的宗派。他說：「……佛門略開十宗、四十餘派，而以禪淨律密四宗，攝機較廣。……宗趣雖然不同，到頭還是一樣。所謂『歸元性無二，方便有多門』也。」❸❻另外，他有時又在禪、淨、密、律等四宗當中，特別強調其中的禪、淨二宗❸❼。例如，他對《楞嚴經》卷五一六當中二十五位佛弟子和大菩薩所說的「圓通」法門，特別讚嘆最後的「大勢至菩薩念佛圓通」和「觀世音菩薩耳根圓通」。他說：

> 二十五位聖賢，因地雖有不同，修悟並無優劣。不過現在時機，發心初學，似以第二十四之大勢至菩薩，及第二十五之觀世音菩薩，二種用功方法，或更相宜。……大勢至菩薩以念佛圓通，吾人學習應念阿彌陀佛，都攝六根，淨念相繼，得三摩地。❸❽

這樣一來，即可進一步討論虛雲法師的「禪淨雙修」思想了。首先，虛雲法師以為：「禪者，淨中之禪；淨者，禪中之淨」，二者「相輔而行」。他說：

> 念佛的人，每每譏謗參禪；參禪的人，每每譏謗念佛。好像是死對頭，必欲對方死而後快。這個是佛門最堪悲歎的惡現象。……參禪念佛等等法門，本來都是釋迦老子親口所說，道本無二，不過以眾生的凤因和根器各各不同，為應病與藥計，便方

---

❸❻　〈三十六年九月廿七日在廣州聯義社演說〉，收錄於《法彙》，引見《增訂本》，頁六二三～六二四。

❸❼　虛雲法師也特別強調律宗的重要性，他曾一再地說到戒律的重要性。例如，1947 年曾於香港東蓮覺苑說：「又修學者，必須依佛戒，戒為無上菩提本。如依佛戒，則不論參禪、念佛、講經，無一不是佛法。若離佛戒，縱參禪、念佛、講經，亦與佛法相違，入於外道。」（《法彙》；引見《增訂本》，頁六一一）

❸❽　《法彙》；引見《增訂本》，頁六〇〇。

便說了許多法門來攝化群機。……而且法法本來可互通，圓融
無礙的。譬如念佛到一心不亂，何嘗不是參禪？參禪參到能所
雙忘，又何嘗不是念實相佛？禪者，淨中之禪；淨者，禪中之
淨。禪與淨本相輔而行，奈何世人偏執，起門戶之見，自讚謗
他，很像水火不相容。盡違背佛祖分宗別教的深意。❸

　　基於以上所說「禪淨雙修」的觀點，虛雲法師八十九歲擔任福建
鼓山寺住持之後，除了致力於復興鼓山寺廟和參禪制度之外，還禮請
慈舟法師主持寺裡的念佛堂，堂中住有三、四十名僧眾❹。另外，九
十八歲到一百零三歲、駐錫廣東南華寺的這段期間，虛雲法師特別在
禪堂之外，另立念佛堂，專修淨土法門。在他發給信徒的皈依帖四周，
也都印上小圓圈，註明每念一千聲佛號，即可在圓圈內記上黑點❹。

　　由以上所分析的各點看來，虛雲法師除了主張各宗平等之外，確
實還主張禪、淨二宗可以並行不悖，甚至可以雙修。然而，如何雙修？
這一問題的答案，必須對他所提倡的禪法，做更深入的探討，才能得
到。

2.虛雲法師的禪法

　　虛雲法師的禪法，散見於他的《年譜》，以及對弟子們所宣說的「法
語」、「開示」、「書問」，還有他隨興所作的「詩歌」當中。例如，他在
一次除夕所宣說的「法語」當中即說：「汝等須知，人人本具，個個圓
成。所以道，行住坐臥，不離這個。若或不識，當面錯過。三世諸佛，

---

❸　同上，頁六二五～六二六。其中，「禪者，淨中之禪；淨者，禪中之淨」
　　一句，是中峰大師所說（《年譜》；參見《增訂本》，頁二三二）。

❹　月耀，〈虛雲大師在鼓山〉；收錄於《年譜》，詳見《增訂本》，頁一二二。

❹　劉瞻明，〈滔天一筏之虛雲大師〉；收錄於《年譜》，詳見《增訂本》，頁二
　　三二。

也是這個；歷代祖師，亦是這個；天下老和尚，只是這個；乃至鱗甲羽毛草木昆蟲，無不承這個恩力。」❷其中，所謂「這個」，其實就是《楞嚴經》所說的那顆能生起有生有滅之萬事萬物，而自己本身卻是不生不滅、永恆不變的超驗「心」體──「妙明真精妙心」乃至「無上菩提淨圓真心」。

　　然而，虛雲法師對禪法有系統的介紹，是在一篇名叫〈禪堂開示〉的「禪七」開示當中。在這篇開示當中，一開頭即簡略地說明了「深信因果」、「嚴持戒律」、「堅固信心」，以及「決定行門」等四個習禪之前所必備的要件❸，然後虛雲法師開始說明「參禪方法」。在這一大段的說明當中，虛雲法師開宗明義地說了這樣的話：

> 用功的法門雖多，諸佛祖師皆以參禪為無上妙門。《楞嚴》會上佛敕文殊菩薩揀選圓通，以觀音菩薩的耳根圓通為最第一。我們要反聞聞自性，就是參禪。❹

　　緊接著，虛雲法師開示了「坐禪須知」、「用功下手──認識賓主」、「話頭與疑情」、「照顧話頭與反聞聞自性」、「生死心切與發長遠心」、「用功兩難易」等段落。其中，「坐禪須知」一段，說明坐禪前要調身、調心，乃至在坐禪當中「雖看見妖魔鬼怪來侵擾你，也不要管他，也不要害怕。就是見釋迦佛來替你摩頂授記，也不要管他，不要生歡喜」❺

---

❷　《法彙》；引見《增訂本》，頁四八〇。

❸　同上，頁六三三～六三七。其中，虛雲法師在「決定行門」這一項中說：「信心既具（指前項中的『堅固信心』），便要擇定一個法門來修持，切不可朝秦暮楚。不論念佛也好，持咒也好，參禪也好，總要認定一門，驀直幹去，永不退悔。」在此，我們又看到了虛雲法師各宗平等的主張。

❹　《法彙》；引見《增訂本》，頁六三七。

❺　同上，頁六三八。值得注意的是，在這段引文的後面，虛雲還引了《楞嚴經》的經文說：「《楞嚴》所謂：『不作聖心，名善境界。若作聖解，即受

等等參禪前應該注意的事項。其次的「用功下手——認識賓主」一段，則說明《楞嚴經》卷一中的「客塵」二字；我們已在前文論及。「生死心切與發長遠心」一段，是告誡參禪者必須「生死心切」和「發長遠心」，亦即必須把斷除生死輪迴而得解脫，看做是最重要的事情，並且持之以恆。而最後的「用功兩難易」一段，則是說明「初用心」時和「老用心」時所可能遭遇的各種困難；可以說是虛雲禪法的補充說明。因此，剩下的「話頭與疑情」和「照顧話頭與反聞聞自性」這兩段，才是虛雲禪法的重心所在。我們將在下文做比較詳細的討論：

(1)虛雲法師之禪法中所說的「話頭」

「話頭與疑情」一段當中，所說到的「話頭」，到底是什麼意思呢？虛雲法師解釋說：

> 話頭很多，如「萬法歸一，一歸何處？」「父母未生前，如何是我本來面目？」等等。但以念佛是誰，為最普通。什麼叫話頭？話就是說話，頭就是說話之前。如念「阿彌陀佛」是句話，未念之前，就是話頭。所謂話頭，即是一念未生之際。一念才生，已成話尾。這一念未生之際，叫做不生。不掉舉，不昏沉，不著靜，不落空，叫做不滅。時時刻刻，單單的的，一念迴光返照這「不生不滅」，就叫做看話頭或照顧話頭。㊻

引文中，虛雲法師說到了下面幾個重點：(1)話頭很多，但以「念佛（者）是誰？」這一話頭，最為普通。因此，這也是虛雲法師所採用的話頭（詳下文）。(2)「話頭」一詞的意思是：在念出「阿彌陀佛」這句話㊼之前，那顆「不生不滅」的能念之「心」。因此，「話頭」的字

群邪。」」而這兩句話，出現在《楞嚴經》卷一〇當中（詳見《大正藏》卷一九，頁一四八，上）。

㊻ 《法彙》；引見《增訂本》，頁六四〇。

面意思是:「話之前頭」，亦即，「阿彌陀佛」、「念者是誰?」，乃至「父母未生前，如何是我本來面目」等等「話」的前頭。而實際上則是指能生起這些「話」之超驗的「心」體。這一「心」體，無疑地，即是《楞嚴經》中所說的「妙明真精妙心」、「妙明真心」，乃至「無上菩提淨圓真心」。也即是《楞嚴經》中「反聞聞自性」中所說的「自性」。所以，虛雲法師在「照顧話頭與反聞聞自性」一段中說:

> 或問:「觀音菩薩的反聞聞自性，怎見得是參禪?」我方說照顧話頭，就是教你時時刻刻、單單的的，一念迴光返照這「不生不滅」(話頭)。反聞聞自性，也是教你時時刻刻、單單的的，一念反聞聞自性。「迴」就是反，「不生不滅」就是自性。「聞」和「照」雖順流時循聲逐色，聽不越於聲，見不超於色，分別顯然;但逆流時反觀自性，不去循聲逐色，則原是一精明。「聞」和「照」沒有兩樣。……若用眼睛來看，或耳朵來聽，便是循聲逐色，被物所轉，叫做順流。若單單的的，一念在「不生不滅」中，不去循聲逐色，就叫做逆流，叫做照顧話頭，也叫做反聞聞自性。❹

由此可見，在虛雲法師的眼裡，「看話頭」就是《楞嚴經(卷六)‧觀世音菩薩耳根圓通章》中「反聞聞自性」的法門。而所看(觀察)之「話頭」，則是「反聞聞自性」中的「自性」，亦即是《楞嚴經》中所說，能幻生有生有滅的萬事萬物，而它自己卻是不生不滅的那顆超驗的心體。「看」(觀察、體悟)到了它，就是禪門所說的開悟、解脫。虛雲法師的禪法，無疑地，受到《楞嚴經》中「反聞聞自性」之法門的深刻影響。

❹ 其實是「念(阿彌陀)佛者是誰?」這句話(詳下文)。

❹ 《法彙》;引見《增訂本》，頁六四二。

⑵虛雲法師之禪法中所說的「疑情」

其次，「話頭與疑情」這一段中所說的「疑情」，是什麼意思呢？虛雲法師這樣解釋著：

> 看話頭先要發疑情，疑情是看話頭的拐杖。何謂疑情？如問念佛是誰？人人都知道是自己，但是用口念呢？還是用心念？如果用口念，睡著了還有口，為什麼不會念？如果用心念，心又是個什麼樣子？卻沒處捉摸。因此不明白，便在「誰」上發起輕微的疑念。但不要粗，愈細愈好。隨時隨地，單單照顧定這個疑念。像流水般不斷地看去，不生二念。若疑念在，不要動著他；疑念不在，再輕微提起。❹

從這段引文可以清楚地看出，所謂「疑情」，乃是對那顆生起萬事萬物之超驗心體的探究和觀察。例如，當「話頭」是「念佛者是誰?」時，那就觀察那個生起「阿彌陀佛」（或其他佛）這一念（「話」）的超驗心體。看看這一超驗的心體到底「本來」具有什麼樣的「面目」（樣子、特性、本質）？也就是說，看看這個生起「阿彌陀佛」這一念的超驗心體，到底具有什麼樣的「自性」？因此，所謂「疑情」，並不是停留在「阿彌陀佛」這個句子之上，也不是停留在「念佛者是誰?」這個句子之上；而是一心一意地觀察生起「阿彌陀佛」或「念佛者是誰?」這些句子的那顆超驗的心體，看它到底是「誰」？（到底具有什麼樣的

---

❹ 同上，頁六四〇。另外，虛雲法師在〈參禪的先決條件〉一文中也曾有下面這段意趣相同的話：「若是參禪看話頭，就看『念佛是誰?』你自己默念幾聲『阿彌陀佛』，看這念佛的是誰? 這一念是從何處起的? 當知這一念不是從我口中起的，也不是從我肉身起的。……當知此一念是從我心起的。即從心念起處，一覷覷定，驀直看去，如貓捕鼠，全副精神集中於此，沒有二念。」（《法彙》；引見《增訂本》，頁六三一～六三二）

「自性」?) 有關這點，虛雲法師說明得相當清楚:

> 「念佛者是誰」四字，最著重在個「誰」字。其餘三字不過言
> 其大者而已。如穿衣吃飯的是誰? 屙屎放尿的是誰? 打無明的
> 是誰? 能知能覺的是誰? 不論行住坐臥，「誰」字一舉便有，最
> 容易發起疑念。不待反覆思量卜度才有。故誰字話頭，實在是
> 參禪妙法。但不是將「誰」字或「念佛是誰」四字作佛號念，
> 也不是思量卜度去找念佛的是誰? 叫做疑情。有等將「念佛是
> 誰」四字，念不停口，不如念句阿彌陀佛功德更大。有等胡思
> 亂想，東尋西找，叫做疑情。那知愈想妄想愈多，等於欲升反
> 墜，不可不知。❺⓪

　　值得注意的是，所謂「疑情」是對超驗心體的「探究」和「觀察」，
並不意味著「胡思亂想，東尋西找，叫做疑情」; 這是引文中所明文說
到的。虛雲法師甚至還詳細分別「想」(即引文中所說的「胡思亂想，
東尋西找」)、「參」和「疑情」等三個層次的心理狀態。他說:

> 初心人所發的疑念很粗，忽斷忽續，忽熟忽生，算不得疑情，
> 僅可叫做想。漸漸狂心收籠了，念頭也有點把得住了，才叫做
> 參。再漸漸功夫純熟，不疑而自疑。也不覺得坐在什麼處所，
> 也不知道有身心世界。單單疑念現前，不間不斷，這才叫做疑
> 情。❺①

　　因此，所謂「想」其實就是「胡思亂想，東尋西找」，想要探尋出
「自性」到底是什麼樣子? 這是初學時，內心帶有煩惱雜念的階段。
其次的「參」，則是能夠「把得住」念頭的階段。也就是煩惱雜念不再

---

❺⓪　《法彙》; 引見《增訂本》，頁六四一。

❺①　同上。

存有，只有「誰」這一疑念的存在；這也是不正確的參禪心理。只有
到達忘卻身心世界，而且「不疑而疑」的狀態，才是真正進入「疑情」
的階段。到這時才是「真正用功的時候」，但卻也是最危險的時候，因
為有一個「大關隘」，很容易走入歧途，因此必須分辨清楚。對於這個
「大關隘」，虛雲法師做了這樣的解釋：

> 到這時真疑現前，才是真正用功的時候。這時候是一個大關隘，
> 很容易跑入歧路。㈠這時清清淨淨無限輕安，若稍失覺照，便
> 陷入輕昏狀態。若有個明眼人在旁，一眼便會看出他正在這個
> 境界，一香板打下，馬上滿天雲霧散，很多會因此悟道的。㈡
> 這時清清淨淨，空空洞洞。若疑情沒有了，便是無記，坐枯木
> 巖，或叫「冷水泡石頭」。到這時就要提，提即覺照。單單的的
> 這一念，湛然寂照，如如不動，靈靈不昧，了了常知。如冷火
> 抽煙，一線綿延不斷。用功到這地步，要具金剛眼睛，不再提；
> 提就是頭上安頭。❷

引文中說到，所謂的「大關隘」，一者容易失去「覺照」而陷入「輕
昏」當中，二者容易陷入「沒有疑情」的「無記」狀態❸。如果是前
者，只要有明師在旁協助，打上一香板，提醒參禪者，那麼參禪者就
有悟道的可能。如果是後者，就必須「提」（打起精神來）；而「提即

---

❷　同上，頁六四一～六四二。

❸　「無記」一詞是無法分辨的意思。亦即無法分辨有沒有疑情的存在，甚至
　　無法分辨善惡是非。這自然是不好的一種心理狀態，所以坐禪者必須避免
　　這一狀態的出現。靈源法師曾記載虛雲法師對他的一段開示說：「若無妄
　　想，亦無話頭，空心靜坐，冷水泡石頭，坐到無量劫亦無益處！」《法彙》；
　　引見《增訂本》，頁六五二）可見所謂「無記」是指「無妄想，亦無話頭
　　（疑情）」、「空心靜坐」的心理狀態。

覺照」，不讓內心陷入善惡是非不分，乃至有沒有疑情都不能自知的狀態。等到「疑情」又出現時，就必須停止「提」，否則就「頭上安頭」，陷入兩個念頭（「提」而又「提」）的另一個錯誤的狀態當中。

　　總之，虛雲法師的禪法，以參究「念佛者是誰？」這一「話頭」為主，而以念「阿彌陀佛」這一佛號為輔❺❹。他的禪法，通常是先念幾句「阿彌陀佛」，然後再參究「念佛者是誰？」這一話頭。這即是他所提倡的「禪淨雙修」的法門❺❺。

3.再論「反聞聞自性」與虛雲法師的禪法

　　前文已經論及，虛雲法師參究「念佛者是誰？」這一話頭的禪法，和《楞嚴經》卷八，〈觀世音菩薩耳根圓通章〉中所提倡的「反聞聞自

❺❹　虛雲法師所提倡的修行法門，是以參究「念佛者是誰？」這一話頭為主。另外，在他一百一十二歲時，發生了「雲門事變」之後，虛雲法師自稱兜率天上的彌勒菩薩，要他「以後再來」（《年譜》；詳見《增訂本》，頁二〇三～二〇四）。因此，傳說他逝世之後往生到彌勒菩薩所居住的兜率天去。（詳見超塵法師，〈我對雲公門下的希望〉；收錄於《法彙》，詳見《增訂本》，頁一〇〇八～一〇一一。又見，蘇芬，〈虛雲老和尚事略〉；收錄於前書，頁一〇八九～一〇九四）這樣看來，虛雲法師似乎並不是一個淨土行者。但是，虛雲法師確實是一個常常稱念「阿彌陀佛」這一名號的淨土行者。他曾在一首名叫〈和許堅白原韻〉的七言詩中，這樣地說：「問予鎮日渾何事？一句彌陀萬慮舒。」（《法彙》；引見《增訂本》，頁八八五。）可見他也是一位淨土的信仰者。

❺❺　從注❹❾的引文可以看出：虛雲法師參禪之前，先念佛號再參「念佛者是誰？」這一話頭。另外，他在〈致馬來亞麻坡劉寬正居士函三則〉中的第一則當中，曾明白提倡「禪淨雙修」的法門。他說：「居士既然徘徊於禪淨之門，則何妨合禪淨而雙修。於動散之時，則持名念佛；靜坐之際，則一心參究念佛是誰？如斯二者，豈不兩全其美。」（《法彙》；引見《增訂本》，頁六七九）

性」法門，有其相通之處。為了更加清楚地了解虛雲法師的禪法，我
們有必要再次探討這二者之間的關係。「反聞聞自性」這一法門的特色
是：透過帶有「客塵煩惱」之感官知覺的深刻探究和觀察，逐步脫離
「客塵煩惱」對於感官知覺的惡質影響，最後達到對於「自性」的體
認，亦即對於超驗心體具有「不生不滅」之本質的體認❺。

　　而虛雲法師所提倡的禪法呢？它是事先透過「深信因果」、「嚴持
戒律」、「堅固信心」、調身、調心，乃至認識何者是「賓」（客塵煩惱）？
何者是「主」（自性）？等等事前的訓練，然後再念幾句佛號，提起「念
佛者是誰？」的疑情，打落各種雜念，最後則體悟到「誰」字所要指稱
的「自性」。這樣看來，虛雲法師的禪法確實和《楞嚴經》裡「反聞聞
自性」的法門極為相近。唯一的不同是：虛雲法師的禪法，必須透過
「念佛者是誰？」這一「話頭」的輔助，才能體悟「自性」的「本來面
目」；而《楞嚴經》的「反聞聞自性」，則直接去「聞」（觀察、體悟）
「自性」。所以，虛雲法師曾這樣解釋他為什麼要採用「念佛者是誰？」
這一話頭的原因：

　　　　宗門主參禪，參禪在「明心見性」。……在唐宋以前的禪德，多
　　　　是由一言半句，就悟道了。師徒間的傳授，不過以心印心，並
　　　　沒有什麼實法。平日參問酬答，也不過隨方解縛，因病與藥而
　　　　已。宋代以後，人們的根器陋劣了，講了做不到……到了這個
　　　　時候，祖師們不得已，採取以毒攻毒的辦法，教學人參公案。

────────

❺　《楞嚴經》卷一，曾記載釋迦佛和波斯匿王之間的一段對白。釋迦佛告訴
　　波斯匿王：在眾生有生有滅、有童年與老年、（面皮）有皺與不皺的身體
　　當中，存在著具有「不生（不）滅」、「性未曾皺」的「見精」。釋迦說：
　　「大王！汝面雖皺，而此見精，性未曾皺。」（引見《大正藏》卷一九，頁
　　一一○，中～下）這「不生不滅」、「性未曾皺」的「見精」，無疑地，即
　　是「反聞聞自性」中所說的「自性」。

初是看話頭，甚至於要斅定一個死話頭，教你斅得緊緊，剎那不要放鬆。如老鼠啃棺材相似，斅定一處，不通不止。目的在以一念抵制萬念。這實在是不得已的辦法。⋯⋯古人的公案多得很，後來專講看話頭。有的「看拖死屍的是誰？」有的「看父母未生以前，如何是我本來面目？」晚近諸方多用「看念佛是誰？」這一話頭。其實都是一樣，都很平常，並無奇特。如果你要說，看念經的是誰？看持咒的是誰？看拜佛的是誰？看吃飯的是誰？看穿衣的是誰？看走路的是誰？看睡覺的是誰？都是一個樣子。誰字下的答案，就是心。話從心起，心是話之頭。念從心起，心是念之頭。萬法皆從心生，心是萬法之頭。其實話頭，即是念頭。念之前頭就是心。直言之，一念未生以前就是話頭。由此你我知道，看話頭就是觀心。父母未生以前的本來面目就是心，看父母未生以前的本來面目，就是觀心。性即是心，「反聞聞自性」即是反觀自心。「圓照清淨覺相」，清淨覺相即是心，照即觀也。心即是佛，念佛即是觀佛，觀佛即是觀心。所以說，「看話頭」，或者是說，「看念佛是誰？」就是觀心，即是觀照自心清淨覺體，即是觀照自性佛。❺❼

在這一長段的引文當中，虛雲法師說到了下面幾個重點：⑴參禪的目的是「明心見性」。其中，「見性」的「性」字，無疑地是指「反聞聞自性」中的「自性」，亦是看話頭時所要「看」的那一顆超驗的真心。⑵唐、宋以前的禪師們，在教導弟子參禪時，並沒有固定的方法──沒有「實法」。⑶宋代以後的禪師，在教導弟子參禪時，開始採用公案和話頭；因為這時「人們的根器陋劣了」。⑷晚近看話頭時，大都是「看念佛（者）是誰？」。⑸看「念佛者是誰？」和看「拖死屍的是誰？」

---

❺❼ 《法彙》；引見《增訂本》，頁六二九～六三〇。

乃至看「睡覺的是誰?」都具有相同的效果。⑹話頭是指話之前頭，亦
即是心。而心是念之頭，心是萬法之頭。由心生起了念頭和萬法。⑺
看話頭即是觀心，「反聞聞自性」即是反觀觀自心。而「清淨覺相」即
是心，「照」即是「觀」；因此「圓照清淨覺相」即是觀心。⑻心即是
佛，觀心即是觀佛。因此，看話頭即是觀心、觀佛，也即是念（自性）
佛。在這八個重點當中，⑴－⑸說明看話頭只是不得已的一種方便法
門。⑹與⑺說明看話頭和觀心、「反聞聞自性」的法門完全相同。而⑻
則說明心與佛的一致性，以及觀心、觀佛、念佛的一致性。其中，⑹
與⑺證明了虛雲法師的禪法和《楞嚴經》中「反聞聞自性」的法門，
有著密切的關連。而從最後的第⑻，則可建立起虛雲法師「禪淨雙修」
的理論。這一理論是：參禪是探究、觀察「自性」，而念佛是念「自性
佛」❺❽，二者只有表面的或手段上（「方便」上）的不同，並沒有實質
上的差異。

---

❺❽ 虛雲法師自己所念，以及所提倡的念佛法門，是念「自性佛」；這和宗寶
本《六祖壇經》所說的淨土思想，完全相同。（參見《大正藏》卷四八，
頁三五二，上～下。）這一淨土思想是：淨土宗所信仰的西方極樂世界，
並不是真的遠在「西方」，而是：「西方只在目前。」（《六祖壇經》語；見
《大正藏》卷四八，頁三五二，下。）所以，虛雲法師在〈復孫語默書〉
中曾說：「若見道人，無淨穢可捨，西方只在腳下也!」（《法彙》；引見《增
訂本》，頁六七五）另外，他在〈復昆明孫樂佛海居士〉中也說：「今勸善
知識先除十惡，即行十萬；後捨八邪，乃過八千。念念見性，常行平直，
到如彈指，便覩彌陀。及夫見了彌陀，又不生歡喜之心，則無時不在淨土。
若在淨土，又無人我眾生壽者四相，則是真實菩薩。到那時不管東西南北，
無不自在矣，尚復斷惑!」（同前書，頁六七三）可見虛雲法師的淨土觀，
和《六祖壇經》完全相同；那是念「自性佛」的淨土觀，並不把極樂世界
視為存在於客觀方位上的「西方」。

(三)結　論

　　虛雲法師和印光、弘一二法師，都是傳統中國佛教中的佼佼者，他們看到了傳統中國佛教之美，也因而常為復興逐漸衰微中的傳統中國佛教而努力。虛雲法師在雲南雞足山和福建鼓山等地的（漢族）佛寺復建工作，即是一個實例❺❾。他雖然是一個不關心政治的僧人，卻是一位努力弘揚禪法的高僧。他的禪法受到《楞嚴經（卷六）・觀世音菩薩耳根圓通章》之「反聞聞自性」的影響，這是一種「禪淨雙修」的法門。這種「禪淨雙修」的法門，其實是從清朝初葉（雍正皇帝）以來，中國禪的重要特色❻⓪。事實上，這一特色，建立在更加廣大的理論基礎之上，那即是：各宗平等的預設。而禪與淨，不過是平等之八宗或十宗之中的兩個宗派而已。

　　各宗平等，這意味著各宗之間有同樣一個理論的根源，那即是《楞

---

❺❾　住過鼓山的印順法師，在〈懷念長老想起佛教〉一文當中，曾描寫虛雲法師復興鼓山佛寺的辛苦說：「長老的復興鼓山，真不容易，阻力是出乎意外的大。劣僧來縱火焚寺。在外的僧侶，想憑藉暴力，進山來作住持。他一回雲南，就有人去信警告他，如再回鼓山，要置之於死地。還有聳弄瘋僧，拿刀去方丈威脅他。」（《法彙》；引見《增訂本》，頁九五五）另外，月耀，〈虛雲大師在鼓山〉一文，也有類似的記載。（《年譜》；詳見《增訂本》，頁一二〇～一二一）

❻⓪　野上俊彥，《中國佛教通史》（鄭欽仁譯，臺北：牧童出版社，1978），頁一六二，曾說：「雍正帝認為當時禪僧結交士大夫而不結制，不坐香，指出了禪門的弊端。而認為雲棲袾宏等以禪淨融合的境地為宗旨，鼓吹淨土門，是廢空論，重實踐之道。同時從滿州皇帝立場，顯示他對漢族佛教觀強有力的指導性權威。帝權對禪門的壓迫，終於導致純粹禪風的萎微，奠下了今日以念佛為主軸的禪淨混淆的中國佛教基礎。」可見清朝以來，「禪淨雙修」的流行禪風，是從雍正皇帝開始的。

嚴經》中所說的「妙明真精妙心」、「妙明真心」、乃至「無上菩提淨圓真心」。這一超驗的心體，幻生了萬事萬物，包括八宗（或十宗），乃至「阿彌陀佛」、「念佛者是誰?」等「話（頭）」。無疑地，這是哲學上某種意義的「一元的唯心論」思想，以為萬事萬物都由唯一的超驗心體所生。在這種哲學理論之下，各宗的目的乃在透過各宗的這一共同的教理，以及略有差別的修行法門，返本還源地回到這一超驗的活水源頭。而虛雲法師所提倡的「禪淨雙修」的禪法，也無非是要透過念佛或「看話頭」的方便法門，「看」到這一活水源頭。無疑地，這一禪法，乃是日漸沒落之中的傳統中國佛教之光！

附錄一　禪宗的思想與詩歌

　　禪宗，特別是指六祖惠能之後所開展出來的「南禪」，受到了印度佛教之兩大思想的影響；因此，這兩大思想，也成了禪宗（南禪）的思想傳統。這兩大印度佛教思想是：㈠《般若經》中的「般若」（空）思想；㈡《楞伽經》中的「佛性」（如來藏）思想。

㈠禪宗的兩大思想傳統

1.《楞伽經》的思想傳統

　　禪宗受到《楞伽經》之影響，早在它的開創者——菩提達摩，就已經開始。唐・淨覺的《楞伽師資記》一書，就曾經說，菩提達摩曾以四卷本的《楞伽經》，付托給禪宗的第二代祖師——慧可，要慧可依經而行。《楞伽師資記》說：「其達摩禪師……謂可曰：『有《楞伽經》四卷，仁者依行，自然度脫。』」（引見《大正藏》卷八五，頁一二八四，下）其次，從《楞伽師資記》中，對菩提達摩之思想的介紹，也可以看出《楞伽經》對菩提達摩的影響。《楞伽師資記》說：

　　夫入道多途，要而言之，不出二種，一是理入，二是行入。理入者，謂藉教悟宗。深信凡聖含生同一真性，但為客塵妄覆，不能顯了。若也捨妄歸真，凝住壁觀，無自他，凡聖等一，堅住不移，更不隨於言教，此即與真理冥符，無有分別，寂然無為，名為理入。行入者……。❶

---

❶　引見《大正藏》卷八五，頁一二八五，上。

　　文中，淨覺說到了菩提達摩的思想有「理入」與「行入」兩部分。「理入」是從道理進入修行的方法的意思。而所謂「道理」，則是指「凡聖含生同一真性，但為客塵妄覆，不能顯了」，乃至要「捨妄歸真」。這明顯地是《楞伽經》中的「佛性」（如來藏）思想；文中的「真性」，其實就是《楞伽經》中所說的「如來藏」（佛性）。四卷本《楞伽經》的第二卷曾說：

> 如來藏自性清淨，轉三十二相，入於一切眾生身中。如大價寶，垢衣所纏；如來之藏常住不變，亦復如是，而陰、界、入垢衣所纏，貪欲恚癡、不實妄想塵勞所汙。❷

　　比照上引《楞伽經》文及《楞伽師資記》文，即可肯定菩提達摩確實受到《楞伽經》中「佛性」思想的深刻影響。

　　《楞伽經》中的「佛性」思想以為，我人帶有煩惱、缺陷的身心當中，隱藏著一顆智慧、光明、慈悲、神通廣大的心體，稱為「如來藏」（佛性）。這一心體——如來藏，具有兩大特質：㈠它是我人向上、向善、尋求解脫的原動力；㈡它幻生山河大地等一切萬法。如來藏的這兩大特質，都透過菩提達摩的引介，而深刻影響了後代的禪宗。

　　就第一個特質而言，「如來藏」既然是促使我人解脫的原動力，因此，整個後代禪宗，都在教導人們尋求、顯發這一心體——「如來藏」。

　　就第二個特質來說，「如來藏」既然幻生了萬法，因此，萬法都含有「如來藏」之至善至美的本質。「如來藏」就像水源地，萬法則是下游之河水；下游之河水必然有水源地之各種成分。所以，萬法也像「如來藏」一樣的至善至美。即使是汙穢、醜惡的事物，也不是本質上的、絕對的惡，因為它們也是至善至美的「如來藏」所生。這些思想，成了禪宗的重要理論要素。

---

　　❷　引見前書卷一六，頁四九八，上。

2.《般若經》的思想傳統

　　禪宗的第二個思想傳統，源自印度的各種《般若經》。禪宗吸收了《般若經》的思想，最明顯的有兩次：一次是第四代祖師道信，採用了《文殊說般若經》的「一行三昧」（念佛法門之一），開創了他那一邊念佛、一邊坐禪的禪風——所謂「念佛即念心」、「求心即求佛」的禪風。這對於後代「禪淨雙修」的禪風，自然有其重大的影響。但是，真正把《般若經》的「般若」（空思想），引入禪宗的，應該是第六代祖師惠能。傳說中，六祖惠能甚至改變了初祖菩提達摩以來的傳統，不再用《楞伽經》作為禪宗的代表經典——「心印」，相反地，改採《金剛經》作為禪宗的「心印」。有關這一傳說，宋・蔣之奇的〈楞伽阿跋多羅寶經序〉，即曾記載說：

> 昔達磨西來，既已傳心印於二祖，且云：「吾有《楞伽經》四卷，亦用付汝。即是如來心地要門，令諸眾生開、示、悟、入。」……至五祖，始易以《金剛經》傳授。 ❸

　　可見，從五祖弘忍改用《金剛經》，作為傳法給六祖惠能之「心印」後，「般若」（空）的思想才大量地引入禪宗當中。

　　《般若經》的主要思想是「空」。在禪宗，這特別意味著兩件事情：㈠我人內心煩惱的虛幻不實；㈡一切矛盾、對立（所謂「兩邊」）之概念和事物的虛幻不實。

　　由於般若「空」的第一個衍生思想——「煩惱的虛幻不實」，再一次地肯定了我人之心體——「如來藏」（佛性）的至善至美、光輝明耀。而「頓悟」（不假時日、不假階梯地迅速解脫）的理論，也才有可能建立。因為，如果煩惱不是「空」的，就必須「時時勤拂拭」了；而「時

---

❸　引見《大正藏》卷一六，頁四七九，中。

時勤拂拭」的說法，難免落入「漸修」的窠臼。

其次，由於般若「空」的第二個衍生思想——「兩邊」概念和事物的虛幻不實，開展出南禪的特殊禪風：⑴廣大無邊的心量，不但包容善人、善事，也包容惡人、惡事；⑵不刻意追求善事，也不刻意追求惡事，「兩邊」都遣蕩的禪風。

首先，就包容「兩邊」、「廣大無邊的心量」來說，惠能在其《六祖壇經》中，曾解釋「摩訶般若波羅蜜」一詞說：

> 摩訶般若波羅蜜是梵語，此言大智慧到彼岸……何名摩訶？摩訶是大。心量廣大，猶如虛空，無有邊畔。亦無方圓、大小，亦非青黃赤白，亦無上下、長短，亦無瞋、無喜，無是、無非，無善、無惡，無有頭、尾……善知識！世界虛空能含萬物色像，日、月、星宿、山河、大地、泉源、谿澗、草木、叢林、惡人、善人、惡法、善法、天堂、地獄、一切大海、須彌諸山，總在其中。世人性空，亦復如是。❹

可見，在般若「空」之下，心量的廣大，應該廣大到包容一切萬法；哪怕是惡人、惡法，乃至地獄，都應該包容。其實，這正是大乘佛法「普渡眾生」的自然表現。

其次，就遣蕩「兩邊」的第⑵特色來說，我們應該不刻意追求善事，也不刻意追求惡事。其中，不刻意追求惡事，是易懂的，我們不必多說。而「不刻意追求善事」，可以從下面的實例看出來：

> 定山曰：「生死中無佛，即無生死。」夾山曰：「生死中有佛，即不迷生死。」互相不肯，同上山見（大梅禪）師。夾山便舉問：「未審二人見處，那個較親？」師曰：「一親，一疏。」夾山復問：

---

❹ 引見《大正藏》卷四八，頁三五〇，上～中。

「那個親?」師曰:「且去,明日來。」夾山明日再上問。師曰:「親者不問,問者不親!」❺

在這段有關夾山、定山與其師父大梅等三人之間的對話中,我們看出,禪宗的般若「空」,連「佛」也「空」掉;因為至善至美的「佛」,也是「兩邊」中的一邊(善、惡「兩邊」之善邊)。夾山以為,生死輪迴中應該時刻心存有「佛」,而大梅卻斥責這一說法是「疎」(離解脫較遠)。相反地,定山以為一切皆「空」,連「佛」也空,卻被大梅讚美為「親」(較親近解脫)。可見,般若的「空」,不但要容納惡人、惡法,也不可刻意追求善美的事物。

㈡禪詩的種類及其實例

由於禪宗,特別是六祖惠能後的「南禪」,含有《楞伽經》與《(金剛)般若經》的兩大思想傳統,因此,禪宗的詩詞,也自然分成了兩大類。而在兩大類的禪詩之中,又各個分成了幾個小類;這正如下表所顯示的:

與《楞伽經》之「佛性」思想有關的禪詩:
1.闡述「眾生皆有佛性」的禪詩;
2.闡述萬法皆「佛性」之顯露的禪詩。
與《(金剛)般若經》之「空」思想有關的禪詩:
1.闡述包容「兩邊」的禪詩;
2.闡述遣蕩「兩邊」的禪詩。

---

❺　《指月錄》卷九;引見《卍續藏經》卷一四三,頁九六,左,下～六七,右,上。

1.闡述「眾生皆有佛性」的禪詩

現在，我們依照這一分類，一一舉例說明浩浩禪思中的美妙禪詩。
首先是：闡述「眾生皆有佛性」的禪詩。

說起禪詩，最有名的自然是唐朝瘋顛詩僧——寒山的詩了。寒山
有下面這麼一首詩，顯然，它是讚嘆隱藏在我人身心之中的「無價寶」
——「佛性」：

> 千生萬死何時已，生死來去轉迷情；
> 不識心中無價寶，恰似盲驢信腳行！ ❻

這首詩乃感嘆一般眾生不了解自己本具「佛性」（「無價寶」），因
此，墮入生死輪迴當中，無法超脫的悲慘狀況。

和這首詩同一旨趣，卻更有新意的是南北朝時代的傅翁——善慧
大士，所寫的一首禪詩：

> 夜夜抱佛眠，朝朝還共起，起坐鎮相隨，語默同居止，纖毫不
> 相離，如身影相似，欲識佛去處，只這語聲是。 ❼

傅翁的這首詩，說到我人身心當中藏有一尊佛陀，祂和我們睡覺、
起床，乃至行住坐臥都「纖毫不相離」；而祂在哪裡呢？傅翁說：我們
說話時的「語聲」就是這尊佛陀！其實，豈止「語聲」就是「佛性」，
一顰、一笑，禪師們所謂的「揚眉瞬目」，也都是「佛性」呀！因為，
依據《楞伽經》的思想，萬法都是「佛性」的顯露呀！

傅翁是梁武帝時代的人，當時達摩祖師初來中國，禪宗並沒有成
立；因此，傅翁嚴格說來，並不是「禪師」。他的詩之所以被認為是「禪

---

❻　引見《寒山詩集》，臺北：漢聲出版社，頁一八四。

❼　《指月錄》卷二；引見《卍續藏經》卷一四三，頁二二，左，上～下。

詩」，一方面是它被收錄在禪宗的典籍當中，二方面是因為有一位後代的禪師——保寧，曾為傅翁的這首詩，寫了下面的一頌：

> 要眠時即眠，要起時即起，水洗面皮光，啜茶濕卻嘴，大海紅
> 塵飛，平地波濤起，呵呵呵呵呵，囉哩囉囉哩！ ❽

乍看之下，這似乎是一首語無倫次的打油詩，其實，作者的意思無非是說，在睡覺、起床、洗臉、喝茶這樣平凡的瑣事當中，就蘊涵著像「大海紅塵飛，平地波濤起」這樣不平凡、不可思議的境界。這就像傅翁的詩所說的，在有煩惱的我人身心當中，就隱藏著不可思議的「佛性」一般。所以作者高興得唱起了歌來——「呵呵呵呵呵，囉哩囉囉哩」！

2.闡述萬法皆「佛性」之顯露的禪詩

另外一類與《楞伽經》之「佛性」思想有關的禪詩，是闡述萬法皆「佛性」之顯露的禪詩。這類禪詩所佔比例可能最多，而且也可能是最美的。下面是其中的幾個例子：

唐代的寶積禪師，有一次對他的弟子們，唱了下面的一首歌：

> 三界無法，何處求心？四大本空，佛依何住？
> 璿璣不動，寂爾無言，覿面相呈，更無餘事。 ❾

詩中，寶積問他的弟子們兩個問題：⑴宇宙（三界）中，一切萬法都是空的，而禪宗的目的又要體悟自己本具的「佛性」——「求心」，那麼，我們的「心」（佛性），在哪裡呢？⑵萬法（由地、水、火、風等「四大」所組成）都是空的，佛所居住的國土自然也是空的，那麼，

---

❽　同前書，下。

❾　《指月錄》卷九；引見《卍續藏經》卷一四三，頁九八，右，下。

佛到底住在哪裡呢? 寶積對於這兩個問題, 自己回答說:「璿璣 (北極星) 不動, 寂爾無言; 覿 (即「見」) 面相呈, 更無餘事。」這似乎是難解的, 其實, 寶積的意思是: 絕對的真理之體——如「璿璣」(北極星) 一般明亮不動的「佛性」, 雖是無法用語言描述的 (「寂爾無言」), 卻可以在我人日常的見面當中, 時時刻刻地呈現出來。可不是嗎? 山河大地、萬事萬物都是「佛性」的顯露呀!

把這一思想表達無遺的, 是後代禪師們對寶積這首詩的「評唱」。例如, 掩室善開禪師, 即曾評唱說:

> 山舍無塵分外清, 石榴花發透簾明,
> 槐陰滿地日卓午, 夢覺流鶯時一聲。 ❿

掩室善開的詩, 明白地告訴我人, 寶積所要尋求的「心」和「佛」——亦即不可言詮但卻覿面皆是的「璿璣」般之「佛性」, 就在「山舍」、「石榴」、「槐陰」, 和「流鶯」等萬法之上。

其次, 有一位愚谷困禪師, 也作了一首詩, 來讚頌寶積的詩。這首詩, 大體和掩室善開的詩相似, 只是把「山舍」乃至「流鶯」改成「楊柳」、「東風」, 乃至「桑麻」罷了:

> 依依楊柳欲藏鴉, 社後東風捲落花,
> 理策邀朋何處好, 山南山北看桑麻。 ⓫

另外, 有一位雪竇重顯禪師, 也跟在掩室、愚谷之後, 寫了一首詩, 來讚嘆寶積的詩。這應該是把寶積所要闡述的道理, 說得最清楚的一位了:

---

❿　同註❾。

⓫　同註❾。

三界無法，何處求心？三界無法，何處求心？白雲為蓋，流水
為琴。一曲兩曲無人會，雨過夜塘秋水深！ ⓬

　　在禪師們的「評唱」當中，有時一個禪師在吟詠「人人皆有佛性」
的思想，另一位禪師則進一步「評唱」萬法皆「佛性」之顯露的思想。
因此，二者譜成了「佛性」思想的兩大面貌。下面的寒山詩及明·楚
石禪師的「評唱」，即是最好的例子：

寒山頂上月輪孤，照見晴空一物無，
可貴天然無價寶，埋在五陰溺身軀。

此身閒逐片雲孤，明月清風何處無？
盡大地人教作佛，一莖草上一金軀！ ⓭

　　寒山的詩，把我人的「無價寶」──「佛性」，比喻為「寒山頂上」
的「月輪」，說它埋在我人的身心（色、受、想、行、識等「五陰」所
組成）當中。而楚石的詩，則把「佛性」比喻為「閒逐片雲」的身體，
處處都是「明月清風」，處處都是「佛」的「金軀」（身體）！

3.闡述包容「兩邊」的禪詩

　　受到般若「空」之影響的第一類禪詩，是那些闡述包容「兩邊」
的禪詩。這特別是指那些包容惡人、惡法的禪詩。這類禪詩並不多見，
底下是少數的例子之一：

　　《六祖壇經·機緣第七》曾記載說，有一個和尚唱著一首臥輪禪
師（屬「北禪」人）所作的詩歌，經過了惠能的身邊：

⓬　同註❾。

⓭　引見《寒山詩集》，頁一九六。

> 臥輪有伎倆，能斷百思想，
> 對境心不起，菩提日日長。

結果，惠能把那和尚叫住，教訓他一頓說：「此偈未明心地；若依而行之，是加繫縛。」惠能並唱了另外一首歌，來告訴他正確的見解：

> 惠能沒伎倆，不斷百思想，
> 對境心數起，菩提作麼長！ ❹

在臥輪的詩中，「思想」被視為「惡法」，而必須被斷除，才能解脫。但是，在惠能的詩中，卻以為「思想」儘管是「惡法」，但卻不能斷除。惠能在《六祖壇經·定慧第四》當中曾說，我人的「思想」——他稱之為「念」，是「真如之用」，而「真如」則是「念之體」。「念」既然是清淨的「真如」之「用」，因此，「念」的本性是清淨無穢的，不必，也不可斷除。他說：「若只百物不思，念盡除卻，一念絕即死，別處受生，是為大錯！」❺這是為什麼他反對臥輪詩，而卻主張包容「思想」之「惡法」的原因吧？

《般若經》的「空」，在禪師們的眼中，是和《楞伽經》的「佛性」（真如），完全同一意義的。前文說到，般若「空」的廣大，大到可以包含善、惡等等「兩邊」的矛盾、對立。因為，在禪師們看來，善與惡都是「佛性」（真如）的不同顯露罷了。把這一思想發揮到極致的是《圓覺經》裡的一句話——「一切障礙即究竟覺」。經文的意思是，障礙我人解脫的惡法——淫、怒、癡等，就是促使我們究竟覺悟的方便助緣；就像惡劣的環境，往往激勵我人邁向成功的大道一樣。有一位雪堂道行禪師，當他看到了《圓覺經》的這句經文時，詠出了下面的

---

❹ 以上皆見《大正藏》卷四八，頁三五八，上～中。
❺ 以上皆見《大正藏》卷四八，頁三五三，上～中。

詩句：

> 枯樹雲充葉，凋梅雪作花，
> 擊桐成木響，蘸雪喫冬瓜。
> 長天秋水，孤鶩落霞！ ⓰

　　雪堂道行的意思是，即使在冰天雪地的惡劣環境之中，只要我人好好地善用飄過枯樹上的「雲」、積在凋梅上的「雪」，乃至「孤鶩落霞」，那麼，惡劣的逆境，不也是一幅美妙的景色嗎？

4.闡述遣蕩「兩邊」的禪詩

　　受到《般若經》的「空」之影響的第二類禪詩，是闡述遣蕩「兩邊」的禪詩。這包括那些遣蕩「善法」的禪詩和「矛盾詩」。

　　首先是那些遣蕩「善法」的禪詩：丹霞天然禪師，因天寒而把慧林寺的木佛燒了取暖；這是禪門中一則有名的「公案」⓱。有一位文殊心道禪師，曾為這則「公案」寫了下面的一首詩：

> 彭祖八百乞延壽，秦皇登位便求仙，
> 昨夜天津橋上過，石崇猶自送窮船！

　　文殊心道的意思是，我人原本具有「佛性」，個個是佛，卻像八百歲的彭祖還去乞求延壽、位為人極的秦皇還去東海求仙一般，不知自足地往外追求美善的「佛」（指敬畏木佛等）。到頭來，一定像晉朝的富豪石崇一般，落得家破人亡！

　　遣蕩「兩邊」的禪詩，還有「矛盾詩」。所謂「矛盾詩」，是指那些用矛盾的語句，來闡述般若「空」的禪詩。下面即是收錄在《指月

⓰　《指月錄》卷一；引見《卍續藏經》卷一四三，頁一五，左，下。

⓱　詳見《指月錄》卷九；《卍續藏經》卷一四三，頁一一〇，左，上～下。

錄》卷二的一例：

> 空手把鋤頭，步行騎水牛，
> 人從橋上過，橋流水不流。 ❶⑱

這是傅翕——善慧大士的一首有名的「矛盾詩」。詩中句句都是互相矛盾。遣蕩「兩邊」的般若「空」，為什麼往往用矛盾的方式來表達呢？因為「空」的東西，既不能正面地描述，也不能反面地描述。「空」的東西，不能說它是「甲」，也不能說它是「非甲」（不是甲）。就像「石女兒」（不妊的女人所生的兒子）是「空」的（因為不可能有「石女兒」存在），因此，既不能說「石女兒」美，也不能說「石女兒」不美。但在一般人的想法中，如果不是「甲」（美），必然是「非甲」（不美）；反之，如果不是「非甲」（不美），必然是「甲」（美）。而現在「甲」（美）與「非甲」（不美）都不是，似乎有矛盾存在。一般人卻不了解，「空」的東西既不能說它是「甲」（美），也不能說它是「非甲」（不美）。在《金剛（般若）經》中，矛盾的經句是常見的，例如：「世界非世界，是名世界。」而在禪詩中，為了要表達遣蕩「甲」與「非甲」之「兩邊」，也往往像傅翕那樣，用矛盾的句型來表達。

有一位斷橋妙倫禪師，曾對傅翕的「矛盾詩」，做了下面的「評唱」：

> 狗走抖擻口，猴愁搜搜頭，
> 瑞巖門外水，自古向西流！ ⑲

斷橋妙倫是從野狗「抖擻口」、猿猴「搜搜頭」（縮脖子），乃至瑞巖寺前流水的樣子，來肯定傅翕的「矛盾詩」。那是肯定：萬法原本就是「矛盾」一般的「空」，就像野狗、猿猴、流水的樣子，從古到今都永遠不變一般呀！

---

⑱　引見《卍續藏經》卷一四三，頁二二，左，下。

⑲　同上。

㈢結　語

　　禪宗的思想是浩瀚無邊的,表達這些思想的禪詩也是多彩多姿的。本文所分類的四大類型的禪詩，只是其中的大概而已，並不能窮盡所有的禪詩。例如，後代禪宗因為受到道家化的「牛頭禪」的影響，以致主張不必修行、「平常心是道」的禪風，因此而有類似下面的禪詩；而這些禪詩，卻不是上文四類當中的任何一類了：

> 春有百花秋有月，夏有涼風冬有雪，
> 若無閒事掛心頭，便是人間好時節。[20]

　　（本文原名〈禪思與禪詩〉，刊於《佛教藝術》第三期，臺北：《佛教藝術》雜誌社，1987 年 5 月。）

---

[20] 　《無門關》；引見《大正藏》卷四八，頁二九五，中。

附錄二 禪門上堂詩中的「平常心是道」

(一)引　言

　　拙文〈禪思與禪詩〉（見《佛教藝術》第三期），曾把禪詩，依其思想內容，大分為四類：㈠闡述「眾生皆有佛性」的禪詩；㈡闡述萬法皆「佛性」之顯露的禪詩；㈢闡述包容「兩邊」的禪詩；㈣闡述遣蕩「兩邊」的禪詩。其中，（ ）與㈡兩類禪詩，與《楞伽經》之「佛性」思想有關；而㈢與㈣兩類禪詩，則與《金剛經》之「空」的思想有關。拙文文末還提到另外一類與宋、明禪宗之思想——「平常心是道」有關的禪詩，它們無法歸類到( )—㈣類禪詩之中。本文希望以禪門之「上堂詩」為例，來說明這類禪詩的思想及其特色。

　　所謂「上堂詩」，是指禪師們「上堂」時所吟詠的詩歌。而「上堂」，則是指禪師們定期到法堂說法或接受參訪的儀禮❶。禪師們所吟詠的上堂詩，當然不只闡述「平常心是道」這一類，事實上也同樣有㈠—㈣類禪詩。例如，饒州薦福曹源道生禪師，即有一首上堂詩；無疑地，

---

❶ 依楊億，〈古清規序〉所說：「禪宗肇自少室至曹溪以來，多居律寺。」（引自《大正藏》卷四八，頁一一五七，下。）但是，到了百丈懷海禪師，卻「創意別立禪居」、「不立佛殿，唯樹法堂」（同前書，頁一一五八，上）。每當「禪居」中的領導者——「長老」，「上堂陞座」時，「主事徒眾」則必須「雁立側聆」（同前引）。另外，元・德輝所重編之《勅修百丈清規》卷二，提到了兩種「上堂」的儀禮，可能是「上堂」的原形。第一種是「祝聖上堂」（又名「旦望上堂」）；另一則是「五參上堂」（參見《大正藏》卷四八，頁一一一九，中）。

它是在闡述「萬法皆佛性之顯露」的思想，因此屬於第㈡類的禪詩：

> 上堂：「平旦清晨三月朝，南山蒼翠插雲霄，不須更覓西來意，
> 門外數聲婆餅焦。」拍膝一下曰：「好大奇！」❷

這首上堂詩之所以是在闡述萬法皆佛性之顯露的道理，因為詩中說到了「佛性」的象徵——「(祖師)西來意」❸，就在南山三月清晨的鳥叫聲——「婆餅焦」❹之上。

禪師們的上堂詩，雖和一般禪詩相同，含有各類的思想在內，但下文將僅就宋、明禪宗之特色思想——「平常心是道」，來討論上堂詩的思想；因為其他類的思想，已在拙文〈禪思與禪詩〉中介紹過了。

㈡從「觸類是道」到「平常心是道」

「平常心是道」的禪法，雖是唐朝的馬祖道一禪師（788 年寂）所首先提倡的，但卻大行於宋、明兩代的禪師之間。「平常心是道」乃是一種修行的法門，而其背後的理論基礎卻是「觸類是道」。有了「觸類是道」的禪學理論做基礎，才有「平常心是道」之實踐法門的成立。因此，讓我們先來看看什麼叫做「觸類是道」：

> ……有「觸類是道，而任心者」……沙門道一……大弘此法。
> 起心動念，彈指磬咳揚扇，所作所為，皆是佛性全體之用，更

---

❷ 《續指月錄》卷三；引見《卍續藏經》卷一四三，頁○八二三，上。

❸ 「祖師西來意」的字面意思是：達摩祖師從西域來漢地的意旨。但卻喻指絕對之禪理——佛性等。佛性等絕對之禪理在哪裡呢？古來禪師們有許多不同的回答。而道生禪師的回答則是：「婆餅焦」。

❹ 婆餅焦，鳥名。宋・王質，《林泉結契》一云：「婆餅焦……作三語，初如云婆餅焦，次云不與吃，末云歸家無消息。」依此，婆餅焦乃一種叫聲如「婆餅焦」三字的鳥。

無第二主宰。如麵作多般飲食，一一皆麵。佛性亦爾，全體貪瞋癡、造善惡、受苦樂，一一皆性……又云：「……揚眉動睛，笑欠磬咳，或動搖等，皆是佛事。」故云：「觸類是道也。」言「任心」者……謂不起心造惡、修善，亦不修道。道即是心，不可將心還修於心。惡亦是心，不可以心斷心……故云：「但任心，即為修也。」❺

　　這是唐·圭峰宗密對於馬祖道一之禪思——「觸類是道」的描述。依照這一描述看來，所謂「觸類是道」，意思是：我人所接觸到的萬類，不管是眼所見、耳所聞、鼻所嗅、舌所嚐、身所觸，或意所想，都是絕對的禪理——「道」。因此，「起心動念」乃至「貪瞋癡」等內在的心理活動，固然是「道」；而外在的「彈指、磬咳、揚扇」乃至「揚眉動睛」等一舉一動，也同樣是「道」的顯現。由於內在的心理活動和外在的身體活動，都是「道」的具體顯現，因此，放任我人的心——「任心」，不刻意修善、不勤奮斷惡，即是「修道」。這種不修善、不斷惡的「修道」，其實正是一般人所理解的不修道；而依前引文獻看來，馬祖道一也確實主張「不修道」。

　　從「不修道」的禪思，所開展出來的禪法，即是「平常心是道」。《傳燈錄》曾介紹了馬祖道一的這種特殊禪法：

　　江西大寂道一禪師示眾云：「道不用修，但莫汙染。何為汙染？但有生死心、造作趣向，皆是汙染。若欲直會其道，平常心是道……只如今行、住、坐、臥，應機接物，盡是道……」❻

---

❺　宗密，《圓覺經大疏鈔》卷三之下；引見《卍續藏經》卷一四，頁〇五五七，上一下。

❻　《景德傳燈錄》卷二八，〈江西大寂道一禪師語〉；引見《大正藏》卷五一，頁四四〇，上。

　　依照這段引文看來，所謂「平常心是道」的修行法門，是指在日常生活當中，不刻意為善、去惡的法門。這一法門，更生動活潑地表現在馬祖道一之下的後代禪師當中。例如，道一的弟子南泉普願，也同樣提倡「平常心是道」的禪法：

> 趙州觀音院從諗禪師……問南泉：「如何是道？」南泉曰：「平常心是道。」師曰：「還可趣向否？」南泉曰：「擬向即乖。」師曰：「不擬時，如何知是道？」南泉曰：「道不屬知、不知。知是妄覺，不知是無記。若是真達不疑之道，猶如太虛，廓然虛豁，豈可強是非邪？」師言下悟理。 ❼

　　基本上，南泉普願所說的「平常心是道」，和馬祖道一所說的並無二致。馬祖要我人不刻意修善、斷惡，而南泉則告訴我人「擬向即乖」（有所作為即與「道」相乖違）。這是同一道理的不同說法而已。

　　然而，受到南泉之影響的趙州，卻有更加活潑生動之「平常心是道」的禪法：

> 僧問：「學人迷昧，乞師指示。」（趙州從諗禪）師云：「喫粥也未？」僧云：「喫粥也。」師云：「洗缽去！」其僧忽然省悟。 ❽

　　在這一則「公案」當中，趙州告訴我人，喫粥、洗缽等日常生活，即是「修道」。這一禪法，並不超出馬祖、南泉所說，只是更加具體而生動罷了。

　　馬祖道一這一系統之禪法，後來開展出「臨濟宗」。而臨濟宗更開展出黃龍、楊岐兩派。楊岐派數傳之後，又開展出大慧宗杲（1089–1163年）的「看話禪」❾。這整個過程，儘管隨著時空的變化，禪風也略

---

❼　同註❻（卷一〇）；引見《大正藏》卷五一，頁二七六，下。

❽　同註❻（卷一〇）；引見《大正藏》卷五一，頁二七七，下。

有差異，然而，強調在日常行、住、坐、臥當中修道之「平常心是道」
的禪風，卻沒有改變。相反地，與馬祖道一不同系統的石頭希遷禪師
（700–790 年），後來開展出「曹洞宗」。而曹洞宗在大慧宗杲同一時
代，則更進而開展出天童正覺（1091–1157 年）的「默照禪」❿，而
與「看話禪」對立起來⓫。後者主張在行、住、坐、臥當中即可修道
──「參公案」；而前者則以為必須在淨室當中默默靜坐才能入道。其
中關鍵所在，自然是一以「平常心是道」為禪法，另一則不以「平常
心是道」為禪法。

　　事實上，石頭希遷這一系統下的禪師們，並不是不主張「觸類是
道」。他們只是不主張「平常心是道」罷了。石頭希遷雖然不曾明說「觸
類是道」，但他卻要找人「觸目會道」（眼睛所接觸的萬類都與「道」

❾　「看話禪」即參究「公案」或「話頭」的禪法。通常是參究「狗子為什麼
　　沒有佛性」這一則「公案」。《大慧普覺禪師語錄》卷一八，曾有詳細的記
　　錄：「妄念起時，亦不得將心止遏。止動歸止，止更彌動。只就動止處，
　　看箇話頭，便是釋迦老子、達磨大師出來也。只是這箇僧問趙州：『狗子
　　還有佛性也無?』州云：『無!』……須是行也提撕，坐也提撕。喜怒哀樂
　　時，應用酬酢時，總是提撕時節。」（引見《大正藏》卷四七，頁八八六，
　　上）。

❿　所謂「默照禪」，是指一種必須選擇一間「淨樂室」，靜下心來默默修禪，
　　以使能「照」之智慧，「昭昭現前」的禪法。天童正覺的〈淨樂室銘〉即
　　說：「淨中之樂，默中之照。默照之家，淨樂之室。居安忘勞，去華取實。
　　取實之銘，無得而言。」（《宏智禪師廣錄》卷八；引見《大正藏》卷四八，
　　頁一〇〇，中）而〈默照銘〉也說：「默默忘言，昭昭現前。鑒時廓爾，
　　體處靈然。靈然獨照，照中還妙。」（同上，頁一〇〇，上）

⓫　默照、看話二禪的對立，主要是指大慧宗杲對默照禪的批判。《大慧普覺
　　禪師語錄》卷二六，宗杲曾批判說：「近年以來，有一種邪師，說默照禪。
　　教人十二時中是事莫管，休去、歇去，不得做聲……。」（引見《大正藏》
　　卷四七，頁九二三，上）

相契合）。這二者其實是同一意旨的不同展現。石頭希遷說：「承言須會宗，勿自立規矩。觸目不會道，運足焉知路？」❷從他的批評「觸目不會道」，可以看出他也和馬祖道一相同，主張萬法都是「道」的顯露。《傳燈錄》曾記載他與弟子之間的一段對白；從這段對白，更可肯定他也是一個主張「觸類是道」（「道」在「磚塊」、「木頭」之上）的禪師：

> 問：「如何是禪？」師曰：「磚塊。」又問：「如何是道？」師曰：「木頭。」❸

總之，從「萬法皆佛性之顯露」這一《楞伽經》中的「佛性」思想，開展出馬祖道一之「觸類是道」以及石頭希遷之「觸目會道」的禪思。其中，馬祖道一之「觸類是道」，更進而開展出「平常心是道」的實踐法門，成了宋、明兩代的禪學巨流。這些開展的軌跡，則往往表現在後代禪師們所吟詠出來的「上堂詩」當中。因此，下文將分成「觸類是道」（包括「觸目會道」）與「平常心是道」兩類上堂詩，來加以介紹。

(三)與「觸類是道」有關的上堂詩

屬於石頭希遷下之曹洞宗的明州雪竇足庵智鑒禪師，曾有下面的一首上堂詩：

> 上堂云：「世尊有密語，迦葉不覆藏；一夜落花雨，滿城流水香。」❹

❷ 《景德傳燈錄》卷三〇；引見《大正藏》卷五一，頁四五九，中。
❸ 《景德傳燈錄》卷一四；引見《大正藏》卷五一，頁三〇九，下。
❹ 《續指月錄》卷首；引見《卍續藏經》卷一四三，頁〇七八〇，下～〇七八一，上。另外，同前書卷二，臨安淨慈肯堂彥充禪師，也有一首同一意

　　在這首上堂詩中，前兩句顯然是重提禪門中「拈華微笑」的有名公案❶。依照這一公案，釋迦手拈金色蓮花，而迦葉則破顏微笑。在這一拈華、一微笑當中，釋迦宣稱，他已經把「正法眼藏」之「道」，祕密地傳給了迦葉尊者。這一公案的旨趣，乃在闡述真理之「道」無法用語言文字來傳達，必須通過師徒之間內心的相契體會才能理解。然而，「道」真的必須密傳嗎？智鑒禪師以為其中並沒有任何祕密可言，因為「觸類是道」──「落花雨」、「流水香」就是「道」呀！

　　底下是另外一首闡述「觸類是道」的上堂詩，吟詠者是隸屬臨濟宗的臺州寶藏本禪師，他以「春色」來表達無所不在的絕對真理──「道」：

　　　上堂：「清明已過十餘日，華雨闌珊方寸深，春色惱人眠不得，黃鸝飛過綠楊陰。」遂大笑，下座。❶

　　這首上堂詩的可貴處，除了在闡述「觸類是道」的禪理之外，還在它不隱瞞吟詠者仍然逃不過「春色惱人」的困擾。也許，這正是馬祖道一所說的，「不可將心還修於心」、「不可以心斷心」（詳前文）這一思想的最忠實的追隨者吧！

　　有些時候，禪師們會用象徵性的人或物，來代表絕對的真理──「道」，然後再藉以表達「觸類是道」的道理。隸屬臨濟宗的漳州淨眾佛真了燦禪師，就曾應用這一特殊的表達方式：

　　　趣的上堂詩：「上堂：『世尊不說說，迦葉不聞聞。』卓拄杖曰：『水流黃葉來何處，牛帶寒鴉過遠村。』」（引見《卍續藏經》卷一四三，頁〇八〇九，上）
❶　有關「拈華微笑」的公案，請參見《大梵天王問佛決疑經‧拈華品》（《卍續藏經》卷八七，頁〇九七六，上）。
❶　《續指月錄》卷首；引見《卍續藏經》卷一四三，頁〇七七四，上。

　　上堂：「重陽九日菊花新，一句明明亙古今，楊廣橐駝無覓處，夜來足跡在松陰。」❶⓻

　　這首上堂詩，用「楊廣橐駝」來象徵絕對的真理——「道」。而「道」看似隱密而「無覓處」，但事實上卻有「足跡」留在「松陰」之中；因為「觸類是道」，「松陰」自然也無非是「道」的具體顯現。

　　禪師們的上堂詩，不一定像前面所舉的那樣，都以詩歌體出現。事實上，有很多上堂詩是採取韻白夾雜的體裁。例如：

　　上堂：「有時孤峰頂上嘯月眠雲，有時大洋海中翻波走浪，有時十字街頭七穿八穴。諸人還相委悉麼？樟樹花開盛，芭蕉葉最多。」❶⓼

　　這是隸屬石頭希遷下之雲門宗的密州崦山寧禪師所吟詠的兩句上堂詩。韻體詩只有兩句（引文最後兩句），其他都是白話的說理。詩的大意是：在「孤峰頂上嘯月眠雲」的「道」（或指得「道」之高人）在哪裡呢？乃至在「十字街頭七穿八穴」的「道」在哪裡呢？它就在盛開的樟樹花間，就在繁多的芭蕉葉上！——因為「觸類是道」呀！

　　另外，也有一些表達「觸類是道」的上堂詩，是以長短句的體裁出現；例如：

　　上堂：「六月旦，夏已中，荷華開水面，荔子映山紅。無位真人處處相逢，擬議雲山千萬重。」❶⓽

　　這是福州鼓山皖山正凝禪師所詠出的一首上堂詩。詩中用長短句

---

❶⓻　同上。

❶⓼　《續指月錄》卷首；引見《卍續藏經》卷一四三，頁〇七八一，上。

❶⓽　《續指月錄》卷四；引見《卍續藏經》卷一四三，頁〇八四七，上。

來表達絕對真理之「道」──「無位真人」**❷**，就在六月中旬盛開的荷花上面，也在「映山紅」的「荔子」上面。但是，「道」──「無位真人」雖然「處處相逢」，卻不可用語言文字或思維──「擬議」來表達；相反地，必須用「心」體會。

㈣與「平常心是道」有關的上堂詩

在以「平常心是道」為闡述內容的上堂詩當中，有一些常夾雜著歷代有名的「公案」。例如，慶元王物初大觀禪師所吟出的上堂詩中，至少即夾有一則有名的「公案」：

> 上堂：「一冬二冬，你儂我儂，暗中偷笑，當面脫空。雖是尋常茶飯，誰知米裡有蟲。夜來好風，吹折門前一株松。」**❷**

這是一首表面上描寫夫妻夜生活的「艷詩」。在夫妻之間，「尋常茶飯」（所謂「平常心」）當中，也就隱藏著不可思議的大「道」──「米蟲」。而「米（裡有）蟲」則是潙山靈祐禪師與石霜慶諸禪師之間所留下的一則有名的「公案」。《指月錄》曾記載如下：

> 潭州石霜山慶諸禪師……抵潙山，為米頭**❷**。一日，篩米次，潙曰：「施主米，莫拋撒。」師曰：「不拋撒。」潙於地上拾得一粒曰：「汝道不拋撒，這個是甚麼?」師無對。潙又曰：「莫輕這一粒米，百千粒盡從這一粒生。」師曰：「百千粒從這一粒生，

---

❷　「無位真人」字面的意思是指不受階位限制的超俗之人，即是解脫者。第一位採用這一概念的禪師，應該是臨濟義玄禪師。《景德傳燈錄》卷二八，臨濟曾示眾說：「所以山僧向汝道，五蘊身田內有無位真人，堂堂顯露，無絲髮許間隔，何不識取?」（引見《大正藏》卷五一，頁四四七，上。）

❷　《續指月錄》卷三；引見《卍續藏經》卷一四三，頁〇八二六，上。

❷　「米頭」，叢林中掌管米穀之職稱。

未審這一粒從甚麼處生?」溈呵呵大笑,歸方丈。溈至晚,上堂曰:「大眾!米裡有蟲,諸人好看!」❷

　　引文中,溈山把一粒米比喻成能生萬法的大「道」。(也許就是「佛性」、「如來藏」吧?)問題是:大「道」生起了萬法,而大「道」自己又從何而生呢?這一問題是不會有答案的,因為,如果答案是:「道」從某甲所生,新的問題又來了:某甲又從什麼生起呢?所以,溈山「呵呵大笑」,以不答為答❷。而溈山上堂時所說的話──「米裡有蟲」,不過是一句讚美石霜的話罷了,它肯定了石霜是一個體悟大「道」的解脫者,就像一隻能夠消化食米的米蟲一樣。

　　有些闡述「平常心是道」的上堂詩中,如上所說,常常夾有古人的「公案」。但是,也有一些闡述「平常心是道」的上堂詩,乾脆先引一則古人的「公案」,然後再加以吟詠、讚嘆。下面是一個例子:

上堂,舉睦州因僧問:「以一重去一重即不問,不以一重去一重時如何?」州曰:「昨日栽茄子,今日種冬瓜。」頌曰:「昨日栽茄子,今日種冬瓜;一聲河滿子,和月落誰家?」❷

　　這是臨安靈隱笑庵了悟禪師的上堂開示及其吟詠的詩句。在這一

---

❷　《指月錄》卷一五;引見《卍續藏經》卷一四三,頁〇三三四,下。

❷　有關「道」或「如來藏」從何而生的問題,常以另外的形式,出現在禪師的「公案」當中。其中最有名的應是「萬法歸一,一歸何處」的「話頭」。《景德傳燈錄》卷一〇,曾記載趙州從諗禪師,與其弟子之間的一段對話:「僧問:『萬法歸一,一歸何處?』師云:『老僧在青州作得一領布衫,重七斤。』」(引見《大正藏》卷五一,頁二七八,上)在這則「公案」中,趙州似乎回答了問題,但實際上卻等於不回答問題,因為那是一個與問題完全不相干的回答。

❷　《續指月錄》卷三;引見《卍續藏經》卷一四三,頁〇八二四,上。

個例子當中,上堂詩用來讚嘆或附和睦州禪師所留下的一則「公案」❷。
公案中,「一重去一重」是指不用「平常心」,而用刻意「修道」之心,
試圖一重一重地去除煩惱,以便達到體悟大「道」的解脫境界。相反
地,「不以一重去一重」則指以「平常心」來體悟無所不在之大「道」
的法門。這個「平常心是道」的法門,即是「栽茄子」、「種冬瓜」的
法門;因為大「道」就在茄子、冬瓜這些萬類之上呀! 而詩中的舞曲
聲──「河滿子」或和著舞曲聲而運行於天空的「月」,也不過是大「道」
的象徵罷了!

　　下面的例子,也是先提到一則公案,然後再吟出上堂詩。但在上
堂詩中卻又夾雜了另外一則有名的公案:

> 上堂,舉南泉曰:「文殊、普賢,昨夜三更,起佛見、法見。每
> 人與三十棒,趁出院也!」趙州曰:「和尚棒,教誰喫?」南泉曰:
> 「且道王老師過在甚麼處?」趙州禮拜而出。頌曰:「春風吹落
> 碧桃華,一片流經十萬家;誰在畫樓沽酒處?相邀來喫趙州
> 茶。」❷

　　在這個例子當中,臨安靈隱石鼓希夷禪師,首先提到南泉與趙州
之間所留下的一則公案❷。在這則公案之中,文殊、普賢二菩薩,不
依「平常心」,而內心生起了刻意求「道」的佛、法二見,以致互相打
架❷。因此,南泉每人各給了三十棒,「趁出院也」。問題是,南泉以

---

❷　有關睦州的這則公案,請見《景德傳燈錄》卷一二(《大正藏》卷五一,
　　頁二九一,中)。

❷　《續指月錄》卷二;引見《卍續藏經》卷一四三,頁〇八一四,下~〇八
　　一五,上。

❷　參見《指月錄》卷八;《卍續藏經》卷一四三,頁〇一八一,上。

❷　在前注所說的文獻中,原文作:「文殊、普賢,昨夜三更相打」。這自然是

激烈的手段——「每人與三十棒，趁出院也」，來批判不依「平常心」
而刻意求「道」的方法，本身也是一種不依「平常心」而求「道」的
錯誤，因此，他的徒弟——趙州，說：「和尚棒，教誰喫?」而南泉則
明知故問地說：「王老師（南泉自稱）❸過在甚麼處?」

　　而在文末的上堂詩中，「流經十萬家」的一片「碧桃華」，不過是
無所不在之大「道」的象徵罷了。這一大「道」卻必須在日常的「喫
茶」之中，才能體會。其中，「喫茶」是趙州所留下的一則有名的公案；
依《指月錄》卷一一，這則公案是這樣的：

> 　（趙州禪）師問新到：「曾到此間麼?」曰：「曾到。」師曰：「喫
> 茶去!」又問僧，僧曰：「不曾到。」師曰：「喫茶去!」後院主問
> 曰：「為甚麼曾到也云喫茶去，不曾到也云喫茶去?」師召院主，
> 主應諾。師曰：「喫茶去!」❸

　　「趙州喫茶」的公案，和前文所說「喫粥」、「洗鉢」的公案一樣，
無疑地，乃在闡述大「道」就在喫茶等「平常心」之中。而石鼓希夷
禪師的上堂詩，則借助這一有名的公案，來進一步肯定南泉與趙州所
強調的「平常心是道」罷了。

　　（本文原刊於《佛教藝術》第四期，臺北：《佛教藝術》雜誌社，
1987 年 10 月。）

　　　一種假設的狀態，因為兩位菩薩不可能「相打」。

❸　南泉俗姓王，人稱「王老師」。參見《景德傳燈錄》卷八；《大正藏》卷五
　　一，頁二五七，中。

❸　引見《卍續藏經》卷一四三，頁〇二五三，下。

◎ 佛法與醫學　川田洋一／著　許洋主／譯

　　醫生通常可以告訴你生了什麼病，卻無法確切地告訴你為什麼會生病；「人為什麼會生病」這個問題，似乎牽涉到生命意識的深層結構。本書由世尊的覺悟內容做為起點，有系統地論述身體與宇宙韻律的關係，並詳細介紹佛門的醫療方法，為您提供一條健康喜悅的生命之道。

◎ 頓悟之道——勝鬘經講記　謝大寧／著

　　如果眾生皆有無明住地的煩惱，是否有殊勝的法門可以對治呢？本書以「真常唯心」系最重要的經典——《勝鬘經》來顯發大乘教義，剖析人間社會的結構性煩惱，並具體指出眾生皆有如來藏心；而唯有護持這顆清淨心，才能真正斷滅人世煩惱，頓悟解脫。

◎ 唯識思想入門　橫山紘一／著　許洋主／譯

　　疏離的時代，人類失去了自己本來的主體性，並正被異化、量化為巨大組織中的一小部分，而如果罹患了疏離感的現代人不做出主動且積極的努力，則永遠不得痊癒。唯識思想的歷史是向人類內心世界探究的歷史，而它的目的就在於：使人類充滿污穢又異化的心，恢復清淨及正常的本質。

◎ 大乘佛教思想　上田義文／著　陳一標／譯

　　大乘佛法的義理精闢艱深，諸如「色即是空」及「生死即涅槃」等看似矛盾的命題，更是一般人所無法清楚地理解；而如果我們不先將這些基本概念釐清，則勢必求法無門。本書以清晰的思路帶領讀者思考大乘佛教的基本概念，並對佛學研究方法提出指引，使初學佛法者與研究者皆能從中獲益。

◎ 佛教經典常談

渡邊照宏／著　鐘文秀、釋慈一／譯

　　作為宗教文學或哲學著作，佛教經典具備豐富多樣的內容，像這樣廣涉多方且富於變化者，在人類各樣的生活面中，都是世界文獻所僅見。本書以淺易明白的方式來介紹佛經的成立及現存的主要經典，輕啟你對佛門經典的常識。

◎ 從印度佛教到泰國佛教　宋立道／著

　　南傳佛教歷經兩千餘年的發展，已經在東南亞大陸站穩腳跟，成為當地傳統文化的主流，不僅支配人們的道德觀念，影響人們的生活情趣，更成為泰國政治意識形態的一部分。藉由一尊玉佛的故事，且看佛教如何滲透到東南亞社會的政治、歷史與文化各方面，以及宗教在人類創造活動中的偉大作用。